教育部高校国别和区域研究高水平建设单位　学术译丛
华南理工大学印度洋岛国研究中心

互联互通中的
印度洋岛国中心

[德] 博卡德·施奈培（Burkhard Schnepel）
[美] 爱德华·A. 阿尔珀斯（Edward A. Alpers） 主编

程 杰　谢宝霞　薛荷仙　朱 丹 主译
黄 莹　徐 晗　张 艳 参译

Connectivity in Motion

Island Hubs in the Indian Ocean World

华南理工大学出版社
·广州·

著作权合同登记号　图字：19-2019-052
图书在版编目（CIP）数据

互联互通中的印度洋岛国中心/（德）博卡德·施奈培（Burkhard Schnepel），（美）爱德华·A. 阿尔珀斯（Edward A. Alpers）主编；程杰等主译. —广州：华南理工大学出版社，2023.12

书名原文：Connectivity in Motion：Island Hubs in the Indian Ocean World

ISBN 978-7-5623-7400-8

Ⅰ.①互…　Ⅱ.①博…②爱…③程…　Ⅲ.①印度洋–岛–国家–研究　Ⅳ.①D760

中国国家版本馆 CIP 数据核字（2023）第 134054 号

First published in English under the title
Connectivity in Motion：*Island Hubs in the Indian Ocean World*
edited by Burkhard Schnepel and Edward A. Alpers
Copyright © Burkhard Schnepel and Edward A. Alpers 2018
This edition has been translated and published under licence from Springer Nature Switzerland AG.
Simplified Chinese translation copyright © 2023 by South China University of Technology Press.
All rights reserved. No part of this book may be reproduced in any form without the written permission of the original copyrights holder.

互联互通中的印度洋岛国中心

[德]博卡德·施奈培(Burkhard Schnepel)　[美]爱德华·A. 阿尔珀斯(Edward A. Alpers)　主编
程　杰　谢宝霞　薛荷仙　朱　丹　主译

出 版 人：	柯　宁
出版发行：	华南理工大学出版社
	（广州五山华南理工大学17号楼，邮编510640）
	http：//hg.cb.scut.edu.cn　　E-mail：scutc13@scut.edu.cn
	营销部电话：020-87113487　87111048（传真）
责任编辑：	陈　蓉
责任校对：	梁樱雯
印 刷 者：	佛山家联印刷有限公司
开　　本：	787mm×1092mm　1/16　印张：17.25　字数：378千
版　　次：	2023年12月第1版　印次：2023年12月第1次印刷
定　　价：	79.00元

版权所有　盗版必究　　印装差错　负责调换

译丛编译委员会

主　任：钟书能　朱献珑

委　员（按姓氏拼音排序）：

陈一楠　程　杰　崔　岭　邓　锐

杜可君　金苏扬　雷　霄　李英垣

刘喜琴　欧　剑　荣　榕　夏晶晶

肖锦银　谢宝霞　谢　洪　徐　玲

薛荷仙　袁　瑀　战双鹃　张黎黎

张琳琳　朱　丹　朱　琳

译者序

数千年来，印度洋一直都是各方商船往来的必经之地，各种思想、语言、意识形态、民间风俗等在这里交汇融合。本书着眼于印度洋各个岛屿之间的互联互通性，对印度洋的社会、政治、地理及经济等多个领域作出了新的解读。

在印度洋研究领域，本书的特别之处在于它着重探讨了一些很少被关注的小岛在印度洋互联互通中发挥的不可或缺的作用，从小岛的独特视角展现了当地的社会文化、政治经济和人们的心理特征。

出于种种原因，我们没有把原著中的三篇论文（原第七篇、第八篇和第十四篇）收录在本译著中，虽然遗憾，但这并不影响本书的完整性。在"一带一路"倡议的背景下，很多商务界人士对印度洋岛屿的历史及现状非常感兴趣，此书恰好可以满足这一需求。同时，它的学术价值也是不可否认的，通过译介可以极大地增进学术界对印度洋岛屿的了解，并对相关智库建设提供重要的数据与资料支撑。

本书的翻译获得了华南理工大学中央高校项目资助。由程杰、谢宝霞、薛荷仙、朱丹、黄莹、徐晗、张艳分别翻译本书部分章节。翻译过程中最大的困难在于论文覆盖了广袤的印度洋岛国地区，蕴含了复杂多元的知识体系，译者花费了很多的精力去查阅相关资料和书籍。译文尽量运用通顺、流畅的语言，但因译者水平有限，难免出现错漏，敬请读者批评指正。

译　者

2022 年 10 月

前　言

本书收录了"枢纽的艺术：小岛屿在印度洋的连通作用"（The Art of Hubbing: The Role of Small Islands in Indian Ocean Connectivity）国际会议上的绝大多数论文。该会议于2015年10月15—17日在德国哈勒市的马克斯·普朗克社会人类学研究所（Max Planck Institute for Social Anthropology）举行。该会议由该研究所博卡德·施奈培组织，他曾在"运动中的互联互通：印度洋的港口城市"（Connectivity in Motion: Port Cities of the Indian Ocean）会议中担任总监。会议上，两位主编和投稿者进行了热烈的交流讨论，并达成了修改本书与会议标题等一系列共识。虽然我们没有放弃将"枢纽"（越洋动态路线中频繁且活跃的节点）的概念作为研究印度洋岛屿的重要概念框架，但我们认为"运动中的互联互通"是一个比"枢纽的艺术"更加严谨的分析工具。我们收集的资料文献大多与互联互通性、流动性和枢纽等元素有关，因为这些元素与广义的研究方法以及特定区域和历史框架的研究案例相关。另一个重大决定是我们摒弃了研究岛屿定义中"小"的概念，因为微小只是一个相对概念。总之，截至目前还没有关于印度洋真正的大岛屿（如苏门答腊岛和爪哇岛）的文献资料，所以本书的重点主要还是放在面积相对较小的岛屿上。

本书作者都是有经验的人类社会学家或历史学家。在本书的编写过程中，他们采用了跨学科的研究方法。本书分为"主题"和"案例研究"两部分，作者充分利用了多种研究方法以及来自多方面的文献资料，并突破了研究岛屿和群岛的地理局限框架，深入探讨了印度洋岛屿世界里动态的互联互通，包括其中最偏远的岛屿和其他地方的运动和联系。

通过深入讨论，我们得出以下主要结论：第一，尽管一些文献强调岛屿是孤立的，但事实上也有许多岛屿是连接在一起的，不管它们是多么渺小和遥远；第二，即使把岛屿连接的特征描述为一种网络形式，实际的连接也比网络形式复杂、微妙得多，而且在历史上也是在不断变化的；第三，无论我们谈论的是人物、事件、动植物、政治制度的转换，还是语言、仪式、艺术、信仰或思想形式的变化，"运动中的连通性"的概念始终贯穿全书；第四，在岛屿与研究方面，民族志和历史学是相辅相成的，前者有利于我们直接了解历史上在岛上流动的居民，后者则有利于我们从历史维度观察现代岛民的生活。

本书主要是对不断发展的印度洋岛屿世界进行研究，这些研究聚焦于跨印度洋岛屿世界交流中的动态连通性，其中一个重要问题是讨论这种动态交流的出发点——印度洋的各港口城市，这些城市在大小、功能、性质等方面千差万别。本书以港口和港口城市为重点，主要关注岛屿枢纽，这种对"岛屿性"（islandness）的关注是本书的特色。目前为止，"岛屿性"很少作为一个明确的概念和实践方法被提出，这正是本书编撰者的初心。

以下是本书各部分的简介。

"主题"部分包含了博卡德·施奈培、爱德华·阿尔珀斯、安德烈·金里奇和戈弗雷·巴尔达奇诺的文章。其中阿尔珀斯具有历史学科背景，另外三名学者具有人类学和/或社会学学科背景。

博卡德·施奈培的文章反映出他围绕马克斯·普朗克研究所相关课题的深度思考。作为对本书主题的介绍，他的研究反映了许多学者不同的声音，这也成为他个人著述的里程碑。施奈培以阿尔珀斯的"岛屿要素"（the island factor）这一重要观点为基础，指出岛屿在印度洋海上活动和交流的中心地位，表明其是人员、事件、思想流通的关键枢纽。"岛屿性"这一理念对于岛民以及岛屿假设具有历史性解释和现代实践的重要作用。施奈培的这一论述具有贯穿本书的知识连贯性，但并不是本书所有学者都赞同其所说的一切，不过，分歧也从侧面证明了其思想的重要性。

爱德华·阿尔珀斯通过对科摩罗和马斯克林群岛的案例研究，说明了岛屿的连通性、小型性、跨地域性以及特殊性，从而成为本书的中心主题。因此，他的文章既是与施奈培的介绍性文章的学术交流，也呼应了本书其他文章。

安德烈·金里奇就马克斯·普朗克研究所的一些核心思想提出了自己的批判性观点。他对中世纪阿拉伯文献的深刻解读为我们的研究提供了广阔的空间。此外，金里奇论述了两种"基于网络的概念"，即了解海洋岛屿之间的互通和当地知识的多种不同方式。他的研究对象扩展至印度洋北端，增加了我们对印度洋区域历史研究的认识深度。戈弗雷·巴尔达奇诺长期深入地参与"岛屿研究"，并对"岛屿研究"产生了深远的影响。在此背景下，巴尔达奇诺通过时间顺序记录法展现了他对现代印度洋岛国的思考，以及对至今仍未找到的马来西亚航空370航班的分析，这与金里奇的研究形成对比。巴尔达奇诺对"乘客"（流动的岛民）和岛屿角色的分析为读者提供了解读印度洋岛屿世界中互通性的新方法。

"案例研究"的第一部分为历史学家所著。格温·坎贝尔通过引用大量学术文献和资料，概述了基尔瓦港口在西印度洋贸易网络中的悠久历史。基于一份19世纪关于基尔瓦奴隶贸易的未发表的法国报告，坎贝尔指出，基尔瓦港口处于印度洋季风系统的南端，其贸易横跨莫桑比克海峡并拓展至马达加斯加西北部。杰里米·普雷斯霍茨将桑给巴尔镇作为连接东非、西印度洋、欧洲和美国的一个重要枢纽进行分析。在这个多元化的地方，他通过观察当地商品的流通和人们的衣着、语言、图腾等，描绘出一座充满活力的东非港口。

"案例研究"的第二部分——大洋中的群岛（Mid-Ocean Archipelagos）用一种全新的视野考察了毛里求斯、查戈斯群岛和马尔代夫。从历史学家维基亚拉克施米·提洛克的文章开始，探讨了在18世纪和19世纪毛里求斯首都路易港逐渐形成的过程。该文是她研究的第一步，是对毛里求斯殖民地权力和种族身份形成过程的重大研究。博卡德·施奈培通过四篇截然不同的民族志追溯了经过几个不同的发展阶段，毛里求斯从最初的海上交通点成为枢纽港口的历程。它起初是作为殖民地水手的休憩地和供给来源处，后来发展成为商业枢纽和殖民地种植园经济区，接着成为纺织品制造中心和旅游中心，目前成为印度洋西南地区甚至其他地区的现代金融和通信中心。斯蒂芬·约翰内森认为，查戈斯群岛名声不佳是由于英美地缘政治问题导致当地居民流离失所，甚至流亡到毛里求斯。其历史和现状问题复杂，包括集中在迭戈加西亚岛的军事力量以及濒危海洋资源的环境保护等问题。与其他研究查戈斯局势的学者一样，约翰内森密切关注查戈斯岛民的日常行为和精神世界，其中最有趣的是，查戈斯岛民以宗教生态学的方式重新构建了自己的家园（"伊甸园"效应）。尽管约翰内森没有将查戈斯群岛确定为普通的枢纽，但他认为它已成为军事枢纽和生态热点，即环境枢纽。

鲍里斯·威尔研究马尔代夫群岛的"大人物"政治和岛国性质。这种"大人物政治"已经牢牢掌控了这个庞大群岛的政治和经济生活。尽管伊恩·沃克认为阿里·姆福姆既不是商业巨头也不是政治人物，但考虑到几乎所有马尔代夫群岛中的各岛屿相对独立，威尔认为这些"大人物"在历史上充当了枢纽的角色。就互联互通而言，这些人既是节点又是中心，扮演着非常重要的角色。

伊娃-玛丽亚·诺尔在她的文章中描述了一种从疟疾发展而来的潜在的致命疾病，即地中海贫血，并说明了该疾病是如何影响马尔代夫整个社会的。服务业和财富在首都马累迅速兴起（这与鲍里斯·威尔关于节点和中心的论点有相似之处），医疗服务也同步整合到首都的枢纽功能中。因为在离岛地区只能获得有限的医疗服务，地中海贫血病人必须首先前往马累，再前往斯里兰卡和印度南部的医疗中心接受专门的治疗。就医疗而言，马累已成为连接内部和外部的枢纽，这显示了运动中的连通性。

本书最后一部分涵盖了对南亚和东南亚的广泛研究。利用考古和文献资料，历史学家沈丹森通过对古代中国文献的解读，介绍了中国人在5—15世纪如何看待斯里兰卡这个岛屿。这些资料显示孟加拉湾与中国间佛教和经济的交流，以及斯里兰卡与中国在10世纪以后的政治交流。最后两篇文章探讨了岛屿、港口城市和印度尼西亚群岛殖民历史和连通性等不同方面的话题。尤尔根·纳格尔将苏拉威西岛的望加锡视为一个独立的传统伊斯兰国家。后来，荷兰东印度群岛公司通过征服和殖民，控制了香料贸易，并将苏门答腊和爪哇与印度尼西亚东部较为分散的社会群体整合起来。他就望加锡在这种新的条件下如何继续作为区域中心发挥作用，特别是在奴隶贸易方面展开了说明。基贝特·冯·本达-贝克曼还把我们带到了安汶岛，她试图说明安汶岛如何从一个主要的香料贸易中心沦落为荷兰殖民政权重要的战略前哨地，直至最后成为独立国家——印度尼西亚。她讨论了一些与纳格尔相同的主题，将安汶岛的殖民历史与现在联系起来，帮助我们了解其在现代印度尼西亚和更广泛的印度洋岛屿世界中的地位。

综上所述，这些文章视角独特，在多个层面上与施奈培提出的重要分析法和方法论遥相呼应。此外，它们还提供了广泛的跨时间和空间的案例研究。我们认为这些论文都对印度洋研究的发展作出了重大贡献！

爱德华·阿尔珀斯

博卡德·施奈培

目录

第1部分 主题 / 1

1 概述 / 3
  1.1 "岛屿要素" / 3
  1.2 印度洋岛屿世界概览 / 4
  1.3 "枢纽要素" / 7
  1.4 "文化岛屿" / 11
  1.5 岛屿想象和其他现状 / 13
  1.6 海上的（非）运动性研究 / 17

2 岛屿之间的连通：西印度洋小岛的人、物、思想 / 23
  2.1 方法论的思考 / 23
  2.2 案例研究：科摩罗群岛 / 26
  2.3 马斯克林群岛及其海上延伸 / 31
  2.4 结论与存在的问题 / 33

3 印度洋小岛屿枢纽及连通性：历史人类学视角 / 40
  3.1 术语规范 / 40
  3.2 方法论：多样性、周期及关系 / 43
  3.3 概念：间歇性发展过程和不均衡的地方性知识 / 46
  3.4 历史和空间背景下的结构共轭 / 52
  3.5 结论 / 58

4 流离失所的旅客：印度洋世界的国家、流动和失踪 / 63
  4.1 引言 / 63
  4.2 失踪 / 64
  4.3 国家、流动、失踪 / 65
  4.4 包容和排斥的对比空间 / 67
  4.5 附属岛屿管辖区 / 68
  4.6 岛屿枢纽：（非）流动性 / 69
  4.7 结论 / 69

目录

第 2 部分 案例研究：斯瓦希里海岸与桑给巴尔 / 75

5 基尔瓦在西印度洋贸易中的重要作用 / 77
   5.1 欧洲的冲击（1500—1820 年） / 81
   5.2 19 世纪中叶的秘密奴隶交易 / 84

6 桑给巴尔：印度洋和 19 世纪世界的交接点 / 95
   6.1 桑给巴尔和 19 世纪的世界 / 95
   6.2 桑给巴尔与商品世界 / 97
   6.3 桑给巴尔的非物质世界 / 101
   6.4 结论 / 104

第 3 部分 案例研究：大洋中的群岛 / 113

7 "地方世界主义者"的中心：18 世纪初至 19 世纪路易港的移民与定居 / 115
   7.1 简史 / 115
   7.2 概念参数 / 116
   7.3 毛里求斯"例外论"？ / 117
   7.4 18 世纪成为"地方世界主义者"的中心 / 117
   7.5 19 世纪："地方世界主义者"中心的扩张 / 121

8 枢纽社会的建立：毛里求斯从停靠港到网络岛的发展之路 / 130
   8.1 引言 / 130
   8.2 海上枢纽 / 131
   8.3 早期的扩展和改进 / 132
   8.4 当今的"服务枢纽"：毛里求斯的愿景 / 136
   8.5 毛里求斯枢纽经济的当下"支柱" / 140
   8.6 扩展和枢纽内部转化 / 141
   8.7 结论：毛里求斯是种植园社会还是枢纽社会？ / 143

目录

9 孤立/互汇的岛屿:查戈斯群岛的互联互通性和分离性 / 148
   9.1   要避开的岛屿、要开发的岛屿、要掠夺的岛屿 / 149
   9.2   互联互通性和分离性:一个新兴的枢纽 / 152
   9.3   军事中心 / 154
   9.4   查戈斯人与外界的连通 / 156
   9.5   生态热点 / 160
   9.6   互联互通的、分离的与孤立/互汇的中心 / 162

10 马尔代夫群岛世界中的大人物政治和岛国性 / 168
   10.1   序章:岛际间的孤立性 / 168
   10.2   概述 / 169
   10.3   马尔代夫大人物起源 / 171
   10.4   大人物是中心 / 173
   10.5   大人物和群岛的政治划分 / 177
   10.6   大人物和基层平民 / 179
   10.7   挑战大人物 / 181
   10.8   结论 / 183

11 马尔代夫首都马累:流动的医疗枢纽 / 187
   11.1   引言 / 187
   11.2   血液联系的深层结构 / 188
   11.3   作为首都的一座小岛,从此岸到彼岸以及到更远的地方 / 190
   11.4   马累及其岛屿作为医疗中心的复杂性 / 192
   11.5   基因身份的产生和有风险的夫妻关系 / 193
   11.6   跨洋医疗旅行的障碍、路径和到达便捷的目的地 / 195
   11.7   新兴的马尔代夫医疗旅行文化 / 197
   11.8   结论 / 198

目录

第 4 部分　案例研究：南亚与东南亚 / 205

12　意外的互联互通：中国与斯里兰卡之交 / 207
  12.1　狮子国 / 207
  12.2　从狮子国到细兰 / 210
  12.3　岛屿枢纽 / 213
  12.4　结论 / 216

13　小岛屿世界的互联互通：论荷兰霸权下望加锡枢纽（苏拉威西岛）的重要性 / 222
  13.1　始于古老的传说 / 222
  13.2　香料贸易与伊斯兰化 / 223
  13.3　政治的转折点 / 225
  13.4　经济影响 / 226
  13.5　宗教的发展 / 227
  13.6　奴隶贸易的互联互通 / 228
  13.7　海参贸易的互联互通 / 229
  13.8　散居商人的枢纽 / 229
  13.9　小岛屿世界的枢纽：波纳特（Bonerate）/ 230
  13.10　图康伯西群岛 / 231
  13.11　印尼西部群岛 / 232
  13.12　结论 / 233

14　香料中心安汶——印度洋边缘地区的互联互通 / 239
  14.1　引言 / 239
  14.2　早期的区域香料贸易 / 239
  14.3　早期的欧洲商人 / 241
  14.4　荷兰东印度公司 / 244
  14.5　从私有公司到殖民地 / 248
  14.6　知识网络 / 249
  14.7　后殖民地时期的安汶关系 / 250
  14.8　结论 / 253

索引 / 258
作者简介 / 261

第1部分

主 题

概 述

博卡德·施奈培（Burkhard Schnepel）

1.1 "岛屿要素"（island factors）

千百年来，印度洋一直是各地商船通商易货的必经之地。往来的商船不仅搭载着各类人员和各种货物，还传播着动植物、思想意识、宗教礼仪、艺术流派、社会习俗、医学药物，以及政治体制、科学技术和语言文化。不幸的是，随之而来的还有废弃物和疾病的传播。历史学家、地理学家、人类学家、考古学家以及其他领域的学者对印度洋海上运输以及伴随而来的海上交易展开了积极广泛的研究，这些研究不胜枚举，[1] 揭示了海上运输生命体和非生命体的不同方式和模式，并从多个视角解读了这些"旅客"在旅程中的体验。迄今为止，印度洋研究为我们呈现了一幅极有参考价值的图景，展示了随着时间的推移，这些连通和交流形成了具有不同稳定程度的网络。总的来说，我们希望通过"运动中的连通性"[2] 这一概念，来理解和掌握这一领域的知识。

毫无疑问，对于这样一个历史悠久的广袤地区，还需要开展更多的合作研究。在其他研究领域中，我们仍然需要更深入地研究那些在人、物和思想的交流中发挥作用的地方及其居民，他们的社会文化、政治经济和心理特征也因这些交流活动而随之形成。以港口城市和某些岛屿为例，这些地方被称为"枢纽"，这意味着在交通运输系统网络中具有行动能力的节点，包括通过万维网传输信息和知识。作为"活动、区域或网络的有效中心"，枢纽是全球范围内人类、动物、金融、思想和其他事物汇合、联络和产生分歧的重要支点，同时也对这些活动所创建的联络起到了至关重要的支撑作用。因此，枢纽被认为是"运动中的连通性"的关键要素。为方便起见，我们可把发生在这些枢纽地区的活动称为"枢纽活动"。

本书着眼于整个印度洋的动态连通性，重点关注"岛屿枢纽"在历史上以及现今对印度洋区域的海上交流、传播以及网络所扮演的重要角色。爱德华·A.阿尔珀斯（Edward A. Alpers）在 2000 年发表的一篇文章中提出了"岛屿要素"概念（2009，39-54）。尤其在印度洋前现代经济史的研究中，他对"大陆视角"（2009，41）感到遗憾，认为它"只是顺便讨论岛屿"。事实上，他关注的重心是印度洋的非洲一侧，他认为："尽管许多学者确实认识到岛屿是印度洋世界中的一个重要因素，但尚未有人试图找出印度洋所有岛屿与东非历史之间的关联。"（2009，40）这一观点可以运用于对整个印度洋历史的研究。此外，阿尔珀斯的观察还可以用来突显学术研究中的空白，不仅仅限于历史，还包括人类地理学、社会人类学、政治和经济关系研究，以及对印度洋世界的地缘战略和军事层面的调查研究。

因此，笔者认为应该从阿尔珀斯的观察中得到启发，着手研究"岛屿要素"，即"这些岛屿数千年来在印度洋-非洲历史上已经并将继续发挥的不可或缺的作用"（Alpers 2009，54）。基于此，笔者建议以更全面的跨学科和系统性的方式对整个印度洋地区进行研究。在这项工作中，我们将关注印度洋中的那些被视为"小"的岛屿。然而，特别关注"小"岛屿并不意味着忽略如马达加斯加、斯里兰卡或苏门答腊等较大岛屿的重要性，这些岛屿将在随后的文章中提及。值得强调的是，我们研究"小"的概念，不仅从经验角度，还从方法论角度进行考量。我们还要考量岛屿大小的评判标准是否对岛屿研究造成影响，如果是的话，它是如何造成影响的？"小"岛屿不能仅仅按地理面积来界定，还可以根据其他标准来划分。在探讨印度洋岛屿互联互通的过程中，岛屿的身份认同和想象往往与小岛屿密切相关；相比之下，生活在马达加斯加或爪哇等大岛上的大多数居民很难体验到一般意义上的岛屿孤立感。[3]

本书由多名学者共同撰写完成，他们对印度洋特定岛屿的历史、社会文化、政治经济、地缘政治以及宗教等方面的研究造诣颇深。他们的研究特别关注岛屿枢纽在印度洋世界里的结构性和历史性作用。为了使读者能从整体上了解印度洋岛屿，并把岛屿研究置于一个更广的历史框架中，下一部分将会继续介绍印度洋岛屿，并阐释关于岛屿枢纽互联互通的理论和方法论问题。

1.2 印度洋岛屿世界概览

我们可以通过多重标准，以全方位、多视角的方法来设想印度洋岛屿的多样性和异质性。[4] 其中一个标准是依据其在海洋中的"位置"。从地球物理成因和构造来看，印度洋岛屿可分为三类：一类岛屿是通过珊瑚群数千年的生长而逐渐形成的，马尔代夫就是其中一个典型的例子；一类岛屿是由火山喷发而形成的，如留尼汪、科摩罗、北摩鹿加群岛（the northern Moluccas）；还有一类是花岗岩类型的岛屿，它们与大陆或次大陆的陆地分离，比如马达加斯加和斯里兰卡以及较小的岛屿，如亚丁湾（Gulf of Aden）的索科特拉岛（Socotra）和塞舌尔的部分地区。另一个标准是依据岛屿面积。大小在很多方面无疑具有重要性，但是岛屿的大小很难有一个绝对的判定标准，由于存在着许多不同尺寸的岛屿，很难确定较大和较小岛屿之间的明确界线，岛屿的大小无法进行绝对判断。但印度洋上的大多数岛屿（正如世界上其他海洋中的岛屿一样）[5]确实都是比较小的，因此，通过测量岛屿的尺寸和计算其面积，相对容易识别出那些非常大的岛屿。当然，此处必须提及世界上第三大岛屿——马达加斯加，其面积约为60万平方千米，人口约为2400万。其次，还有南亚的斯里兰卡以及东南亚的由苏门答腊、爪哇、婆罗洲（Borneo）和苏拉威西（Sulawesi）组成的大巽他群岛（Greater Sunda Islands）也可称得上是大岛。

为了进一步考虑系统化的可能标准，任何关于印度洋岛屿世界的经验性概述都可用来区分那些靠近大陆的岛屿和那些位于更远海域的岛屿。前一类岛屿包括沿东非海岸［也称为斯瓦希里（Swahili）海岸］延伸的众多岛屿，从北部的索马里一直延伸到南部现代民族国家莫桑比克的赞比西河入海口。很多岛屿及港口城市像蒙巴萨（Mombasa）、拉穆（Lamu）、基尔瓦（Kilwa）或莫桑比克距离大陆太近，以至于大多数地图所采用的比例难以将这些岛屿和大陆区分开来。换句话说，它们的岛屿属性很难在地图上显现出来。人们还在红海西岸附近发现了许多珊瑚岛，这些珊瑚岛类似于斯瓦希里海岸的近海岛屿。其中一些岛屿过去乃至现在仍然是该地区重要的港口城市，比如苏丹的萨瓦金（Suakin）和厄立特里亚（Eritrea）的马萨瓦（Massawa）。再往东走，由七个岛屿形成的大城市孟买仍然属于这一"海岸群"。而在印度西海岸以南区域，我们还找到了港口城市科钦（Cochin），几乎从未有地图标记它（或部分）位于一个岛屿上。同时，还有无数的小岛沿着孟加拉国、缅甸、泰国、马来西亚和苏门答腊的东南亚海岸向近海地区延伸。一些岛屿因旅游业兴起而为人所知，而另一些则一直鲜为人知。也有一些岛屿在历史事件中扮演了重要角色，例如马来西亚的槟城（Penang）及其港口城市乔治城（George Town）。与前文提到的这些沿海岛屿属于同一类型或具有类似特征的岛屿还包括：[7]

①位于河口的岛屿，如布兹河（the Buzi River）入口处的索法拉岛（Sofala）；

②位于靠近海湾的岛屿，如波斯湾的哈尔格岛（Kharg）或印度西北部的哈姆巴特湾（the Gulf of Khambat）入口处的迪乌（Diu）；

③"瓶颈岛"，波斯湾的霍尔木兹（Hormuz）或马六甲海峡东南端的新加坡是这一类别中最突出的代表。

如果再加上那些靠近大岛屿陆地部分的小岛，这个类别就更加完整了。例如，马达加斯加的拉格兰岛（La Grand Île）周围有许多紧邻其海岸的小岛，比如东北部的圣·玛丽岛（Île Sainte Marie）和西北部的诺西贝岛（Nosy Be）。

从距离大陆远近这一标准的其他方面来看，还是有很多群岛分散在印度洋各地，与任何陆地都有一定距离。在东南亚，马来群岛（Malay Archipelago）由大约25 000个岛屿组成，其中约18 000个岛屿（6000个岛屿有人居住）属于印度尼西亚共和国，人口超过了2.5亿。巽他群岛大致由西北向东南延伸，包括由巴厘岛、龙目岛（Lombok）、佛罗勒斯岛（Flores）和帝汶岛（Timor）组成的小巽他群岛。苏拉威西岛以东和新几内亚以西是由大约1000个岛屿组成的摩鹿加群岛,拥有大约200万居民,这里只提及北部较大的哈尔马赫拉岛(Halmahera)和南部的塞拉穆岛(Ceram)、摩鹿加群岛北部较小但有重要作用的德那地岛(Ternate)和提多岛(Tidore)以及南部的班达群岛(the Banda Islands)和安汶岛(Ambon)。

在印度洋西南的子区域,有三个群岛,即科摩罗群岛、塞舌尔群岛和马斯克林群岛(the Mascarenes)。这三个群岛除了在地理上相对邻近之外,还基于以下三方面原因形成了一定程度上的统一。第一,岛上的原始居民大多来自非洲,这一因素显著地影响了这些岛屿的人口结构,因此我们有理由将它们视为"印度洋上的非洲"。[6]第二,尽管这些岛屿经历了许多历史上的特殊情况和偶然事件,但最终都沦为法国的殖民地。[7]法国统治者在语言和文化、社会、政治、军事、经济和法律等方面带来的影响至今仍然十分明显。第三,种植园经济模式在这些岛屿上仍发挥着重要作用,这不仅决定了这些岛屿的经济命脉,还影响了人们的定居模式和当今的社会文化结构。科摩罗群岛包括大科摩罗岛(Grande Comore)、莫埃利岛(Mohéli)、昂儒昂岛(Anjouan)和马约特岛(Mayotte),是航海者可以利用季风风向到达和离开的印度洋最南端。马斯克林群岛由留尼汪、毛里求斯和罗德里格斯(Rodrigues)组成,这三个岛屿分别位于马达加斯加以东700千米、900千米和1500千米处。在17世纪欧洲人到达该群岛之前,马斯克林群岛尚未有人定居,因此,马斯克林群岛的人类历史基本上是殖民历史。这些岛屿不仅是欧洲东印度公司船只的中途停靠港,最终还发展成大规模种植园,这就意味着岛上需要输入大量的劳动力,18世纪输入的主要来源是非洲黑奴,而19世纪输入的则多是来自印度的劳工。现在的毛里求斯共和国是由毛里求斯、罗德里格斯和一些较小的岛屿组成的,其总面积超过2000平方千米,大约有130万居民。而留尼汪(约2500平方千米,83.5万居民)则选择接受法国的统治,成为法国的"海外省"(与科摩罗群岛的马约特岛一样)。查戈斯群岛(the Chagos Archipelago)位于马斯克林群岛东北方向1000多英里处,一直是英国殖民地毛里求斯的属地。在毛里求斯摆脱英国的殖民统治获得独立前不久,英国将毛里求斯附近的65个珊瑚岛及其周围海域划为"英属印度洋领地"(BIOT),此举至今仍颇受争议。[8]塞舌尔群岛的纬度与查戈斯群岛大致相同,即赤道南部附近,距东非海岸约1500千米,由分布在广阔海域的100多个岛屿组成。塞舌尔人口只有9万多,其中绝大多数居住在三个内岛,即马赫岛(Mahé)、普拉斯林岛(Prasline)和拉迪格岛(La Digue)。从人口和土地面积(约450平方千米)来看,塞舌尔群岛是最小的非洲国家,尽管它有130万平方千米的大型海洋专属经济区。

具有亚洲特色的两个群岛,分别位于印度和斯里兰卡西南海岸200～400千米处,即拉克沙(Lakshadweep)群岛和更南边的马尔代夫群岛。这两个群岛的绝大多数人口是穆斯林。尽管来自印度南部和斯里兰卡的移民在更早的几个世纪之前就开始在此定居，但其伊斯兰化进程始于 12 世纪。随着欧洲人的到来，这两个群岛先后被葡萄牙人、荷兰人和英国人占领。拉克沙群岛由 27 个珊瑚岛组成，其中只有 10 个岛上居住着 6.5 万说马拉雅拉姆语的居民。马尔代夫共和国由以 26 个环礁构成的 2 个岛链组成，其中包括近 1200 个珊瑚岛和小岛，向南北方向延展。其中大部分岛屿无人居住，许多岛屿仅为外国人经营的豪华酒店及其富裕客人享受阳光、沙滩和大海提供空间。迪维希语（Dhivehi）是属于印度 - 雅利安语系的一种语言，在近 40 万使用该语言的人中，大约有三分之一居住在马累。马累是马尔代夫的首都，也是世界上人口最密集的岛屿/港口城市之一。

印度洋东边的安达曼（Andaman）群岛和尼科巴（Nicobar）群岛与西边的马尔代夫和拉克沙群岛隔海相望。尽管这两个位于安达曼海的群岛早在中国唐代史料中已被记载，但它们从未被开发成一个常用的停靠港，更不用说成为一个重要枢纽了。在历史上的很长一段时期内，这些群岛上的土著居民，即旧石器时代的森帝纳尔人（Sentinelese）的后裔，以不愿与外界进行任何形式的定期交流或贸易而闻名。这些群岛地处偏远，与世隔绝。正是这一特性让其有了特殊的用途：在 19 世纪，安达曼群岛中的一个岛屿成为臭名昭著的监狱。如今，由大约 600 个岛屿组成的安达曼群岛和尼科巴群岛，其首府布莱尔港居住着约 40 万以印度教为主要信仰的居民。

在本节中，笔者尝试系统地介绍印度洋的岛屿世界，并对现有的众多岛屿进行归类排序，但仍然有许多岛屿尚未被提及。当然，任何力求更全面的系统化研究都必须周全考虑一些其他同等重要的区分和系统化标准，而这些标准超越了目前所应用的"地缘聚焦"这一研究视角。虽然在本节中，人口统计、社会、政治、经济和宗教以及历史结构和突发事件等只是顺带提及，但这绝不意味着它们对于系统性分析和理解印度洋岛屿世界无关紧要。本书的主要关注点在于探索那些对印度洋世界的航运交易、转换和联络起到了重要作用的方面和因素，以及岛屿枢纽在这些方面所发挥的重要作用和功能。本节的重点内容是地质和地理标准，这两个标准也确实构成了一些岛屿在印度洋跨区域互联互通中发挥作用的重要因素，而且这种作用仍在持续发挥。这并不意味着应鼓励人们采取任何形式的地理决定论。在这里所进行的社会文化、政治经济和历史调查中，有太多的其他因素需要考虑，而这些因素也使我们很难得出深层次的结论。因此，不妨让我们来探讨这些"枢纽要素"。

1.3 "枢纽要素"（hub factors）

并非所有的印度洋岛屿都能成为中途停留地，事实上，大多数岛屿都难以实现这一目标，更不用说成为区域和跨区域的重要岛屿枢纽了，只有少数岛屿成为备受追捧的避难和休憩的港口,然而,许多印度洋小岛具备成为中转港和枢纽的潜力,许多小岛也实现了这一点。或者,换个角度来看,印度洋世界中不少重要的港口城市和海上交流地点都是建立在小岛屿上(而不是位于大陆海岸的海湾或天然港口),这一事实导致人们认为,岛屿,尤其是小岛屿,特别适合成为海上关系网络以及物质和意识形态交流的节点。那么这个"特别之处"可能是什么呢?

首先,为了成为海上交易的重要枢纽,小岛屿需要建立港口,甚至发展成港口城市。小岛需要有一个天然的港口,或者至少有一个避风的海湾,并且一年中大部分时间,风向和洋流都适合通航。这些"自然生态"因素不仅对航运至关重要,还必须与有利的地缘战略和地缘政治地位相互转换结合,才能在最大程度上发挥作用。很多岛屿可以满足航海所需的各种条件,但由于它们不在航线上,就失去了成为枢纽的潜力。并且,如果岛屿本身物产匮乏,即使拥有良好港口和最佳航海条件,也可能无法实现其作为枢纽的潜力,最终像安达曼和尼科巴群岛那样慢慢淡出人们的视野。而一些物产丰富却不在主要贸易航线上的岛屿,通常只允当连接较长航线的中短程或中程路线的起始点,例如盛产玛瑙贝壳的马尔代夫和香料充足的摩鹿加群岛。因此,在帆船时代,人们一般先用当地船只将贝壳从马尔代夫运输到锡兰(斯里兰卡)、印度西南部和孟加拉国,再将它们转运到航程更长的洲际船只上。同样,来自北摩鹿加群岛和班达(Banda)群岛的肉豆蔻和丁香,首先被运送到两个岛屿枢纽,即安汶或苏拉威西(Sulawesi)的望加锡(Makassar),之后才被运送至最终目的地,最远达欧洲和中国。

但也有一些缺乏自然优势的小岛,仅仅因为它们处于航线上,就发展成为停靠港或中转港,比如印度尼西亚的廖内群岛(Riau Islands)和邦加-勿里洞省岛(Bangka-Belitung Islands),它们位于东部西加里曼丹(Kalimatan)(婆罗洲)和西部新加坡、马来西亚和苏门答腊之间的主要贸易路线的中心。另一个例子是位于也门首都亚丁以东 500 英里处的索科特拉岛,处在红海、阿拉伯半岛(Arabian Peninsula)和斯瓦希里海岸的交汇处。早在公元之初,索科特拉岛就被埃及、罗马、阿拉伯、海湾和印度的船只以及海盗们用作中途停靠站。然而,如果航海、经济、政治或其他历史因素的变化导致航线方向发生改变,或者由于技术进步而开辟出新的航线,那么一个潜在的枢纽岛屿可能会成为枢纽,而另一个原本具备这一功能的岛屿可能会失去枢纽作用。这后一种情况确实发生过。19 世纪下半叶,蒸汽船的引进和苏伊士运河的开通使科摩罗和马斯卡林群岛在印度洋的西南角逐渐失去枢纽的作用。这意味着当欧洲水手成功绕过好望角后,这两个群岛就失去了 16 世纪以来的枢纽地位。

在分析岛屿作为印度洋连通性枢纽的作用时,还必须考虑到的另一个重要方面是岛屿通常以群岛形式存在。一个群岛内的岛屿彼此之间有何关系?它们之间是否相对平等,还是它们之间的相互关系是层级的?它们之间是否存在分工?是否有一个岛屿占主导地位？如果是，是什么决定性因素使其能够取得这一地位？对于特定岛屿居民的自我认同来说，所需的"重要因素"是指大陆上的一个地方还是大陆本身，又或是可以从其海岸线上可以看到并且在一两天内可以到达的另一个岛屿？这也引发了一个问题，为什么人们选择在这些靠近大陆的小岛而不是在大陆上定居？在这种情况下，尤其是从9世纪开始，斯瓦希里商人以及后来的葡萄牙人、法国人、荷兰人和英国殖民者为什么选择了其中一些岛屿作为他们的居住地和据点，这是一个特别值得探讨的问题。是因为这些岛屿具备保护其居民的地缘战略能力吗？如果是这样，威胁是来自海上还是陆地上？或者，是否仅仅是出于实际的航海需要，还是存在其他考虑，或是受到新奇想法的驱使呢？非常值得关注的一个方面是，由于岛屿通常以群岛的形式存在，海上岛屿往来（或缺乏往来）的问题不仅涉及某一特定群岛的主岛与其他群岛或大陆的联系，甚至还涉及与跨洲际贸易目的地之间的连接性。一个群岛内岛屿相互之间的距离相当大，其航运服务的范围和价格的可负担性，一直以来都具有重要的实际和理论意义。[9]

此外，沃灵顿（Warrington）和米尔恩（Milne）提出了"帝国联系"（2007，385），他们认为："地缘战略特征是决定一个岛屿政治经济地位的最关键的因素，也就是说，其在周边地区的影响力是处于中心位置还是边缘位置。"（2007，384）[10]岛屿在过去和现在是否被认为属于欧洲或亚洲帝国的领土范围？如果是这样的话，这些归属岛屿是如何由从属他国转变为相对自治的呢？而这些海上强国会把一个被迫或自愿屈服于自己的岛屿置于何种位置，是势力中心还是势力外围？帝国或统治国家会将岛屿用作要塞、贸易中心、殖民地，还是仅将其建成种植园呢？是这些国家对岛屿自身的资源和领土感兴趣，还是出于海上安全考虑，控制重要的航线和交通？[11]

小岛屿的殖民历史与印度洋岛屿世界的大多数陆地地区没有太大的区别。从16世纪开始，来自伊比利亚半岛（the Iberian Peninsula）和北欧的海上强权逐渐增多，军事力量也变得更加强大，他们开始抵达印度洋岛屿。在这些殖民和帝国野心行动中，小岛屿扮演了特殊的角色。正如麦卡斯克（McCusker）和索亚雷斯（Soares）所言，岛屿在殖民活动中的这种特殊地位也受到了"西方关注"的影响，这种关注经常将岛屿想象为一个次等的、边缘化的或容易被统治的空间，用来实施殖民统治和组织殖民活动的地方。历史上，岛屿被视为一个理想的地点，甚至是一个实现殖民意愿的实验室（2011，XI）[12]。在这样偏远的岛屿"实验室"中，可以进行一些增进人类知识的实验和行动，但也存在着远非如此目的的活动。正如纽伊特（Newitt）（1992，3）所指出的，"小岛屿比大陆国家更容易被利用和滥用。岛屿的孤立性质吸引了一些浪漫主义者，但同时也为那些不法分子提供了庇护所。这些不法分子在岛屿上进行各种非法活动，如倾倒废物、洗钱、引爆炸弹或开采磷酸盐或沙子。由于这些行为在世界其他地方看不见，因此也不会引起其他地区的关注和关心。"[13]

印度洋世界的岛屿所经历的各种殖民历史自然也塑造甚至决定了它们的后殖民时期的境况。这些历史走向导致了岛屿的发展呈现出多样性，这种多样性最明显地体现在小岛屿目前展示的宪法地位的多样性上。有些岛屿已经融入了前殖民国家，或者至少与它们保持联系，比如留尼汪和查戈斯群岛[14]。其他岛屿则并入了大陆国家（自治程度不同，地位也不同），如桑给巴尔岛并入坦桑尼亚，拉克沙群岛和安达曼群岛作为"联邦属地"并入印度，槟城并入马来西亚。在这些过程中，一些群岛失去了其曾经拥有的地缘政治地位和社会文化凝聚力，马约特岛就是一个典型的例子，该岛选择"脱离"伊斯兰科摩罗联盟（Islamic Union des Comores），成为法国的海外省。一个岛屿也会发生内部分裂，东印度尼西亚的东帝汶岛（Timor）就是这样一个例子。除此之外，一些岛屿和群岛独立了，较大的岛屿包括马达加斯加和斯里兰卡，还有一些成了"小岛屿发展中国家"[15]，如科摩罗、马斯克林、塞舌尔和马尔代夫等群岛。相比之下，印度尼西亚是世界第四人口大国，也是最大的岛屿国家，[16]总体而言规模并不小。在经济方面，印度洋世界的一些岛屿仍然是世界上最贫穷的地区，而其他一些岛屿已经发展成为相对繁荣的经济体，如塞舌尔，此外，还有一些岛屿甚至非常富裕，其中最著名的是新加坡。然而，总体繁荣并不意味着这些岛屿的人口中不存在相当大的财富和教育差距。

在研究印度洋岛屿的"枢纽作用"时，皮尔逊（Pearson）提出了一个不可忽视的重要方面，即岛屿与东非港口城市之间的关联。他对以下三个概念进行了明确界定：首先是"近郊"（umland），指的是"直接与城市相连的周边地区，通常为城市提供食品"；其次是"海岬"（foreland），即"通过航运、贸易和客运与港口城市相连的海外地区"；最后是"腹地"（hinterland），指的是"从港口城市向内陆延伸，从近郊的尽头开始向周围地区辐射"。他通过观察得出结论："虽然所有城市都有近郊和腹地，但只有港口城市才有海岬。"（1998，67）而对于那些小岛，或至少对那些具有港口功能的小岛，可以这样说，虽然它们都有海岬以及近郊，但只有少数较大的岛屿才有腹地。[17]现在让我们来区分一下那些有近郊的岛屿和没有近郊的岛屿。贫瘠型无近郊的岛屿通常被迫不仅进口奢侈品，还需要进口居民日常生活必需品。在某些极端情况下，甚至还要进口淡水资源。然而，也有相当多的岛屿不仅有贝壳或海鲜等海洋产品可供出售，甚至还有适合农业种植的郊区地域。这些小岛实现了人口的自给自足，这种情况对政治经济的其他领域具有至关重要的影响。其中一些岛屿，如桑给巴尔岛，建立了大规模种植园，生产丁香、生姜、糖、咖啡、茶、橡胶等产品，以供出口全球；还有分别以生产棕榈油和香料而闻名的拉克沙群岛和班达群岛。近几十年来，一些原本以种植园经济为主的岛屿建立了自由出口加工区（EPZ），特别是纺织业（例如毛里求斯），或者将这些特殊的种植园作为旅游资源来开发，以缓解其对单一经济的依赖。

尽管对印度洋岛屿世界的研究主要集中在殖民地和后殖民时期的历史上，但同样重要的是应认识到各种不确定性可能以多种方式塑造或改变岛屿的命运。从像新加坡成为当今全球集装箱运输的领导者，到像迪戈加西亚岛（Diego Garcia）成为重要的美国军事基地，再到像巴厘岛成为旅游业的天堂，或者像安达曼或科科斯群岛（Cocos Islands）成为臭名昭著的监狱和拘留岛，还有落入拿破仑和英国双重统治的塞舌尔莫不如此。[18] 除了不可预见的偶然事件之外，对印度洋世界的研究可能会使那些坚持一种思想流派的学者们感到困惑。该思想流派认为，历史进程不仅受到"伟大人物"行为的影响，还受到次要群体活动的影响。然而，与这一前提相悖的是，岛屿居民的命运实际上往往是由那些被称为"大人物"的个人活动所决定的。在小岛上，个体（通常是男性）更有机会发挥作用。这些"大人物"往往是权势家族的创始人或代表，是岛上为数不多但有影响力的精英阶层，这些精英与岛外和殖民势力有关联，他们从内外两个方面影响着岛屿的命运。

1.4 "文化岛屿"

近几十年来，岛屿研究在实证研究和理论层面都取得了进展。在这里，我们可以借鉴相当多的专门研究和一般性研究。[19] 一项有说服力的研究成果可以佐证目前讨论的观点。托马斯·海兰·埃里克森（Thomas Hylland Eriksen）认为，岛屿居民一直活跃在广泛的沟通和交流网络中（1993）。因此，"在社会文化方面，岛屿不一定比其他地方更加孤立和狭隘"（Eriksen 1993，135）。如果岛屿最显著的特征之一，即其孤立性（强调岛屿作为孤立和独立实体的概念），并不适用于岛屿，那么岛屿的隐喻或孤立的社会模式又如何适用于人类学家和其他学者研究的更内陆的社区呢？埃里克森指出，一些对塑造现代社会和文化人类学起重要作用的研究集中在岛屿或岛屿群体上，如马林诺夫斯基（Malinowski）研究特罗布里恩群岛的《西太平洋上的航海者》（*Argonauts of the Western Pacific*）（1922）或玛格丽特·米德（Margret Mead）对萨摩亚的突破性研究（1928）。[20] 即使那些早期的社会和文化人类学家，如埃文斯·普里查德（Evans-Pritchard）、迈耶·福特斯（Meyer Fortes）、雷德菲尔德（Redfeld）以及其他不研究岛屿而研究陆地社会的学者，他们也将"他们所研究的"部落、村庄社区、亚种群体或民族群体视为岛屿，即将其视为在地理上和社会文化上都具有明确界限的单位。用埃里克森的话来说，就是："在某种意义上，社会人类学中的一个主导范式仍然将社会定义为'岛屿'，并把社会视为相对封闭的实体，其运作和发展主要依赖于内部因素和自身的规则和结构。这一观点从一开始就是错误的，应该被摒弃。"（Eriksen 1993，135）

20 世纪 90 年代初，有学者反对将社会和文化视为静态和封闭单位的"旧"观点，提倡关注过程、流动边界、互联互通的观点至今仍然是主流。而且，毫无疑问，源自"运动中的互联互通"项目的研究成果必须牢固地建立在特定的理论和方法论框架之内。然而，对社会或文化边界的"非本质化"和动态观点需要进一步的审视、完善或细化，而不仅仅局限于岛屿研究。埃里克森还强调："显然，尽管受全球化的影响，世界范围内的文化多样性依然存在显著的断裂，即各个文化是独立的。换句话说，存在着强大的抗熵机制（entropy-resistant mechanisms），阻止了文化和社会边界的溶解，这使得人类学家能够勾勒出我们依赖的边界，以研究文化差异和社会整合。"（Eriksen 1993，136）从行动者的角度来看，社会、文化、领地和生物单位被认为是非常重要的。这些单位被认为是基于共享的血缘或骨骼、神圣的共同领土、消化相同食物或呼吸相同空气的价值观，或者基于属于一个永恒的、被神选的群体的观念。大多数行动者都是坚定的本质主义者，他们巧妙地回避了反本质主义的人类学范式，他们所构建的现实或体系是在本质主义范式的基础上出现和运行的，并与之一致。当然，埃里克森充分意识到这个问题所涉及的模糊性和辩证法，因此在文章结尾处，他强调"孤立总是相对的"（isolation is always relative），以及"社会在某些重要方面保持一定程度的孤立，以保护其作为社会的身份"（Eriksen 1993，143）。在这个观点中，文化岛屿相对而动态地开放和关闭"排斥和包容的系统边界"（system boundaries of exclusion and inclusion），用于决定谁被排斥在外，谁被包容在内。

当涉及研究印度洋世界的小岛屿时，人们立即意识到这些文化岛屿的特殊，因为它们是字面意义上的岛屿（literal islands），需要特殊的方法和理论来分析。如果我们研究的一个文化岛屿恰巧是一个实际地理意义上的岛屿，那么笔者所概述的方法会有何不同？遗憾的是，在埃里克森的观点中，这个关键问题被忽视了，尽管毛里求斯是发展他的论点以及他对"隐喻性岛屿"（metaphorical islands）和"字面上的岛屿"（literal islands）（Eriksen 1993，135）的区分的理想案例。究竟是什么使一个岛屿不仅成为一个文化岛屿，而且还位于一个实际的地理岛屿上？小岛屿上塑造和重塑社会、文化、宗教、经济、政治和其他边界的相互作用是否揭示了需要考虑的特定特征？

埃里克森用"抗熵机制"描述本土化力量之一，这种力量能塑造和影响岛屿的社会、政治、经济乃至地理特征和自然资源，人们对岛屿的认知和期望由岛屿当地居民和全世界各地的人们共同持有和表达。[21]换而言之，人们对岛屿的构想和期盼影响着岛屿的实际状态和发展走向。如果那些与岛民打交道的人或者岛民自己都认为他们是孤立的岛民，过着与世隔绝的生活，会怎样呢？如果对岛屿封闭性（insularity）和孤立性（isolation）的构想塑造了某个岛屿的社会、文化、经济、政治、宗教和心理特征，并在其内部和外部互动中产生影响，会发生什么呢？埃里克森在其文章《毛里求斯人和岛屿封闭性》（"Mauritians and Insularity"）

中讨论了这种可能性并指出"毛里求斯的主要孤立形式很大程度上是由于个人在各个方面积极寻求形成封闭身份的结果"。换句话说，他们有意识地渴望被孤立（Eriksen 1993，141）。埃里克森继续阐释其观点，他认为毛里求斯内部的各个群体在种族方面彼此区分。但是，他并没有意识到毛里求斯人（以及其他岛屿的居民）可能会将自己与某个大陆或其他岛屿区分开来，形成岛屿的身份认同。

这正是需要深入研究的关键点。印度洋小岛屿的居民如何将自己的岛屿视为岛屿并相应地行事？此外，作为一个岛屿的经历，无论是在地理和地缘政治方面，还是在日常意识中生活在一个岛屿上，如何影响和塑造了岛民的生活模式以及岛屿在印度洋连通活动中的角色？有意识地保持岛屿身份并在某些特定方式上寻求隔离的意愿，如何与岛民和岛屿与外界建立联系的非凡能力相一致？

1.5 岛屿想象和其他现状

所有人类社会，即使是那些位于偏远小岛屿上的社会，都是既开放又封闭、既相互联系又相互孤立的。这种状态是相对的，而不是绝对的。两极之间的运动充满了争议和紧张、制约和机遇、矛盾和模糊。岛屿生活也受到这些动态的影响，并经历争议、紧张、限制、机遇、矛盾和模糊之处。然而，由于地质、生态、地理和历史等因素在塑造岛屿生活方面的独特组合，这些动态可能以一种独特而具体的方式在岛屿生活的背景下显现出来。借用沃林顿（Warrington）和米尔恩（Milne）的观点："地理趋向于孤立：它允许或倾向于自给自足、独特性、稳定性和内生推动的演化。另一方面，历史趋向于接触：它允许或倾向于依赖（或相互依赖）、同化、变化和外生推动的演化。"（2007，383）因此，小岛不仅是特殊的生物群落［自从查尔斯·达尔文考察澳大利亚科科斯群岛（Cocos）或苏门答腊岛西南的基林群岛（Keeling Islands）等岛屿之后，这一点才广为人知］，而且是在社会包容和排斥过程中特殊的"社会群落"（sociotopes）。岛屿的特殊性不仅仅产生于岛屿的字面意义，其中包含所有生物地理学和历史相关问题，它也产生于岛屿现实和岛屿想象的结合和融合。

岛屿不仅仅具有地理特征，它们还作为想象的空间，在人类想象中唤起各种思想、情感和联想，其重要性并不仅限于欧洲人的观点或信念。[22]岛屿的两个方面，即事实和概念、字面和隐喻、真实和意象，相互关联且相互依存。一方面，特定岛屿或岛屿总体的自然和物理特征塑造并影响着我们对岛屿的概念和构想。另一方面，我们对岛屿的概念化也是真实存在的，并受到社会、文化、政治、经济和心理因素的影响以及欲望和意图的驱动。在岛屿的背景下，这些想象构建找到了适合其强烈渴望的物质表达和实现的模型。这些概念和想象也在很大程度上促成了岛屿现实的形成。

毋庸置疑，岛屿在其物理特征和人们的感知方式上具有复杂而矛盾的性质。一方面，它们常被视为宁静的世外桃源，与天堂和伊甸园的概念相关联。在这种想象中，岛屿及其海滩成为全球企业巨头的投资目标，也吸引着来自本土和世界各地寻求独特岛屿体验的游客。另一方面，尽管岛屿远离喧嚣的世界，似乎是隐居和休憩的理想之地，但它们也可以被用作监狱（罗本岛、安达曼群岛），或者作为难民或寻求庇护者的拘留场所（如澳大利亚的圣诞岛）。此外，在历史上岛屿还被用作诊断为麻风病或其他疾病的人的强行流放地，或者作为遇难船只的遗址，以及因各种原因被船只遗弃的人的滞留地。[23]

下面，笔者将介绍五种典型的岛屿概念：①孤立性；②尚未开发的"无主领土"；③文化多样性；④阈限性；⑤有限的地理区域。这些特点都与岛屿的互联互通息息相关。可以认为，正是岛屿想象和现实因素的相互作用使得岛屿有潜力成为枢纽或最终发挥枢纽的作用。

1.5.1 孤立性

在对岛屿的假想中，最突出也是最自然的要素之一就是岛屿的孤立性。孤立性和封闭性意味着一个地区、一个人或一个群体在地理上和文化上与世界或人类其他部分分离或疏远，强调了与外界隔离或断开联系的概念。对于岛屿而言，距离的概念是指存在某种障碍或空隙，这些障碍通常是水；如果我们要前往一个岛屿，就需要克服这些障碍。因此，岛屿的孤立性不仅以千米或海里来衡量，也适用于那些靠近大陆的岛屿。即使岛屿地理上靠近大陆或通过桥梁或堤道相连，事实仍然是岛屿四面环水，形成了自然屏障。这个自然屏障并非不可逾越的障碍，而是可以被穿透或越过的，使得孤立性就像封闭一样成为一个相对的甚至是不必要的概念。到达一个岛屿所需的旅程不仅仅是与岛屿的距离有关，还与将其与世界其他地方隔开的海水性质以及可用的交通技术有关，比如水深吗？有强大的水流吗？是否有鲨鱼、暗礁或海盗？退潮时能游泳或步行通过吗？有桥梁将岛屿和大陆相连吗？

前往一个遥远的孤岛，找到它（通常需要经过长时间航行才有可能发现其踪影），并安全地靠近其狂风肆虐的海岸，需要一些技术设备，比如一种浮动船只。同时，还要掌握一些技能，例如能够驾驶集装箱运货船，能够通过观察星象和鸟的飞行模式预测气流和洋流，会使用指南针、地图以及有能力分析计算机图标数据。然而，一旦抵达岛屿的岸边，获得进入权限可能会在技术上具有挑战性甚至危险。此外，进入权限往往在政治和军事上受到管制和限制，由那些最先到达并定居那里或随着时间的推移获得地方优势的人来决定。一些后来抵达该岛的人可能会获准进入岛屿经商甚至在岛上定居，而另一些人则不能享有这种特权。通常情况下，为了进入岛屿并进行贸易或定居，必须通过各种方式获得权限，比如缴纳关税或港口费。而对于海盗而言，如果想要在岛上安顿下来，则必须上交自己的武器、财宝以及奴隶。[24]此外，偏远的孤立岛屿必须通过与外界建立定期和持续的信息交流来确保其生存。岛屿的实际或想象中的孤立状态需要并导致了各种人类技能、活动和人机交互技术的出现和发展，这些要素对于建立和维持印度洋岛屿连通性至关重要，并在使岛屿能够作为一个中心点，为各种互动、交流和网络提供服务方面发挥着重要作用。[25]

1.5.2 尚未开发的"无主领土"

巴尔达奇诺（Baldacchino 2007, 6）写道："岛屿在当代依然具有吸引力或迷人之处的一个重要因素在于它是无主领土，即等待和渴望被占有的空间：岛屿被视为人类项目的潜在实验室，个人或团体可以自由地思考和行动；实验室不设限制和约束，为理论探索和实践实验提供了平台，允许以不同形式开展各种项目的研发和实现。"将岛屿视为实验室的这种观察，已经与西方殖民的"凝视"联系在一起，使岛屿的殖民历史变得特殊，这不仅适用于当代的岛屿幻想，而且在殖民历史中也有重要的意义。事实上，在人类历史上相当长的一段时间里，印度洋上的许多岛屿是无人居住的，也被视为是无人占领和管辖的，类似于自由海洋原则适用于开放的公海。[26]马斯克林群岛及类似的群岛被视为地球上仅存的几个适合人类定居的地方。这些岛屿的原始自然状态，无论是真实的还是被认为是真实的，以及它们的孤立和隐蔽性，使它们适合被转变为个人化的空间，摆脱外部或已存在的内部权力结构的限制。这就是为什么岛屿一直吸引着那些对社会、文化、宗教和政治生活抱有乌托邦式和异托邦式设想的人，他们希望将岛屿作为实现这些想象的实验场所，另外，一些人选择在岛屿上建立永久居住地，希望能够自由地从事贸易、建立联系和与他人互动，不受任何限制。

1.5.3 文化多样性

印度洋的众多岛屿聚集了来自不同地域和背景的居民；无论是近处还是远方，在一段时间内他们一同乘船或分批抵达，并在岛屿上建立自己的居住地。每个人带来了各自独特的文化、宗教、语言、管理以及共同生活的理念。在考察岛屿的人口特征和构成时，人们发现它们并不像常常被认为的那样以近亲繁殖、同质性和一致性为特征。相反，岛屿有着良好的机会，甚至可以说比许多大陆地区更有机会发展成为文化多样、国际化和对世界开放的地方。阿尔珀斯强调了这一观点，他指出，"印度洋岛屿上特有的文化、传统和语言的卓越融合"（Alpers 2009, 42）。同样地，皮尔逊指出岛屿是各种文化影响汇聚的肥沃土壤，从而形成了丰富多样的传统、语言和风俗的交织之美（Pearson 1998, 38）。然而，两位作者都毫不掩饰地承认，不同文化、宗教、语言等之间的相遇和互动很少在没有权力动态影响的情况下发生。那些来到岛上的人具有不同的身份和不平等的地位：同一艘船上搭载的既有高种姓的婆罗门教徒，也有贱民；既有有权有势的统治者，也有平民百姓；或者在极端不平等的情况下，既有白人种植园主，也有黑人奴隶。在阿尔珀斯看来，岛屿并非乌托邦式的平等共同体的典范，而是"西南印度洋出口奴隶贸易崛起的绝对核心"（Alpers 2009，49）；同时，也是奴隶进口的重要地点，比如荷兰爪哇和法国马斯克林群岛的种植园经济案例。19世纪废除奴隶制后引入的契约劳工制度，至少在涉及岛屿上的社会等级和政治经济不平等方面，代表了一个相似的情况。[27]

但是，即使在这些不同群体之间的政治经济和社会地位没有显著差异的情况下，仍然会因为获取岛屿有限资源的优先权利而引发冲突和争议，这些资源主要包括海湾、天然港湾、港口、海滩等，它们构成了岛屿对外来人员和物资的流通（和转化）的控制。一些关于资源的争夺导致了较弱群体（尤其是土著群体）的被驱逐或灭绝。另一方面，一些情况下，次要群体被置于或完全融入了岛屿的主导政权之下。这种同化或从属关系在独立的印度尼西亚的各个岛屿上都有所观察到。最后但并非最不重要的是，在某些情况下，持续的争论和纠缠不清的历史导致了上述社会文化的交叉融合，从而导致了多语言、多文化，甚至国际化的岛屿人口的出现。在那些确立了"多元统一"原则并重视人口的文化多样性的地方（如马约特、留尼汪和毛里求斯等地），这种多样性可以被视为一项宝贵的资产。它在与外界的互动和控制岛屿与世界之间的商品流动方面发挥着重要作用，这对岛屿的发展和与世界的接触有着积极的影响。

1.5.4 阈限性

根据维克多·特纳（Victor Turner）在1969年提出的阈值概念，大多数印度洋岛屿在地缘战略位置上既不是边缘的，也不是边际的，而是处于阈值状态（liminal），具有在各种地缘政治动态和互动中发挥关键作用的潜力。在这种状态下，这些岛民可能会发现自己处于一种尴尬的、介于两者之间的位置，一种不稳定的状态，必须小心平衡。然而，阈限性也可以转化为具有战略意义和可利用的资源。比较岛屿与至少两个不同的海岸线时，阈限性的概念表明岛屿和岛民具有体现和利用"两者都是"或"两者都不是"的宝贵能力，这意味着他们可以接受并从他们的中间状态中获益。一些印度洋岛屿上居住着来自非洲和印度的移民，因此，这些岛屿迟早会成为"有色人种"和"克里奥尔人"的居住地。这些移民的存在，以及他们的背景、成长环境、身体特征、宗教信仰、社会文化身份、历史认同和思维方式等都受到来自两岸文化和种族的融合的影响。当我们考虑这些更广泛类别下的各种子群体时，所讨论的整体情况变得更加复杂。从这个意义上说，阈限性是一种促进互联互通的积极因素。印度洋小岛屿的阈限性以及由此带来的成为中心的潜力，既是地理上的，也是人口上的。

1.5.5 有限的地理区域

岛屿，尤其是小岛屿（Baldacchino 2007，4），具有独特而明确的地理特征并自成一体，因此被视为可以轻松管理、理解和相对容易控制的封闭单位。岛屿的这种特质构成了岛屿想象与岛屿现实相结合的重要方面，使岛屿的潜力越发突显，并进一步促进甚至形成了岛屿连通性的基础。印度洋小岛不太大，可以轻松地步行环岛或船只环绕，通过探索和体验小岛，人们感觉小岛更容易接近和更易于管理，并从仅仅作为中途停留的"地方"变成具有深层次的意义和价值的区域。[28] 有限的地理区域，比如那些典型的小岛（以及被沙漠环绕的绿洲），有更大的潜力发展完善的内部组织和内在生活，这种有结构和意义的系统对于有效治理这些有限的地理区域是有益的。这种岛屿的可治理性确保它们有效地成为各种活动、联系或服务的中心。[29]

孤立性，现在被毫无疑问地理解为潜力而非缺陷，它不会阻碍岛屿在建立和维持印度洋地区的连接性中发挥积极作用；相反，它促进了这一点。一方面小岛具有封闭性或孤立性，而另一方面它又有连接性与世界性，即具有与不同文化和思想相联系和开放的属性；这两个特征并不完全相反或矛盾，而是彼此依赖、相互关联的。简而言之，孤立性并不对全球性有害，而是其不可或缺的一部分。这并不是因为岛民感到迫切或强烈地渴望摆脱他们的孤立和"与孤立作斗争"，有如埃里克森（1993，142）所主张的那样，相反，正是这种积极想象和实际的孤立性为岛屿成为枢纽中心提供了强大的潜力和基础。

1.6 海上的（非）运动性研究

在以"运动中的连通性"概念为指导的研究中，岛屿和港口城市与其说被视为网络、流动、运输和传播的基本要素和先验基础，不如说被看作是它们之间关系互动的结果，也就是作为不断定义、重新定义、塑造、创造和甚至能够逆转其先前结构变化的新兴产物。作为关系过程的相对稳定的结果，港口城市和岛屿枢纽（在这里，显然被视为具有意向性的地方和人群）无疑可以实现自身的某种稳定性和主动性，从而成为参与海上活动的众多其他人类和非人类参与者相互作用中的重要角色。然而，所有这些都是多元化人类和非人类元素以及行动者之间动态、不断演变和不确定关系的结果。因此，我们所提出的"运动中的连通性"这一意义更关注的是"建立互联互通的关系"的活动和过程，而不是"网络"本身。这一概念关注的是要素之间关系的变化、现有要素内部的变化、新要素的构成以及随着不断变化、不断扩展或缩小的网络而消失的旧要素。在这个框架内,对于"运动中的连通性"的研究也关注那些受到影响或冲击的元素,而不仅仅是主动影响的元素。因此,它也考虑到这些过程中的"被动者",而不仅仅是"积极行动者",并且它研究了在历史和空间背景中权力和苦难的动态辩证关系。

岛屿是可以适度抑制任何对流动、持续流动和流通进行过度赞美的地方,这种赞美在过去几十年间已经渗入了人文学科、社会科学和历史科学。在一本被认为是"流动性研究"催化剂的重要出版物中,克利福德(Clifford 1997)睿智地强调了所谓的"旅行文化"的研究本质上涉及对旅行和居住之间相互作用的审视。换句话说,总有一些人选择定居生活或不得不定居某处。事实上,那些不流动的个体或群体的存在对于那些能够移动或重新安置的人来说是重要的或不可或缺的。当提出反对持续运动或"流动"观念的论点时,可以引用萨拉扎尔的《反对流动》中的观点:

> 当描述人、物和思想是如何在世界上流动的时候,如果我们选择时髦的流动意象(the fashionable imagery of flows)是不合适的。全球力量显然不是中立的,而是受制于经济特权和政治活动的。……青(Tsing)提醒我们"流动是通过政治和经济刺激的流动",并促使学者们关注"错过的相遇、冲突、失误和困惑,它们与简单的'流动'一样,也是全球联系的一部分"(2000,338)。同样,弗格森(Ferguson)认为,"全球"不会"流动"从而连接和带动毗邻的区域;相反,它是跳跃的,其有效地连接网络中的包围点,同时排除点与点之间的空间(2006,47)。(Salazar 2010,8)

过分强调运动、流通和持续流动,可能会导致忽视那些人、物和思想过去和现在停止的地方和时间,以及存在阻碍和停滞的地方和时间的危险。

此外,同样重要的是,这种过分关注流动性会忽视那些重要的时空点,这些时空点是事物重新开始流动的关键时刻,事物在这些地方重新开始流动或经历变化,甚至会出现像弗格森(Ferguson 2006)所说的跳跃或飞跃。在这种情况下,需要确定历史和空间中的"起跳点"(jumping off points)。是什么具体的激励或重要力量促使人、物或思想的运动或变化(或阻止它们改变)?一个飞跃能够达到何种程度?它是否够保持其动力并在时间和路径上持续进展,就像成功地将石子在水面上掠过一样?简言之,我们需要一种能够突出(非)流动性中关键时刻的"起跳点"视角[30]来理解和分析印度洋中的连通性。

在对印度洋世界的小岛屿进行研究时,结合这些理论和方法论的思考背景,人们可以获得宝贵的经验、理论和方法论洞见。这些洞见有助于更好地理解更广泛的主题,诸如散居生活方式、新"克里奥尔"空间和社群的形成、殖民主义、帝国扩张、后殖民主义、海上流动性、移民历史、强迫劳动和种植园社会制度、远距离网络化、枢纽及其内部运作、社会文化交流和适应、全球化、流动性研究以及"运动中的连通性"等。在对岛屿和岛屿研究的重要性进行了基本而全面的分析阐述之后，现在是时候以更具体和实证的方式来看待岛屿了。我们需要考虑地理、历史和岛屿想象的交汇点；研究岛屿居民对自己作为岛民的认知以及他们自己和他人对岛屿生活的认同；探讨他们的社会文化和政治经济制度；聚焦他们的生活方式、习惯、心态和宗教；研究岛屿之间、大陆海岸和世界之间的关系；探讨小岛屿在印度洋连接性中的重要作用；并追问所有这些因素是如何产生、相互作用、发展或变化的。

注释

1. 关于最近的研究，请参阅 Alpers（2014），Barendse（2002），McPherson（1993），Pearson（2003）以及先驱 Toussaint（1996）。
2. 这个概念的进一步解释将在本概述的末尾处给出。近年关于连通性和流动性问题的研究包括 Pearson（2015）和 Sheriff and Ho（2014）。
3. 有关小岛屿的"重要性"，请参阅 Hintjens and Newitt（1992），Royle（2007，42-43）；Hannerz and Gingrich（eds. 2017）。
4. 就整个印度洋岛屿世界而言，迄今为止最全面的研究是 Guéborg's（1999）。虽然许多关于印度洋个别群岛和岛屿的研究都比较零碎，但其增进了我们对这一主题的认知，如 Chandra、Arunchalam 和 Suryanarayan（1993），Gupta、Hofmeyr 和 Pearson 的最后一部分（2010，275-360），或者最近的 Sellström（2014）。
5. 见 Baldacchino（2007，2）。
6. 见 Sellström（2014）。奇怪的是，毛里求斯岛现在几乎有 70% 的人口是印第安人。
7. 法国还声称拥有一些更小的岛屿的所有权，这些岛屿被称为"分散群岛"，位于莫桑比克海峡和马达加斯加北部的两个珊瑚小岛上，法国在这些岛屿上设立了军事哨所。
8. 他们把其中的一个名为迪戈加西亚的岛屿租给了美国，美国在那里建立了印度洋上最大的海军和空军基地，而岛上所有的原住民（查戈斯人）被迫离开。
9. 这也指出了群岛人口从外围向中心内部迁移的问题，正如 Newitt（1992，12-13）和 Hintjens and Newitt（1992）在他们的文章中特别指出的那样。
10. 受 Wallerstein（1974—1989）或 Beaujard（2012）的世界系统理论启发，区分"核心""半外围"和"外围"有助于为动态的、有时令人困惑的整体图像带来秩序，但它的缺点是，小岛总是作为外围出现，它们提供的基本枢纽功能可能因此被忽视。
11. 关于这些观点的更详细的讨论，请参阅 Warrington and Milne（2007，特别是 398～415 页）。
12. 斯托瑞（Storey，1997）曾表明，在制糖作物科学和生产此类作物所需的后奴隶制劳动力方面，毛里求斯是一个代表性的"实验室"。
13. 格罗夫（Grove，1995）对小岛屿在欧洲殖民中的重要想象和实际作用进行了实证研究。
14. Hintjen and Newitt（1992）所著的书中有几篇文章论述了法国和英国过往在印度洋以及其他海洋的殖民小岛屿的不同处理方式。

15. 这一类别是在 1992 年联合国环境与发展会议上创建的,并被选为特别类别。
16. 就印度洋较大的岛屿而言,马达加斯加和斯里兰卡如今已是独立的岛国,而苏门答腊、爪哇和苏拉威西岛则属于印度尼西亚。相比之下,婆罗洲内部分裂为三个国家,即马来西亚、印度尼西亚和文莱,只有文莱完全位于岛上(并且是婆罗洲上唯一的独立国家)。
17. 这里我们可以补充一些有趣的例子:一些小岛群,如蒙巴萨或迪乌,没有腹地,甚至没有郊区区域,但附近的大陆上却拥有这些类土地。
18. 关于后一个群岛的详细信息请参阅 Sellström(2014,270 – 271)。
19. 请参阅 Baldacchinoe(2007)、Clark(2001)、Edmond and Smith(2003)、Hintjens and Newitt(1992)、McCusker and Soares(2011)、Skinner and Hills(2006)、2006 年出版的《岛屿研究杂志》(*Island Studies Journal*)上的众多文章以及 2015 年开放存取的期刊《城市岛屿研究》(*Urban Island Studies*)。另见《突发事件:媒介和复合文化研究杂志》(*Emergences*:*Journal for the Study of Media and Composite Cultures*)(2000 年第 10 卷第 2 期)一期关于岛屿的特刊。
20. 我们可以将拉德克利夫·布朗(Radcliffe Brown)的《安达曼群岛》(*Andaman Islands*)(1922)和雷蒙德·费斯(Raymond Firth)的提科皮亚研究(1936)添加到这一名单中。
21. 在这里,笔者使用"imaginary"这个词,是为了构成一个连贯的关于人或物的社会持有和共享的想象集合,请参阅 Salazar(2010,5 – 13)。
22. 关于岛屿对欧洲思想(从荷马到现代旅游)的影响的博学而深刻的讨论,见 Billig(2010)。
23. 关于这一观点请参阅 Royle(2007,50)。
24. 见 Schnepel(2014)。
25. 关于这些观点,见 Billig(2010,20 – 21)。
26. 即使这些岛屿实际上不是无人居住的,水手们和新来的定居者也会把这些岛屿视为由他们开发和管理的区域,仅仅因为没有人阻止他们这样做。班达群岛(现在的印度尼西亚)就是这样的一个例子,古代的班达群岛的原住民太弱小,至少在海事方面是这样,因而无法阻止穆斯林、葡萄牙人和荷兰籍商人和统治者掠夺这块区域。
27. 霍夫梅尔(Hofmeyr)确定了"印度洋研究的一个大方向"(2007,9),基于"岛屿是印度洋奴隶制和契约制的缩影"(同上)的研究,进行这些研究的学者有 Carter 和 Torabully(2002),他们试图"将这些岛屿理解为'克里奥尔'空间,理解为没有建立国家的人种历史,即一种欧洲、非洲和亚洲传统激烈地融合在一起的超加勒比模式"(Hofmeyr 2007,9)。
28. 参阅 Ingold(2009)。
29. 关于"岛屿治理",参阅 Warrington and Milne(2007)。
30. "saliency"和"salient"这两个词现在经常用于表示某物或某人具有重要意义。而这两个词的拉丁语"salire"和"saliens"可能会使我们重新认识到:流动性所展示出来的跳跃的性质,在这里可以用"突出点"一词来表达,德语中的表达为"der springende Punkt"。

参考文献

Alpers,Edward A. 2009. *East Africa and the Indian Ocean.* Princeton:Wiener Publications.

——. 2014. *The Indian Ocean in World History*. Oxford: Oxford University Press.

Baldacchino, Godfrey. 2007. "Editorial: Introducing a World of Islands." In *A World of Islands*, edited by Godfrey Baldacchino, 1 – 32. Prince Edward Islands, Canada: Institute of Island Studies.

Baldacchino, Godfrey, ed. 2007. *A World of Islands*. Prince Edward Islands, Canada: Institute of Island Studies.

Barendse, Rene J. 2015 (2002). *The Arabian Seas. The Indian Ocean World in the Seventeenth Century*. Abingdon: Routledge.

Beaujard, Phillippe. 2012. *Les Mondes de l'Océan Indien*, 2 vols. Paris: Armand Colin.

Billig, Volker. 2010. *Inseln: Geschichte einer Faszination*. Berlin: Matthes & Seitz.

Carter, Marina, and Khal Torabully. 2002. *Coolitude: An Anthology of the Indian Labour Diaspora*. London: Anthem Press.

Chandra, Satish, B. Arunachalam, and V. Suryanarayan, eds. 1993. *The Indian Ocean and Its Islands: Strategic, Scientifc and Historical Perspectives*. New Delhi: Sage.

Clarke, Thurston. 2001. *Searching for Paradise*. New York: Ballantine Books.

Clifford, James. 1997. *Routes: Travel and Translation in the Late Twentieth Century*. Cambridge: Harvard University Press.

Edmond, Rod, and Vanessa Smith, eds. 2003. *Islands in History and Representation*. London: Routledge.

Eriksen, Thomas Hylland. 1993. "In Which Sense Do Cultural Islands Exist?" *Social Anthropology* 1: 133 – 147.

Ferguson, James. 2006. *Global Shadows: Africa in the Neoliberal World Order*. Durham: Duke University Press.

Firth, Raymond. 1936. *We, the Tikopia: A Sociological Study of Kinship in Primitive Polynesia*. London: George Allen and Unwin.

Grove, Richard. 1995. *Green Imperialism: Colonial Expansion, Tropical Island Edens and the Origins of Environmentalism*. Cambridge: Cambridge University Press.

Guébourg, Jean – Louis. 1999. *Petites îles et archipels de l'Océan Indien*. Paris: Karthala.

Gupta, Pamila, Isabel Hofmeyr and Michael Pearson, eds. 2010. *Eyes Across the Water: Navigating the Indian Ocean*. Pretoria: Unisa Press.

Hannerz, Ulf, and Andre Gingrich, eds. 2017. *Small Countries: Structures and Sensibilities*. Philadelphia: University of Pennsylvania Press.

Hintjens, Helen M., and Malyn D. D. Newitt, eds. 1992. *The Political Economy of Small Tropical Islands: The Importance of Being Small*. Exeter: University of Exeter Press.

Hofmeyr, Isabel. 2007. "The Black Atlantic Meets the Indian Ocean: Forging New Paradigms of Transnationalism for the Global South. Literary and Cultural Perspectives." *Social Dynamics* 33:3 – 32.

Ingold, Tim. 2009. "Against Space: Place, Movement, Knowledge." In *Boundless Worlds: An Anthropological Approach to Movement*, edited by Peter Wynn Kirby, 29 – 44. Oxford: Berghahn Books.

Malinowski, Bronislav. 1922. *Argonauts of the Western Pacifc*. London: Routledge and Kegan Paul.

McCusker, Maeve, and Anthony Soares. 2011. "Introduction." In *Islanded Identities: Constructions of*

Postcolonial Cultural Insularity, edited by Maeve McCusker and Anthony Soares, xi-xxviii. Amsterdam: Rodopi.

McCusker, Maeve, and Anthony Soares, eds. 2011. *Islanded Identities: Constructions of Postcolonial Cultural Insularity*. Amsterdam: Rodopi.

McPherson, Kenneth. 1993. *The Indian Ocean: A History of the People and the Sea*. Delhi: Oxford University Press.

Mead, Margaret. 2001(1928). *Coming of Age in Samoa: A Psychological Study of Primitive Youth for Western Civilisation*. New York: Harper Perennial.

Newitt, Malyn. 1992. "Introduction." In *The Political Economy of Small Tropical Islands: The Importance of Being Small*, edited by Helen M. Hintjens and Malyn D. D. Newitt, 1–17. Exeter: University of Exeter Press.

Pearson, Michael N. 1998. *Port Cities and Intruders: The Swahili Coast, India, and Portugal in the Early Modern Era*. Baltimore: The Johns Hopkins University Press.

——. 2003. *The Indian Ocean*. London: Routledge.

Pearson, Michael N., ed. 2015. *Trade, Circulation, and Flow in the Indian Ocean World*. Basingstoke: Palgrave Macmillan.

Radcliffe-Brown, Alfred Reginald. 1922. *The Andaman Islanders*. Cambridge: Cambridge University Press.

Royle, Stephen A. 2007. "Defnitions and Typologies." In *A World of Islands*, edited by Godfrey Baldacchino, 33–56. Prince Edward Islands, Canada: Institute of Island Studies.

Salazar, Noel. 2010. *Envisioning Eden: Mobilizing Imaginaries in Tourism and Beyond*. Oxford and New York: Berghahn Books.

Schnepel, Burkhard. 2014. "Piracy in the Indian Ocean (ca. 1680–1750)." Max Planck Institute for Social Anthropology Working Papers no. 160, Halle (Saale).

Sellström, Tor. 2014. *Africa in the Indian Ocean: Islands in Ebb and Flow*. Leiden: Brill.

Sheriff, Abdul, and Engseng Ho (eds.). 2014. *The Indian Ocean: Oceanic Connections and the Creation of New Society*. London: Hurst & Company.

Skinner, Jonathan, and Mils Hills. 2006. *Managing Island Life: Social, Economic and Political Dimensions of Formality and Informality in "Island" Communities*. Dundee: University of Abertay Press.

Storey, William Kelleher. 1997. *Science and Power in Colonial Mauritius*. Rochester: University of Rochester Press.

Toussaint, Auguste. 1966. *History of the Indian Ocean*. London: Routledge & Kegan Paul.

Tsing, Anna Lowenhaupt. 2000. "The Global Situation." *Cultural Anthropology* 15: 327–360.

Turner, Victor. 1969. *The Ritual Process*. Harmondsworth: Penguin Books Ltd.

Wallerstein, Immanuel. 1974–1989. *The Modern World System*, 3 vols. New York: Academic Press.

Warrington, Edward, and David Milne. 2007. "Island Governance." In *A World of Islands*, edited by Godfrey Baldacchino, 379–427. Prince Edward Islands: Institute of Island Studies.

岛屿之间的连通：西印度洋小岛的人、物、思想

爱德华·A. 阿尔珀斯（Edward A. Alpers）

2.1 方法论的思考

15年前，笔者发表了一篇关于印度洋非洲地区"岛屿要素"的简要概述（Alpers 2000；Alpers 2009，39-54）。不管那篇文章价值如何，笔者并没有在文中具体地论述构成这本书中心主题的"运动中的连通性"问题。诚然，这篇文章的内容涉及很多"关系"或"关联"，但更重要的是从总体上论证印度洋岛屿在东非历史中的相关性，而不是连通性（connectivity in motion）本身。事实上，在笔者讨论印度洋西南部地区奴隶贸易时，只略为提及了"将东非纳入印度洋商业事务中错综复杂的岛屿连接"以及对"这个复杂连接"的简单影射（Alpers，2000，377，380；2009，45，50），暗示了印度洋世界连通性的微妙之处，笔者相信大家都对当前这个研究主题感兴趣。

本书的书名衍生了一些有趣的语义问题。首先，"枢纽"（hubs）在此究竟意味着什么？撇开与车轮相关的物理定义不谈，词典定义表明枢纽是"活动、区域或网络的'有效中心'"或简称为"活动中心"。[1] 在1858年奥利佛·文德尔·霍马斯（Oliver Wendell Holmes）把"波士顿州议会大厦"描述为"太阳系的中心"[2]之后，这个特殊的意思开始被普遍使用。为了编纂本书，笔者建议首先考虑通过西印度洋的小岛这些关键节点来研究连通性的概念；然后确定我们是否将其中任何一个节点视为枢纽。接下来，需要明确如何定义"小岛"。

法国地理学家让-路易斯·葛伯格（Jean-Louis Guébourg）在对印度洋小岛屿的开创性研究中认识到小岛屿的"极限问题和微观隔绝问题"。他采用了皮埃尔·乔治（Pierre George）的定义，将岛屿定义为"四面都被水包围的孤立土地"，并进一步指出乔治在定义中使用"隔离/孤立"一词是有喻义的，孤立性是理解岛屿的根本性概念（Guébourg 1999，13；George 1970）。[3] 葛伯格认为孤立性对个人或社群如何看待自己和归属感有重要影响。他还提到，在最近的岛屿文献中孤立性和身份问题受到了相当大的关注，尽管它不是本书讨论的主要问题。

事实上，我们的重点是连通性，而不是孤立性。更重要的是，葛伯格通过"海岸指数"（coastal index）来对不同的岛屿进行分类，即海洋水域最高处与岛屿表面之间的关系比（Guébourg 1999，13）。[4] 如果比率大于等于1，则"该岛就像是一个小型的海平面并提供了一个重要的陆海接触比"（Guébourg 1999，13）。对于像科摩罗和留尼汪这样有着陡峭海岸的岛屿，这个指数降到了1/2到1/10，甚至1/20。大科摩罗岛的比例是1/6，而斯里兰卡是1/60，因此其一直被认为是"陆地国家"。此外，葛伯格还考虑到岛屿海岸线的范围及其地形。一个拥有许多潟湖和入海口的岛屿，比如那些以红树林为特征的岛屿，将比一个靠近陡峭悬崖的岛屿更适应海洋，有悬崖的岛屿容易转向内部进行发展（Guébourg 1999，14）。这种区别对于我们的研究目的有多大帮助目前尚不可知，但在他的书中，这种定义只排除了斯里兰卡、马达加斯加和印度尼西亚群岛的主要岛屿。

笔者在为本书编撰研讨会提交的论文摘要中提出了"将探索历史上连通西印度洋小岛屿的多重联系，而在许多情况下，这些连通今天依然存在"（参见笔者即将发表的文章）。尽管笔者最初的想法是采用弗朗西斯卡·特里韦拉托（Francesca Trivellato 2002，62–65）提倡的"网络方法"来实现这一研究目标，但阅读了朱莉娅·费恩（Julia Verne）关于斯瓦希里贸易的跨地域性的书籍后，笔者认为可以尝试一种稍微不同的方法。[5] 费恩认为目前主导的网络概念过于静态和图解化，她呼吁使用一种更具动态性和灵活性的比喻、隐喻或者其他视觉化的方式来理解和描述网络。具体来说，她认为"根茎的隐喻（Verne 2012，16，10）用于解释跨地区连接的复杂、动态和真实的关系特性，深入探讨连接是如何建立的、由什么组成以及如何持久"（Verne 2012，23）。隐喻使人们能够理解跨地区性如何"融合了流动性和定位性、运动和稳定之间的冲突和相互作用"，特里韦拉托在采用"网络方法"时也意识到了上述紧张关系和相互作用，尽管她可能以不同的方式表达这个问题。费恩通过详尽和深入的认识论分析支持隐喻的优越性，因为它使研究者能够"充分理解复杂性，尽力把握网络实际运行的不断变化的方式中所发生的事情"。因此，她继续说，"'根茎'被想象成一个不断变化的过程"（Verne 2012，18，25，29）。费恩进行了一项基于实地研究的工作，她将其描述为"对跨地区贸易实践的移动人种学研究"（Verne 2012，33–67）。她从桑给巴尔的一个基地出发，与几位斯瓦希里商人一起进行了一系列的实地考察，包括前往坦桑尼亚内陆和迪拜等地。在费恩的结论中，她重新思考了"斯瓦希里社会文化环境下流动性和世界主义之间的关系"，并对过于理想化的斯瓦希里特性形象提出了质疑。费恩的观点是，"生活在一个跨地区的空间并与许多不同的地方互动，并不意味着一个人最终能够在世界上找到归属感，并且能够熟练地在不同的社会和文化环境中游刃有余"。所以，她认为，"跨地区性并不会产生完全开放和包容的世界主义文化，而是使家的感觉变得跨地区化。这种跨地区的家并不适合每个人，因为它总是包括社会排斥。相反，跨地区空间提供了一种方式，即使在跨地区的环境中,人们也能够始终同时拥有移动性和归属感"(Verne 2012,234-238)。

诚然,这确实是相当深奥的理论问题,但何永盛(Engseng Ho)所提出来的一个问题使这一理论得到了有趣的补充,"如何撰写厚实的、具有社会和历史意义的跨区域主义?"何永盛撰写了一系列启发思考的论文,这些论文探讨了印度洋历史上在独立前使用不同法律制度的情况。何永盛强调,对历史学家来说,"分解是摆脱单一框架的一个关键方法论步骤"。换句话说,避免泛泛而谈,将一个话题分解成多个部分来阐述,我们才能进行清晰论证。他进一步写道:"分解使得运动性成为可能。"(Ho 2014,885)在何永盛概述法哈德·比斯哈拉(Fahad Bishara,2014a)发表在同一文集中的文章时,指出了比斯哈拉描述的"跨越海洋、地区之间的密集社会关系网络"和"横向流通模式"(Ho 2014,888;参见 Bishara 2014b)。笔者之所以欣赏费恩和何永盛的相关见解,是因为这些观点为我们提供了思考连通性的方法,这种连通性解释了时间和空间、社会和文化的复杂性,以及宏观和微观历史分析中所涉及的矛盾。

笔者承认自己无法像费恩和比斯哈拉那样进行详细的分析工作,但希望能够从学术文献和一手资料中提取出一些反映连通性的主题和话题,并提出费恩和何永盛的见解可能指向一种更复杂、历史厚实的理解方式,以及它们可能随时间变化的方式。首先,对笔者来说,这项调查最能引起我们注意的那种联系不是岛屿之间的整体联系,而是岛屿城镇之间的关联。其次,这些关联既不是由地理位置决定的,也不是由岛屿本身决定的,而是由居住在这些岛屿城镇的居民所决定的。最后,在笔者看来,从西印度洋这一更大的背景下看,我们不能把这些岛屿与其他属于海洋网络一部分的沿海城镇割裂开来。当然,这些地方有一些是近岸岛屿,而另一些位于大陆陆地上。

西印度洋有上千个小岛,其中数百个有人居住或曾经有人居住,因此,笔者将重点介绍印度洋非洲地区的小岛,这些小岛位于索马里南部的贝纳迪尔(Benaadir)海岸,一直延伸到莫桑比克海峡,以及马斯克林群岛的两个主岛,即留尼汪和毛里求斯。这一广阔区域内岛屿连通性的最直接来源反映了来自大陆或大陆沿岸以及来自其他岛屿的人口流动。就非洲小岛屿而言,这些运动包括从公元 1000 年以来从非洲、阿拉伯半岛、海湾地区甚至东南亚开始的人口迁徙。马斯克林群岛在 17 世纪之前一直是无人居住的,荷兰人和法国人开启了一个截然不同的岛屿定居时代,融入了联结非洲印度洋岛屿的古老纽带之中。在不同的时代和不同的方式下,以这些持续和重叠的种群迁移为代表的散居体是"根茎"形成这一复杂过程中的一个基本要素。考古、语言和遗传领域的史料和文物是无价之宝,它们使学者能够将这些岛屿的现代人口起源和构成进行分类,但它们并不能揭示人类历史的细节,也不能揭示随着时间推移构成这些岛屿人口的个人和家庭团体因素。

2.2 案例研究：科摩罗群岛

我们通过一个证据相对充分的案例审视多种研究方法组合在探究科摩罗前现代史中的有效性。考古表明，公元前 800 年左右，阿拉伯人和非洲人共同居住在这一群岛上，考古学家称之为德贝尼时期（the Dembeni phase）。亨利·赖特（Henry Wright 1988，55）在提醒读者考古学无法重建过去的社会时，提出了一个非常有益的观点：我们仍然可以把这些社会群体看作是一个由社会行为主体者和行为、工具和技术、意义和策略组成的综合系统，它们共同构成了一个文化基础，随后的发展都有赖于此。德贝尼时期之后，人们在马约特岛的德贝尼遗址（由马达加斯加移民所创建）发现了进一步的考古证据（Allibert and Verin 1996）。考古学者们发现了一个有趣的现象：研究者们在这些地区发现了 13 种可食用鱼的化石，而这些鱼类一般只生长在非洲东部海岸或马达加斯加海岸。这种情况表明了在此时期食物已经开始运输到不同地区，通过腌制加以保存并出售到其他地区（Allibert and Verin 1996，465）。[6] 简而言之，德贝尼的居民似乎与东非以及马达加斯加西部的海岸都有联系。到了 15 世纪，马约特岛的南部住满了来自马达加斯加西部的萨卡拉瓦人（Sakalava），而北部则是"阿拉伯－西拉齐人"（Arabo-Shirazis）的定居点，两者的主要人口都是非洲人（Rombi 1983）。[7]

语言证据再次反映了科摩罗与非洲的关系，有史料显示岛屿方言斯克莫瑞语（Shikomori）或史玛斯瓦语（Shimasiwa）与位于东北海岸班图地区较大的沙巴基（Sabaki）语言分支（包括 Kiswahili）相关联。这种班图语在东非沿海地区的传播史，与科摩罗人定居史在时间上是一致的（Nurse and Hinnebusch 1993）。然而，尽管斯克莫瑞语是该群岛四种岛屿语言的总称，但位于最西端的大科摩罗岛和莫埃利岛这两个岛屿的居民所说的语言，与靠近马达加斯加的两个南端岛屿昂儒昂岛和马约特岛之间存在显著差异。这一区别或许反映出了前者更倾向于非洲大陆，而后者则更倾向于马达加斯加。研究人员对来自大科摩罗岛、昂儒昂岛和莫埃利岛的 577 名毫无血缘关系的科摩罗人（男性 381 名，女性 196 名）进行了血样采集；研究表明，科摩罗人的基因库主要来源于非洲（72%），还有西亚（17%）以及东南亚（11%），这一信息让我们认识到科摩罗群岛的移民历史，并解答了大多数针对移民的问题（Msaidie et al. 2011）。研究非洲单倍群体的科研人员发现，Y 染色体单倍群最可能来源于肯尼亚和坦桑尼亚，而线粒体单倍型群体来源于莫桑比克，这表明一般非洲男性来自前者，而女性来自后者。我们可以通过研究马约特岛语（Mahorais）发现更多与莫桑比克关联的证据。根据法国语言人类学家玛丽·弗朗索瓦斯·罗姆比（Marie Françoise Rombi 2003，307）的说法，"人们有时会在马约特岛语歌曲中发现一些难以理解的歌词，实际上这些歌词来源于莫桑比克北部的马夸语（makua/eMakhuwa），这一情况表明了马约特和非洲海岸之间的复杂关系"。通过回顾赖特对大约公元1500年之前科摩罗人类定居点历史的观察，我们可以发现，在六七个世纪的时间里，有许多紧密关联的脉络若隐若现地重叠在一起。

在公元1500年后的几个世纪里，关于将科摩罗群岛与莫桑比克海峡，以及德尔加多角（Cape Delgado）以北至斯瓦希里海岸，尤其是桑给巴尔镇连接起来的商业往来的史料相当丰富（Newitt 1983）。这些文献使我们能够记录所交换的货物，但对于与这些交易有关的人际关系却没有透露太多。这些资料也让我们有机会洞察商业交易对科摩罗社会特定阶层的影响。最有代表性的例子是杰里米·普雷斯特霍尔特（Jeremy Prestholdt）对苏丹主要港口和首都穆萨穆杜（Mutsamudu）统治阶层的自我表现进行了相似性分析（Prestholdt 2008，13-33）。无论如何，普雷斯特霍尔特所取得的成就更有效地说明了岛国与全球力量和影响的交叉，而不是这些精英随着时间的推移与其他地区性小岛屿的联系。笔者想更仔细地研究那些更大众的交流——这些交流使科摩罗不同城镇的商业、政治和学术阶层互相联系，并把它们与西印度洋的其他小岛也联结起来。

如果这样做的话，我们需要重新审视哈德拉米人（Hadrami）和也门人从阿拉伯到东非沿海地区再到科摩罗的迁移轨迹。B. G. 马丁（B. G. Martin，1974）和兰德尔·L. 波韦尔斯（Randall L. Pouwels，1987，37-42）前期的开创性研究使我们探索的过程不那么艰难，例如，马丁和波韦尔斯曾较为详细地追溯了16世纪和17世纪在科摩罗海岸及其岛屿上定居的哈德拉米人的重要关系网络。近年来，通过关注穆斯林信徒阿拉维·萨达（ʿAlawī sāda），安妮·邦（Anne Bang，2003，23-34）细致地重建了这些亲属结构中最重要的部分。在16世纪，哈德拉米人的一些家庭定居在贝纳迪尔（Benaadir）、摩加迪沙（Mogadishu）和巴拉瓦（Barawa）等主要大陆城镇；其他人则继续在帕特（Pate）和拉穆（Lamu）建立自己的家园。在接下来的一个世纪里，这些以岛屿为基础的族群中的一些人将他们的居住地扩展到了科摩罗，建立了一个紧密结合的商业网络，横跨西印度洋，最远甚至到达了印度尼西亚（Blanchy 2016）。1907年，居住在塔里木（Tarim）的哈德拉米人长辈的一封信生动地阐述了家族成员之间的交流互动是如何促进社会活动的，这封信在新加坡家喻户晓。我们可以由此类推出在西印度洋进行贸易的哈德拉米家族年轻的成员也得到了类似的指导和帮助，信件内容如下：

当你到达穆卡拉（al-Mukallā）时，你最好与萨以德·胡瑟·b. 哈米德·阿拉-米达（Sayyid Ḥusayn b. Ḥāmid al-Miḥdār）待在一起……若是你需要资金的话，可以向萨里木·亚子迪（Sālim Yazidī）求助，我们已经事先通知他了。无论你在哪里，请记得寄一些礼物和信件给家人和我们——记得给我们写信，知道你过得好，我们也会很开心。

你到了亚丁之后，会收到阿比德·阿拉－茹阿曼·b. 阿比德·阿拉（'Abd al-Raḥmān b. 'Abd Allāh）写给你的一封信，信中他会介绍他自己的情况。我们已经事先通知了他你要去亚丁。你与他见面后，按照他的指导做事就可以。……我们也通知了住在亚丁的穆罕默德·贾巴（Muḥammad Jabār），你有什么需要可以随时找他。

如果穆卡拉有蜂蜜的话，记得买一些送给住在新加坡的亲朋好友。需要钱的话我这有，请不要有何顾虑……

当你前往新加坡时，可以预订二等舱或三等舱的私人船舱。到了之后记得凡事都要听听你叔叔阿比德·阿拉－茹阿曼·b. 阿比德·阿拉的意见。抵达亚丁的当天不要忘了给阿拉－卡夫，阿布·贝克·b. 阿比德·阿拉－茹阿曼（al-Kaf, Abū Bakr b. 'Abd al-Raḥmān）寄一张小卡片，让他知道你的到来。(Bang 2003，24)⁸

即使我们考虑到了海运的方式和速度上的差异，改用轮船而不是单桅三角帆船，但是对于一位即将在印度洋世界里开始贸易生涯的年轻人来说，得到充足资金、信用证明和推荐信、家族长辈在社交往来方面的指导以及与家里人时刻保持沟通联系是很有必要的，这一整套建议和技巧很可能适用于联结哈德拉毛省（Hadramawt）、拉穆群岛（the Lamu Archipelago）、科摩罗岛、马达加斯加西北部以及桑给巴尔的阿拉维（'Alawī）家族关系网。1864年，德国旅行家奥托·克尔斯滕（Otto Kersten）在伊桑德拉德王国（Itsandra sultanate）的基坦达小镇（Kitanda）逗留时注意到，对于大科摩罗岛人来说，"桑给巴尔城就像一个美丽和伟大的化身"（Kersten 1871，231）。⁹ 他写道："在参观大科摩罗岛期间，在离海滩不远的地方，我们遇到了几个人，其中一些是从科摩罗移民来桑给巴尔的熟人，他们在休假时回来看看自己的家乡。"他们中一个是奥斯瓦尔德公司（位于汉堡的重要德国贸易公司）的监工，来这里是为了结婚，尽管他已经在桑给巴尔结过婚了（Kersten 1871，238）。这是19世纪末岛际交流效果显著的一个典型例子：1883年，大科摩罗岛的年轻女子精英马里亚莫－哈利（Mariamo Halii）在一次奴隶袭击中被俘，后又被"解救"。当她从姆瓦利（Mwali）乘坐英国皇家海军的船只到达桑给巴尔时，她的舅舅就在码头迎接她（Alpers 2016）。

一些哈德拉米人也在大科摩罗岛、昂儒昂岛和莫埃利岛建立了小型王国。大多数人都声称自己为穆斯林（shurafa'）。虽然历史学家们已经认识到他们在贸易活动中所发挥的重要作用，但到目前为止，史学家们最为关注的还是他们作为虔诚的宗教领袖的作用。然而，托马斯·韦尔内特（Thomas Vernet）通过提出不同的问题，为关于东非哈德拉米散居的讨论带来了新的视角。凭借对葡萄牙相关文献的了解，韦尔内特指出，在马达加斯加西北部、科摩罗、拉穆群岛和阿拉伯半岛之间形成了一条复杂的奴隶贸易链（Vernet 2009）。在马丁（Martin）和普韦尔斯（Pouwels）的研究基础上，韦尔内特将这些联系归因于哈德拉米和也门家族在16世纪和17世纪向东非水域的扩张。根据韦尔内特的说法，我们可以推测，这些网络部分是基于马达加斯加的奴隶贸易，并在文章中进一步阐述了这一点。

由于缺乏约公元1800年前的资料文献，我们如何能够想象这些勇敢的哈德拉米人做奴隶贩卖生意、建立他们的家庭网络、与他们在定居的岛屿上遇到的当地居民接触以及作为一种特定伊斯兰教的载体从事他们的活动？尽管其在方法上并不令人满意，并有可能使我们陷入"传统"的静态概念，但是，笔者认为我们至少可以通过引用近代史的证据来提出思考这些问题的一些方法。首先，贸易和传教（daʿwa）之间不存在矛盾。尽管韦尔内特指出，在马达加斯加的贸易中，"大多数奴隶购买者是来自'马林迪（Malindi）海岸'城市的斯瓦希里人"，但他也有证据证明，有一些奴隶贩子确实是伊斯兰教的"祭司"（2009，43，46）。我们不能确定这些人中是否有人既做奴隶买卖又参与传教过程，但是克尔斯滕（Kersten）认为基坦达（Kitanda）最重要的人物是一个名叫谢里夫·赛义德·阿布巴卡里·本·阿卜杜拉·本·塞米迪（Sherif Said Abubakari ben Abdallah ben Semedi）的伊斯兰教的（sharifian）商人，他宽容其他宗教的信徒，也不羞于谈论宗教（Kersten 1871，231）。[10] 事实上，这个人是大科摩罗岛阿比苏麦特（Āl bin Sumayṭ）家族的缔造者——阿布·贝克·b. 阿比德·阿拉·b. 苏麦特（Abū Bakr b. ʿAbd Allāh b. Sumayṭ）（Walker et al. 即将出版；Bang 2003）。来自20世纪坦桑尼亚的另一个例子表明，商业和传教可以相互交织。史·奴·阿·丁·b. 胡瑟恩（Sh. Nūr al-Dīn b. Ḥusayn）是东非的哈利法（khalīfa），从事从基尔瓦基地到赞比亚的鱼类贸易。钱菲·艾哈迈德（Chanfi Ahmed）在2002年曾采访过他，内容如下：

> 一个伊斯兰教派的长老（Shaykh）阿卡扎立瓦·玛卡·S. W.（Akazaliwa Makka S. W.），总是将商业之旅与传教活动相结合，他会把有关先知穆罕默德的标语写在自己的车前（"他出生在麦加，上帝保佑他，赐予他和平"）。每天工作结束后，他都会去清真寺祈祷和传教。（Ahmed 2006，336）

对一个流动的穆斯林鱼贩子和教师的生活的短暂一瞥让我们可以清楚地看到，奴隶贩子的生活可以轻易地让人们像史·奴·阿·丁（Sh. Nūr al-Dīn）一样改变信仰。此外，我们知道，到16世纪，伊斯兰教已经在马达加斯加西北部和科摩罗根深蒂固，像他这样的人便可以在当地清真寺祈祷和宣扬对伊斯兰教阿拉维（ʿAlawī）派教义的理解。

商业网络为一类岛屿居民同与之做生意的同教信徒之间的关系得以加强提供了一个例子，即通过传教推广特定的伊斯兰信仰。在同一社区的地方商人中，通婚是增加这些网络复杂性的另一个因素。诺埃尔·吉尔内（Noel Gueunier）在一篇关于马达加斯加西北部的穆斯林安塔洛齐人（Antalaotsy）的文章中写道：

> 在19世纪，甚至更久以前，穆斯林安塔洛齐人就会说两种语言，即马达加斯加语和基斯瓦希里语。他们有海外通婚的传统（在科摩罗和东非海岸），这一传统使他们能够在莫桑比克海峡的两个海岸之间建立联系，有些家庭一直到现在还在延续这一传统……（Gueunnier 1994，41）

众所周知，在莫桑比克海岸，这种家庭间联系的例子存在于许多科摩罗统治者和其他岛屿统治者的家庭中。其中一些联系明显与贩卖奴隶有关；一些联系甚至与莫桑比克岛南部的桑古尔（Sancul）村庄的名门望族有关，而另一些则与位于莫桑比克岛北部康杜西亚湾（Conducia Bay）北部入口的基坦戈尼亚岛（Quitangonha）的家族有关。还有一些只不过是莫桑比克岛的葡萄牙当局与不同的科摩罗苏丹之间的正式信函中的随意引用（Alpers 2009，149-153）。然而，1878年，大科摩罗岛的赛义德·巴卡尔苏丹王（Said Bakar）写给桑库尔官员莫利迪·武莱（Molidi Vulai）的一封信要求其监视苏丹派往桑库尔的三名奴隶（这封信的作者后来撰写了权威的《大科摩罗编年史》），写信人还说道："你哥哥的小侄子在莫希拉（Mohilla），如果真主愿意，当他完成学业时，我会把他送回莫桑比克的家。"（Hafkin 1973，56-57；Ahmed 1977）此外，大科摩罗岛的伊科尼家族（Iconi）和莫桑比克岛附近大陆的墨拉派（Murrapahine）家族之间似乎也存在着通婚关系。20世纪60年代末，一位葡萄牙殖民情报官员写道："他们不知道如何更好地解释科摩罗伊科尼区域的家庭和宗族关系，其中许多人就是本地人。"在此后的一份报告中我们可以了解到，19世纪末期，科摩罗男子和莫桑比克女子之间显然存在着通婚现象。[11] 更普遍地说，在19世纪，科摩罗最强大的联系是与安戈谢岛（Angoche Island）（19世纪下半叶莫桑比克主要的奴隶贸易港口）统治者的联系（Newitt 1972）。

尽管法国在科摩罗的殖民统治以及葡萄牙在莫桑比克北部的殖民统治扰乱了莫桑比克海峡许多传统的商业活动，但大科摩罗岛作为什德黑利亚亚舒提亚（Shādhiliyya Yashruṭiyya）扩张中心，增进了莫桑比克北部近海岛屿的岛间联系（Bonate 2007，73-112）。然而，我们尚不知道的是，在殖民时期和独立后在塔瑞卡（ṭariqā）的科摩罗中心和位于莫桑比克岛的分支之间，是否存在持续的联系。如果殖民地的边界削弱或抹消了科摩罗群岛与莫桑比克沿海小岛之间几个世纪以来建立的联系，那么它们很可能没有抑制群岛内四个岛屿之间的联系，至少直到马约特岛的人民投票反对独立并选择继续作为法国的海外省之前是如此，就像今天一样。然而，学术研究的本质仍然集中在岛屿的政治历史或不同社区的人类学上，而不是岛屿与其家庭之间的交流。当然，以大科摩罗岛为例，从19世纪末开始，其岛民大量迁移到桑给巴尔镇，建立了一系列关系，直到1964年桑给巴尔革命爆发，这种关系一直根深蒂固。这些关系在伊斯兰海岸历史以及桑给巴尔和科摩罗之间的互动中均有所体现（Saleh 1995；Clockers 2009；Walker 2014）。其中一个值得注意的例子是阿拉维·哈比博·萨里（'Alawī Ḥabīb Ṣāliḥ），他于1870年在拉穆岛定居，1936年去世，是当地的伊斯兰改革代表人物。正如安妮·邦（Anne Bang）所介绍的那样，哈比博·萨里的第一次拉穆岛之行是和他的一位叔叔一起前往的。一年之后回到大科摩罗岛，娶了一位女士的表妹，这位女士后来成为了东非的什德黑利亚亚舒提亚创始人伊本·苏麦特（Ibn Sumayṭ）的妻子（Bang 2003，100–101）。在殖民时期，阿拉维教派中互相通婚的倾向似乎得到了加强（Blanchy 2016）。因此，至少在最重要的穆斯林家族中，通婚仍然是巩固岛屿间交流的一个重要方式。未来小岛研究面临的一个挑战是将阿拉维派和哈德拉米之间的联系从连接哈德拉毛省（Hadramawt）与伊斯兰世界的更大型的关系网中分离出来。

2.3 马斯克林群岛及其海上延伸

多种小岛之间连通方式可以追溯到法国在马斯克林群岛以及之后在诺西贝岛（Nosy Be）和马约特岛（Mayotte）建立殖民地的时期。留尼汪和毛里求斯之间的各种联系，如行政、家族、教育和宗教方面的联系，即使在拿破仑战争期间毛里求斯被英国占领后，也是众所周知的，无须进一步解释。这里不再赘述。然而，无论是在废除奴隶制之前还是之后，马斯克林劳工管理都是一个复杂的、强迫劳工迁移系统的一部分，这个体系也存在于莫桑比克岛，以及分布在莫桑比克北部海岸的克里姆巴群岛、桑给巴尔岛、基尔瓦基西瓦尼岛（Kilwa Kisiwani）、诺西贝岛和科摩罗群岛。在更仔细地研究这些联系之前，笔者必须首先明确，对于马斯克林群岛来说最重要的岛屿是马达加斯加，它不能说是一个小岛，而是一个岛屿。这些联系最早可以追溯到18世纪上半叶，主要集中在法国奴隶贩子在莫桑比克海岸的活动。在那里，持纵容政策的葡萄牙当局以及热情的斯瓦希里商人都愿意与他们做生意（Alpers 1970）。17世纪70年代中期，一位名叫吉恩-文森特·莫里斯（Jean-Vincent Morice）的法国奴隶贩子将大量非洲黑奴从桑给巴尔运到了法兰西岛（Île de France）（如今的毛里求斯）。他是一个十分有野心的人，在不久之后与基尔瓦基西瓦尼岛的苏丹王哈桑·b·易卜拉欣·b. 尤素夫（Hasan b. Ibrahim b. Yusuf）就奴隶贸易条约进行谈判，这一谈判旨在获得为马斯克林群岛提供男性奴隶的独家权力（Freeman-Grenville 1965；Vernet 2011）。阿卜杜勒·谢里夫（Abdul Sheriff）简要回顾了从18世纪70年代到1822年英国对桑给巴尔苏丹实施第一个反奴隶贸易条约（《莫尔斯比条约》）期间几十年的奴隶贸易情况（Sheriff 1987，41–48；Allen 2014，63–107）。同样，理查德·艾伦

（Richard Allen）在此条约签订后，对马斯克林群岛的非法奴隶贸易进行了深入的调查（Allen 2014，141–178）。然而，虽然针对法国奴隶贸易的众多研究揭示了欧洲几代奴隶贩子之间的商业往来，但是除了奴隶贩子与一些斯瓦希里和阿拉伯政治人物的联系以及被俘的非洲人和马达加斯加人的单向流动之外，我们一无所知。谁充当了奴隶船上的船员？法国奴隶贩子的陆上社会关系网是什么样的？这些类似的问题将会加深我们对这些商业关系网的理解，然而却都得不到答案。[12]

获取劳动力的问题在奴隶制结束后依然存在。1828年法国人预期奴隶制将被废除，于是制定了"自由雇佣"（libre engagé）或"自由劳工移民计划"（free labor emigration scheme）（Chaillou 2010），并从1848年奴隶制被废除后开始实施。1840年，法国将马达加斯加西北海岸附近的诺西贝小岛占为己有。一年后，马约特岛的萨卡拉瓦国王（Sakalava king）将马约特岛割让给法国。这两个岛屿都与历史更悠久、面积更大的法国殖民地留尼汪有着密切的联系。杰汉娜·埃曼纽尔·蒙尼尔（Jehanne-Emmanuel Monnier）认为，诺西贝岛遭受了"三重孤立"，包括自身的孤立性以及在行政和经济方面对马约特岛和留尼汪的依赖（Monnier 2006，28–29；Gevrey 1870，137）。10年后，当蔗糖种植业统领了法国殖民地的这三个岛屿时，这些联系变得更加密切。正如莫尼耶（Monnier）所描述的，第二代殖民者都是住在留尼汪的克里奥尔人或在留尼汪住了几十年被克里奥尔化的欧洲人。她写道："在很大程度上，他们已经认识彼此，既是商业伙伴，也是朋友或亲人。"（Monnier 2006，58）这些殖民者几乎都是大岛上的精英阶层，尽管他们把精力和资金都投入到诺西贝岛的制糖厂，但大多数人还是把妻子和孩子留在了留尼汪（Monnier 2006，58–62；cf. Kersten 1871，204）。留尼汪的克里奥尔人也是马约特岛的主要定居者，但吉恩·马丁（Jean Martin）认为他们的社会等级明显低于那些在诺西贝岛的人（Martin 1983，vol. 1，204–205）。

尽管存在社会差异，笔者发现在连接印度洋西南部的三个法国小殖民岛屿的克里奥尔人的关系与移居斯瓦希里和莫桑比克海岸的科摩罗哈德拉米人之间存在有趣的类比。如今，由于马约特和留尼汪是法国的海外省，它们之间仍保留定期的贸易往来。这种联系最明显的是马约特人（Mahorais）穿着典型的斯瓦希里人或科摩罗人的服装在圣·丹尼斯（St. Denis）的中心市场随处可见。[13]另一个关于如何构建这种家庭关系网的例子是马达加斯加的霍贾（Khoja）家族，其中一些人居住在诺西贝岛。根据索菲·布兰奇（Sophie Blanchy）的说法（Blanchy 1995，84，143，171，180，285），尽管多数家庭更愿意通过马达加斯加当地群落来选择结婚对象，但他们的第二选择是居住在留尼汪或法国的霍贾家族，因为这些家庭大多来自马达加斯加。事实上，有关包括逊尼派教徒（Sunnis）和印度教徒在内的印度穆斯林的商业旅行如何导致蒙巴萨到马斯克林一带的印度洋西南部出现分散家庭的其他例子在布兰奇的详细研究中随处可见（Blanchy 1995，123–24）。[14]虽然这类关系网的大部分节点并不位于小岛上，但也有不少在小岛上。最后，布兰奇指出，印度穆斯林经常与异族通婚，作为"沿海生活的一种方式"，这种方式将他们与许多定居点的当地家庭联系在一起，包括西印度洋小岛上的家庭（Blanchy 1995，314）。

2.4 结论与存在的问题

毫无疑问，还有其他一些小岛间互联互通的例子在历史上出现过，且一直持续到现在（Bakar，1988），这些留给后人去探索。笔者现在想回到本文开始时提到的定义和概念。虽然笔者认为西印度洋上并非所有小岛或城镇都是有枢纽作用的，但有两个明显的例外。第一个是莫桑比克岛，从18世纪中叶到19世纪末曾是枢纽，直到洛伦索-马贵斯（Lourenço Marques）（如今的马普托）取代其成为葡萄牙东非的行政中心；第二个是在19世纪的桑给巴尔镇，充当枢纽直到1896年被英国占领。事实上，这两个城市中心都是殖民地的首都，这种角色无疑有助于突出它们作为枢纽的作用，但是它们本身所发挥的作用也远超出其他小岛。也许还有其他的候选岛屿可以作为西印度洋小岛的中心，例如中世纪晚期的基尔瓦基西瓦尼岛或17世纪的拉穆群岛。但不管它们在印度洋区域历史上的意义如何，笔者仍不太相信这两个岛屿能够成为枢纽岛屿。[15]

当考虑"连接性"这个概念时，笔者再次强调应该将重点放在岛上的城镇，而不是整个岛屿。除了像拉穆、蒙巴萨和基尔瓦（Kilwa）这样的较小岛屿，它们的农业腹地位于大陆上，其他岛屿的居民与他们所居住的岛屿之外的联系在历史上存在着分隔。城镇居民主要是穆斯林，内部组织呈等级制，具有强烈的外向性。而农村居民则主要是非穆斯林，从事农业，社会组织在村庄中，直到20世纪，他们一直处于城市社会的边缘地位。举例来说，在几乎所有的科摩罗群岛上，无论是自由人还是奴隶，都存在着城市居民和农村居民之间的明显区别。索菲·布兰奇对恩祖瓦尼的马卡拜拉（makabaila）精英阶层进行了深入分析，将他们视为"有文化、城市、商人社会"。布兰奇还强调了该岛上马卡拜拉（makabaila）与自由农村居民之间的明显分歧，后者被称为"丛林人"（wamatsaha），与奴隶有所区别（Blanchy 2016）。类似的分裂也可以在19世纪的安古迦岛（Unguja）上观察到，那里的居民与其他岛民分隔开来，尽管可以认为城镇居民和农村农民都可能是穆斯林。由于缺乏重要的城市中心，同样的模式在1500年左右之后也适用于奔巴岛（Pemba）的整体历史。

很明显，在研究西南印度洋时，马达加斯加的中心位置及其与东部的马斯克林群岛以及西部的科摩罗群岛和东非海岸的历史联系，使得这个最大的非洲岛屿与该地区的小岛难以分开。从更广泛的角度来看，笔者认为，西印度洋许多小岛不能随意地与那些同样大小的大陆定居点隔离开来，这些定居点经常通过贸易、宗教和家庭联系在一起。

最后，让我们考虑地下植物根茎在理解我们所关注的连接类型时的隐喻或理论应用。尽管笔者欣赏朱莉娅·费恩在她对当代斯瓦希里商人研究中巧妙运用"根茎"作为民族志方法来分析跨地域性，但笔者认为历史学家最好使用弗朗西斯卡·特里韦拉托所倡导的"网络方法"。这种方法更容易为读者所理解，并且具有足够的灵活性，可以容纳各种分析工具和证据来源。[16]费恩的"根茎方法"追求深度和复杂性，这也可以通过认识到小岛连接的多面性来实现，而这在网络框架内是可能的。然而，费恩确实指向了更好地理解精英岛民中形成的身份认同的方向，他们的旅行和联系在流动性和稳定性之间摇摆不定（Verne 2012，18）。为了说明这一点，让我们以著名的中世纪穆斯林旅行家伊本·白图泰（Ibn Battuta）为例。

借鉴谢尔登·波洛克（Sheldon Pollock）关于南亚和东南亚梵语世界的兴起的重要研究成果，罗尼·里奇（Ronit Ricci）引入了"阿拉伯世界"（Arabic cosmopolis）的概念，以描述一种共享的话语模式，促进了对跨地域社群的归属感。这个概念被应用于伊本·白图泰的案例，他在14世纪的旅行中在这个跨地域社群中自如地移动，从摩加迪沙（Mogadishu）到蒙巴萨、基尔瓦，最终到达马尔代夫，这些都是伊斯兰世界中重要的小岛。诚然，伊本·白图泰一直在旅行，但他始终在熟悉的世界中旅行。在基尔瓦，他对仁慈的统治者哈桑·伊本·苏莱曼［al-Hasan ibn Sulaiman，也被称为阿布·阿拉·马瓦希布（Abu al-Mawahib）］或"天赐之父"领导的高度文明的伊斯兰宫廷和不文明的大陆"粗野赞吉"（heathen Zanj）做出了非常明确的区分；苏莱曼的士兵经常掠夺赞吉以获得战利品（Gibb 1983，112）。费恩总结道（Varne 2012，238）："尽管跨地域性处在不断运动的状态中，但其还是让人体会到了归属感。"这种跨区域在多大程度上也适用于其他参与到印度洋小岛连通性之中的人呢？对于像伊本·苏麦特这样的学识渊博的人来说，情况肯定是一样的，但他和伊本·白图泰都没有真正地接触过伊斯兰大都会以外的个人或族群。相比之下，伊斯兰改革家哈比·萨里（Ḥabīb Ṣāliḥ）因其乐于帮助底层穆斯林并将非洲音乐融入拉穆岛当地的伊斯兰仪式而美名远扬（Kresse 2006，17-18；Sessemann 2006，238-239）。19世纪60年代，如果旅行家克尔斯滕（Kersten）遇到的是在桑给巴尔工作的普通大科摩罗岛人，会是什么情况呢？对于那些在19世纪晚期与莫桑比克家庭建立婚姻关系的伊科尼（Iconi）男性来说，与更多的科摩罗精英相比，他们所经历的事情远没有那么狭隘。从这几个例子中我们可以看出，西印度洋的人、物和思想之间的联系会产生一系列可能性，而这些联系也有可能重建在社会和历史方面都十分深厚的跨区域主义。现在需要的是未来有学者愿意接受这个挑战。

注释

1. http://www.oxforddictionaries.com/us/defnition/american_english/hub, http://www.merriam-

webster. com/dictionary/hub，2015 年 7 月 17 日访问。
2. 引自 http：//dictionary. reference. com/browse/hubbing，2015 年 5 月 5 日访问。
3. 除非特别标注，所有翻译均由作者完成。
4. 见 http：//www. aquaportail. com/defnition-4370-trait-de-cote. html，À l'interface entre terre et mer：la gestion du traite de côte，Ministère de l'écologie du Développement durable et de la Mer，November 2009，http：//www. developpemeint-durable. gouv. fr/IMG/pdf/Gestion_du_trait_decote. pdf，均为 2015 年 7 月 20 日访问。
5. 研究现代早期斯瓦希里商人的开创性文章，见 Vernet（2015）。
6. 作者补充"如伊德里斯（Idrisi）所述"，但伊德里斯提及腌制鱼出售的地区似乎是指索马里和斯瓦希里北部海岸，而不是科摩罗（Freeman-Grenville 1962，20）。
7. "非洲-西拉齐人"这个名字的使用，反映了科摩罗人普遍持有的传统，即最初的穆斯林定居者是西拉齐人。
8. 信件部分内容省略。早在 17 世纪，哈德拉米（Hadrami）亲属网络就以同样的方式运作，参阅 Ho（2007，355）。
9. 感谢康斯坦兹·韦斯（Constanze Weise）博士的翻译。同时也要感谢伊恩·沃克（Iain Walker）博士分享了即将出版的这一宝贵文献的法语译本，并为笔者阐明了文本中的几个要点（Walker et al. forthcoming）。
10. 克斯滕还在报告中写道，这个人告诉他"家人有些生活在爪哇岛，有些在马斯喀特"（Kersten 1871，232）。
11. 伊科尼位于莫罗尼的南部，它们是大科摩罗岛西南部的班巴苏丹国的两个主要城镇。
12. 关于诺西贝岛上一艘印属独桅帆船的有趣的船员资料，详见 Sanchez（2007，123-125）。
13. 个人观察，2003；更科学的解释请参阅兰贝克（Lambek）即将发表的文章。
14. 1999 年 6 月，笔者在毛里求斯的卡特勒博尔纳对 Bijouterie Ravior 的创始人进行了一次非正式的采访，采访中他透露了自己的家人散居在印度洋西南部的几个小岛上。
15. 值得注意的是，布兰奇（2016）将儒昂岛描述为"noeud"或"节点"，而不是"moyeu"或"枢纽"。
16. 关于如何应用网络和节点的数学概念来阐明更复杂的社会经济史的例子，参阅 Suzuki（2017）。

参考文献

Ahmed, Chanf. 2006. "Networks of the Shādhiliyya Yashruṭiyya Suf Order in East Africa." In *The Global Worlds of the Swahili：Interfaces of Islam，Identity and Space in* 19*th and* 20*th-Century East Africa*, edited by Roman Loimeier and Rüdiger Seesemann, 317-342. Berlin：Lit.

Ahmed, Saidi Bakari Bin Sultani. 1977. *The Swahili Chronicle of Ngazija*. Edited by Lyndon Harries. Bloomington：Indiana University, African Studies Program.

Allen, Richard B. 2014. *European Slave Trading in the Indian Ocean*, 1500-1850. Athens：Ohio University Press.

Allibert, Claude, and Pierre Vérin. 1996. "The Early Pre-Islamic History of the Comores Islands Links with Madagascar and Africa." In *The Indian Ocean in Antiquity*, edited by Julian Reade,

461 – 470. London: Kegan Paul International and British Museum.

Alpers, Edward A. 1970. "The French Slave Trade in East Africa (1721 – 1810)". *Cahiers d'Études Africaines* 10 (37): 80 – 124.

———. 2000. "Indian Ocean Africa: The Island Factor." *Emergences: Journal for the Study of Media and Composite Cultures* 10: 373 – 386.

———. 2009. *East Africa and the Indian Ocean*. Princeton: Markus Wiener.

———. 2016. "Antislavery, Political Rivalries, and Regional Networks in East African Waters, 1877 – 1883."*Afriques: Débats, méthodes et terrains d'histoire* 6. http://afriques.revues.org/617.

———. Forthcoming. "Africa's Indian Ocean Islands." In *African Islands: Spaces of Transition on a Global Stage*, edited by Toyin Falola, Danielle Porter Sanchez, and Joseph Parrott. Athens: Ohio University Press.

Bakar, Abdourahim Saïd. 1988. "Small Island Systems: A Case Study of the Comoro Islands." *Comparative Education* 24 (2): 181 – 191.

Bang, Anne K. 2003. *Sufs and Scholars of the Sea: Family Networks in East Africa, 1860 – 1925*. London: Routledge Curzon.

Bishara, Fahad Ahmad. 2014a. "Paper Routes: Inscribing Islamic Law across the Nineteenth-Century Western Indian Ocean."*Law and History Review* 32 (4): 797 – 820.

———. 2014b. "Mapping the Indian Ocean World of Gulf Merchants, c. 1870 – 1960." In *The Indian Ocean: Oceanic Connections and the Creation of New Societies*, edited by Abdul Sheriff and Engseng Ho, 69 – 93. London: Hurst.

Blanchy, Sophie. 1995. *Karana et Banians: les communautés commerçantes d'origine indienne à Madagascar*. Paris: L'Harmattan.

———. 2016. "Anjouan (Comores), un noeud dans les réseaux de l'océan Indien. Emergence et role d'une société urbaine, lettrée et marchande (XVIIe – XXe) c." *Afriques: Débats, méthodes et terrains d'histoire* 6. http:// afriques. revues. org/617.

Bonate, Liazzat J. K. 2007. "Traditions and Transitions: Islam and Chiefship in Northern Mozambique ca. 1850 – 1974." PhD diss., University of Cape Town.

Chaillou, Virginie. 2010. "De l'Afrique orientale aux Mascareignes, Histoire des engagés africains à La Réunion au XIXème siècle." PhD diss., Université de Nantes.

Clockers, Alain. 2009. "Les Comoriens de Zanzibar en 1936." *Taarifa: Revue des Archives Départementales de Mayotte* 1: 97 – 112.

Freeman-Grenville, Greville S. P. 1962. *The East African Coast: Select Documents from the First to the Earlier Nineteenth Century*. Oxford: Clarendon Press.

———. 1965. *The French at Kilwa Island: An Episode in Eighteenth-century East African History*. Oxford: Clarendon Press.

George, Pierre. 1970. *Dictionnaire de la Géographie*. Paris: Presses Universitaires de France.

Gevrey, A. 1870. *Les Comores*. Éditions du Baobab.

Gibb, H. A. R., trans. 1983. *Ibn Battúta, Travels in Asia and Africa 1325 – 1354*. London: Darf.

Guébourg, Jean-Louis. 1999. *Petites îles et archipels de l'océan Indien*. Paris: Karthala.

Gueunier, N. J. 1994. *Les Chemins de l'Islam à Madagascar*. Paris: L'Harmattan.

Hafkin, Nancy Jane. 1973. "Trade, Society, and Politics in Northern Mozambique, c. 1753 – 1913." PhD diss., Boston University.

Ho, Engseng. 2007. "The Two Arms of Cambay: Diasporic Texts of Ecumenical Islam in the Indian Ocean." *Journal of the Economic and Social History of the Orient* 50 (2 – 3): 347 – 361.

———. 2014. "Afterword: Mobile Law and Thick Transregionalism." *Law and History Review* 32 (4): 883 – 889.

Kersten, Otto, ed. 1871. *Carl Claus von der Decken's Reisen in Ost-Afrika in den Jahren 1859 bis 1865*, vol. 2. Leipzig and Heidelberg: C. F. Winter'sche.

Kresse, Kai. 2006. "Debating *maulidi*: Ambiguities and Transformations of Muslim Identity along the Kenyan Swahili Coast." In *The Global Worlds of the Swahili: Interfaces of Islam, Identity and Space in 19th and 20th-Century East Africa*, edited by Roman Loimeier and Rüdiger Seesemann, 209 – 228. Berlin: Lit.

Lambek, Michael. Forthcoming. "Gendered Pioneers from Mayotte: An Ethnographic Perspective on Travel and Transformation in the Western Indian Ocean." In *African Islands: Spaces of Transition on a Global Stage*, edited by Toyin Falola, Danielle Porter Sanchez, and Joseph Parrott. Athens: Ohio University Press.

Larson, Pier M. 2009. *Ocean of Letters: Language and Creolization in an Indian Ocean Diaspora*. Cambridge: Cambridge University Press.

Martin, B. G. 1974. "Arab Migrations to East Africa in Medieval Times." *International Journal of African Historical Studies* 7: 377 – 389.

Martin, Jean. 1983. *Comores: quatre îles entre pirates et planteurs*, 2 vols. Paris: L'Harmattan.

Monnier, Jehanne-Emmanuelle. 2006. *Esclaves de la Canne à Sucre: Engagés et Planteurs à Nossi-Bé, Madagascar 1850 – 1880*. Paris: L'Harmattan.

Msaidie, Said, Axel Ducourneau, Gilles Boetsch, Guy Longepied, Kassim Papa, Claude Allibert, Ali Ahmed Yahaya, Jacques Chiaroni, and Michael J. Mitchell. 2011. "Genetic Diversity on the Comoro Islands Shows Early Seafaring as Major Determinant of Human Biocultural Evolution in the Western Indian Ocean." *European Journal of Human Genetics* 19: 89 – 94.

Newitt, Malyn. 1972. "Angoche, the Slave Trade, and the Portuguese, c. 1844 – 1910." *Journal of African History* 13 (4): 659 – 672.

———. 1983. "The Comoro Islands in Indian Ocean Trade before the 19th Century." *Cahiers d'études Africaines* 23 (89 – 90): 139 – 165.

Nurse Derek, and Thomas J. Hinnebusch. 1993. *Swahili and Sabaki: A Linguistic History*. Berkeley: University of California Press.

Pollock, Sheldon. 2006. *The Language of the Gods in the World of Men: Sanskrit, Culture, and Power in Premodern India*. Berkeley: University of California Press.

Pouwels, Randall L. 1987. *Horn and Crescent: Cultural Change and Traditional Islam on the East African Coast, 800 – 1900*. Cambridge: Cambridge University Press.

Prestholdt, Jeremy. 2008. *Domesticating the World: African Consumerism and the Genealogies of Globalization*. Berkeley: University of California Press.

Ricci, Ronit. 2010. "Islamic Literary Networks in South and Southeast Asia." *Journal of Islamic*

Studies 21 (1): 1 – 28.

———. 2011. *Islam Translated: Literature, Conversion, and the Arabic Cosmopolis of South and Southeast Asia.* Chicago: The University of Chicago Press.

Rombi, Marie-Françoise. 1983. *Le shimaore (île de Mayotte, Comores): premi-ère approche d'un parler de la langue comorienne.* PEETERS/SELAF. HAL. https://hal.archives-ouvertes.fr/hal-00439181v2/document.

———. 2003. "Les Langues de Mayotte." In *Les Langues de France*, edited by Bernard Cerquiglini, 305 – 316. Paris: Presses Universitaires de France.

Saleh, Mohamed Ahmed. 1995. "La communauté zanzibari d'origine comorienne: premiers jalons d'une recherche encours." *Islam et Sociétés au sud du Sahara* 9: 203 – 210.

Sanchez, Samuel. 2007. "Navigation et gens de mer dans le canal du Mozambique: les boutres dans l'activité maritime de Nosy Be et de l'Ouest de Madagascar au XIXe siècle." In *Madagascar et l'Afrique: entre identité insulaire et appurtenances historiques*, edited by Didier Nativel and Faranirina V. Rajaonah, 103 – 133. Paris: Karthala.

Sessemann, Rüdiger. 2006. "African Islam or Islam in Africa? Evidence from Kenya." In *The Global Worlds of the Swahili: Interfaces of Islam, Identity and Space in 19th and 20th-Century East Africa*, edited by Roman Loimeier and Rüdiger Seesemann, 229 – 250. Berlin: Lit.

Sheriff, Abdul. 1987. *Slaves, Spices & Ivory in Zanzibar: Integration of an East African Commercial Empire into the World Economy*, 1770 – 1873. London: James Currey.

Suzuki, Hideaki. 2017. "The 'Banian' in a Port Town: A Case Study of the Kachchhī Bhatiyā in Nineteenth-Century Zanzibar." In *Changing Horizons of African History*, edited by Awet T. Weldemichael, Anthony A. Lee, and Edward A. Alpers, 149 – 172. Trenton and Asmara: Africa World Press.

Trivellato, Francesca. 2002. "Jews of Leghorn, Italians of Lisbon, and Hindus of Goa: Merchant Networks and Cross-Cultural Trade in the Early Modern Period." In *Commercial Networks in the Early Modern World*, edited by Diogo Ramada Curto and Anthony Molho, 59 – 89. EUI Working Paper. HEC No. 2002/2, Badia Fiesolana, San Domenico [FI]: European University Institute. http://cadmus.eui.eu/bitstream/id/935/HEC02 – 02.pdf/.

Verne, Julia. 2012. *Living Translocality: Space, Culture and Economy in Contemporary Swahili Trade.* Stuttgart: Franz Steiner Verlag.

Vernet, Thomas. 2009. "Slave Trade and Slavery on the Swahili Coast, 1500 – 1750." In *Slavery, Islam and Diaspora*, edited by Behnaz A. Mirzai, Ismael Musah Montana, and Paul E. Lovejoy, 37 – 76. Trenton: Africa World Press.

———. 2011. "La première traite française à Zanzibar: le journal de bord du vaisseau l'Espérance, 1774 – 1775." In *Civilisations des mondes insulaires (Madagascar, canal de Mozambique, Mascareignes, Polynésie, Guyanes): mélanges en l'honneur du Professeur Claude Allibert*, edited by C. Radimilahy and N. Rajaonarimanana, 477 – 521. Paris: Karthala.

———. 2015. "East African Travelers and Traders in the Indian Ocean: Swahili Ships, Swahili Mobilities ca. 1500 – 1800. " In *Trade, Circulation, and Flow in the Indian Ocean World*, edited by Michael Pearson, 167 – 202. Houndsmills, Basingstoke: Palgrave Macmillan.

Walker, Iain. 2005. "Mimetic Structuration: Or, Easy Steps to Building an Acceptable Identity. " *History and Anthropology* 16 (2): 187 – 210.

———. 2014. "Identity and Citizenship among the Comorians of Zanzibar, 1886 – 1963. " In *The Indian Ocean: Oceanic Connections and the Creation of New Societies*, edited by Abdul Sheriff and Engseng Ho, 239 – 266. London: Hurst.

Walker, Iain, Marie-Aude Fouéré, and Nadine Beckmann. Forthcoming. "Un explorateur allemande à Ngazidja en 1864, Otto Kersten. " *Études Océan Indien*.

Wright, Henry T. 1984. "Early Seafarers of the Comoro Islands: The Dembeni Phase of the Ninth- Tenth Centuries AD. " *Azania* 19: 13 – 59.

印度洋小岛屿枢纽及连通性：历史人类学视角

安德烈·金里奇（Andre Gingrich）

本文基于历史人类学的经验和观点，探讨印度洋世界中小岛枢纽的连通性。主要目标是审视历史人类学家在印度洋研究领域的广泛跨学科和跨领域研究中能够提供的概念和相关假设，目的是在他人对印度洋世界中"岛屿要素"（Alpers 2000）的阐明取得巨大进展的基础上，提供一些概念和方法论上的建议。本文首先提供了一些术语规范，然后分三节讨论潜在的相关概念和假设，最后作出简要的总结。[1]

3.1 术语规范

在人文和社会科学中，如今所使用的"连通性"一词源于技术研究、物理科学、交通运输、通信实践和信息技术的发展。它是一个可以有多种解释的隐喻。然而，在其核心，这个隐喻意味着从特定枢纽出发或前往特定枢纽的有目的的运动和过程。这些运动和过程涉及枢纽之间的直接或间接互动。它们要么无法到达下一个合适的枢纽，要么在到达后经历转变。枢纽和过程不仅仅是相互连接的，它们在根本上相互影响。除非是进入未知领域的探险，否则没有任何运动（在社会历史和隐喻意义上）能够有效地指向任何地方，而不是旨在到达一个合适的枢纽。同样地，没有任何地点能够作为一个枢纽而不接收到或发出运动。

因此从一开始，枢纽和连通性就意味着明确的时间和空间维度，我们应该考虑的是如何创造性地将它们应用于特定的区域和历史背景。定向过程包括传出（成功或失败）和传入运动。在这些"枢纽和定向过程"的系统组合中，枢纽作为更稳定的部分，在数目上远少于更易变化的部分，即定向进程（过程）。对印度洋世界的关注意味着这里讨论的"枢纽"靠近海洋或海岸，而"定向过程"发生在或多或少遥远的水域。然而，"枢纽"一词包括紧邻的腹地，以及其他特定类别的土地（此处为小岛屿）。例如，几个世纪以来，作为马尔代夫群岛的主要枢纽，马累（Male）将马尔代夫与其他所有有人居住的环状珊瑚岛联系在一起，成为其海上"腹地"。另一方面，哈迪布（Hadibu）作为索科特拉（Socotra）岛北部（位于也门）主要的沿海城镇和枢纽，将这个岛屿（和整个岛屿群）有人居住的部分作为其腹地。因此，本书的书名和主题"运动中的互联互通"强调了与两个组成部分相关的变化：相对稳定的陆地岛屿枢纽和与之相关的更具动态性的海上过程。此外，特定时期内一个枢纽的重要性在一定程度上取决于它与不同强度的有方向的过程的连接程度。

此外，书名"互联互通中的印度洋（小）岛国中心"引入了一个重要的限定词：重点不是所有类型的岛屿和它们的枢纽，而是特别关注被归类为小型岛屿上的枢纽。"小"在这里是一个比较模糊的、不确定量的概念。就岛屿而言，"小"主要强调两个相关方面：首先，它特别提醒人们需要注意那些沿海地带比其内陆地带面积更大的岛屿（Pearson 2006）。一般来说，有人居住的岛屿表面越小，其滨岸有人居住的地区所占的比例就越大。因此，小岛屿往往意味着其人口中有很大一部分生活在离海很近的地方，从事与海洋有关的活动。小岛屿的社会文化组织形式具有系统性和独特性。例如，与其邻国（印度）的国土面积相比，斯里兰卡可能只能算个小国。但就历史上的人口比例而言，其富饶的内陆地区（包括该岛的前殖民地首府）的居民数量通常不少于其沿海区域居民数。同时，因为其历史总人口与索科特拉群岛、马尔代夫或尼科巴群岛（Nicobar Islands）相比，斯里兰卡很少被认为是一个"小岛"。其次，从"小"的角度来看，这些小的、面向海洋的岛屿与其他类似大小的岛屿以及更小和更大的岛屿也进行了比较。"小"的标准引入了一个规模元素，但它也指出了需明确用哪些方面进行比较。从这个意义上说，"小"引发了关于领土范围和人口居民数量的问题，但在回答这些问题时，还需借助其他背景。

因此，根据语义上的限制，"小"这个概念使我们在分析从海岸到海面不同距离的有限土地时，不仅要考虑"尺寸"，而且要考虑"规模"。反过来，这也关系到海上连接和相关网络的密度，以及这些枢纽与多大规模的互联系统之间联络的紧密程度、频繁程度和结果如何。从这个意义上讲，任何可能被视为"小"的东西总是取决于历史和地区背景。因此，研究人员必须精确地分析比较这些背景。当考量"小"的概念时，我们找不到可替代的字词，又参照"相对于附近的三个主要枢纽来说的'小'"的含义等，这些分析考虑使我们对"小"的概念和内涵产生了不同的见解。简而言之，"小"的概念除了强调"沿海"之外，并没有提供任何额外的先验定义，只能进行比较和调查。

本章有两个术语需要进一步厘清："历史人类学"和"印度洋世界"。关于"印度洋世界"，笔者大致遵循了施奈培（Schnepel）在概述中采用的定义。基于早期一些历史学家、语言学家、考古学家以及地理学家对这个问题的争论，施奈培基本上指出了将印度洋理解为是一片不断变化的海洋和岛屿区域的关联性——

这些区域总是在空间和时间上嵌入毗邻海岸及其各自腹地的社会文化集团和实体之中（Turner 1974）。施奈培所指的理解不只是集中在每一个场所内部的历史和当代的相互作用，而是在所有场所之间，以及其中几个领域，又或是大型岛屿和大陆地区的社会文化实体之间的历史和相互作用。此外，该术语所强调的"世界"是指从地方、区域性、海洋和更广泛的沿海角度来审视的一系列鲜活的生活经验集。这种强调从一开始就警示我们不要运用欧洲中心论的相关史学观点。"印度洋世界"这一概念使我们更加关注海洋、岛屿和海岸经验，这些经验本身就代表了半自治地区和区域的历史互动（Moore 1973）。不言而喻，这种方法没有将任何历史优先事项归于殖民主义或西方叙事，而是大力强调相关的地方视角以及环境力量和制约因素。这概述了本文主题和历史主旨的基本原理，主要关注"中世纪"前殖民时期的代理人，如斯瓦希里海岸的桑给巴尔水手、东南亚的中国商人，或南亚的南阿拉伯船长和商人。

历史人类学代表了当今全球社会文化人类学的一个虽小但重要的子领域。这个子领域有许多能力很强的学者，他们特别关注近代史和殖民史，但也有相当多的学者对不同的殖民前时代有着强烈的研究兴趣。共同的方法取向是强调批判性地评估不同区域的土著资源。这也可能（但不一定）包括仔细和自我反省的方法，将那些从较近的人种学分析中得出的一般概念、模型和抽象概念假设性地应用到较遥远的历史上的不同情形中。此外，现有理论概念可以通过其他领域的例子得以阐释，并从定性意义上对其进行"测试"，如果结果令人满意，可以适当地得以运用，以证实当地的潜在假设。直到最近，在那些对前殖民历史有着浓厚兴趣的历史人类学潮流中，大多数都受到了地方史学中更为强大的遗产的影响（"人种学"，Sturtevant 1966），或受到了结构和区域历史传统的影响（比如对长时段关系的重点分析）（Braudel 1958），或者二者皆有。自埃里克·沃尔夫（Eric Wolf 1982）和杰克·古迪（Jack Goody 1990）著作出版以来，随之而来的范式变革为历史人类学打开了一个更丰富的理论方法目录，将本地和区域的时间深度与洲际和全球视角相结合。反过来，这导致了富有成效和对话性的紧张关系，偶尔会在一个或另一个版本的"长时段"与具有"民族历史"、地方史学或历史事件优先权的视角之间转移重点。

除了对术语的解释外，笔者希望对两个具体的实证来源进行一些评论，这些来源也对本研究产生了影响。首先，虽然笔者确实熟悉南亚和东南亚的印度洋岛屿世界和海岸线，但笔者的主要区域专业知识涉及南阿拉伯以及跨越历史和印度洋的阿拉伯世界的一些往来交流（包括东非和南亚）。因此，笔者一直致力于研究历史人类学中区域和传统的阿拉伯研究（Gingrich 2015a）。笔者一些早期的著作主要是关于也门和希贾兹（Hijazi）民间天文学的历史传统和人种学，这些民间天文学通常与海洋和航海方面相关。其次，笔者的另一个经验背景则植根于当代，并与当代各种社会文化现象的比较分析有关。出于对定性方法及其分析应用的广泛兴趣,多年来,笔者和乌尔夫·汉纳兹(Uif Hannerz)一直热衷于研究"小国家"。经过这些年的通力合作,我们现在即将完成一个与之相关的研究和出版项目(Hannerz and Gingrich 2017)。结合岛屿大小和规模视角,这种比较方法论也将为下文的详细阐述提供一些参考。

上述介绍的术语可以运用在以下三个方面,即对本研究有用的概念和假设:第一节关注方法论;第二节从比较的角度探讨概念;第三节从结构的角度分析主题。

3.2 方法论:多样性、周期及关系

本节将着重讨论三个方法论的优先事项:第一,观察不同语种的资源;第二,适度考虑环境和航行条件等相关问题;第三,提出一种基于网络的研究方法,作为在当前背景下研究各种问题的有价值工具。前两个优先事项是必不可少的,第三个则被构建为一种有用、可行且有前景的可能性,而非必要条件。

上一节的术语采用"术语规范"表明,需要对本书的总主题进行区域和历史背景分析。从方法论的角度来说,这一前提意味着研究人员要尊重当地和历史的资料。其中许多资料可能是非语言的,例如环境或考古证据。而相关的语言资料可能采用口述(如口述历史)或文本形式,这些口头和文本资料通常不止用一种语言。虽然大多数可获得的文本和语言资料主要是一种或少数几种语言,寻找其他语种的资料仍然是学者们需要长期坚持的一个方法论前提。因此,从一开始,历史和区域语境化的前提就包括一种具有约束力的、实际的开放性。首先,对相关原始资料的多样性保持开放态度并对拉尔森(Larson 2011)所说的"碎片化的档案"同样保持开放态度。除了其实证性和描述性价值外,语言资料的多样性还额外考虑到了视角的转变(如果在源语中并未明确),例如外部和内部人士,以及从边缘和从各自的中心出发等。从本质上来说,语言资料的多样性表明了在涉及"运动中的连通性"时所遇到的局部和更广泛的力量之间一系列复杂的相互作用。在当前的研究中,这一点变得越发重要,因为复杂的宏观文化背景已经形成并继续影响着印度洋内外的许多海岸线。忽视这些资料的多样性及其随时间变化的相关性,就等于忽视整个地区的文化多样性和相关互动(Rosenthal 2012)。

另一个方法论上的挑战与各个地区的知识和实践的变化和转变有关。就印度洋小岛的连接性而言,重要的是关注具体的航海技术是否由特定的行动者掌握和实践,以及这些技术能否与足够的区域海事知识相结合,以确保安全或危险的时间和航线。一个也门船员是否能像12世纪那样在没有天文观测和航海手册的帮助下沿着斯瓦希里海岸航行,或者像14世纪那样有这些辅助工具,这是一个很关键的差别。因此,任何通过"运动中的连通性"来解决印度洋世界中小岛屿

中心问题的研究都必须考虑到两个主要的海上时间节奏：各自的"长时段"[2]航行时期以及每年季风周期的主要风向、洋流、降雨和平静期，这些活动会带来一些自然运动，影响着印度洋的变化，但在不同的区域上会产生不同的影响。例如，众所周知，在公元前11世纪末和12世纪初，早期阿曼人和也门人在桑给巴尔岛（如今为坦桑尼亚的领土）的存在很大程度上依赖于南阿拉伯和东非海岸的季风规律，这使他们可以主动与阿拉伯世界进行交流。

各自长时段的导航技能（Gingrich 2015a）及其相应的空间分布和传播将决定这些航海技能的实施方式，这些方式帮助船员掌握给定枢纽或在多个相关枢纽岛屿之间展开年度航行。航海技能包括专业知识、技术以及造船、船帆安装和维修技术等手工艺。从方法论的角度来看，在这方面将导航技能和技术的地方（和小区域）多样性概念与更广泛的区域（有时甚至是洲际）霸权相结合似乎很有用。某些航海技能比其他技能更适合特定的目的和距离，一些穿越海上远距离的技术在当时是独一无二的。这些独特的航海技能的掌握程度不仅因特定地区的社会阶层变化，而且也因文化程度而变化。掌握和控制这些技能的人能够领先一步并创造压倒性的势力范围。在这种情况下，一个特定的航海时期总是伴随着相应的势力范围（不同势力之间可能相互竞争），而其他地方和小区域的航海技能可以继续共存，相互交流，也可以与霸权势力的导航技术相互作用（Pearson 2010）。

再者，迄今为止所概述的术语和方法论规范似乎强烈暗示将（历史）网络分析引入这类研究和相关讨论中。[3]本书的总主题侧重于海上连通性，我们在此基础上进一步明确了小岛屿中心之间的相互制约，进出岛屿的流动和定向的过程确实将一个枢纽与其他几个枢纽中心"连接"起来，从而建立、维持或重新激活强弱关系。反过来，对多种语言资源的必要关注意味着要考虑文化多样性对于任何特定中心的更广泛的影响，以及通过这种定向运动与任何特定中心的更广泛的互动。

最后，必须强调"长时段"时期的航海技能，这种技能使船员能够掌握特定的海洋环境，这种强调已经预先提醒我们注意或多或少地广泛运用"长时段"航海技能的重要性、对这种技能的掌握分布不均的情况以及技术霸权的存在。总之，这些方面中的许多问题都可以通过历史学家、语言学家和人类学家所推崇的网络关系分析法有效地解决。也就是说，主要是通过定性的过程来处理外围、中间和中心的"节点"和"交叉点"之间的联系。这意味着，通过松散或密集地与盛行的海上、区域和洲际网络连接，对评估一个小岛屿枢纽在空间、经济和认知规模方面的相关性具有强大的分析优势。从这个意义上讲，在印度洋小岛屿的历史背景下，枢纽在这里应被理解为与充分定向过程相互作用的节点的具体变体。

定性的、历史的网络分析法，其优势在于有可能提供系统概述的方法，同时完全认同偶尔出现的无序以及涉及多个方面的区域条件。特别是在过渡阶段，在这一阶段一些因素正在消亡，而另一些新兴因素则变得越发重要。从这个意义上说，"网络思维"不仅对当前的研究有帮助，而且在从一个"长时段"时期到下一个"长时段"时期的转变过程中也会起到作用（Hannerz 1992；Schnegg 2010；Schönhuth 2011；另见阿尔珀斯在本书中对特里韦拉托的术语"网络方法"的解释）。

依据历史人类学视角的有关史料来看，方法论强调的三个重点使我们能够基于长时段背景分析经过历史变迁的"运动中的互联互通"。这种联系的途径是具有背景特征的网络、能动性得以发挥并产生效果的场所。在本节末尾，一个简单的例子可以说明这些方法论优先事项揭示了什么。

从10世纪到11世纪初，南阿拉伯船员已经时不时地定期沿着东非和南亚海岸航行，这在中世纪的也门地理和天文文献中，以及在开罗戈尼萨（Geniza）历史文献中都得到了证实（见 Goitein and Friedman 2008）。这些文献表明，在这个时候以及之后的几个世纪里，这些船只中的大多数都是私人商船而不是国家当局装备和派遣的。自从中国在11世纪末发明了指南针之后，南阿拉伯的航行范围发生了很大的变化。同时也促进了其他重要的创新，包括建筑技术、航海技术、地图的使用、海洋手册和星辰定向以及由此产生的认知改进和世界视野的扩大，除了沿海岸线航行外，使用指南针大大降低了人们在公海航行的风险。随着航海知识和技能的提高，西亚和南阿拉伯对印度洋地区的海洋影响在10世纪后，尤其是从公元1250年开始，大大增强了。那个时候，阿曼（Omani）和也门的商船频繁往来于东非、东南亚和南亚，前往做贸易的商人就成了这些地区的常客、暂住居民或早期移民，特别是在马拉巴尔（Malabar）和斯里兰卡西南部港口和三角洲地区。这种情况一直持续到16世纪，早期的奥斯曼帝国（Ottoman）和葡萄牙开始在这一地区崭露头角。自13世纪早期，以前无法到达的岛屿有时变得有用，甚至成为阿曼或也门船长手下的船员必不可少的后勤中转站（logistical stopovers）。在13世纪和14世纪之后，从南阿拉伯的角度来看，沿着甚至跨越西印度洋和西北印度洋，建立了新的和更广泛的互联网络，这些互联网络在这一时期之前根本不存在，或者仅在更有限和零星的范围内存在（Alpers 2000；Forbes 1981；Margariti 2008；Pearson 2010；Whitewright 2012，2015）。

这个例子主要基于对阿拉伯语资料的解释，以及来自斯里兰卡和中国的一些史料证据，突显了本节所提出的方法论的优势。它还提醒我们，在概念上有必要结合地方、地区和洲际的视角来看待一个特定的"长时段"时期，这是在奥斯曼帝国之前，阿拉伯在印度洋西部和北部地区称霸[4]的高峰时期之一。

为了分析连通性和"小"对于特定岛屿和群岛在各自情况下意味着什么，这些方法上的考量引出这样的结论，即在不断变化和转型的网络中，与定向运动交织在一起的规模意义上的"小"和枢纽意义上的"连通性"应被视为相互依赖的因素或实体，而不是独立的，更不用说绝对的变量。在确立了这些方法论的优先次序以及其如何指导我们确定相关的时期和关系之后，我们现在可以转向考量为我们提供研究方法步骤的一些概念，反之亦然。

3.3 概念：间歇性发展过程和不均衡的地方性知识

与上一节讨论的方法特征不同，本节将探讨适合我们研究目的并基于网络方法的两个概念性特征。在本节的前半部分，我们将重点关注相当稳定但时而又被中断的"定向过程"，如海上运动的序列和周期；下半部分将接着讨论其他形式的不对称，涉及洲际和远距离以及当地知识，后者主要包含历史上印度洋世界小岛屿中心中某种类型的"节点"。

一旦我们在方法上和概念上决定将连通性定义为一个灵活且不断变化的交互式网络和网络之网，在某种程度上，这种方法就会优先于可能的替代方案。"根茎"的概念可能是这样一个替代方案。事实上，从对混乱的集群的开放性，到对看似混乱的扩散的认识，再到对预先定义的二分法和僵化的认知等级的警惕（Deleuze and Guattari 2004），基于网络的方法与"根茎"这一可能的替代方案有许多共同的优势。然而，除此之外，基于网络的方法也更加关注系统的方法论清单，包括反复出现的竞争和合作的集群（constellations），并在任何相关的地方将强大的不对称概念化。在笔者看来，交互网络和网络之网的概念对于我们目前的目的来说也是比其他可能的"流动（flow）"思维方式更有用和更合适的分析概念。

在其他地方，笔者已更详细地（Gingrich 2015b）论证了流动和网络可以被理解和分析为非排他的且同时发生在同一集群、关系和过程中的组成部分，类似于电子通信"流动"、信息技术"网络"、电缆网络中的电力流等。有许多当代和历史现象对它是有用的，事实上，这两个概念的应用是必不可少的，因为它们辩证地交织在一起，相互制约。然而，在笔者看来，如果从"运动中的连通性"的历史文化视角来看待这个问题，研究"印度洋世界中的小岛枢纽"的学者并没有真正做到追求这两个概念的辩证统一，至少暂时没有。

尽管它们可能在许多情况和集群中已经辩证地交织在一起，但并非所有场合都是这样：网络和流动不是先天相同的。在人文社科领域，"流动"通常指的是思想、人或者事物的不稳定、短暂、几乎不可阻挡的运动。相比之下，"网络"则意味着更持久的互动关系，可以随着时间的推移不断重复和重新激活。流动强调至少一种（如果不是几种）形式的流动和方向，而网络强调更持久的主要方向，它通常包括防御（即坚持"节点"的相关性）、中途停留、暂停和重新定向。从概念的角度来看，识别和评估海上网络不仅获得了目前的研究重点，而且这些概念本身更为充分地符合现有的经验证据以及理论化的要求。此外，历史人类学家、语言学家、考古学家和历史学家都倾向于认为，我们的原始资料更有可能为海上网络提供相当可靠的证据。而相比之下，找到如何通过现有资源展示思想、人或商品的流动方式，可能要困难得多。

此外，一些其他理论也支持这种概念上对定性的、不断变化的网络考虑优先于"根茎"和"流动"。例如，近期在人文社科领域关于如何重新评估"文明"这一概念的探讨就证明了这一点。约翰·阿纳森（Johan Arnason）和克里斯·汉恩（Chris Hann）认为"文明"是历史长河中的系列宏观文化。就印度洋边缘的重要区域而言，这种对历史宏观文化集群的观点对于描述和理解印度洋定向运动的相对权重以及一些关键的出发点和目的地确实是必不可少的。例如，中国南部、南亚或南阿拉伯的港口城市，由于它们与大陆多元宏观文化有着密切的联系，因此数百年来一直是横跨印度洋的海上网络的关键目的地和出发地。即使本书和本文的重点是小岛屿的连通性，但在这些海上网络中，许多出发地和目的地的"关键节点"都是位于大陆的港口，其中一些最有代表意义的港口代表着宏观文化的门户和出口（印度洋西北角的亚丁就是一个重要的例子）。虽然并非总是如此，但是相互关联的海上网络作为相对稳定的重要"抓手"，常常把这些港口与大陆和较大的岛屿联系在一起。"根茎"或"流动"这些替代概念可能也有类似的作用，但这些概念肯定更为复杂，因为这些替代概念有助于减弱长久以来影响长时段航海结构和地方知识不对称性的因素，同时也利于缓解紧张和冲突。而且，以网络为基础的方法依然可以考虑到那些数量众多的小岛作为枢纽所发挥的充分的能动性。那些枢纽不受这些宏观文化岛群和区域的影响。这也标志着有一种健康的临界距离，与过去的文化传播传统（Barth et al. 2005）形成对比。例如，在德语文化背景下的考古学、历史和人类学文献往往认为能动性主要来源于特定文明中所谓的天才和优越性。

最后是对本节的前半部分的总结，在概念化不断变化的历史背景和互动网络中，以及连通性作为其整体元素时，一个决定性的优势与定向运动有关。如前所述，定向运动的可重复组成要素包括"到达和离开、旅行周期、小故障或大故障、停留和重新定位"。这也涉及博卡德·施奈培在本书概述和第 8 篇中提出的一个重要观点。发生在几个岛屿中心之间的交互过程通常被理解为部分间歇性的定向运动序列，这种运动是从一个中心"跳跃"（hop）到下一个中心，而不是流动；流动是像不间断的电流一样。所以，在这一点上，无论是吸收施奈培的观点，还是借鉴玛丽莲·斯特拉斯恩（Marilyn Strathern 2004）较为宽泛的论点，这种从一个岛屿枢纽向另一个岛屿枢纽的部分（非）连通性是我们优先采用网络节点方法进行研究的最根本原因。在概念上引入这个部分不相干的要素还有一个经验上的优势，那就是可以系统地考虑到意外的损失，如沉船或海盗事件。

本节的第二部分将进一步阐述这些"暂停过程"和"部分断开"的定向运动序列概念的某些方面，其目的是再次深入探讨航海技能的不均衡性传播问题。

本文第一节的最后部分，基于特殊的宏观文化序列，讨论了航海技能不均衡的主题——从11—16世纪早期横跨西印度洋和北印度洋（以及更远的地方）的"南阿拉伯"海上扩张；第二部分的结尾阐述了迄今为止所取得的研究进展使我们能够以概念性的方式，从区域间和洲际意义上，以及从特定的地区和微观文化的角度，讨论同一主题。

首先，概念的重点是区域间和洲际代理。笔者在第一节结尾处曾谈到，从10世纪或11世纪开始，南阿拉伯、南亚和东非之间的长途贸易持续扩大，一方面，中东穆斯林势力日益增强；另一方面，犹太人、基督教徒以及其他亚洲和非洲宗教和语言群体的代表也成为网络互动的一部分（Goitein and Friedman 2008；Margariti 2008；Vallet 2010）。从某种意义上说，这一系列跨越印度洋的商业互动的历史新高峰是伊斯兰时代之前的高峰的中世纪继承者，正如5世纪索科特拉岛上霍克洞（Hoq）的铭文所示（Strauch 2012）。在10世纪和11世纪以及随后的前殖民时期的新条件下，参与跨越印度洋的洲际和区域间互动的关键代理人的数量肯定增加了，但从人口统计学角度来看，他们仍然是少数精英。戈尼萨历史文献表明，许多参与这一过程的商人都受过教育。事实上，出于职业需要，他们会使用多种语言（Margariti 2014）。例如，一些船长以及主要船员有能力进行两种或多种语言之间的翻译（事实上，霍克洞的铭文大多数由船长撰写）。这些少数精英组成了不同的群体，而这些群体又形成了具有某些领域知识的专家群体。因此，笔者建议用"世界主义者"的人类学概念来界定这类群体。

这一概念在社会科学的其他领域有其较早的论述。然而，就本文而言，乌尔夫·汉内兹（Ulf Hannerz，1990年，以及同一作者随后的文献）的主张是最有用的，前提是其针对20世纪末的原始讨论被仔细地转化为本文所考察的殖民前历史环境。这种转化过程产生了许多特征。世界主义者通过发展融入其他文化的个人能力，进而与其他文化背景的代表建立多元化的关系。因此，"四处奔波"是他们职业生活的一部分，这也是他们有别于难民、流亡者、外交官、移民和其他外籍人士的地方。四处奔波的世界主义者具有特殊的文化知识和跨文化意识，这些知识并不需要与特定的其他人联系在一起（尽管这会有所帮助），而是指不同的意义结构。因此，国外的世界主义者通常会将自己的身份从"可疑的入侵者"转变为"受欢迎的客人"，而国内的世界主义者往往通过占据一些特权而与当地人保持一定的距离（Hannerz 1990, 239, 241, 246-248）。因此，本文的第一个概念性建议是当探讨印度洋世界的前殖民时期时，将世界主义者称为涉及小岛远距离海洋活动的一小部分主要代理人。

鉴于本节的后面还将详细谈论世界主义者和他们的当地原型，我们现在暂且先不讨论他们。但是，在此之前，有必要指定将要评估的地点类型。为此，需要进行最终且有些挑战性的方法论练习，以便在网络分析方面识别具有各自联结和相应微观文化观点的特定节点。

从以参与者为中心的角度来看，人们可以从可选节点的意义上将这些可以避免的或者或多或少可以避免的联结及其相关枢纽从那些无法避开的或者在给定的历史环境下不那么容易避开的节点区分出来。就几何图论及其应用而言，这里笔者指的是不可避开的，而不是可选的海上连接或纽带及其节点。我们讨论的子问题，只包括那些如果你想利用航海技能从 A 点移动到 C 点而又没有现实的替代方案的连接。因此，要考虑的图论情况是，对于 A 和 C 或 C 和 A 之间的任何海上路径，B 是"不可避免的"海上"通道"区域。B（一组较大或较小的岛屿）由此占据了这样一个位置——来自远方的任何人都必须经过它或在此停留。在网络分析的图论版本中，这种"带有不利因素的"或称为"海上地峡"或海洋"针眼"的现象被称为"切顶点"（针对 B）和"桥"（针对 A 到 B 或 C 到 B 各自的连接）（Harary and Hage 1984）。

如同作为印度洋枢纽的一般小岛屿一样，历史环境和通行的航行惯例决定了某个特定群岛在多大程度上成为或失去这样一个潜在海上"割点"的地位。笔者之后将使用"针眼"或"必经之路"的比喻用语来指这一特殊海域。从历史和社会文化层面上看，这种必经的海洋"针眼"地带几乎没有固定的区域面积或绝对的内在特征。然而，对于一个特定的"长时段"时期的航行，区分它的"强"和"弱"的形式可能对航海有参考价值，这取决于通过这些不可避免的通道的航行是否遇到高或低的失败风险。反过来，这也意味着那些从外部进入的船只需要依赖可靠的领航员为其提供服务和专业知识（有时中途会雇用这样的人）。因此，领航员的工作和代理范围使区域知识成为所有区域间和洲际印度洋航行史的必要组成部分。如今领航员的角色已经发生了很大变化，一部分原因是航空运输出现，另一部分原因是现代技术在海上交通中的应用。虽然，如今的船只领航员的数量已经大大减少了，但其在历史上的重要性决不能忽视。要渡过复杂和陌生的海域，领航员是必不可少的。因此，考虑到海上"针眼"的情况，这些为数不少的领航员也属于印度洋区域必需的当地专业人士之一。

根据东非、西亚、东南亚或南亚之间或附近的沿海或岛屿区域的情况，这些地区的领航员可能是男性，有时也可能是女性，他们至少具有兼职（如果不是全职）的专业知识，这是基于他们所积累的应对他们所在区域跨季节的海上通道和障碍的经验和专业知识[5]。他们的领航专业知识给他们带来并助其保持长久的良好声誉，这也使他们在自己家乡之外也能小有名气。他们会不时与"世界主义者"（cosmopolitans）即外来人员（以及他们的中间人）进行互动，这可能会增强他们对其他语言和外来习俗的熟悉程度。因此，他们掌握的海域环境和海洋知识与一些航海技能结合起来，使他们成为"文化经纪人"（Lindquist 2015）。领航活动即使不是这些人生活的主要部分，也至少是他们生活中的一部分。从这个意义上说，领航员的生活也是外部船员带来的一些相对财富与这些不可避免的通道沿线上的当地社区之间的经济交叉点。简言之，领航员们不仅要与自己所在的社区保持良好的关系，同时也要与那些中间商保持良好的沟通，这些中间商将世界主义者作为新的或熟悉外部环境的船员或潜在商人引入所在的岛屿。此外，这种应对风险的领航专业知识也是当地社区几代人的重要资源。在这些地区的专业人士中，必然有专家型教师和初级新手。在大多数情况下，专业领航员至少带一名初级助理一起工作。在当地甚至在更广大的社区中，这些高级或初级领航员都享有相当高的专业声誉。他们的收入是较为固定的，有时也会因为其海上抗御风险能力而承担一些不定期领航工作有一些额外的收入。招募领航员的频率、规模和雇佣的周期不仅取决于他们自身的实际技能和相应的资质，而且还取决于每年的季节变化特点，最重要的是取决于他们各自所在的区域在当时海上网络中的价值。

在任何一个特定的"长时段"航海时期内，都会有大量的海上通道，这些通道相互之间只存在小规模的相关性，而没有无限的广泛意义。除此之外，还有少量可能具有大规模相关性的航道，包括任何通过其水域的长途航行。当然，这并不意味着任何确定性的假设。管控某一地方的人希望获得海上"针眼"的位置，环境和导航因素对这种愿望的实现起着重要作用。然而，这种愿望是否能成功——如果成功，持续多久——取决于其他各种（商业、政治或军事的）因素。总而言之，地方和区域的海事知识和专业知识对于安全使用导航技能来说是不可或缺的，尤其是对于"针眼"这种必经航道来说。在这种具有大规模关联性的通行区中，要么是因为这些通道对任何经过或停留的人来说都是绕不开的，要么是因为它们的水域或海峡极其危险，或者两者兼有——专业的环境和海洋知识会带来特殊的优势，并使这一区域有机会提供维修设施、补给和后勤服务。然而，尽管这种战略定位会带来商业利益，但也招致健康和安全方面的隐患以及暴力威胁和攻击。

对于那些居住在具有大规模相关性且处于"针眼"位置的小岛屿上的人来说，向外来人提供或不提供领航服务始终是几种选择之一，也是追求其他目标——象征性的、政治性的、物质性的或所有这些组合在一起的一个有价值的谈判筹码。因此，对领航员的专业知识进行地方或区域政治控制可能成为地方和区域权力体系的战略要素。只要当地居民能够守护好其区域，那么他们对当地和区域海洋知识的垄断就会使他们处于关键的航行优势地位。外来人员要想通过航道上的"针眼"位置，需要冒很大的风险，但当地人却可以轻易地乘坐当地船只往返。因此，不均衡的当地海事知识（以及领航的相关专业知识）在"针眼"位置上本身就代表了一种政治和战略资源。

印度洋世界某些小岛枢纽内的"针眼"位置，以及在适用情况下相应领航员的专业知识（作为当地海事专家和文化经纪人），构成了历史人类学网络分析中提出的下一组方法和概念选择。基于对间歇性（disconnected）和定向运动过程的基本考察，以及对霸权、区域和地方的航海技能不均衡相关性的考量，确定了两种主要的小规模和大规模"必经航道"（此处用作"针眼"的同义词），即危险海峡和独特的中途停留地。如果我们在这些考虑因素中包括以前被称为海洋网络宏观文化"抓手"的大陆和较大的岛屿港口，那么我们可以添加某些河流的海口作为"针眼"的附加（第三种）形式。例如，在中世纪，阿拉伯商船通过难以航行的河口接近斯里兰卡西南海岸附近的一些目的地。在公元1世纪，伯里浦鲁斯人（the Periplus）就提到了今天古吉拉特邦（Gujarat）通往巴鲁克（Bharuch）的纳尔马达河（the Narmada River）。

为了利用另外一个历史实例来结束第二部分，笔者想到了一些可能应用于这一概念的观点。其中一组例子包括公元1000年左右马六甲海峡（Melaka）的历史。在那时，该地区（包括今天的吉隆坡和岛国新加坡）"已成为近千年来远距离海上系统的要塞。最早的主要贸易王国位于湄公河下游流域，但扶南国（Funan）与马来半岛地峡地区（the isthmian region）关系密切。东南亚时期伊始，海峡两岸就形成了多个贸易港口，充分利用了该航道在三洋之间的战略位置和构成国际奢侈品贸易的一部分的当地商品。该系统既灵活又稳定。该地区的许多港口表现出贸易港模式的若干特点，但也有其独特之处。虽然不能完全证明，但考古资料表明，在公元1000年以前，印度洋各地的商人和工匠聚居在东南亚。没有任何历史资料表明，公元1000年以前，有任何外国人在这里定居。他们可能经常在这里来来往往，而不是永久定居。但这种情况可能在11世纪发生了变化"（Miksic 2013，92）。

这是以苏门答腊岛为中心的司力维家岩（Srivijayan）王朝统治在这一海峡的最后一个时期。"随着11世纪的到来……富有和强大的马六甲海峡霸主司力维家岩即将垮台"（Miksic 2013，93）。在随后的3个世纪里，新加坡在历史上从未成为一个主要的政治或商业中心，而只是一个小的岛屿枢纽，但其仍是地区强国争夺的要点。因此，它不仅只是这条必经之道上的几个港口之一，而且是该地区位于"小岛"上的少数几个港口之一。

这一例子来自该地区一位著名的历史学家和考古学家最近的研究，因此大体上证实和说明在大范围内"必经航道"的概念以及其对处于危险海峡中的小岛屿枢纽的意义。通过比较和推理，我们意识到，正如上文所述，鉴于该地区在海上长距离贸易中所发挥的长期和稳固的作用，约公元1000年的时候，外国人在印度洋岛屿上的数量波动与当地的领航员数量有关。此外，在某种程度上，海峡地区，尤其是像新加坡这样的岛屿，已经作为这些岛群中的一种战略资源吸引了当地和区域性大国。正如笔者之前强调的，这种资源包括当地领航员的海洋知识，这种海洋知识也是作为谈判的几个筹码之一，而军事威胁只是迫不得已。反过来，这也是密西奇（Miksic）对卡尔·波兰尼（Karl Polanyi）的贸易港模型（Polanyi 1963）有争议但仍引用的原因。在波兰尼看来，通商港通常代表着一个州（省）国际贸易的门户和出口，而该州（省）中心的主要位置通常在一定距离之外，但在这个与外部世界交流的地方，州（省）保持着一定程度上的军事、财政以及行政管理权限。因此，贸易港很容易成为所有相关方代表的聚会场所和长期居住地。尽管波兰尼富有启发意义的模型在这些方面需要相应的实际证据，但它的确可能是一个有用的工具。这一模型可以从理论上解释哪些国家可以有效控制印度洋小岛屿主要枢纽的作用[6]。鉴于这些"必经航道"的战略位置，区域的管理者们可能倾向于在发挥这些小岛屿的枢纽作用及其与外界的连通性的基础上将其转变为贸易港口。在最基本的情况下，这样一个贸易港口将包括市场和非市场驱动的商品交易和服务交换元素。居住在这里的居民也身份各异，他们中既有工商贸易管理者、主要政治派别代表，也有短期居留的过客和长期定居的居民——这些长期定居的居民中有具备本地或地区背景的人，他们隶属于当地的利益团体。

总而言之，印度洋岛屿世界的许多小岛屿枢纽都有当地的领航员，尤其是在那些必经的航道上。在大规模的必经航道中，地区大国的战略和政治利益可能会使一些枢纽转变为具有相应专业、语言、宗教和社会文化多样性的贸易港口，其包括各种形式的文化经纪人和产业经纪人。暴力威胁总是会发生在那些"必经航道"，它们是暴力事件的多发地。这种暴力手段可能是当地掌权势力的一种选择，有时候也是外来势力采用的一种手段。但人们一般不会选择这种方式，除非他们不能通过和平手段从贸易中获利。然而，少数情况下，施加武力本身也是一种战略选择（Margariti 2008，2010），毕竟"割点"确实暗示了这一点。

3.4 历史和空间背景下的结构共轭

本章最后一部分将通过阐述前面几节中提出的论点来关注印度洋岛屿枢纽的"小"，并将它们应用于更具体的历史尺度和岛屿群中。本文的引言部分已经表明，任何（历史）岛屿小的概念也需要对"什么的小，以及与什么的关系"进行比较评估。我们随后补充道：岛屿的"小"规模应该在各自"长时段"航海条件下不断变化的、更广泛的网络背景下进行考量（例如，在殖民时代，印度洋的大多数小岛屿枢纽及其各自网络的最终权力中心都在一个或另一个西欧首都）。如上所述，小岛屿具有更稳定的领土范围维度，以及更不稳定的人口规模维度；这两个维度通常是相互关联的（但不一定在所有情况下都如此）。对于这里接下来的论点，领土层面的小被视为第一区分标准，人口层面上的小被视为第二个区分标准。很明显，这些标准主要基于局外人的观点，尤其是研究调查的观点，而在资源允许的情况下，偶尔也会依赖当地人的观点作为额外资源。

除了主要的"沿海"特征外，小岛屿在某种程度上与地理学家、环境历史学家和生态人类学家为其他岛屿定义的所有特征有着更为鲜明的共同点。这些特征包括与历史上不断变化的"界限"的有限相关性、对人口"承载能力"的影响，以及不可否认但同样有限的重量（Erikson 1993）；以及深水、沿海水域、海岸和内陆之间的环境多样性，或者岛民为了在特定历史条件下在其更广泛的环境中生存而对某些专业化知识技能的更多需求。

在这些一般前提的基础上，仔细分析后可发现：小岛屿在这方面与其他空间实体类似（Hannerz and Gingrich 2017）。然后，根据它们在被观察的海洋水域沿线和水域内的空间位置，这些小岛屿可以被看作是岛屿集群。空间定位当然仍是基于历史"长时段"背景，但它确实有绝对的维度，可以用不同方向的距离和接近度来表达。然而，由于主要航海技术的变化，在14世纪穿越1000海里开阔的印度洋水域到达一个小群岛，绝不同于在19世纪后期同一季节穿越同样的1000海里。因此，本文建议将岛屿集群及其各自的空间位置作为这个以历史人类学为基础的网络分析的第三个也是最后一个概念。这种对环境或海上网络和网络之网的观点优先考虑波动较小和更持久的，有时是"长时段"类型的岛屿集群。我们需要区分至少五个这样的概念（或原型）岛屿集群，用于在给定的"长时段"时期确定印度洋岛屿在更广泛网络中的关系位置。这被认为是在20世纪中期之前的主要时期，当时航空运输开始了更大规模的发展。

接下来的五个或更多概念性群岛绝不是想把它们视为类似韦伯式（Weberian）理想类型的任何东西，而是被视为一种相当松散的关系模型，其中包含各种中间变体和组合。这些岛屿集群建立在中世纪阿拉伯语分类的基础上——如海洋、海岸和群岛——同时也进一步阐述和语境化这些古老的遗产。在这里，它们被作为"结构相对论"（structural relativity）这一方法论遗产的一部分提出，该遗产可以追溯到埃文斯·普里查德（Evans-Pritchard 1940），实际上可以追溯到马塞尔·莫斯（Marcel Mauss）。这意味着，从一开始，结构特性的潜力以及结构转变就包含在这种分化中，分为五个或更多松散和交叉的具有枢纽或潜在枢纽的小岛。因此，在历史"长时段"变换的某些条件下，一个特定的小岛或一组小岛很可能将其自身的结构位置从一个占主导地位的小岛群转变成另一个岛群，或者从有一个岛屿占主导地位转变成另一个岛屿占主导地位的群岛组合。这些特征将印度洋上的岛屿及其中心划分为至少五种基本群岛：

① "零型"岛群；
② "孤立型"小岛或岛群；
③ "双链型"岛群；
④ "群聚型"岛群；
⑤ "缓冲型"岛群。

只要我们把自己限制在人类存在的狭窄范围内，就容易把"零型"群岛理解为"无人居住的岛屿"。从如此狭隘的、以人类为中心的角度来看，印度洋世界的所有小岛都经历了或长或短时期的"无人居住"状态。一些岛屿在史前时期，另一些则在早期历史时期保持着"零型"的状态。直到近代，后者中的一些小岛才转变为上文中所描述的其他四种群岛中的一种。据我们从早期考古或历史的记录中所知，在早现代时期非洲、欧洲和亚洲移民主动或被迫到来之前，塞舌尔群岛、查戈斯群岛、科科斯群岛和圣诞群岛以及马斯克林群岛都属于这一残存的"零型"后期形式。甚至在此之前，一些早期的阿拉伯、马来或南亚海员似乎已经接近其中的一些岛屿（查戈斯，也许还有塞舌尔），但在这方面的证据往往被证明是不可靠的。在永久定居开始之前，这些"零型后期型"岛屿要么完全不为人知，要么被认为对于那时的航海技能来说太遥远了，或还没有为永久定居提供足够的优势。在随后的时期，当人类永久存在的阈值被越过时，这些后期的"零型"群岛就可以使用其他四种类型群岛中的一个或多个标准来评估和分析。

"孤立型"岛屿，顾名思义，包括那些在大多数航海技术条件下难以到达的偏远小岛或小岛群。例如，为数不多的证据表明从公元前 2000 年后期到公元前 1000 年早期的前伊斯兰时代，在当时的航海技术条件下，人们很难到达索科特拉岛，不仅从埃及和东非其他地区，从波斯控制的海岸，甚至在某种程度上从南阿拉伯大陆，都很难到达，部分原因是索科特拉岛沿岸没有深水港。公元前 1 世纪至公元 5 世纪期间，来自霍克洞穴的碑文证明印度人（婆罗门）与南阿拉伯人和埃塞俄比亚人之间存在联系（Strauch 2012）。沿海定居点的考古资料表明古代南阿拉伯语使用者的存在，他们逐渐（重新）与南阿拉伯大陆联系起来。后来关于索科特拉岛在出口乳香方面的作用以及（有些争议的）早期基督教信仰迹象表明，早在伊斯兰时代之前，索科特拉岛显然已经从长期的"孤立型"岛屿中脱离出来，在后文提到的"双链型"和"缓冲型"岛群身份之间进行频繁的转换。然而，即使在伊斯兰教兴起之后，索科特拉岛的居民仍然保留着他们的非阿拉伯闪米特语，而也门和阿曼其他地方的相关少数民族也一直在使用这种语言（Robin 1991）。伊斯兰教的兴起反过来促进了南阿拉伯大陆许多地区的阿拉伯语化。反过来，这表明索科特拉岛随后对其北部的南阿拉伯海岸的"双链型"或"缓冲型"岛屿，以及偶尔与西部的非洲之角以及东北部的波斯所展开的互动，都是基于某种形式的相对地方自治。这包括经济专业化和随之而来的与外部世界主导力量的贸易接触，而这都可以通过由当地领航员协助的少数专业中间商和岛民自己来进行。

虽然索科特拉岛离大陆相当近，但由于没有任何天然深海港口，船只和商人很难到达。而在 19 世纪以前所有的"长时段"时期内，其他"孤立型"岛屿，比如科科斯群岛和圣诞群岛，都不在主要的航行路线上，即使人们之后在那里建立了第一个欧洲前哨地也是如此。另一方面，马斯克林群岛在最初成为葡萄牙和法国船只的关键途经点以及荷兰和英国水手从开普敦到印度尼西亚和澳大利亚的东部航线要点后，具有了"必经航道"的特性（也就是上文提及的割点）。这三个简短的例子似乎表明，与一些太平洋岛屿的情况相反，印度洋上的小岛虽然有时在短暂的历史时刻保持着孤立性,但很少在长期的历史时段内"与世隔绝"。即使我们把这些罕见的例子加起来,它们在印度洋的数量也会比在波利尼西亚(Polynesia)群岛(位于太平洋)的数量少得多。

"双链型"岛群通常被地理学家和相关研究人员称为近海岛屿。沿着斯瓦希里海岸,这种群岛最典型的例子是拉穆群岛(属于肯尼亚)、马发(Mafa)群岛(属于坦桑尼亚)和科里巴(Kerimba)群岛(属于莫桑比克)。无论它们是单一的岛屿实体,还是小群岛、列岛、大群岛,它们"小"的特性都与附近的一条主要海岸线有关。离岸小岛屿和一个主要海岸线之间固有的二元论往往意味着有可能进行专门化和保护,或有可能使这些小岛屿处于孤立状态,并且这些地区的居民可能更加闭塞,更难获得广泛的发展机遇。无论是标记缺陷和缺失元素,还是相反,单方面存在和影响的主要特征,"双链型"岛屿都表明了小岛外部相互作用之间的主要关系。

沿着印度洋的西北海岸,靠近霍尔木兹海峡的波斯湾/阿拉伯湾的小岛基什(Kish)/凯伊斯(Qays)离伊朗大陆只有几英里。它与索科特拉岛发展轨迹截然不同,特别是在11世纪末到13世纪初之间。在这段时间中,"基什成为海湾地区的主要转口港,在争夺海域控制权的过程中,它似乎成为亚丁的直接竞争对手"(Margariti 2008,556),亚丁是几个世纪以来印度洋西北部最重要的港口。虽然基什岛有时被外界批评为"海盗"的避难所,但它并不是无国籍亡命之徒的藏身之所。事实上,这是个由一位苏丹王统治的小岛国,他有时甚至设法将自己的影响力扩大到岛屿附近,以至于偶尔呈现出"掠夺性"特征。这是通过成功挑战大陆港口西拉夫(Siraf)日益衰落的影响力,并在当地特别重视海事专业知识来实现的。中世纪作家伊本·穆贾瓦(Ibn al-Mujawir)在其著名的游记中强调了该岛的转口贸易地位,以及造船和航运技术作为阿拉伯部落联盟凯伊斯(Qays)及其统治者特殊资产的作用(Margariti 2008,557,558)。13世纪以后,基什成了其他地方势力的一部分。"相反,霍尔木依据岛屿,不断扩张,14—15世纪,其在该地区的控制力更强"(Margariti,个人对话,2016年5月13日)。同样,这些岛群的顺序提醒我们,"针眼"和"必经航道"是概念工具,没有任何确定性含义:它们仅表明一种可能的战略选择,有足够的竞争空间,也有足够的上升和下降空间。

如今,基什是伊朗著名的自由贸易区和旅游胜地。然而,在前伊斯兰时代,由于其所处的位置,它已多次被提及为具有战略意义的岛屿。很明显,该岛属于"双链型"群岛(靠近伊朗海岸线),再加上其"必经航道"(靠近霍尔木兹海峡)的地位,使其无论在当地历史上还是在更广泛的地区历史上,都具有相当强大的影响力。

"群聚型"岛屿是由小岛组成的更大的群体和完整的群岛,其中有一部分是有人类居住的。在相当长的一段时间内,安达曼(Andaman)和尼科巴

（Nicobar）群岛都是当地和地区主流"群聚型"岛屿的典型。在今后的时间里，这些"群聚型"岛屿似乎值得沿着这样的路线进行更仔细的研究。此外，本节中提到一些主要是作为其他群岛例子的小岛群，它们也显示出群集特征并可能在其历史的某些阶段变得更加重要。人们可能以这种方式评估查戈斯、马斯克林群岛和塞舌尔近代历史中的某些阶段，正如马尔代夫在其伊斯兰殖民前的某些时期以及在南亚殖民初期（即从1573年葡萄牙在马尔代夫的战败到19世纪末英国影响力的崛起）一样。

无论主要的还是次要的结构特征，"群聚型"岛群基本上都要求相邻小岛屿或岛屿群的区域之间具备初级的内部相互作用。当地小岛群之间的小规模互动可能会以"之字形"和"交叉"模式为主，包括礼物交换、争端和暴力、法律和解、贸易、服务、婚姻关系、礼仪生活要素等。用完全不同的措辞来说，马林诺夫斯基（Malinowski）（尽管他的观点存在学术偏见）曾经运用人种学维度分析生活在遥远的美拉尼西亚（Melanesian）小岛群中的特洛布里安岛（Trobriand）（基里维纳）居民，他的研究发现与针对前殖民时期和早期印度洋殖民小岛屿的研究有异曲同工之妙（Radcliffe-Brown 1922；Singh 2006；Vaidik 2010）。这里需要强调的是，这些小岛群的居民彼此之间发展了区域和海洋社会经济文化多样性，以及独特的区域性小岛生活互动方式，并且他们已经意识到自己是这些大区域群岛的一部分。当然，这些"群聚型"小岛从来没有完全脱离来自外部世界的联系和影响；有时这些外部影响强大到占据了主导地位，而有时它们之间的相关性又很低。尽管存在着持续的外部影响，但有时还是会出现内部"群聚"性特点占主导地位而外部关系处于从属地位的情况。

"缓冲型"岛群是那些位于多个大陆或大岛区域的通航范围内的群岛或单个小岛。这为紧张、竞争或对抗的局势提供了具体的可能性，但对小岛屿来说，它使岛群内的选择成为可能。因此，位于"缓冲型"岛屿的居民被暴露在两种或两种以上主要力量之间的相互作用之下，但有时也会利用这种相互作用，这些力量主要来自海洋附近的区域。"位于非洲大陆和马达加斯加之间的科摩罗似乎是一个很好的例子"（Alpers，个人对话，2016年4月4日）。

对于前殖民时期，人们可以认为马尔代夫在南印度、斯里兰卡和阿拉伯之间形成了一个"缓冲型"岛群，在某些时期，这是很有特色的，特别是在群岛上佛教存在的后期和公元1153年开始的伊斯兰统治的早期。岛上居民的当地语言迪维希语（Divehi）与斯里兰卡的主要语言僧伽罗语（Sinhala）有关，并且大量的考古和文字资料证明马尔代夫在12世纪中叶之前就处于佛教时期（Forbes and Reynolds 2012）。马尔代夫伊斯兰化的确切情况仍需进一步澄清，但所有现有解释中的一个明显和共同的因素似乎是伊斯兰教在岛上的早期传播与来自阿拉伯世界的一个穆斯林传教士或者学者的出现，或者是与先后到来的几个传教士有关。大约200年后，当著名的阿拉伯学者伊本·白图泰在为马累苏丹担任了半年多的高级法官时，该群岛的大多数居民已经在一定程度上信奉伊斯兰教。因此，从 12 世纪中叶到 14 世纪中叶的这两个世纪与伊斯兰教在马尔代夫的第一个霸权时期是一致的，这与阿拉伯人在该地区强有力的海上地位有关（Forbes 1981）。在本文的第一节末尾，已经介绍了这种航海背景。

然而，在伊斯兰霸权的第一个时期之前，人们可以肯定地提出，在一个或长或短的中间时期，佛教在马尔代夫仍然占主导地位，而穆斯林的影响力正在上升。正是在这个中间时期，"缓冲型"岛群的概念可能有助于理解马尔代夫的地位。它一定位于一个由佛教信徒主导，同时混杂有讲阿拉伯语的新兴穆斯林教徒的地方。那些佛教徒的精神与文化中心在东北部（主要在斯里兰卡），而伊斯兰教徒中既有来自西北部（即南阿拉伯和海湾地区）的人，又有定期从东南亚航行归来在马累停靠的人。12 世纪中叶之前的那个中间时期是持续了几个世纪还是仅仅持续了几十年，现在还不能确定。然而，它似乎有可能是在公元 9 世纪末或 10 世纪初开始的，与第一次从阿拉伯到南亚及其他地区的定期商业海上探险一起。只要它能持续下去，这一中间时期就为马尔代夫及其统治者提供了一些"缓冲"选择，可供他们在其海上附近的区域重心和影响力之间进行尝试。群岛的海洋和环境特质（主要体现在阿拉伯与斯里兰卡或印度南部之间的主要航线上的珊瑚岛礁）进一步加强了这些缓冲选择。从斯里兰卡或东南亚航行到南阿拉伯时，考虑到盛行的洋流和季风，经过马尔代夫几乎是不可避免的。但到了 10 世纪，持有不同信仰对阿拉伯商人对与斯里兰卡和印度的长途贸易越来越感兴趣，除了传教之外，他们还想在这个必经的岛屿上占据一席之地。

马尔代夫的珊瑚岛礁情况使当地领航员的专业知识对任何从外部航行的船只来说是不可或缺的，而同样的道理，潟湖（lagoons）内的任何主要或次要的小岛屿港口都受到了相当好的保护，不受外部（中世纪）利益的影响。反过来，这意味着在这些历史条件下，一个主要的港口很可能是一个"非典型的贸易港口"，因为它可能与区域权力中心相一致。缺乏经验的外来者难以通过危险的海上通道，因此该地区群岛的权力中心不需要任何额外的陆地距离保护，更重要的是，马尔代夫的任何地方都没有"陆地距离"（与马六甲海峡腹地形成对比）。简而言之，在"中间缓冲"（intermediate buffer）时期，政治权力的区域中心已经位于今天的马累，就像后来伊斯兰教在群岛上称霸的历史时期导致伊本·白图泰在马尔代夫逗留一样，这是完全有道理的。

因此，在 12 世纪中叶之前的"中间缓冲"时期，马累可以被设想为一个非典型的贸易港口（尽管这个特定的概念对于本假设来说并不是必不可少的）。无论如何，马累一定是一个印度洋的小岛港，在这里，来自阿拉伯的伊斯兰教的新兴少数民族逐渐变得显眼。最终，它可能已经囊括了当地的皈依者，以及阿拉伯人和其他穆斯林（通常是短期）居民的孩子，也许甚至构成了他们自己的社区或港口飞地。如果当地领航员在维持和发展长途贸易方面具有战略性的专业兴趣，那么他们作为文化经纪人的总体地位一定说服了他们中的一些人（与当地商人和其他居民一起）在早期阶段将这种兴趣转化为接受新的宗教。

3.5 结论

本文旨在探究历史人类学对印度洋研究可能作出的方法和概念上的贡献。简而言之，这一调查的结果如下：

第一，概述了方法论的三个主要方面。通过历史网络分析的定性方法，指出了间歇性的海洋运动和过程的相关性。这导致了在特定的历史环境下区分在必要时可以或多或少地避免的航行联系，以及几乎不可避免的"针眼"（或"割点"）类型海上通道的重要性。那么，后者可以进一步区分为以下三个主要情况：有风险的海峡和可能包括小岛在内的独特的中途站，一些海运网络的大陆目的地和只能通过某些河流的入海口到达的海上出口。

第二，目前的分析还提出了三组理论概念，主要（但不完全）考虑前殖民时代。"世界主义者"一词综合了长途海洋活动中的关键历史人物，如船长和其他主要船员、口译员，以及具有相应跨文化和跨文化专长和兴趣的长途贸易商和商人。"当地文化经纪人"一词包括经验丰富的领航员及其中间人和学徒，他们的专业结合了他们与来自遥远地区的海上游客频繁的跨文化经历，以及他们可以为这些海上游客提供的当地和地区知识。

第三，"小岛屿群"一词描述了小岛屿在历史和区域背景下的结构定位。这进一步分为五种松散的交叉形式，即"零型（无人居住）"岛群、"孤立型"岛群、"双链型"岛群、"群聚型"岛群以及"缓冲型"岛群。研究表明，对于一个特定的小岛屿（群体），在特定的历史背景下，其中几种形式可以结合起来，而在不断变化的历史环境下，一种形式可能会逐渐消失，而另一种形式可能会开始占据主导地位。

注释

1. 感谢本书的两位主编爱德华·A. 阿尔珀斯（Edward A. Alpers，洛杉矶）和博卡德·施奈培（Burkhard Schnepel，哈勒）以及出版社的审稿人员和编辑人员，还要感谢托马斯·H. 埃里克森（Thomas H. Eriksen，奥斯陆大学）、乌尔夫·汉纳斯（Ulf Hannerz，瑞典皇家科学院）、埃里克·霍夫登（Eirik Hovden）、马格达莱纳·克劳斯（Magdalena Kloss）、伊娃·玛丽亚·诺尔（Eva-Maria Knoll）、尤琳·诺克斯（Julene Knox，伦敦）、克里斯蒂安·F. 克朗泰勒（Christian F. Krattenthaler）、克里斯蒂娜·M. 卢特（Christina M. Lutter，维也纳大学）、罗萨尼·E. 玛格丽特（Roxani E. Margariti，埃默里大学）和迈克尔·施奈格（Michael Schnegg，汉堡大学）对本文早期版本作出的宝贵评论和学术反馈。本文所需的部分研究和写作得到了奥地利科学基金会 45 号基金拨款和相关的"社区愿景（VISCOM）"项目（2011—2019）的支持，该项目允许维也纳大学及其社会科学学院提供额外的休假期。谨此明确感谢世界粮食基金会（FWF）和维也纳大学，特别是维也纳大学校长海因茨·恩格尔（Heinz Engl）的支持。
2. 本文所使用的"长时段"这一术语是针对主要航海技能，对政治史并没有广泛的影响。
3. 给予定性和历史网络分析这样的优先权并不包括对行为者网络理论（ANT）的任何基本拒绝。它只是考虑到行为网络理论在历史分析中更有限的记录，同时认可历史网络分析和环境研究之间更广泛的交叉领域。
4. 在本文中，"阿拉伯"航海霸权是一个简略的提法，指的是许多有关的资料都来源于阿拉伯文，而且相当多的有关行动者似乎都是以阿拉伯语作为其第一或第二语言。话虽如此，必须强调的是，"阿拉伯"航海霸权也包括基督教徒和犹太人，以及中东以外的以伊朗为基础的行动者；另外，在海上交往中，南亚因素贡献巨大，许多行动者都来自印度和斯里兰卡（Chakravarti 2000）。
5. 玛格丽蒂（Margariti，2008，557，558）讨论了中世纪阿拉伯语来源中的几种表述，以供本地海事知识方面的专家使用，主要是针对基什岛（另见本文 3.3 节及其对"离岸"群落的讨论）。许多早期社会人类学的经典著作都是针对太平洋和印度洋的小岛，例如马林诺夫斯基（Malinowski）的特洛布里亚德研究或拉德克里夫·布朗（Radcliffe-Brown）的安达曼群岛研究，包括 20 世纪早期的海上航行参考（Margariti 2008）。
6. 在印度洋北部和西部的几个地区，相当独立的港口城市政体似乎在 11 世纪和 12 世纪盛行，如基什、达拉克，在某种程度上还有马累，那里权力集中，与波兰尼的"贸易港"模式相反（见本文 3.3 节）。在其中一些情况下（Margariti 提到基什是一个例子，2016 年 5 月 13 日个人通信），以前独立的港口城市在 13 世纪早期到中期整合成更大的实体，从而从一个"非典型"的贸易港口转变为一个更"标准"的贸易港口。

参考文献

Alpers, Edward A. 2000. "Indian Ocean Africa: The Island Factor." *Emergences: Journal for the Study of Media & Composite Cultures* 10: 373–386.

Árnason, Jóhan P., and Chris Hann, eds. in press. *Anthropology and Civilizational Analysis: Eurasian Explorations*. Pangaea Ⅱ: Global/Local Studies Series. New York: SUNY Press.

Barth, Fredrik, Andre Gingrich, Robert Parkin, and Sydel Silverman. 2005. *One Discipline, Four Ways: British, German, French and American Anthropology—The Halle Lectures*. Chicago: The University of Chicago Press.

Braudel, Fernand. 1958. "Histoire et Sciences Sociales: la longue durée." *Annales: Histoire, Sciences Sociales* 13 (4): 725–753.

Chakravarti, Ranabir. 2000. "Nakhudas and Nauvittakas: Ship-Owning Merchants in the West Coast of India (c. AD 1000–1500)." *Journal of Economic and Social History of the Orient* 43: 34–64.

Deleuze, Gilles, and Félix Guattari. 2004. *A Thousand Plateaus*. Translated by Brian Massumi (French original 1980). London and New York: Continuum.

Eriksen, Thomas H. 1993. "In What Sense Do Cultural Islands Exist?" *Social Anthropology* 1: 133–147.

Evans-Pritchard, Edward E. 1940. *The Nuer: A Description of the Modes of Livelihood and Political*

Institutions of a Nilotic people. Oxford: Clarendon Press.

Forbes, Andrew D. W. 1981. "Southern Arabia and the Islamicisation of the Central Indian Ocean Archipelagoes." *Archipel* 21: 55 – 92.

Forbes, Andrew D. W., and C. H. B. Reynolds. 2012. "Maldives." In *Encyclopaedia of Islam, Second Edition*, edited by P. Bearman, Th. Bianquis, C. E. Bosworth, E. van Donzel, and W. P. Heinrichs. Brill Online 2012 Reference, Universitaet Wien March 07, 2016. http://referenceworks.brillonline.com/entries/encyclopaedia-of-islam-maldives-COM_0647.

Gingrich, Andre. 2015a. "Multiple Histories: Three Journeys Through Academic Records, Medieval Yemen, and Current Anthropology's Encounters with the Past." *History & Anthropology* 26 (1). (Special Issue: *Visions of Community: Comparative Approaches to Medieval Forms of Identity in Europe and Asia*, edited by Andre Gingrich and Christina Lutter): 110 – 128. Accessed May 06, 2016. DOI:10.1080/02757206.2014.933102.

———. 2015b. Connecting and Disconnecting: Intentionality, Anonymity, and Transnational Networks in Upper Yemen. In *Anthropology Now and Next: Essays in Honor of Ulf Hannerz*, edited by Thomas H. Eriksen, Christina Garsten, and Shalini Randeria, 48 – 69. Oxford and New York: Berghahn.

Goitein, Shlomo D., and Mordechai A. Friedman. 2008. *India Traders of the Middle Ages: Documents from the Cairo Geniza (India Book).* Leiden: Brill.

Goody, Jack. 1990. *The Oriental, the Ancient and the Primitive: Systems of Marriage and the Family in the Pre-industrial Societies of Eurasia.* Cambridge and New York: Cambridge University Press.

Hannerz, Ulf. 1990. "Cosmopolitans and Locals in World Culture." *Theory, Culture & Society* 7: 237 – 251.

———. 1992. "The Global Ecumene as a Network of Networks." In *Conceptualizing Society*, edited by Adam Kuper, 34 – 56. London: Routledge.

Hannerz, Ulf, and Andre Gingrich, eds. 2017. *Small Countries: Structures and Sensibilities.* Philadelphia: University of Pennsylvania Press.

Harary, Frank., and Per Hage. 1984. *Structural Models in Anthropology.* Cambridge Studies in Social and Cultural Anthropology, Cambridge: Cambridge University Press.

Larson, Pier M. 2011. "Fragments of an Indian Ocean Life: Aristide Corroller Between Islands and Empires." *Journal of Social History* 45 (2): 366 – 389.

Lindquist, Johan. 2015. "Of Figures and Types: Brokering Knowledge and Migration in Indonesia and Beyond." *Journal of the Royal Anthropological Institute* 21 (S1) (Special Issue: *The Power of Example: Anthropological Explorations in Persuasion, Evocation, and Imitation*): 162 – 177. Accessed May 06, 2016. DOI:10.1111/1467 – 9655.12172.

Margariti, Roxani E. 2008. "Mercantile Networks, Port Cities, and 'Pirate' States: Confict and Competition in the Indian Ocean World of Trade before the Sixteenth Century." *Journal of the Economic and Social History of the Orient* 51: 543 – 577.

———. 2010. "Thieves or Sultans? Dahlak and the Rulers and Merchants of Indian Ocean Port

Cities, 11th to 13th Centuries AD."In *Red Sea IV: Connected Hinterlands: The Fourth International Conference on the Peoples of the Red Sea Region*, edited by Lucy Blue, John Cooper, Ross Thomas, and Julian Whitewright, 155 – 163. Oxford: Archaeopress.

———. 2014. "Ashabuna l-tujjar: Our Associates, the Merchants: Non-Jewish Business Partners of the Cairo Geniza's India Traders." In *Jews, Christians and Muslims in Medieval and Early Modern Times*, edited by Arnold E. Franklin, Roxani Eleni Margariti, Marina Rustow, and Uriel I. Simonsohn, 40 – 58. Leiden and Boston: Brill.

Miksic, John N. 2013. *Singapore & The Silk Road of the Sea (1300 – 1800)*. Singapore: NUS Press and National Museum of Singapore.

Moore, Sally Falk. 1973. "Law and Social Change: The Semi-autonomous Social Field as an Appropriate Subject of Study." *Law & Society Review* 7 (4): 719 – 746.

Pearson, Michael N. 2006. "Littoral Society: The Concept and the Problems." *World History* 17 (4): 353 – 373.

———. 2010. "Islamic Trade, Shipping, Port-States and Merchant Communities in the Indian Ocean, Seventh to Sixteenth Centuries." In *The New Cambridge History of Islam, Volume 3: The Eastern Islamic World, Eleventh to Eighteenth Centuries*, edited by David O. Morgan and Anthony Reid, 315 – 365. Cambridge: Cambridge University Press.

Polanyi, Karl. 1963. "Ports of Trade in Early Societies." *The Journal of Economic History* 23 (1): 30 – 45.

Radcliffe-Brown, Alfred R. 1922. *The Andaman Islanders: A Study in Social Anthropology*. Cambridge: Cambridge University Press.

Robin, Christian. 1991. "L'Arabie Antique de Karib'īl à Mahomet." *Revue du Monde Musulman et de la Méditerranée* 61: 71 – 88.

Rosenthal, Joel, ed. 2012. *Understanding Medieval Primary Sources*. London and New York: Routledge.

Schnegg, Michael. 2010. "Die Wurzeln der Netzwerkforschung." In *Handbuch der Netzwerkforschung*, edited by Christian Stegbauer and Roger Häußling, 21 – 29. Wiesbaden: VS Verlag.

Schönhuth, Michael (with Markus Gamper and Michael Kronenwett). 2011. "Bringing Qualitative and Quantitative Data Together: Collecting and Analyzing Network Data with the Help of the Software Tool VennMaker." In *Social Networking and Community Behavior Modeling: Qualitative and Quantitative Measures*, edited by Maytham H. Safar and Khaled A. Mahdi, 193 – 213. Hershey: IGI Global.

Singh, Simron J. 2006. *The Nicobar Islands: Cultural Choices in the Aftermath of the Tsunami*. Vienna: Czernin.

Strathern, Marilyn. 2004. *Partial Connections: Updated Edition*. Lanham: Rowman AltaMira Press.

Strauch, Ingo. 2012. *Foreign Sailors on Socotra: The Inscriptions and Drawings from the Cave Hoq*. Bremen: Hempen.

Sturtevant, William C. 1966. "Anthropology, History, and Ethnohistory." *Ethnohistory* 13 (1 – 2): 1 – 51.

Turner, Victor W. 1974. *Dramas, Fields and Metaphors: Symbolic Action in Human Society*. Ithaca, NY: Cornell University Press.

Vaidik, Aparna. 2010. *Imperial Andamans: Colonial Encounter and Island History*. New York: Palgrave Macmillan.

Vallet, Eric. 2010. *L'Arabie marchande: État et commerce sous les sultans rasūlides du Yémen* (626 – 858/1229 – 1454). Paris: Publications de la Sorbonne.

Whitewright, Julian. 2012. "Early Islamic Maritime Technology." In *Proceedings of the 7th International Congress on the Archaeology of the Ancient Near East*, vol. 2, edited by Roger Matthews, John Curtis, and Allison L. Gascoigne, 585 – 598. Wiesbaden: Harrassowitz.

———. 2015. "Sailing Rigs of the Western Indian Ocean in the First Millennium AD." In *Maritime Contacts of the Past: Deciphering Connections Amongst Communities*, edited by Sila Tripati, 569 – 589. New Delhi: Delta.

Wolf, Eric R. 1982. *Europe and the People without History*. Berkeley: University of California Press.

4

流离失所的旅客：印度洋世界的国家、流动和失踪

戈弗雷·巴尔达奇诺（Godfrey Baldacchino）

4.1 引言

位于印度洋上的四大岛国近期因应对全球变暖和海平面上升的影响而频繁被媒体报道。毛里求斯在可再生能源领域取得了重大进展（Insights Success 2017）。科摩罗是六个非洲小岛屿发展中国家（SIDS）中三个最不发达国家之一，气候变化被采纳为其战略、政策和规划决策的主要内容之一（UN-ECA 2014，MWH-Stantec 2016）。2009年10月在马尔代夫举行的水下内阁会议引起媒体的高度关注（BBC News，2009）。马尔代夫和塞舌尔是小岛屿国家联盟（AOSIS）中的重要参与者，该联盟是由43个小岛屿和沿海国家组成的联盟（The Commonwealth 2014）。在2009年12月于哥本哈根举行的《联合国气候变化框架公约》（UNFCCC）第十五届气候变化会议上，该联盟成员国的与会代表就二氧化碳排放限制进行了艰难的谈判（Vidal 2009）。

人们都十分担心小岛屿国家从海洋表面完全沉没或消失，但正如本章所述，印度洋上正在发生着与气候变化无关的其他类型的消失。这里的主角与其说是四个小群岛国家，不如说是印度洋地区的附属岛屿管辖区（the subnational island jurisdictions，SNIJs）。这些领土保持着一些地方自治和自我管理的能力，然而，它们必须在一个更大、更强的监督机构——通常是一个主权国家的监管下行使这些自治权力。

本章将岛屿上失踪的概念与"旅客"联系起来，这个术语描述了一群在岛屿上停留的人，也包括往返岛屿的人。这些人的迁徙和逗留，以及岛屿对他们的"枢纽"作用，将我们带回到离岸岛屿空间作为检疫站最合适之地的长期历史地位，这种做法至少可以追溯到1423年，当时威尼斯本身就是一个群岛，在附近的圣玛丽亚·迪·拿撒勒（Santa Maria di Nazareth）小岛上建立了一个传染病医院（Sehdev 2002；Valsecchi 2007）。偏远岛屿的近海性质，以及其有限空间不言而喻的物理特性，使被怀疑携带病原体的上岛"旅客"成为虚拟的囚犯，他们

在岛上逗留的时间通常是40天,(因此有"隔离期"一词)。桑给巴尔镇西南部的昌古岛(Changuu Island)曾是黄热病疑似病例的隔离站,而毛里求斯的平岛(Île Plate)是19世纪使用的另一个隔离站。将这种保护他人免受岛屿上所存在的危险的安全化功能扩展到惩罚功能,并不需要太多。印度洋上的岛屿监狱包括毛里求斯,探险家马修·弗林德斯(Matthew Flinders)和他的船员在英国与法国交战期间被关押在那里(1803—1810年)(Andrson 2008),马达加斯加国王拉达玛一世(Radama Ⅰ)的侄子茹斯塔塔纳纳(Ratsitatanana)在1821年也被流放到那里(Larson 2008)。桑给巴尔的苏丹哈立德·本·巴尔加什(Khalid bin Barghash)在1921—1922年被短暂流放到塞舌尔(Frankl 2006),而塞浦路斯大主教马卡里奥斯三世(Makarios Ⅲ)在1956—1957年也曾被公然流放到塞舌尔(Mayes 1981)。最近,这个群岛已经成为由联合国资助的索马里海盗监狱的所在地(Denselow 2013)。有人建议将关塔那摩湾剩余的一些囚犯(其中大部分是也门人)转移到也门的索科特拉岛,索科特拉岛是也门的一个附属岛屿管辖区(The Economist 2014)。

附属岛屿管辖区给人们提供了关于场所体验的特定假设。这些体验有助于人们了解这些隔离点的现状和复杂的历史及不确定的未来。这种不确定性体现在旅客实际的、有意的、促使的或者受阻的流动中。这些观点将与位于印度洋的留尼汪和英属印度洋领地(BIOT)的两个附属岛屿管辖区相关联,并通过一架失踪飞机的不太可能的故事联系起来。

4.2 失踪

海洋航空815号航班是一架从澳大利亚悉尼飞往美国洛杉矶的波音777-200ER的定期航班。2004年9月22日下午4:16,这架载有324名乘客和机组人员的客机偏离了原来的航线,随后在太平洋上空消失了。这是美国电视连续剧《迷失》的开篇剧情,也是主角们在"岛"上探险的时间起点,该连续剧的剧情随后在这里展开。

这个虚构的情节与马来西亚航空公司370航班的经历有着惊人的相似之处,这是一架从马来西亚吉隆坡飞往中国北京的波音777-200型飞机的定期航班。2014年3月8日,这架载有239名乘客和机组人员的客机切断了与地面的所有联系,并向西急转,调查人员认为,它在空中飞行了大约7个小时,最终落入印度洋水域。

军事演习、恐怖袭击、飞行员自杀、劫机以及诸如缺氧等技术故障,当然,还有外星人绑架,都被认为是导致该飞机失踪的原因。但一些观察人士认为,飞机可能已经安全着陆。如果是这样的话,这些乘客可能被带到哪个岛上着陆了呢?飞机很有可能在英属印度洋领地着陆,这是英国最近重新指定的一块殖民地，由查戈斯群岛（与毛里求斯分离）、阿尔达布拉（Aldabra）群岛、法夸尔（Farquhar）群岛和德罗切斯（Desroches）群岛（与塞舌尔分离）拼接而成，并于1965年11月正式确立为英国海外领土。1976年6月起，塞舌尔独立，阿尔达布拉群岛、法夸尔群岛和德罗切斯群岛也被归还给塞舌尔。英国出于防御目的没有让查戈斯群岛独立。

英属印度洋领地现在也是世界上装备最精良的海上军事基地之一，该基地由美国长期租用。这就是迪戈加西亚岛（Diego Garcia），MH370的乘客可能因为某些尚不清楚的原因而被带到了这里（Steiber 014）。当发现该岛的着陆跑道被编入MH370航班飞行员扎哈里·沙赫机长（Captain Zaharie Shah）的家庭飞行模拟器时，这种想法得到了一定的证实（News. com. au 2014）。这种说法的可信度极高，以至于美国政府被迫发布官方否认（Dearden and Whitnall 2014）。甚至有人认为是这个神秘莫测的美国军事基地击落了命运多舛的马航飞机（Martinez 2014）。与此同时，法国的海外省留尼汪和另一个印度洋岛屿才是唯一被证实的飞机残骸的所在地（在三年多后，在本书原著出版时仍未找到该飞机）。

4.3 国家、流动、失踪

流动和失踪之间有着令人不安的联系。人（飞行员和乘客）和物体通常会在移动或运输的过程中消失。他们/它们原本计划在某个时候到达某个地点，但就像阿梅莉亚·埃尔哈特（Amelia Earhart）一样，他们/它们可能会因为一些并不总为人所知或无法解释的原因而无法到达那里（Ware 1994）。

此外，流动和失踪是对一个国家话语权的绝对挑战。自联合国海洋法会议（the United Nations Conference on the Law of the Sea，UNCLOS）以来，这种话语权持续从固定的空间领土以及从宽阔的海域和陆地上获得合法性（DeLoughrey 2007，2；Palan 2006）。从定义上讲，国家是静态的，尽管其治理意识的行使可以超越其实际管辖权的边界（Baldacchino 2012）。它们对其公民进行管理和征收税费，对囚犯和其他社会政治上不受欢迎的人进行普通和特殊的引渡，这一过程涉及引渡到合适的关押地点以及进出关押地点的流动（Baldacchino 2015a）。财富和权力也同时表现出流动的可能性，特别是跨境流动，导致"动态精英"（kinetic elites）的概念化（Hannam et al. 2006）。然而，各国在如何处理大规模国际移民的问题上十分不知所措，因为大规模国际移民被定义为大量人口的跨国流动，包括人口走私和奴隶贩卖。笔者撰写本文的时候，成千上万的移民由于受中东（尤其是叙利亚）的军事冲突和不确定性所驱逐而涌进欧洲（BBC News 2015）。与此同时，美国总统唐纳德·特朗普在竞选期间承诺遣返约1100万居住在美国的非法移民（McCarthy 2015）。

如果某些人的流动对政府构成挑战，那么通过驱逐使他人无法流动也可以被视为一种挑战。英属印度洋领地内查戈斯群岛居民的传奇故事流露出支持或反对国家权力的运动部署的各种表现，包括失踪和重新出现。正是在美国的压力下，英国伦敦的中央集权论者下定决心将英属印度洋领地的土著居民赶出他们的家园，并在用毒气杀死他们的狗后强迫他们重新定居（Vine 2011）。2010年4月，中央集权论者采用一些策略进一步确定了岛屿周围的海洋保护区，这是戈登·布朗担任英国首相的最后一项举措之一，这项举措可能会进一步减少土著居民的各种潜在迁徙机会。海洋保护区禁止从事商业捕鱼，并限制了群岛上其他的人类活动，因此破坏了任何重新安置工作的可行性（Sidaway 2010；Vine 2015）。维基解密（2009）证实了这一意图："根据官方报道，建立海洋保护区是'防止查戈斯群岛的任何前居民或他们的后裔重新定居的最有效的长期方法'。"岛上居民不仅利用法律保护自己的权益，还在伦敦、海牙和布鲁塞尔等地开展了一系列的街头抗议活动。例如，经过漫长的谈判之后，大约100名查戈斯人在2006年进行了第一次"前往祖先墓地的集体之旅"（Johannessen 2010；Johannessen 2011，183）。另一谈判结果是美国还允许15名查戈斯长老每年短暂访问他们的祖国一次，费用由英国政府承担（Lablache and Amla 2015）。英国政府最近委托发布的一份报告就查戈斯人如何返回其岛屿提出了具体建议（KPMG 2015）。

在印度洋的另一个地方，留尼汪的海滩曾短暂地成为一块被确认为马航MH370失踪飞机残骸的发现地点。飞机失踪515天后，机翼稳定器被冲上岸（Yuhas 2015）。因为这一轰动全球的飞机失事事件，留尼汪很快成为国际媒体关注的焦点。尽管该岛屿附近水域经常有鲨鱼出没，酒店住房的费用高达每晚400美元，航空运输条件差，但是，留尼汪还是趁势将自己打造成一个风景宜人的旅游目的地（Gay 2009；Santora 2015）。这种举措旨在鼓励一种可能更温和的人类迁移方式，而不是导致航班乘客"失踪"的那种方式。

与预期相反，在这些叙述中，岛屿被描绘成一个稳定和持久的元素，处于一个混乱和不确定的环境中。这与岛屿本身造成迁徙流动的情况非常不同。岛屿，尤其是小型岛屿，很容易被人们忽视，甚至有时尴尬地消失在了政治场合或地形图中（Allahar 2005；Amoamo 2013；Ward 1989）。与大陆不同，虚构的岛屿可能被认为是存在的。澳大利亚附近的桑迪岛（Sandy Island），在被证实不存在之前，已经在包括谷歌地球地图的多个地图上出现了几十年，因此被官方正式称为"未被发现"（BBC News 2012；Mogg 2012）。位于地中海西西里岛附近的斐迪南迪亚（Ferdinandea）岛或格雷厄姆（Graham）岛，横空出现在海面上，但在1831年6个月的时间里又从海面上消失了（The Basement Geographer 2011a）。1875年，皇家海军测绘员弗雷德里克·埃文斯（Frederick Evans）热心地从太平洋2683号海图上删除了123个岛屿，其中一些后来被证明是存在的（Marsden 2015）。与大陆不同，岛屿面临着全面和大规模人口减少的真正威胁（Connell 1988；Marsden 2015；Steel 2011）；同样与大陆不同的是，岛屿可能真的会消失，无论是以剧烈的方式（就像 1883 年喀拉喀托火山爆发那样），还是以渐变的方式（就像目前海平面上升的影响，以及巴布亚新几内亚附近卡特里特群岛的例子）(Edwards 2013)。一些拥有主权的群岛环礁国家，如太平洋上的图瓦卢（Tuvalu）、马绍尔群岛（the Marshall Islands）、基里巴斯（Kiribati）和印度洋上的马尔代夫，即使海平面只是小幅上升，也可能被完全淹没。此类面临消失风险的岛屿成了病态旅游业的目标，他们以此作为噱头牟利（Farbotko 2010; Huffington Post 2014）。无论是自然消失的岛屿还是被人为地从地图上抹去的岛屿，在旅行社的蛊惑下，人们都希望去体验即将消失的岛屿的最后一段时光（Baldacchino 2015a; Teiawa 2007）。

4.4 包容和排斥的对比空间

这种固定性本身就受到英属印度洋领地和留尼汪截然不同的法律地位的影响。就法属岛屿留尼汪而言，早在 1946 年，部门化就确保了它完全属于法国。1507 年葡萄牙人"发现"该岛时，该岛一直无人居住，1638 年后，法国人最终在该岛定居。该岛拥有 80 多万居民，向法国国民议会派出 7 名代表，向法国参议院派出 3 名参议员。尽管留尼汪的地理位置不怎么好，但它是法国和欧盟无可争议的组成部分。法国通过岛屿的方式（只有一个大陆例外，即法属圭亚那）在全球每一个主要海洋都有一席之地，此举确保它拥有世界上仅次于美国的专属经济区（The Basement Geographer 2011b）。

相比之下，伦敦迫使（或者可能是勒索）新独立的毛里求斯的新任总理将查戈斯群岛排除在毛里求斯的主权领土之外，作为确保该国独立的一个条件（Evers and Kooy 2011, 64）。此举让人想起 1960 年塞浦路斯将阿克罗蒂里（Akrotiri）和德凯利亚（Dhekelia）的主权军事基地移交给英国（Constantinou and Richmond 2005）作为其独立的条件之一。它们最近因为拒绝处理最近抵达的无证移民的庇护申请而成为热点（Tran 2015）。虽然几年来对该群岛及其流离失所的居民漠不关心，但毛里求斯现在声称，根据毛里求斯法律和国际法，查戈斯群岛，包括迪戈加西亚岛，是其主权领土不可分割的一部分。据其称，该群岛的建立违反了联合国 1970 年第 2625 号决议，该决议禁止在殖民地领土独立前将其瓦解（UN 1970）。2015 年 3 月，海牙常设仲裁法院一致宣布，英国首相于 2010 年宣布在查戈斯群岛周围设立海洋保护区的做法，违反了国际法。

事实上，那些可能是查戈斯群岛最初的定居者的人并非自愿到达这里。1783 年左右，一条载有主要来自非洲东南部和马达加斯加的 22 名奴隶的船只被带到该岛，以建立并经营一个法国-毛里求斯的种植园，把椰子加工成椰子油（Vine and Jeffery, 2009, 184）。最近不愿前往查戈斯群岛的乘客更多的是所谓的恐怖分子，（印度洋）迪戈加西亚岛可能曾两次被用于拘留、审讯和拷打"9·11"

事件的嫌疑人，尽管这种"暴行"尚未得到英国或美国政府的承认（Cobain 2015）。

当最初定居者的后裔在近两个世纪后被围捕并被迫流亡时，他们被认为"不是永久或半永久的人口"，而只是"临时的合同工人"（Gifford and Dunne 2014）。被剥夺了居住权的工人成了脆弱的旅客，没有居住权，永远要搬迁。位于南大西洋的另一个英国海外领地——阿森松岛也出现了类似的情况，该岛的居民长期以来一直在争夺居留权，但都没有成功，因为涉及美国的军事设施，其出于"安全"的考量惊人地相似（Pearce 2013）。

具有讽刺意味的是，各种人员却被要求为美国在迪戈加西亚岛的基地-正义营（Camp Justice）的运作提供服务（Global Security.org 2015）。2006 年，约有 40 名英国人员（执行法治、治安、海关和征税等任务）和约 1000 名美国军事人员驻扎在那里，还有约 2400 名不同国籍的工人，主要是菲律宾和斯里兰卡公民生活在那里（Brunner 2015）；2015 年，基地运营服务承包商（BOSC）的工作人员有 1800 名（Naval Technology.com 2015）。事实上，尽管查戈斯人强烈要求重返家园，但查戈斯人并没有要求拆除美军基地。至少有些人更愿意在基地工作，而不是在流亡中过着可以预见的贫困和失业的生活（Vine 2015）。

4.5 附属岛屿管辖区

留尼汪和英属印度洋领地是晚期殖民主义在附属岛屿管辖区的两个例子（Darwin 1999）。因此，随着留尼汪完全融入法国，留尼汪人无论从哪个角度看都是法国人。这一原则在附属岛屿管辖区与"大都市"之间的自由流动中得到了最充分的体现。2005 年，居住在法国大都市的留尼汪人有 10.4 万人，占岛上出生人口的 14%（INSEE 2006）。在印度洋，另一个岛屿——马约特岛现在也获得了类似的地位，科摩罗联盟政府对此提出了严重抗议，称该岛是其主权领土的一部分，因此是另一种割裂行为的受害者（Muller 2013）。同时，科摩罗是世界上最贫穷的国家之一，而 70 千米外的马约特岛则是法国和欧盟的一部分，富裕得多。由于这两个相邻的司法管辖区之间存在着巨大的经济差距，越来越多的科摩罗人正在冒着危险乘坐摇摇欲坠的船只跨海去马约特岛，以寻求更好的生活（IRIN Africa 2015）。奇怪的是，自 2002 年以来，查戈斯人有权在英国定居，大约有 1800 人行使了这一权利，但却不能在他们自己的家乡定居（Jack 2015）。

同时，印度洋上还有一个附属岛屿管辖区，面临自身的流动性挑战。这就是罗德里格斯岛，它是毛里求斯共和国的一部分，但有自己的区域议会。它位于毛里求斯以东 650 千米处，这意味着对其 3.8 万名居民来说，"大陆"距离太远，除了乘坐货船和飞机之外，他们无法前往。日常的航班（毛里求斯航空公司的 ATR-72 双引擎涡轮螺旋桨飞机）需要 90 分钟，现在单程费用约为 100 美元。

而货船每月在该路线上行驶三次,全程可能需要 48 小时。2009 年,罗德里格斯岛人组成的一个大型政治阵营成功说服毛里求斯政府降低岛际机票费用,既可以减轻居民出行困难,又可以促使罗德里格斯发展在 2008 年金融危机中遭受重创的关键行业——旅游业(Wergin 2012)。

4.6 岛屿枢纽:(非)流动性

岛屿边界是政治性的、紧张的、受到严格监管的,但同时仍存有漏洞,尽管表面看来并非如此。岛屿机制利用地球物理特性说明岛屿之间存在自然的、不稳定的、丰富的和动态的边界,并不断提供动态例子来暗示如何自定义边界(Gillis 2004)。与迪戈加西亚岛的情况一样,群岛偏远的地理位置使任何未经授权的人都很难进入(尽管并非不可能)(Winchester 2003),而那些管理和控制进入小岛的有限地点和途径的人可以决定谁进来(工人、职员、假定的恐怖分子)以及谁出去(居民、工人和假定的恐怖分子),而这种进出的特权通常需要花钱才能买到。现在,不同的岛屿管辖区,无论自愿与否,都成为"执法群岛"(Mountz 2011)的成员,这些"执法群岛"体现了如何通过岛上空间的流动性(非流动性)对人们进行管理。这些人可能被关在牢房里,也可以不用被关在牢房里。由此导致的流动性与非流动性更容易通过岛屿条件实现,这种情况在概念上隐藏了监狱的存在,让留在岛内或岛外的人感觉不到那里有监狱。"流放"是"失踪"的一种形式(Bongie 1998),它把有罪的人流放至管辖权颇具争议的印度洋岛屿上。

然而,国家严密而严格的"边界控制"也是虚构的。一段特别窄的水域就可以使那些绝望的移民重焕生机,并实现他们对美好生活的愿望。可以打出敏感的道德牌,敦促和左右政治家减少特定岛屿居民的流动税。与意大利兰佩杜萨岛(Lampednsa)或希腊莱斯博斯岛(Lesbos)或奇奥斯岛(Chios)接壤的其他岛屿,见证了在欧盟其他边缘地区不可阻挡的移民冲动(Dines et al. 2015;Trubeta 2015)。洋流的反复无常、不完善的技术、政治游说和/或人类驾驶的错误,都会对国内和国际边界的渗透性造成破坏,冲刷出失事飞机碎片,并引发阴谋论。

4.7 结论

岛屿是多层次关系和活动的故事化的"任务场景",错综复杂的故事在这里展开(Ingold 2000)。尽管岛屿的地理位置诱人且不言而喻,但它们是因为火山的地球物理作用、珊瑚的生长和板块的移动而"诞生"的,就像强加在它们身上的象征活动、隐喻和功能。"岛屿性"在各种行动中交织在一起,时而出现,时而被暗示,时而被呼吁,时而被摒弃,时而被强化,时而被淡化。这种波动是通过多种方式捕捉和表达的,在这些方式中,岛屿空间的流动性和不流动性以及岛屿的消失都得以实现。这样一来,岛屿就成为安置和迁移的枢纽和节点,一个不太可能的拼凑的群岛(Baldacchino 2015b,85),由迁移、强制引渡、流放和偶然的登陆构成。

乘客们无论自愿与否,是满怀希望还是倍感沮丧,是声势浩大还是无声无息,都是这种岛屿交汇点的表现。岛屿间的往返进出,夹杂着休憩的插曲,共同构成了希望与绝望、自愿与被引渡、就业或朝圣相交织的航行。这些旅程共同赋予了翻腾的印度洋以生命。与此相关的运输技术会随着时间的推移而变化——飞机就是这方面的最新例子——但运动中的连通性主题是一个持久的关注点。

参考文献

Allahar, Anton L. 2005. "Identity and Erasure: Finding the Elusive Caribbean." *Revista Europea de Estudios Latinamericanos y del Caribe* 79: 125 – 134.

Amoamo, Maria. 2013. "Empire and Erasure: A Case Study of Pitcairn Island." *Island Studies Journal* 8: 233 – 254.

Anderson, Clare. 2008. "The Politics of Punishment in Colonial Mauritius, 1766 – 1887." *Cultural and Social History* 5: 411 – 422.

Baldacchino, Godfrey. 2012. "Governmentality Is All the Rage: The Strategy Games of Small Jurisdictions." *The Round Table: Commonwealth Journal of International Affairs* 101: 235 – 251.

———. 2015a. "Going Missing: Islands, Incarceration and Disappearance." *Political Geography*. Published online. http://dx.doi.org/10.1016/j.polgeo.2015.01.002.

———. 2015b. *Archipelago Tourism: Policies and Practices*. Farnham: Ashgate. BBC News. 2009. "Maldives Cabinet Makes a Splash." October 9, 2009, http://news.bbc.co.uk/2/hi/8311838.stm.

———. 2012. "South Pacific Sandy Island 'Proven Not to Exist'." November 22. http://www.bbc.com/news/world-asia-20442487.

———. 2015. "Why Is EU Struggling with Migrants and Asylum?" September 21. http://www.bbc.com/news/world-europe-24583286.

Bongie, Chris. 1998. *Islands and Exiles: The Creole Identities of Post/Colonial Literature*. Stanford, CA: Stanford University Press.

Brunner, Borgna. 2015. "Where in the World Is Diego Garcia? A Strategic UK and US Airbase with a Dark History." http://www.infoplease.com/spot/dg.html.

Cobain, Ian. 2015. "CIA Interrogated Suspects on Diego Garcia, Says Colin Powell Aide." *The Guardian* (UK), January 30. http://www.theguardian.com/world/2015/jan/30/cia-interrogation-diego-garcia-lawrence-wilker-son.

Connell, John. 1988. "The End Ever Nigh: Contemporary Population Change on Pitcairn Island." *GeoJournal* 16: 193 – 200.

Constantinou, Costas M., and Oliver P. Richmond. 2005. "The Long Mile of Empire: Power, Legitimation and the UK Bases in Cyprus." *Mediterranean Politics* 10: 65 – 84.

Darwin, John. 1999. "What Was the Late Colonial State?" *Itinerario* 23: 73 – 82.

Dearden, lizzie, and Adam Withnall. 2014. "Malaysia Airlines Flight MH370 Theories: 17 Possible Explanations that Could Reveal Fate of Plane." *The Independent*, December 23. http://www.independent.co.uk/news/world/asia/malaysia-airlines-flight-mh370-theories-17-possible-explanations-that-could-reveal-fate-of-plane-9941886.html.

Deloughrey, Elizabeth M. 2007. *Routes and Roots: Navigating Caribbean and Pacific Island Literatures*. Honolulu: University of Hawai'i Press.

Denselow, Anthony. 2013. "Seychelles Cells: The Somali Pirates 'Jailed in Paradise.'" *BBC News*, May 19. http://www.bbc.com/news/magazine-22556030.

Dines, Nick, Nicola Montagna, and Vincenzo Ruggiero. 2015. "Thinking Lampedusa: Border Construction, the Spectacle of Bare Life and the Productivity of Migrants." *Ethnic and Racial Studies* 38: 430–445.

Edwards, Julia. B. 2013. "The Logistics of Climate-induced Resettlement: Lessons from the Carteret Islands, Papua New Guinea." *Refugee Survey Quarterly* 32: 52–78.

Evers, Sandra, and Marry Kooy, eds. 2011. *Eviction from the Chagos Islands: Displacement and Struggle for Identity Against Two World Powers*. Leiden, The Netherlands: Brill.

Farbotko, Carol. 2010. "Wishful Sinking: Disappearing Islands, Climate Refugees and Cosmopolitan Experimentation." *Asia Pacific Viewpoint* 51: 47–60.

Frankl, Peter J. l. 2006. "The Exile of Sayyid Khalid Bin Barghash Al-Busa'Idi." *British Journal of Middle Eastern Studies* 33: 161–177.

Gay, Jean-Christophe. 2009. *Les Cocotiers de la France: Tourismes en Outre-mer*. Paris: Belin.

Gifford, Richard, and Richard P. Dunne. 2014. "A Dispossessed People: The Depopulation of the Chagos Archipelago 1965–1973." *Population, Space and Place* 20: 37–49.

Gillis, John R. 2004. *Islands of the Mind: How the Human Imagination Created the Atlantic World*. New York: Palgrave Macmillan.

Global Security.org. 2015. "Diego Garcia 'Camp Justice' 7°20'S 72°25'E." http://www.globalsecurity.org/military/facility/diego-garcia.htm.

Hannam, Kevin, Mimi Sheller, and John Urry. 2006. "Editorial: Mobilities, Immobilities and Moorings." *Mobilities* 1(1): 1–22. DOI: 10.1080/17450100500489189.

Huffington Post. 2014. "10 Gorgeous Islands You Need to Visit ASAP Before They Disappear." March 21. http://www.huffingtonpost.ca/2014/03/21/disappearing-islands-rising-sea-levels_n_5006571.html.

Ingold, Tim. 2000. *The Perception of the Environment: Essays on Livelihood, Dwelling and Skill*. London: Routledge.

INSEE. 2006. *De Plus en Plus de Réunionnais en Métropole*. Paris: Institut National de la Statistique et des Etudes Economiques. http://www.insee.fr/fr/themes/document.asp?ref_id=14169.

Insights Success. 2017. "Mauritius Takes Major Strides in Renewable Energy Sector." http://www.insightssuccess.com/mauritius-takes-major-strides-in-renewable-energy-sector/.

IRIN Africa. 2015. "Comoros: Hope Is a Boat to Mayotte." http://www.irin-news.org/report/76277/comoros-hope-is-a-boat-to-mayotte.

Jack, Andrew. 2015. "Chagos Islands: Long Journey Home." *Financial Times*, August 30. http://

www. ft. com/cms/s/0/7ff172c4-4a76-11e5-9b5d-Z9a026fda5c9. html#axzz3ncAAEcs9.

Johannessen, Steffen. 2010. "From Socialist Uprising to Cultural Genocide: The Emergence of Traditions in Chagossian Struggles for Repatriation."In *Tradition Within and Beyond the Framework of Invention: Case Studies from Mascarenes and Japan*, vol. 28, edited by S. Klien and P. Neveling, 69 – 104. Halle (Saale): Zentrum für Interdisziplinäre Regionalstudien Vorderer Orient, Afrika, Asien der Martin-luther-Universität Halle-Wittenberg.

———. 2011. "Cleaning for the Dead: The Chagossian Pilgrimage to Their Homeland."In *Eviction from the Chagos Islands: Displacement and Struggle for Identity Against Two World Powers*, edited by S. Evers and M. Kooy, 183 – 217. leiden and Boston: Brill.

KPMG. 2015. *Feasibility Study for the resettlement of the British Indian Ocean Territory*. http://chagosrefugeesgroup. org/wp-content/uploads/2014/11/KPMG-BIOT-Resettlement-Feasibility-Study-Draft-Report. pdf.

Lablache, John, and Hajira Amla. 2015. "Re-opening Old Wounds: Chagossians in Seychelles Tell of Trip to Visit Home Islands."*Seychelles News Agency*, May 30. http://www. seychellesnewsagency. com/articles/3041/Re-opening + old + wounds + Chagossians + in + Seychelles + tell + of + trip + to + visit + home + islands#sthash. rSloFqzR. dpuf.

Larson, Pier M. 2008. "The Vernacular Life of the Street: Ratsitatanina and Indian Ocean Créolité." *Slavery and Abolition* 29: 327 – 359.

Marsden, Philip. 2015. "Deleted Islands." *Intelligent Life*. London: The Economist Magazines, September/October. http://intelligentlifemagazine. com/places/cartophilia/deleted-islands.

Martinez, Manolito. 2014. "Malaysia Flight MH370 Shot Down by US Military near Diego Garcia, Claims Former Proteus Airline CEO Marc Dugain." *National Monitor*, December 23. http://natmonitor. com/2014/12/23/malaysia-flight-mh370-shot-down-by-us-military-near-diego-garcia-claimsformer-proteus-airline-ceo-marc-dugain/.

Mayes, Stanley. 1981. "Seychelles Interlude." In *Makarios*, edited by Stanley Mayes, 84 – 102. London: Macmillan.

McCarthy, Tom. 2015. "Donald Trump Wants to Deport 11 Million Migrants: Is that Even Possible?" *The Guardian*, August 27. http://www. theguardian. com/us-news/2015/aug/27/donald-trump-deport-11-million-migrants-isthat-even-possible.

Mogg, Trevor. 2012. "Google Maps and the Mysterious Missing Island." *Digital Trends*, November 22. http://www. digitaltrends. com/web/google-maps-and-the-mysterious-missing-island/.

Mountz, Alison. 2011. "The Enforcement Archipelago: Detention, Haunting, and Asylum on Islands". *Political Geography* 30: 118 – 128.

Muller, Karis. 2013. "Mayotte Between Europe and Africa."In *European Integration and Postcolonial Sovereignty Games: The EU Overseas Countries and Territories*, edited by Rebecca Adler-Nissen and Ulrik P. Gad, 187 – 202. London: Routledge.

MWH-Stantec. 2016. "Global Support Facility for Global Climate Change Alliance." http://mwh-projects. mwhglobal. com/work/eu-support-facility-for-global-climate-change-alliance-gcca/.

Naval Technology. com. 2015. "Naval Support Facility Diego Garcia." http:// www. naval-technology. com/projects/diego-garcia/.

News. com. au. 2014. "Did Missing Malaysia Airlines Flight MH370 Fly to Little Lost Island of Diego Garcia?" April 7. http://www.news.com.au/travel/travel-updates/did-missing-malaysia-airlines-flight-mh370-fly-to-little-lost-island-of-diego-garcia-story-fnizu68q-1226876630536.

Palan, Ronan. 2006. *The Offshore World: Sovereign Markets, Virtual Places, and Nomad Millionaires*. Ithaca: Cornell University Press.

Pearce, Fred. 2013. "US and UK Accused of 'Squeezing Life out of Ascension Island'." *The Guardian* (UK), September 11. http://www.theguardian.com/uk-news/2013/sep/11/ascension-island-population-cut-uk-government.

Santora, Marc. 2015. "Réunion Island, Linked to Malaysian Plane, Makes Most of Moment." *New York Times*, August 19. http://www.nytimes.com/2015/08/23/travel/reunion-island-malaysian-plane.html?_r=0.

Sehdev, Paul. S. 2002. "The Origin of Quarantine." *Clinical Infectious Diseases* 35: 1071–1072.

Sidaway, James D. 2010. "One Island, One Team, One Mission: Geopolitics, Sovereignty, 'Race' and Rendition." *Geopolitics* 15: 667–683.

Steel, Tom. 2011. *The Life and Death of St. Kilda: The Moving Story of a Vanished Island Community*. London: Harper Collins.

Steiber, Zachary. 2014. "Diego Garcia: Missing Malaysia Flight MH370, Philip Wood Rumors Are 'Baseless Conspiracy Theories' US Says." *The Epoch Times*, April 15. http://www.theepochtimes.com/n3/622238-diego-garcia-missing-malaysia-flight-mh370-philip-wood-baseless-conspiracy-theories-us-says/.

Teiawa, Teresia. 2007. "To Island." In *A World of Islands: An Island Studies Reader*, edited by Godfrey Baldacchino, 514. luqa, Malta and Charlottetown, Canada: Agenda Academic and Institute of Island Studies.

The Basement Geographer. 2011a. "Ferdinandea: An Island that Lasted for Less than a Year." July 4. http://basementgeographer.com/ferdinandea-an-island-that-lasted-for-less-than-a-year/.

———. 2011b. "Exclusive Economic Zones: How Some Countries Are a Lot Larger than They Appear." March 10. http://basementgeographer.com/exclusive-economic-zones-how-some-countries-are-a-lot-larger-than-they-appear/.

The Commonwealth. 2014. "Secretary-General Welcomes Election of Maldives and Seychelles as Next Chairs of AOSIS." November 14. http://thecom-monwealth.org/media/news/secretary-general-welcomes-election-maldives-and-seychelles-next-chairs-aosis#sthash.BwYXgMTs.dpuf.

The Economist. 2014. "An Island Prison? Could Guantánamo's Biggest Bunch of Prisoners Be Sent to Socotra?" February 1. http://www.economist.com/news/middle-east-and-africa/21595506-could-guant-namos-biggest-bunch-prisoners-be-sent-socotra-island.

Tran, Mark. 2015. "What Lies Ahead for the More than 100 Refugees at RAF Akrotiri?" *The Guardian* (UK), October 21. http://www.theguardian.com/world/2015/oct/21/refugee-crisis-british-raf-akrotiri-cyprus-what-next.

Trubeta, Sevasti. 2015. "'Rights' in the Grey Area: Undocumented Border Crossers on lesvos." *Race & Class* 56: 56–72.

UN. 1970. "Resolution 2625 (XXV). Declaration on Principles of International law Concerning

Friendly Relations and Co-operation among States in Accordance with the Charter of the United Nations."http://www.un-documents.net/a25r2625.htm.

UN-ECA. 2014. "Addressing Climate Change in Comoros and São Tomé and Príncipe." September 4. http://www.uneca.org/stories/addressing-climate-change-comoros-and-sao-tome-and-principe.

Valsecchi, Maria Cristina. 2007. "Mass Plague Graves Found on Venice 'Quarantine' Island." *National Geographic*, August 29. http://news.national-geographic.com/news/2007/08/070829-venice-plague.html.

Vidal, John. 2009. "Vulnerable Nations at Copenhagen Summit Reject 2C Target." *The Guardian* (UK), December 10. http://www.theguardian.com/environment/2009/dec/10/copenhagen-climate-change.

Vine, David. 2011. *Island of Shame: The Secret History of the US Military Base on Diego Garcia*. Princeton: Princeton University Press.

———. 2015. "The Truth about Diego Garcia: 50 Years of Fiction about an American Military Base." *Common Dreams*, June 15. http://www.commondreams.org/views/2015/06/15/truth-about-diego-garcia-50-years-fiction-about-american-military-base.

Vine, David, and Laura Jeffery. 2009. "'Give Us back Diego Garcia': Unity and Division Among Activists in the Indian Ocean." In *The Bases of Empire: The Global Struggle Against US Military Posts*, edited by Catherine lutz, 181–216. New York: New York University Press.

Ward, R. Gerard. 1989. "Earth's Empty Quarter? The Pacific Islands in a Pacific Century." *Geographical Journal* 155: 235–246.

Ware, Susan. 1994. *Still Missing: Amelia Earhart and the Search for Modern Feminism*. WW Norton & Company.

Wergin, Carsten. 2012. "Trumping the Ethnic Card: How Tourism Entrepreneurs on Rodrigues Tackled the 2008 Financial Crisis." *Island Studies Journal* 7: 119–134.

Wikileaks. 2009. "*Cable 09 LONDON 1156*." https://wikileaks.org/plusd/cables/09LONDON1156_a.html.

Winchester, Simon. 2003. *Outposts: Journeys to the Surviving Relics of the British Empire*. London: Penguin.

Yuhas, Alan. 2015. "Réunion Debris Belongs to MH370, Malaysian PM Confirms—As It Happened". *The Guardian* (UK), August 5. http://www.theguardian.com/world/live/2015/aug/05/mh370-debris-reunion-investi-gation.

第 2 部分

案例研究: 斯瓦希里海岸与桑给巴尔

基尔瓦在西印度洋贸易中的重要作用

格温·坎贝尔（Gwyn Campbell）

本文将聚焦于19世纪早期到中叶的基尔瓦（也被称作基尔瓦基西瓦尼），研究这个具有商业枢纽地位的小岛在西印度洋区域经济中发挥的作用。基尔瓦坐落于坦桑尼亚海岸3英里以外的海域，根据现有的资料，我们能了解其商业重要性逐步增强的原因、欧洲人的到来对其产生的影响，以及它如何从一个默默无闻的小岛转变为重要的交通枢纽。就本书的主题而言，基尔瓦是小岛屿枢纽的典型，它靠近非洲大陆，与之长期相互依存，并最终发展成为一个商业中心。非洲大陆和基尔瓦岛屿之间商贾往来频繁，非洲海岸和腹地为来自基尔瓦的商人提供粮食、劳动力和各类商品；而基尔瓦为非洲商人提供环印度洋区域（IOW）的丰富特产。作为斯瓦希里海岸上的一个主要港口城市，基尔瓦在西印度洋区域经济中发挥了至关重要的作用，它把东南非洲和斯瓦希里海岸以及更遥远的西印度洋岛屿连为一体，是科摩罗、马达加斯加和马斯克林群岛之间贸易的中转枢纽。总之，基尔瓦是印度洋地区具有战略意义的商业岛屿枢纽之一，因此受到了本土和西方商业团体的高度重视，但同时也引发诸多争议。

基尔瓦位于南纬8.96°，东经39.51°，靠近季风系统的最南部（南纬12°）。这对于泛印度洋地区有着重要的意义，商船需要依靠季风跨洋航行。商人在印度洋西南部进行贸易时（包括莫桑比克和马达加斯加大部分地区）必须在桑给巴尔或基尔瓦岛等靠近边缘的地区建立中间商用来作为储存和配送中心。基尔瓦和泛印度洋地区的海上贸易与季节息息相关。每年的9月至来年4月，也就是东北季风期间，季风会确保来自红海、阿拉伯半岛、波斯湾或印度西北部的商船顺利抵达东非海岸，并在东非一个或多个港口停留4～6个月，直到季风改变方向。印度洋上的贸易基本都有赖于季风系统，受季节影响很大。为了船上的商人、船员、随从以及动物能够拥有充足的补给，船只只能在4月至5月初或是9月初从东非返航，也就是避开在西南季风最盛的一段时期（5月中旬至8月中旬）。如果商队在东北季风期间逆流从北方航行，就只能在东非过冬（Agius 2005，126；Datoo 1970，1-2，5）。

基尔瓦与其南部的东非海岸、科摩罗和马达加斯加形成了区域性海事交换网络。东非海岸外有一股贸易航流，在东北季风期间，船只可以在24小时内行驶

64.4千米，顺着这条航流可抵达琥珀角，然后从德尔加杜角驶向不同的贸易港口。在西南季风盛行期间，莫桑比克海岸旁也有一股常年向南的航流，船只能够在24小时内航行96.6千米。马达加斯加西北部从10月到次年4月一直受东北季风的影响，在一年的其余时间里，风向则不断变化。季风决定了东非和马达加斯加之间的交通便利程度，船只在东北季风盛行期间往往是从基尔瓦地区航行到马达加斯加西部的港口，在西南季风盛行期间则从安戈谢（Angoche）和奎桑加（Quissanga）地区出发航行。[1]

菲利克斯·查米（Felix Chami）认为非洲人是第一个定居在基尔瓦并使用基尔瓦语的人种。他研究发现公元前3000年非洲人就已经在非班图语的撒哈拉以南地区定居了，也就是今天的斯瓦希里海岸、桑给巴尔岛和基尔瓦近海岛屿，并在公元前2400年开始从事海洋航行。他还发现从公元前1000年开始，班图人就开始在海岸定居，他们在那里加工铁制品，学会了内陆取水技术（使用篮子，排水沟，可能也使用了"缝纫船"）。这促使他们向海洋发展，他们建造了外伸式独木舟和现代阿拉伯三角帆船的雏形，从近海岛屿出发，进行跨洋航行。[2]但是，主流的学术观点认为基尔瓦的兴起始于9世纪，也就是第二次印度洋地区全球经济高潮开始时。它以"国际"港口的身份出现，是东非海域迅速崛起的斯瓦希里商业网络的一部分。该网络发端于东非海岸，南至索法拉、科摩罗和马达加斯加西北部。到公元1000年，后两个地区已与基尔瓦形成紧密的贸易联系，基尔瓦成为斯瓦希里网络南部的入口（Grandidier and Grandidier 1908，114，fn. 3）。这一时期的印度洋非洲组织（IOA）对基尔瓦的兴起发挥了重要作用。

阿巴斯王朝时期（750—1258），波斯人是东非沿海地区的主要外国商人，他们向南开拓了一片狭长的沿海商业区（称为"低洼地"）。首都索法拉（Sofala）位于莫桑比克的贝拉（Beira）附近，毗邻马达加斯加、科摩罗，拥有东非沿海最有价值的出口商品。东非贸易对西拉夫港口来说和远东贸易同样重要。奥马斯德（Al-Mas'ūdī）至少到过东非两次，最后一次是在公元916或917年。他的商船定期从波斯湾（阿曼和西拉夫）驶往东非主要港口坎巴路（Qanbalu）（可能是桑给巴尔岛屿安古迦）。11世纪以来，东非与埃及的贸易也取得了蓬勃发展，法蒂玛货币涌入东非。13世纪的卡里米商人同样对东非产生了兴趣。从12世纪末东非和印度之间的贸易激增，与中国的间接贸易也随之骤涨（Ricks 1970，339－357）。

公元1000年前后东非海上贸易的繁荣促进了斯瓦希里造船业的发展，尤其是带有棉帆和方帆的拉滕装配式三角帆船和带有椰纤维垫帆的木特佩型船舶等船具的制造。这些船的出现促进了当地制帆技术的发展，工匠们使用椰壳纤维和棉花来制造船帆。大多数斯瓦希里船只都是商用船，用于沿海和西印度洋地区之间的贸易。但在此之前，阿拉伯和印度商船主导了阿拉伯和红海，斯瓦希里的商人主要使用非斯瓦希里船只前往东印度洋。西印度洋地区的贸易总量在13世纪中叶开始下滑，并从 14 世纪开始进入长期衰退期，1512 年左右，汤姆·派尔（Tomé Pires）仍然要求来自基尔瓦、马林迪（Malindi）、摩加迪沙（Mogadishu）、蒙巴萨（Mombasa）或是埃及和埃塞俄比亚的商人都乘坐古吉拉特船前往东南亚，并在马六甲海峡周边创立贸易点。[3]

东非市场的进口商品主要包括中东的珠子，波斯的香水、厨具、宝石和葡萄酒，印度的大米、香料、棉布、铜、铁器、珠子和陶器，以及中国的瓷器。这些进口商品让当地人学会了制陶和铸币等技术（在马非亚和基尔瓦发现了大量古币）。他们开始时使用银制造钱币，之后使用铜。[4] 他们还开始学习种植棉花，研究织布技术（使用织布机和纺锤螺纹）。东非最有价值的出口产品是象牙、犀牛角、龙涎香和黄金。在埃及、地中海，特别是中国，象牙的需求量很大，这些资源在上述地区比较匮乏，且存量逐年递减。到了唐朝（618—907），中国的犀角资源因其所谓的疗效和催情作用而被大量消耗，森林砍伐又进一步导致犀牛近乎灭绝。龟壳和龙涎香因其装饰作用和药妆功效在中国深受欢迎。索法拉黄金从内陆运至赞比西（Zambesi）。运往印度和中国的商品最初都途经阿曼，但大约从公元 900 年开始，越来越多的商品被运往印度，再转运到东边的印度洋地区市场。东非市场的出口商品还包括檀香、木材、巴扎鲁托群岛的小海珠，还有小米、大米和肉类。豹皮出口到伊斯兰国家和中国用于制造马鞍和地毯，皮革出口到中东来制作凉鞋，岩石晶体则出口到埃及和波斯用来制造清真寺灯具的装饰珠子。[5] 马达加斯加出口到印度洋地区的商品，尤其是通过基尔瓦港口出口的商品主要有大米、牲畜（从 12 世纪起）、肥皂石、树胶、椰油树脂和珊瑚石；出口到波斯湾和阿拉伯地区的商品主要是木材、大米、龟壳、石英，还有黄金、丝绸和姜等香料；出口到印度的商品主要是铁以及铁制品。进口的产品主要包括坎贝珠子、棉布和丝绸、中东和中国的陶器、玻璃器皿、金银珠宝以及来自印度尼西亚的香料。[6] 一些学者曾讨论奴隶的出口贸易，伊博里·阿里·塔比博（Ibouri Ali Tabibou）继马克·霍顿（Mark Horton）之后声称，从 12—14 世纪，奴隶贸易构成了东非海岸由穆斯林控制的主要贸易，基尔瓦是奴隶贸易的基地（Tabibou 2014，78）。尽管东非奴隶的确有出口到中东和印度尼西亚，但这种说法被夸大了（Campbell 2017）。此外，阿尔方索·德·阿尔布却库（Alfonso de Albuquerque）的报告称特里斯·德·昆哈（Tristan da Cunha）在萨达（Sada）和阿农特桑那（Anoronttsangana）湾发现了来自基尔瓦、马林迪、蒙巴萨或摩加迪沙的非洲难民奴隶（Grandidier and Gandidier 1908，171）。

基尔瓦这样的商业港口不仅与印度洋非洲地区广泛的海域往来密切，而且与非洲内陆也往来频繁。过往船只需要停靠和维护，这就需要建造一些能够提供木工服务并能制作绳索和船帆的更大的码头。其他季节性需求还包括语言和宗教服务。此外，船上的商人和船员都是男性，他们在一个码头就要停留半年，娱乐和性服务也是他们的需求。当地人乐意在价格合适的情况下提供这些服务。后来许多欧洲人在关于马达加斯加的报告中都提到了这样一种情况（例如，Campbell 2009，Ch. 2）：贸易季时期有些妇女会受雇于外国商人作为他们的妻子和商业代理人，她们的语言专长、海关知识和对当地的了解都是无价之宝。稳固的贸易地位需要更可靠的基础设施，包括房屋、商店、非技术工人（如搬运工、包装工和警卫）、工匠、翻译、导游、主管，以及"临时妻子"、妓女、艺人和仆人等，他们为商人和船员们提供了全天候的私人服务。

对主食和其他商品的需求进一步加强了基尔瓦与非洲内陆的联系，包括与班图语族群的联系、与供应牛肉的库什人的联系，最重要的是（可能通过库什人）与霍伊桑狩猎采集者之间的联系，他们提供主食、象牙、犀牛角和龟壳（Campbell 2017）。随着大津巴布韦在非洲东南部腹地的发展，这种联系将会变得更加牢固和持久。到13世纪末，基尔瓦已经成为德尔加杜角以南主要的贸易集散中心。商业活动也不再仅仅局限于季风地区，如奇布恩（Chibuene）（巴扎鲁托群岛以北）、索法拉、安戈谢、克利马内（Quelimane）、克里巴斯（Kerimbas），以及14世纪中后期发展起来的莫桑比克岛。从这些港口出发，贸易路线深入高原内陆，大津巴布韦中央集权的治理方式也随之出现在赞比西。赞比西从13世纪中叶便开始发展专业的采矿和金属加工行业。随着人口的增长（在14世纪，大津巴布韦拥有约1万人口），以金属（包括铜、铁等原材料和制品）、盐、谷物、牛和狩猎产品为基础的区间贸易也随之增长。这种区间贸易网络是可以独立存在的，葡萄牙人就称刚果拥有一套成熟的、精密的远程兑换系统，同时存在另一套与海外贸易无关的标准化的度量衡单位和货币系统。东非海岸和内陆之间的联系由来已久，海外对东非产品的需求不断增加，这加强了大津巴布韦与海岸地区之间的贸易联系。商品主要通过林波波（Limpopo）河、赞比西（Zambezi）河和马佐伊（Mazoe）河［或鲁恩哈（Luenha）河］来运输（Huffman 2009）。

像东非海岸的其他地方一样，基尔瓦政界和商界的精英是第一批皈依伊斯兰教的人。伊斯兰教在12—15世纪之间在东非海岸迅速发展，但信徒只是局限于居住在港口城市及其附近的斯瓦希里人。斯瓦希里精英阶层至少都掌握了基本阿拉伯语，这使他们在海外出差和执行朝觐时更为便利，撒哈拉以南西非的穆斯林的海上出行也更为频繁（Hunwick 1996，232 - 233）。对基尔瓦，巴博萨（Barbosa）评论道：

> ……索法拉、祖阿玛、夸马、安戈谢和莫桑比克的摩尔人都臣服于基尔瓦的奎洛亚国王，奎洛亚是他们侍奉的伟大的君主……摩尔人肤色灰暗，有些是黑人，有些是白人……这些人使用的语言是阿拉伯语。（Barbosa 1866，11）

精英阶层用珊瑚建造房屋，种植花园和棉田。纺织户把进口的彩色布匹拆成棉线，再用当地的织布技术加工成布匹，当时人们还不懂怎样给织物染色。14世纪，伊斯兰教和斯瓦希里的建筑风格传到了马达加斯加，那里出现了许多贸易定居点，都与基尔瓦、马林迪和蒙巴萨相连，并与斯瓦希里（在马达加斯加称为"Antalaotra"）的政治和商业精英形成了等级社会。位于西北海岸安帕新达瓦湾的马黑拉卡（Mahilaka），发展成了一个面积达70多公顷，有5000～10 000名居民的城镇，城内有众多石头建筑和至少1座清真寺，城外有城墙保护。到公元1500年，很多地方都出现了定居点，如马南博洛（Manambolo）河下游（有9000～10 000名居民）、梅纳（Menabe）、博爱尼（Boeny）和马札剌葛姆（Mazalagem）的穆龙达瓦（Morondava）河、曼戈奇（Mangoky）河和吉童博（Kitombo）河、博伊纳（Boina）湾、诺西-兰格尼（Nosy Langany）、多尼-曼贾河（Doany Manja）（马哈姆巴湾）以及西北海岸贝齐博卡（Betsiboka）河沿岸等。[7]

5.1 欧洲的冲击（1500—1820年）

传统观点认为，从大航海时代开始，欧洲人就在印度洋地区建立了军事和商业优势，并消灭了当地的穆斯林竞争者们。基尔瓦是他们的首要目标之一。15世纪初，葡萄牙舰队就袭击了东非和马达加斯加西北部的斯瓦希里的主要基地，并在基尔瓦（1505年）、莫桑比克（1507年）和蒙巴萨（1593年）建立了商业垄断，试图垄断所有高价值贸易。然而，葡萄牙人和后来的其他欧洲人尝试在东非或马达加斯加的内陆定居时遇到了很大的困难，其中最主要的困难是热带病。莫桑比克的葡萄牙人遭受了疾病困扰，许多士兵因此身亡，以至于经常没有足够的士兵来驻防。荷兰人在1604年和1607年攻打莫桑比克时，发现只有60名士兵在保卫堡垒（Newitt 2004）。同样，在1632年莫桑比克船长的一份报告中说，他的人手和补给都非常短缺，甚至考虑与马达加斯加结盟（Shirodkar 1988，40）。另外，当地的土著商人团体仍充满活力，葡萄牙人的一个主要目标是建立对索法拉黄金的垄断，为此他们建立了沿海要塞（位于索法拉和莫桑比克岛），并向赞比西发起武装远征。之后他们也在赞比西建立了塞纳（Sena）和泰特（Tete）要塞。然而，为了发展能够进入内陆的贸易路线，葡萄牙人必须接受《穆萨姆贝茨协议》，即在开展区域性商业活动时必须接受当地一个专业贸易商人小组的监管。此外，由于葡萄牙海军的人数有限，无法有效地保护海岸线，本地商人在运送黄金和其他主要出口商品如象牙时会绕过葡萄牙的航线（Elkiss 1981，35；Axelson 1973，83-84）。事实上，正是17世纪60年代东非繁荣的商业活动导致了阿曼对东非沿岸的葡萄牙哨所发动了海上攻击，并最终导致1699年葡萄牙人被逐出了蒙巴萨（Axelson 1969，155-173；Elkiss 1981，51；

Barendse 2002，16－17）。

  从公元1700年起，葡萄牙人在东非的活动范围主要局限于莫桑比克岛和索法拉岛，到公元1722年这些地区只剩下26个所谓的"葡萄牙人"，他们是一些克里欧人和流亡的罪犯（Elkiss 1981，54－55）。他们通过与当地势力联盟巩固自身的权力，并与非洲妇女联姻进一步稳固自己在当地的地位，其中一些妇女就是他们的翻译和商业代理人。这些联盟导致了所谓"普拉佐"制度的兴起，这一制度后来主宰了赞比西河流域，最初由西班牙后裔持有的大片封地，在历经几代人之后，逐渐回到了非洲人手里。通过在"普拉佐"制度下形成的贸易网络和有组织的突袭，他们将奴隶等商品运送到莫桑比克岛出口。然而，非洲贸易者们会选择绕过葡萄牙人直接与斯瓦希里管辖的港口进行交易。

  17世纪，阿曼扩大了对斯瓦希里海岸大部分地区的象牙和奴隶出口的垄断。此时基尔瓦不受外来势力控制。1663年，卡尔普·杜·索萨（Carpeau du Saussay）声称逃离基尔瓦统治者"暴政"的非洲人定居到了马达加斯加东南部的阿诺西（Anosy）（Grandidier and Grandidier 1908，633，fn.4）。18世纪中叶，马斯克林兴起种植园经济，导致当地对奴隶的需求剧增。非洲是运往法国群岛和马达加斯加西部的奴隶的主要来源地，从那里他们被分配到世界各地的不同市场。1807年英国开始禁止奴隶买卖，但是其重点主要集中在大西洋沿岸，英国在西印度洋的巡逻次数太少，且断断续续以至于没能有效抑制奴隶贸易。在以殖民统治为主体的东非地区，奴隶买卖在19世纪后期依然活跃。

  东非的奴隶贩卖网络是以葡萄牙人统治的莫桑比克为中心的。从1820—1829年，伊博（Ibo）岛实际上是法国的一个保护区，在这几年间，大量奴隶贩子造访该港口（Alpers 1975，217）。安戈谢没有被阿曼和葡萄牙殖民，而是被苏丹统治，是为法国岛屿和马达加斯加输送奴隶的主要供货地。19世纪40年代中期，安戈谢的奴隶贸易规模超过了莫桑比克岛、克利马内岛和伊博岛。桑库尔（Sancul）、桑伽耶（Sangaye）和格当欧哈（Quitangonha）也为西印度洋群岛输送奴隶。爱德华·阿尔珀斯（Edward Alpers）认为，从19世纪中叶开始，格当欧哈和安戈谢是向马达加斯加出口奴隶的主要来源地。到19世纪30年代末，留尼汪商人开始访问安戈谢。1846年，英国与葡萄牙的联合探险队对安戈谢施加了管制，使其被葡萄牙掌控。然而，斯瓦希里商人在苏丹的对外贸易中依旧占据着主导地位，其中安戈谢基本保持独立，并在19世纪下半叶依旧维持着它的奴隶贸易网络。直到19世纪20年代，法国奴隶主还经常光顾伊尼扬巴内（Inhambane）地区进行奴隶交易。[8]

  基尔瓦后来发展成为马斯克林群岛最主要的东非奴隶供应商，奴隶出口总量的20%都输送到了马斯克林群岛。这也成为后来它被马达加斯加的贝茨弥萨拉卡（Betsimisaraka）和萨卡拉瓦（Sakalava）联合袭击的原因之一，他们在18世纪后期与19世纪的前20年之间，每五年就发动一次海上袭击，每次有400～

500 艘战舰参战，每艘战舰长 8 ～ 10 米、宽 2 ～ 2.5 米，承载 30 ～ 50 人不等（总计 12 000 ～ 25 000 人）。他们主要的攻击对象是科摩罗，但如果风势顺利，他们会乘势攻击基尔瓦岛、伊博岛和马菲雅（Mafia）岛。每次袭击后他们都会俘虏大量当地人并把他们带走。[9] 袭击者还包括安通吉尔湾的首领丁伯罗（Timbonlo），1816 年毛里求斯的英国人寻求与之和解。据英国人的报告：

> 丁伯罗的手下乘的是 45 尺长、10 或 12 尺宽的 100 艘木舟，每艘木舟能容纳二三十个人，水手们都有火枪。在 1807 年和 1808 年，他凭借这种力量几乎使科摩罗（大科摩罗）、莫希拉（Mohilla）和马约塔（Mayota）岛民灭族；在 1809 年，他横渡海峡，给奎琳波（Querimbo）的一个岛屿造成了毁灭性的打击，之后他的舰队甚至威胁到莫桑比克。他们的攻击非常凶猛，无人可敌，就像马来人一样，因此，我们需要时刻保持警惕。[10]

同样在 1816 年，一支由 250 艘木舟组成的舰队遭遇了风暴，只有 68 艘木舟抵达了东非的科林巴（Kerimba）群岛。在那里，他们被当地的葡萄牙人袭击，死伤惨重。葡萄牙人杀红了眼，向基尔瓦人和马菲雅人痛下杀手，并俘虏了 3000 人。但之后葡萄牙人遭到了来自桑给巴尔岛的阿拉伯舰队反击，随后几乎全军覆没，其中共有 6250 名马达加斯加战士丧生（Grandidier and Grandidier 1908，655）。

基尔瓦作为奴隶转口港，其商业重要性引起了阿曼人的注意，他们在 19 世纪上半叶将基尔瓦并入了东非帝国。与此同时，来自法属岛屿的种植园主依旧在马达加斯加和包括基尔瓦在内的东非区域寻求其需要的奴隶。1820 年毛里求斯长官罗伯特·法夸尔（Robert Farquhar）说服马达加斯加的拉达玛一世禁止马达加斯加出口奴隶，一个转折点随后出现。留尼汪政府认识到他们有必要安抚英国的反奴隶买卖情绪，同时也意识到英国的殖民地需要廉价劳动力，因此促生了在基尔瓦招募契约劳工的想法。留尼汪的总督米利厄斯（Milius）在 1820 年底给专管海洋和殖民地事务的部长写了一封信，信中说道：

> 欺诈者们（例如：奴隶贩子）仍在开发莫桑比克海岸和非洲大陆东部的岛屿。我已经告知陛下桑给巴尔岛是奴隶贸易的中心，基尔瓦是一个仓库。事实上，这里黑人奴隶的价格比塔玛塔夫的要高得多，这里一个黑人顶两个马达加斯加人，我们可以从农业的角度看待这个问题，他们有力量、更忠诚，而且他们宁愿在我们的殖民地被奴役，也不愿意在自己的国家享受自由。而马达加斯加人天生懒惰，体质虚弱，因此不适合在土地上劳作，而且他们不想离开他们的国土。
>
> 在这种情况下，英国实施的政策给了我一个想法。如果他们以契约工的

名义从他们位于好望角以东的殖民地,比如马达加斯加,抽取农业所需的劳动力,在政治上是正确的,那么我们为何不能效仿他们的方式呢?通过与非洲的国王签订类似条约,就可获得必要的劳动力,为波旁(留尼汪)的繁荣作出贡献。假如这种设想得以实现,那么我们可以向基尔瓦国王或马斯喀特的伊玛尼(Iman)示好,非洲海岸以东的岛屿都是伊玛尼的势力范围。我们对伊玛尼和基尔瓦国王的慷慨大方将会有助于我们的成功。英国人拒绝所有在其殖民地上戴着锁链劳作的奴隶,我们还要观察他们看待基尔瓦和桑给巴尔契约工的态度。[11]

在1825年,欧文上尉敦促毛里求斯长官洛瑞·科尔(Lowry Cole)在基尔瓦附近的东非海岸任命一个官员来监督禁止奴隶买卖。[12]但在12年后的1837年9月,皇家海军陆战队博桑奎特(Bosanquet)中尉报告说:"在非洲海岸,奴隶买卖仍在继续。"[13]他指出,巴西、古巴及法属岛屿对奴隶都有大量需求。19世纪20年代开始,马达加斯加又开辟了一个新的东非奴隶贸易市场(Campbell 1989)。

5.2 19世纪中叶的秘密奴隶交易

秘密奴隶交易是造成勒·莫夫·德凯度达尔事件(Le Mauff de Kedudal Affair)的缘由。在1842年,基尔瓦的最后一位苏丹被驱逐到阿曼两年后,留尼汪总督查尔斯·巴佐切(Charles Bazoche)在马达加斯加富有的留尼汪投资商的建议下,派遣勒·莫夫·德·凯度达尔带领一个代表团前往基尔瓦,探讨招募劳工的事务。巴佐切向凯度达尔提供了一份关于劳动力招聘的问题清单。[14]次年的1月,凯度达尔提交了他的报告,其中有三个部分:第一部分是对巴佐切的问题的回复;第二部分是关于凯度达尔在1842年11月27日抵达基尔瓦后的访问内容;第三部分是关于从马约特回程的航行过程。报告前两部分主要阐述了基尔瓦在当时的区域贸易中的作用。[15]凯度达尔的报告说,直到1830年,基尔瓦一直保持着重要的商业地位,但此后,它的商业价值开始逐年下降。大部分人口已经迁移到大陆,只留下了几百人。[16]然而,伊玛尼任命的基尔瓦总督马佐诺尼(Mazononni)与一个名为"莫里马"(Morima)的非洲大陆王国保持着密切的关系,该王国由一个名为阿萨尼(Assagni)的苏丹统治,由摩尼里奥(Monillao)、莫威奈铎(Mouguinedo)、穆木迪(Moumuedi)、默马瑟(Mougmasse)、莫莫尼莎(Moummounissa)、蒙比萨(Mombissa)、马托梅碧(Matoumebi)、麦科娃(Macoua)、马奇乌贾(Matchiuga)、欧瓦尤菲尼(Oualloufigni)、欧瓦莫艾索(Ouguamouezo)、欧瓦莫戈隆(Ouamouggoulon)等"十二个部落"[17]组成。生活在莫里马领土上的居民,根据记载,"他们从远古时代，就沦为奴隶，成为自由阿拉伯人的财产"[18]。其中，蒙迪翁（Mondyonges）、穆钦齐（Mouchenzis）、苏格拉莫斯（Suéllamos）和卡曼加斯（Camangas）家族拥有绝大部分的奴隶。[19]凯度达尔进一步指出：

> 第一个种姓被命名为蒙迪翁（Mondyonges），是人数最多、文明程度最高也是富有的。大部分人生活在德尔加杜角和桑给巴尔岛之间的沿海地区。他们都服从伊玛尼手下部将的领导。他们用其他商品交换内陆产品，然后运输到沿海地区，尤其是桑给巴尔岛。莫里马国王苏丹阿萨尼就属于这个种姓。
>
> 另外三个种姓居住在大陆内部，他们与蒙迪翁家族交换商品。[20]

关于奴隶的任务，凯度达尔写道：

> 奴隶主们以人道的方式对待他们的奴隶，用大米、扁豆、大豆和木薯喂养奴隶，并雇佣奴隶们从事农业、狩猎、捕鱼和伐木等。因为奴隶中有一些铁匠和木匠，这些人就被雇佣来制造箭头和主人需要的其他铁制品，他们也会打造船只、建造木屋等。而妇女们则从事家务和耕作。[21]

虽然他们最初是因为战争被迫成奴的，但就像白人殖民者们惯用的说法那样，凯度达尔认为，经过几代人，他们已经习惯了奴役：

> 因为奴隶们生活在自己的祖国时生性温和，缺乏欲望。虽然他们常常带着弓箭等武器，但即使被人捆绑住手脚卖给奴隶贩子也不会反抗。他们在正午的烈日下辛苦劳作，我相信他们是忠诚的。他们时刻保持克制，从不奢望自由。[22]

他接着说道：

> 直到1827年或1828年，基尔瓦和莫里马的奴隶或俘虏都是被公开贩卖的。奴隶的买卖在表面上是对个人禁止的，但是首长们却为奴隶商贩提供奴隶，继续从事着奴隶买卖。基尔瓦的一些居民向我透露消息，每年都有30～40艘运送奴隶的船只抵达港口，其中四分之一是法国船只，其余是西班牙的。这些船只一般都很大，平均每艘能装载300名奴隶，每年莫里马王国都会有9000～12 000名奴隶从基尔瓦被运走。[23]

这意味着基尔瓦一年向巴西输送了6725～9000名奴隶，而向法国岛屿输送了 2250～3000 名奴隶。在 1842 年中期，一艘悬挂法国国旗的船只在基尔瓦购买了 450 名来自莫里马的奴隶。[24] 此外，马佐诺尼（Mazononni）未经伊玛尼的授权，也在秘密地向凯度达尔输送奴隶。[25]

凯度达尔表示，雇佣"自由"劳工是不可能的，因为附近唯一的自由人是斯瓦希里奴隶主。他很难向当地斯瓦希里人解释法国当局要求的是契约劳动力而不是奴隶：[26]

> 我认为人们对奴隶制本身的恐惧已经成为他们拒绝契约劳动力的理由，因此我解释道："奴隶制在法国已经被废除了，只要奴隶获得主人的同意，就可以恢复自由。那么他只要踏上法国的国土，就不再是奴隶。奴隶们成为自由的人，无论男女，为了自己的自由，同时也为了住宿、衣物、食物，他们需要把自己的时间投入到工作中去。"这些话很难让迄今为止尚未被解放的奴隶们理解，他们认为这对他们来说没有好处。的确这与他们一直以来认识到的社会不尽相同，他们对社会的看法只局限于自由种姓和奴隶。[27]

在伊玛尼的默许下，留尼汪每年都会购买 15 000～20 000 名年龄在 20～30 岁之间的奴隶。[28] 阿拉伯人通常都会用镜子、棉布等廉价的物品来交换奴隶。从非洲航行到科摩罗群岛的船只，通常会以两三个，多则四个皮亚斯特（译者注：货币单位）的价格出售一个奴隶。[29]

与此同时，基尔瓦向法国出口源自非洲大陆的象牙、树胶、大米、小米、豆类和乌木等。根据凯度达尔估计，法国每年可能获得 2～3 公吨象牙，每阿罗布（约40 磅）30～40 比索，1000～2000 公吨树胶，2～3 公吨大米以及 6～9 公吨豆类和谷物。[30] "这些商品如果是通过物物交换的方式来购买，价格会更低。[31] 基尔瓦需求量最大的进口商品是染色的棉制品（尤其蓝色和红色）、手帕、武器、火药和铅弹，还有鱼钩、珠子、镜子、针、餐具、肥皂、亚麻布、蔗糖、铜、铁和粗铅等。"[32] 凯杜达尔还警告说：

> 我坚持认为，如果我们要与基尔瓦及其周边地区建立商业关系，那么 6 月至 12 月的贸易期间，我们必须用军舰为商船护航，否则商船可能会被奴隶贩子的船只袭击，这些船只都装备了火炮，船员随时准备作战，也可以像海盗一样抢劫。[33]

1843 年 1 月，根据凯度达尔的报告，巴佐切向巴黎提议将赎身作为一种合法的手段，可以从基尔瓦和桑给巴尔招募奴隶作为其需要的劳动力。[34] 然而，巴黎却回应道，将奴隶赎身转变为合法的契约劳动者的做法是不可行的。因为对英国和法国政府来说，它违背了"出发时是自由人，到达时是自由人"的原则。[35] 这种做法会让人怀疑是变相的奴隶交易：

> 从国际法以及法国和英国的现行法律来看，我们很难不将这种做法视为变相的奴隶买卖。我们必须认识到，以任何形式囚禁俘虏，限制非洲海岸人民的自由，都可能成为变相的奴隶买卖。而奴隶买卖会引发内战，奴隶贩子们能够从中获得许多的经济利益。[36]

任何运输被赎身奴隶的船只都将被海军部认定为参与奴隶交易，海军部还谴责巴佐切让莫桑比克海峡的奴隶交易变得更加猖獗。[37] 巴佐切回应说：

> 怎么可能承认每年有 30～40 艘欧洲船只参与莫桑比克海峡的奴隶贸易而不被人注意呢？英国和法国的军舰经常光顾莫桑比克海峡。
>
> 怎么可能承认每年有 8～10 艘法国船只从事这种贸易呢？这些船从哪里出发，又把这些受害者运送到哪里去？这些事实与我们所知的完全相反，因此我们要研究它们。
>
> 诚然，奴隶交易在非洲海岸仍然存在。阿拉伯人还在不停地运送奴隶到桑给巴尔以及阿拉伯和波斯海岸。当然，来自欧洲的船只也参与了奴隶交易。波卡（Pocha）和玛丽亚·维内塔（Maria Vunetta）这两艘船只的扣押恰好为我们提供了充足的证据。
>
> 但是我们无权干涉阿拉伯国家的行为，同时也无权镇压葡萄牙和西班牙船只。波卡号船是因为涉嫌海盗行为才被停航。
>
> 根据 1831 年 11 月 30 日签署的条约，法国巡洋舰只有权在好望角以东的马达加斯加附近 20 里格水域内拥有管辖权，此项权利不适用于非洲东海岸海域。[38]

毛里求斯当局对留尼汪方面发出的声音持怀疑态度，他们听到契约工的这个方案便通知伦敦，英国由此加强了该地区的反奴隶买卖巡逻。一直到 19 世纪中叶，奴隶贩子们才被迫取消了集中贸易。大型的奴隶港口被许多小型奴隶港口所取代，这反过来又刺激了斯瓦希里和阿拉伯主导的奴隶网络。[39] 1856 年，萨伊德·马基德（Sayyid Majid）的势力范围从索马里北部的拉斯哈方（Ras Hafun）一直延伸至基尔瓦。基尔瓦在当时仍然是一个重要的奴隶贸易中心，它是整个西印度洋的枢纽（Sanchez 2015）。奴隶贸易在非洲西海岸蓬勃发展，一直延伸到了西南的圣奥古斯丁湾。1843 年的奴隶交易行情是两个壮实的年轻奴隶可以交换一桶 50 磅的火药，年轻的女性奴隶可以卖到 8～9 美元。[40] 根据 1859 年英国海军的报告，大多数被交易的奴隶都是非洲人：

> 奴隶们首先从非洲东海岸各地被带到马达加斯加西岸的圣奥古斯丁湾和

博伊纳湾,但主要来自东北部季风区的基尔瓦和伊博、西南季风地区的安戈谢以及奎桑加。[41]

萨卡拉瓦(Sakalava)和安塔劳特拉(Antalaotra)的精英阶层将其来自奴隶买卖的获利又投资于奴隶的运输中,扩大奴隶贸易。[42]

与此同时,法国群岛继续从东非招募雇佣兵。法国探险家兼海军上尉查尔斯吉兰(Charles Guillain, 1808—1875)注意到,每年12月至来年3月,都会有大约40艘船只离开桑给巴尔和拉穆(Lamu)前往科摩罗、诺西贝岛和马达加斯加。仅在8月中旬,就有35~40艘船只从桑给巴尔岛驶往基尔瓦,其中许多专门从事奴隶买卖。8月底,他们在基尔瓦遇到了一些早先驶往科摩罗和马达加斯加的船只。[43] 约瑟夫-弗朗西斯·朗伯(Joseph-François Lambert,1824—1873)是一个来自毛里求斯的富商,梅农(Menon)是马斯卡雷内斯号蒸汽船的拥有者,他们跟德隆托内(De Rontaunay)都参与了大量奴隶买卖。1859年,343个奴隶从林迪(Lindi)和基尔瓦登上马斯卡雷内斯号蒸汽船,在前往留尼汪的途中有48人死于霍乱。随后霍乱暴发,造成总共2700人死亡(首都圣丹尼斯就有863起死亡事件)。[44] 1859年2月,探险家理查德·伯顿(Richard Burton)发现基尔瓦岛霍乱肆虐,他这样描绘当时的情景:城镇变成一片废墟,奴隶尸横遍野。[45]

正如爱德华·阿尔珀斯和马修·霍珀(Matthew Hopper)所说,基尔瓦在19世纪80年代的奴隶出口中一直发挥着重要作用(Alpers and Hopper 2008)。通常基尔瓦贩运的奴隶都没有姓名,但其中有一个例外。1859年底,英国的一支反奴隶买卖巡逻队截获了一个奴隶贩子,解救了一个从基尔瓦被贩卖到桑给巴尔的年轻奴隶,并将他送到纳西克的学校中。在那里他被洗礼,并被取名为"雅各布·温赖特"。1865年他和其他5个获得自由的奴隶一起被大卫·利文斯通(David Livingstone)招募到非洲的军队服役。[46]

总之,基尔瓦靠近季风系统南端的优越地理位置确保了它在印度洋西南地区的关键作用,它将莫桑比克、科摩罗和马达加斯加地区以及印度洋海域其他地区联系起来。9—13世纪,基尔瓦靠出口象牙和黄金等商品,在第二次印度洋地区经济的大繁荣中脱颖而出。然而,随着18世纪中叶种植园经济在马斯克林兴起、19世纪20年代马达加斯加梅里纳帝国经济的兴起以及19世纪初古巴和巴西对奴隶的需求激增,奴隶的出口在基尔瓦的贸易中起着越来越重要的作用。直到19世纪中叶,奴隶交易在西印度洋的法属岛屿之间依然存在。

注释

1. Cape Commissioners(June, 1859),引用于 Duffy(1967, 46);同见 Moorson to Commodore Christian, HMS Andromarche(1825年5月24日),Theal(1964, 53),

Lloyd（1850，54）。

2. Chami and Msemwa（1997，675 – 676），Chami（2006，136 – 137，162 – 163），Chami（1999，238）。

3. *The Suma Oriental of Tome Pires*，第 2 卷。

4. Barbosa（1918）；Austen and Headrick（1983），Wood（2011），Chau *JuKua*（1967，127）。

5. Chau *Ju-Kua*（1967，127，132），Heller（2011，355，358 – 359），Hornell（1934，316），Elliot（1925），de Vere（1993），Horton and Mudida（1996，378 – 393），Wood（2016），Ricks（1970，342 – 343，351）。

6. Barbosa（1918），Grandidier（1902），Vérin（1986），Wright（1986，53 – 87），Dewar（2008）。

7. Vérin（1986），Wright（1986），Dewar（2008），Ekblom et al.（2017）。

8. Barnard（1969，258 – 259），Alpers（1975，210 – 211，214 – 215，218，236 – 238），Shepherd（1980，76 – 79），Wolf（1833），Toussaint（1967，133 – 134），Isaacman（1972，93 – 94，98 – 102），Newitt（1973，222），Duffy（1967，42，46），Pélissier（1984，37）。

9. Grandidier and Grandidier（1908，379，fn. 2，655），Alpers（1977，37 – 53），Martin（1983，Ch. 2）。

10. G. A. Barry, Instructions to Lieutenant B. Lesage, Aide de Camp to His Excellency the Governor, Port Louis, April 20, 1816，"机密文件"，HB7，毛里求斯国家档案馆（MNA）。

11. Milius to Min Cols, Ste. Suzanne, September 26, 1820, Fonds ministériels（FM）Série géographique（SG）REU//515 – 5991, *Archives nationales d'outre-mer*（ANOM）, *Aix-en-Provence*。

12. 节选自欧文上尉给洛瑞·科尔爵士的信件，http：//www. ebooksread. com/authors-eng/great-britain-foreign-office-library/british-and-foreign-state-papers-goo/page-17-british-and-foreign-state-papers-goo. shtml（2015 年 9 月 26 日访问）。

13. 节选自博桑奎特中尉给西班牙湾海军少将坎贝尔的信件，1837 年 9 月 29 日，第 31 号附文，与各国的通信，B 类 – 1837 – 8，更多系列，第 25 页，《账目与文件：奴隶制，1837 – 1838 年第 15 卷》，议会文件，众议院和司令部，第 50 卷（1838 年）。

14. Le Mauff de Kedudal à Bazoche, Gov de Bourbon, St. Denis, January 10, 1843, FM, SG, REU//515, FR ANOM 320 1COL 515/6000, ANOM. 这份报告的摘录出现在《商业档案》（*Archives du Commerce*）32：292 – 294（1843）。

15. 同上。

16. 爱德华·阿尔珀斯提供了凯度达尔使用的一些非洲术语的翻译。

17. 爱德华·阿尔珀斯点评，前两个可能是 Yao 和 Ngindo，第五个到第十二个可能是 Nyasa、Bisa、Matumbi、Makua、Machinga（一个 Yao 的分支）、Rufiji 和 Nyamwezi。通过个人通信，2016 年 6 月 24 日。

18. Le Mauff de Kedudal à Bazoche, Gov de Bourbon, St. Denis, 1984 年 1 月 10 日，3。

19. 爱德华·阿尔珀斯点评："第一个可能是 Mujojo，是科摩罗人和内陆人对于海岸的通称；第二个是 Washenzi 或"野蛮人"；第三个也许就是斯瓦希里语；第四个是 Kamanga，这个说法主要来源于马拉维和尼亚萨湖西侧的一个族群。通过个人通信，2016 年 6 月

24 日。

20. Le Mauff de Kedudal à Bazoche, Gov de Bourbon, St. Denis, 1984 年 1 月 10 日, 5。
21. 同上, 4。
22. 同上, 6。
23. 同上, 4。
24. 同上, 16 – 17。
25. 同上, 17 – 18。关于斯瓦希里奴隶交易内容, 见 Vernet (2013)。
26. 同上, 10。
27. 同上, 15 – 16。
28. 同上, 5。
29. 同上, 6。
30. 同上, 7 – 8。
31. 同上, 9。
32. 同上, 8。
33. 同上, 10。
34. 同上。
35. M. de la Marine à M. Le Gouverneur de Bourbon, Paris May 30, 1843, FM, SG, REU//515, FR 320 1COL 515/6000, ANOM.
36. M. de la Marine à M. Le Gouverneur de Bourbon, Paris, May 30, 1843; see also Ministre de la Marine au Ministre des Affaires étrangères (Directeur Commerciale), Paris, May 30, 1843, FM, SG, REU//515, FR 320 1COL 515/6000, ANOM.
37. M. de la Marine à M. Le Gouverneur de Bourbon, Paris, May 30, 1843.
38. Bazoche to M. le Ministre de la Marine et des Colonies, St-Denis, October 19, 1843, FM, SG, REU//515, FR 320 1COL 515/6000, ANOM.
39. Barnard (1969, 258 – 259), Alpers (1975, 210 – 211, 214 – 215, 218, 236 – 238), Shepherd (1980, 76 – 79), Wolf (1833), Toussaint (1967, 133 – 134), Isaacman (1972, 93 – 94, 98 – 102), Newitt (1973, 222), Duffy (1967, 42, 46), Pélissier (1984, 37)。
40. 约翰·马歇尔爵士船长关于女王陛下的船"伊希斯"号前往科摩罗群岛、莫桑比克海岸和马达加斯加的报告, 1843 年 3 月 24 日, HB 14, MNA; 另见 Schapera (1961, 294)。
41. Cape Commissioners (June, 1859), quoted in Duffy (1967, 46); see also Moorson to Commodore Christian, HMS Andromarche, May 24, 1825, in Theal (1964, 53), Lloyd (1850, 54).
42. Samuel F. Sanchez, "Un mouvement antiabolitionniste et anticolonial: la révolte sakalava de 1849 dans le Nord-Ouest de Madagascar," in Médard et al. (2013, 425).
43. Guillain, (1856, 371), Monnier (2006).
44. Role (1974)。
45. "Kilwa Ruins History: Kilwa Kisiwani Part 2." http://www.kilwa.co.tz/kilwa-ruins-history-kilwa-kisiwani-part-2/, accessed May 05, 2015.
46. Bontinck (1977, 404 – 405)。关于斯威玛的故事, 另一个例外详见 Alpers (1983)。

参考文献

Agius, D. A. 2005. *Seafaring in the Arabian Gulf and Oman: The People of the Dhow*. New York: Routledge.

Alpers, Edward A. 1975. *Ivory and Slaves in East and Central Africa to the Later Nineteenth Century*. London: Heinemann.

———. 1977. "Madagascar and Mozambique in the Nineteenth Century: The Era of the Sakalava Raids (1800 – 1820)." *Omaly sy Anio* 5 – 6: 37 – 53.

———. 1983. "The Story of Swema: Female Vulnerability in Nineteenth-Century East Africa." In *Women and Slavery in Africa*, edited by Clare C. Robertson, and Martin A. Klein, 185 – 199. Madison: University of Wisconsin Press.

Alpers, Edward A., and Matthew S. Hopper. 2008. "Parler en son nom? Comprendre les témoignages d'esclaves africains originaires de l'océan Indien (1850 – 1930)." *Annales: Histoire, Sciences Sociales* 63(4): 799 – 828.

Austen, Ralph A., and Danie Headrick. 1983. "The Role of Technology in the African Past." *African Studies Review* 26(3/4): 163 – 184. DOI: 10.2307/524168.

Axelson, Eric. 1969. *Portuguese in South-East Africa 1600 – 1700*. Johannesburg: Witwatersrand University Press.

———. 1973. *Portuguese in South-East Africa 1488 – 1600*. Cape Town: C. Struik.

Barbosa, Duarte. 1866. *A Description of the Coasts of East Africa and Malabar in the Beginning of the Sixteenth Century*. London: Hakluyt Society.

———. 1918. *An Account of the Countries Bordering on the Indian Ocean and Their Inhabitants (c. 1518)*, vol. I. London: Hakluyt.

Barendse, Rene J. 2002. *The Arabian Seas: The Indian Ocean World of the Seventeenth Century*. New York: Armonk.

Barnard, Frederick. 1969. *Three Years' Cruise in the Mozambique Channel, for the Suppression of the Slave Trade*. London: Dawsons.

Bontinck, François. 1977. "Le diaire de Jacob Wainwright: (4 mai 1873 – 18 février 1874)." *Africa: Rivista trimestrale di studi e documentazione dell'Istituto italiano per l'Africa e l'Oriente* 32(3): 399 – 434.

Campbell, Gwyn. 1989. "Madagascar and Mozambique in the Slave Trade of the Western Indian Ocean, 1800 – 1861." In *The Economics of the Indian Ocean Slave Trade in the Nineteenth Century*, edited by William Gervase Clarence-Smith, 166 – 193. London: Frank Cass.

———. 2009. *An Economic History of Imperial Madagascar, 1750 – 1895: The Rise and Fall of an Island Empire*. Cambridge: Cambridge University Press.

———. 2017 "East Africa in the Early Indian Ocean World Slave Trade: The Zanj Revolt Reconsidered." In *Early Exchange Between Africa and the Wider Indian Ocean World*, edited by Gwyn Campbell. New York: Palgrave.

Chami, Felix A. 1999. "Roman Beads from the Rufiji Delta, Tanzania: First Incontrovertible Archaeological link with the Periplus." *Current Anthropology* 40(2): 237 – 241.

———. 2006. *The Unity of African Ancient History 3000 BC to AD 500*. Dar es Salaam,Tanzania：E & D Ltd.

Chami, Felix A., and Paul J. Msemwa. 1997. "A New look at Culture and Trade on the Azanian Coast." *Current Anthropology* 38 (4)：673 – 677.

Chau Ju-Kua：His Work on the Chinese and Arab Trade in the Twelfth and Thirteenth Centuries ,entitled Chu-fan-chï. Translated and edited by Friedrich Hirth and W. W. Rockhill. Taipei：Ch'eng-Wen,1967.

Datoo, B. A. 1970. "Misconceptions about the Use of Monsoons by Dhows in East African Waters." *East African Geographical Review* 8：1 – 10.

de Vere, James. 1993. *Swahili Origins：Swahili Culture and the Shungwaya Phenomenon*. London：James Currey.

Dewar, Robert E. 2008. "Madagascar：Early Settlement." In *New Encyclopedia of Africa*, vol. 3, edited by John Middleton, and Joseph C. Miller, 439 – 441. Detroit：Thomson/Gale.

Duffy, James. 1967. *A Question of Slavery*. Oxford：Clarendon Press.

Ekblom, Anneli et al. 2017. "Migration and Interaction Between Madagascar and Eastern Africa, 500 BCE – 1000 CE：The Archaeological Perspective." In *Early Exchange Between Africa and the Wider Indian Ocean World*, edited by Gwyn Campbell. New York：Palgrave.

Elkiss, Terry H. 1981. *The Quest for an African Eldorado：Sofala, Southern Zambezia, and the Portuguese, 1500 – 1865*. Brandeis University MA：Crossroads Press.

Elliot, J. A. G. 1925. "A Visit to the Bajun Islands, Part Ⅰ." *Journal of the Royal African Society* 25 (97)：10 – 22. http://www.jstor.org/stable/717064.

Fuma, Sudel. 1992. *L'esclavagisme à La Réunion, 1794 – 1848*. Paris：l'Harmattan. Grandidier, Alfred. 1902. *Histoire de la découverte de l'île de Madagascar par les Portugais (pendant le XVIe siècle)*. Paris：lamy.

Grandidier, Alfred, and Grandidier, Guillaume. 1908. *Histoire Physique, Naturelle et Politique de Madagascar：Ethnographie de Madagascar*. Paris：Imprimerie Nationale.

Guillain, Charles. 1856. *Documents sur l'histoire, la géographie et le commerce de l'Afrique orientale*, vol. 2. Paris：Arthus Bertrand.

Heller, Natasha. 2011. "Why Has the Rhinoceros Come from the West? An Excursus into the Religious, literary, and Environmental History of the Tang Dynasty." *Journal of the American Oriental Society* 131 (3)：353 – 370.

Hornell, James. 1934. "Indonesian Influence on East African Culture." *Journal of the Royal Anthropological Institute of Great Britain and Ireland* 64：305 – 332. doi：10.2307/2843812.

Horton, Mark, and N. Mudida. 1996. "Subsistence at Shanga：The Faunal Record." In *Zanzibar and Pemba：Archaeological Investigations of an Indian Ocean Archipelago*, edited by Mark Horton, 378 – 393. London：British Institute in Eastern Africa.

Huffman, Thomas. 2009. "Mapungubwe and Great Zimbabwe：The Origin and Spread of Social Complexity in Southern Africa." *Journal of Anthropological Archaeology* 28 (1)：37 – 54. doi：10.1016/j.jaa.2008.10.004.

Hunwick, John. 1996. " Sub-Saharan Africa and the Wider World of Islam：Historical and

Contemporary Perspectives." *Journal of Religion in Africa* 26（3）：230 – 257. doi：10. 2307/1581644.

Isaacman, Allen. 1972. *Mozambique：The Africanisation of a European Institution. The Zambesi Prazas, 1750 – 1902*. Madison：University of Wisconsin Press.

Lloyd, J. A. 1850. "Memoir on Madagascar." *Journal of the Royal Geographical Society of London* 20：53 – 75. doi：10. 2307/1798018.

Martin, Jean. 1983. *Comores：quatre îles entre pirates et planteurs*. Paris：l'Harmattan.

Médard, Henri et al. , eds. 2013. *Traites et esclavages en Afrique orientale et dans l'Océan Indien*. Paris：Karthala.

Monnier, Jehanne-Emmanuelle. 2006. *Esclaves de la canne à sucre：engagés et planteurs à Nossi-Bé, Madagascar 1850 – 1880*. Paris：l'Harmattan.

Newitt, Malyn D. D. 1973. *Portuguese Settlement on the Zambesi*. Harlow：Longman.

———. 2004. "Mozambique Island：The Rise and Decline of an East African Coastal City, 1500 – 1700." *Portuguese Studies*. http：//www. thefreelibrary. com/Mozambique + Island%3A + the + rise + and + decline + of + an + East + African + coastal··· – a0133016500.

Pélissier, René. 1984. *Naissance de Mozambique：résistance et révoltes anticoloni-ales（1854 – 1918）*, vol. Ⅰ. Orgeval：Editions Pélissier.

Ricks, Thomas M. 1970. "Persian Gulf Seafaring and East Africa：Ninth-Twelfth Centuries." *African Historical Studies* 3（2）：339 – 357. doi：10. 2307/216220.

Role, LAndré. 1974. "L''Affaire'du'Mascareignes'. le choléra à la Réunion en 1859." *Histoire des sciences médicales* 8（3）：503 – 525. http：// www. biusante. parisdescartes. fr/sfhm/hsm/HSMx1974x008x003/ HSMx1974x008x003x0503. pdf.

Sanchez, Samuel. 2015. "État marchand et État agraire dans l'océan Indien occidental：le sultanat de Zanzibar et le royaume de Madagascar（1817 – 1874）." *Cahiers d'histoire* 128：37 – 57.

Schapera, Isaac, ed. 1961. *Livingstone's Missionary Correspondence, 1841 – 1856*. Berkeley：University of California Press.

Shepherd, Gill. 1980. "The Comorians and the East African Slave Trade." In *Asian and African Systems of Slavery*, edited by Jamesl. Watson, 73 – 99. Berkeley：University of California Press.

Shirodkar, P. P. 1988. "India and Mozambique：Centuries-Old Interaction." *Purabhilekh-Puratatva* 6（1）：35 – 62.

Theal, G. M. 1964. *Records of South-Eastern Africa*, vol. 9. Cape Town：C. Struik.

The Suma Oriental of Tome Pires：An Account of the East, from the Red Sea to China, Written in Malacca and India in 1512 – 1515, vol. 2, ed. Armando Cortesao. New Delhi：Asian Educational Services, 2005.

Tabibou, Ibouri Ali. 2014. "Des esclaves Makua et de leurs descendants aux Comores, vol. 1." PhD diss. , Université de la Réunion.

Toussaint, Auguste. 1967. *La route des Îles：contribution à l'histoire maritime des Mascareignes*. Paris：S. E. V. P. N.

Vérin, Pierre. 1986. *The History of Civilization in North Madagascar*. Rotterdam：Balkema.

Vernet, Thomas. 2013. "Avant le giroflier：esclavage et agriculture sur la côte swa-hili, 1590 –

1812. " In *Traites et esclavages en Afrique orientale et dans l'océan Indien*, edited by H. Médard, M. -L. Derat, T. Vernet and M. P. Ballarin, 244 – 306. Paris: Karthala.

Wolf, Lieutenant R. N. 1833. "Analysis of Narrative of Voyages to Explore the Shores of Africa, Arabia, and Madagascar." *Journal of the Royal Geographical Society* 3: 197 – 223. doi: 10. 2307/1797605.

Wood, Marilee. 2011. "Interconnections: Glass Beads and Trade in Southern and Eastern Africa and the Indian Ocean—7th to 16th centuries AD." PhD diss. , Uppsala University.

———. 2016. "Eastern Africa and the Indian Ocean World in the First Millennium CE: The Glass Bead Evidence. " In *Early Exchange Between Africa and the Wider Indian Ocean World*, edited by Gwyn Campbell. New York: Palgrave.

Wright, H. T. 1986. "Early Communities on the Island of Maore and the Coasts of Madagascar. " In *Madagascar: Society and History*, edited by C. P. Kottak, J. -A. Rakotoarisoa, A. Southall, and P. Vérin, 53 – 87. Durham: Carolina Academic Press.

桑给巴尔：印度洋和 19 世纪世界的交接点

杰里米·普雷斯霍茨（Jeremy Prestholdt）

19 世纪的桑给巴尔位于东非、印度洋、地中海和大西洋的交汇处。因此，桑给巴尔城是一个浓缩的、综合的空间，不同国家的货物在此互通有无，人员和思想在此交流碰撞，东非的社会经济趋势与跨洋洋流息息相关。本节概述了从 19 世纪中期到 20 世纪初桑给巴尔城市的联通作用和相关的社会经济现象。在这一时期，桑给巴尔城主导了东非与海洋世界的联系，成为博卡德·施奈培在本书概述中所说的区域"枢纽"。因此，桑给巴尔是满足东非各种消费需求和非洲以外地区产品需求的主要渠道。桑给巴尔城输送货物、传播思想，增加社会交流，在斯瓦希里沿岸辐射不断变化的社会文化趋势，显示出不同寻常的文化活力。因此，桑给巴尔不仅仅是一个商业中心，它还是维系全球交流、人员流动和不断变化的社会关系的纽带。

笔者在其他地方谈到过 19 世纪桑给巴尔镇的消费文化和奴隶制，或者说是不同地方的居民如何让跨洋的消费趋势本地化，并如何利用进口商品和移民来改变社会关系（Prestholdt 2008；Prestholdt 即将出版）。本节以更广泛的视角，着重论述桑给巴尔在其繁荣和区域发展的高峰期如何成为一个地区中心以及带来了怎样的后果。具体而言，笔者论述了它在物质文化、社会定义、语言和宗教思想等诸方面的表现和变革。笔者首先追溯 19 世纪桑给巴尔的社会经济概况，以及它作为区域中心崛起的过程，然后讨论桑给巴尔社会和经济的几个物质和非物质层面，包括消费文化、进口和再出口市场、语言应用和伊斯兰思想潮流等，由此勾勒出桑给巴尔作为岛屿中心和区枢纽的多层面的形象。

6.1 桑给巴尔和 19 世纪的世界

19 世纪 40 年代末，阿曼及桑给巴尔的统治者萨伊德·萨伊·宾·苏丹·布塞迪斯（Sayyid Saʿīd bin Sulṭān Āl Busaʿīdī, 1807—1856）与家人从马斯喀特来到桑给巴尔城[1]，并把桑给巴尔定为首都，开始统治位于东非包括斯瓦希里在内的跨洋苏丹国。这标志着桑给巴尔、东非和西印度洋发生了历史性和象征性的转变。此前，从未有任何一个阿拉伯南部的国家在东非海岸建都。东非也从未与世界上如此多地区建立直接的贸易联系。而随后的殖民势力没有一个能够像布塞迪斯那样深深地融入斯瓦希里世界的社会生活中，也没有像布塞迪斯那样被斯瓦希里世界同化和影响（Bhacker 1992；Gilbert 2007）。在接下来的半个世纪里，苏丹的权力范围不断延伸，桑给巴尔成为东非海上贸易的交接点，成为斯瓦希里海岸和西印度洋地区的政治、经济和文化中心。

19 世纪初，阿曼和桑给巴尔苏丹国征服了大多数斯瓦希里城邦，接受它们的效忠。1837 年蒙巴萨陷落，征服进程达到了顶峰。从那时起至 19 世纪末，桑给巴尔在斯瓦希里世界的经济、政治和文化各方面都发挥着重大作用。作为商业中心，岛上和邻近的奔巴岛（Pemba）种植园的兴起为桑给巴尔汇集了大量财富。1871 年，苏丹巴格哈什·宾·萨伊德（Barghash bin Saʿīd）的兄弟阿卜杜勒阿齐兹·宾·萨伊德（Abdulaziz bin Saʿīd）称桑给巴尔为"金钱之泉"，而这"金钱之泉"指的是布塞迪斯家族，以及一些金融家、商界精英和土地所有者们创造出来的财富。[2]

19 世纪中叶，因贸易和金融的发展及种植园农业的兴起，桑给巴尔积累了大量的财富。下一节会更详细地介绍桑给巴尔的服装潮流，还会谈及被称为"石头城"的精英区建筑，它们见证了精英阶层命运的流转以及桑给巴尔城内克里奥尔文化的兴起。这种克里奥尔文化表现在西印度风格的精致雕刻门、阿曼风格的垛口以及南阿拉伯美学元素中。跟其他印度洋中心城市的居民消费行为一样，桑给巴尔人民对进口的家居商品饶有兴趣，这为研究当地参与跨洋商业的行为提供了额外的素材（Sheriff 1995；Meier 2009，2016）。像曼德维（Mandvi）和孟买一样，桑给巴尔的精英阶层也在客厅摆满了镜子、美式挂钟和欧洲瓷器。这种克里奥尔审美观在其他斯瓦希里城市和贸易中心也同样具有吸引力。桑给巴尔美学对东非以外地区的时装也产生了影响。例如苏丹巴格哈什于 1875 年访问巴黎，此后桑给巴尔精英阶层中流行的马斯喀特布料在欧洲和北美盛行一时。在巴黎、伦敦以及纽约，模仿巴格哈什包头巾，在女帽外沿包上一条织锦围巾成为一种时尚潮流并风靡一时（Ballard and Halley 1875）。[3]

处在区域经济和全球经济的交汇处，桑给巴尔具有商品筛选和分类的功能，起到了沟通渠道的作用，满足区域和全球合作伙伴的消费需求，引领全球潮流，向各地输送财富。爱德华·阿尔珀斯指出，东非各个岛屿在很长一段历史时期里一直是连接东非地区和更广阔的印度洋世界的关键节点（Alpers 2000；Alpers，本书），19 世纪的桑给巴尔正是这段历史的延续。19 世纪的大部分时间里，桑给巴尔城一直是一个连接点，反映了不同的社会经济形式和不断变化的社会文化趋势。相对而言，世界上几乎没有哪个港口像 19 世纪的桑给巴尔这样能与内陆地区建立这样密切的联系，它影响了从马拉维湖一直到刚果东部以及索马里南部的广大地区。其辐射的港口众多，最远到达波士顿、伊斯坦布尔、加尔各答以及广州。桑给巴尔岛与孟买及新加坡很相似，都是为满足周围地区以及跨洋联系的需求应运而生的，都成为重要的社会经济活动中心。[4]

桑给巴尔的经济充满活力，吸引了大量季节性或永久性的移民，他们有的来自斯瓦希里的其他城市，有的来自科摩罗群岛、索马里、阿拉伯南部、喀奇（Kachchh）、古吉拉特邦、孟买，还有的来自更远的地区。来自马达加斯加、也门、阿曼和南亚的新移民，以男性居多，补充了当地的劳动力。来自喀奇、古吉拉特邦和孟买地区的南亚人主导了桑给巴尔的各种日常经济活动。来自瓦尼亚（Vāniyā）、加尼（Khoja）、波拉（Bohra）和帕斯（Parsi）的商人和投资者管理着桑给巴尔的金融，并向地主、船主和商队提供信贷。资本的注入推动了国内贸易的发展，刺激了包括奴隶们种植的丁香在内的农产品的出口（Mangat 1969；Sheriff 1987；Metcalf 2007；Bishara 2012；Machado 2014）。

尽管东非地区缺乏连接海岸和内陆的可通航的河流，但姚（Yao）、尼扬韦齐（Ngamwezi）和斯瓦希里三个地区的商队开发了庞大的物流网络。物流网络四通八达，连接了桑给巴尔岛的沿岸城镇，如基尔瓦基温杰（Kilwa kivinje）、巴加莫约（Bagamoyo）和蒙巴萨、马拉维湖以及东部森林带和维多利亚湖沿岸。商队的大篷车变成了流动的市场，出售一些进口商品，包括布料、念珠、用于制作象牙制品的黄铜线，以及其他东非商品（Alpers 1975；Rockel 1996，2014）。来自印度、英国和美国的布料也能被运输到距离海岸1000多千米的内陆市场上。阿拉伯南部对奴隶的需求不断增加，东非种植园的兴起也加剧了这一需求，这导致更多的奴隶从桑给巴尔岛被倒卖出去。19世纪中叶，从东南非或巴加莫约内陆来的奴隶在桑给巴尔占了绝大多数。一些有钱的桑给巴尔人甚至还从埃塞俄比亚高原、南亚和东南欧等更远的地方买进奴隶（Alpers 1975；Cooper 1977；Sheriff 1987；Prestholdt 2008；Machado 2014；Hopper 2015）。

享受着东非19世纪经济增长带来的红利，桑给巴尔城逐渐成为一个区域性大都市（Bennett 1978；Sheriff 1987；Gilbert 2013）。新式时尚和知识潮流重新定义了跨洋关系，同时随着移民和游客人数的不断增加，旧式跨洋网络得到了改善，新式网络得到了发展。接下来，我们将会看到数量空前的奴隶由内陆向沿海转移，融入沿海地区的政治生活中。这些奴隶与其他移民共同影响了当地的社会等级制度和消费文化，也改变了斯瓦希里语言。桑给巴尔的斯瓦希里方言，也称基恩古雅（Kiunguja）语，到19世纪仍被广泛使用。这在一定程度上反映了桑给巴尔的中心地位，而基恩古雅这一方言也影响了斯瓦希里语在整个东非地区的使用，推动桑给巴尔进入殖民时代。来自哈德拉毛省（Hadramawt）、阿曼和其他地方的精英阶层不断涌入，多元的思想影响了桑给巴尔地区的社会关系和伊斯兰宗教。这些新思想同样也从桑给巴尔岛传播和辐射到更广的地区。

6.2 桑给巴尔与商品世界

从中世纪的斯瓦希里城邦时期到早期的葡萄牙殖民时期，再到后来的阿曼统治时期，控制商业发展一直是统治阶层的首要利益（Vernet 2005）。自 16 世纪早期基尔瓦衰落以来，桑给巴尔城的区域中心地位得到了巩固，是该地区独一无二的转口港。构建全球贸易网络是苏丹萨伊德·萨伊对苏丹国的核心愿景，其继任者马吉德·宾·萨伊德（Majid bin Saīd）和巴格哈什·宾·萨伊德（Bārghsash bin Saīd）也继承和发扬了他的精神。萨伊德·萨伊曾委托南亚和美国为其建造船只并发往世界各地的港口，其中包括孟买、加尔各答、马斯克林、开普敦、伦敦、纽约、马赛、汉堡和广州（Burton 1872，268）。美国船长桑德沃德·德林克（Sandwith Drinker）曾写道，这些船只"从事商业航行，主要是用调味料、象牙和药品从孟买和加尔各答换取糖、米、布、餐具等物品"[5]。

1840 年萨伊德·萨伊购买了一艘孟买制造的名为"苏丹"的旗舰船，并将其派往纽约开展贸易和外交活动，船上装满了桑给巴尔丁香、东非象牙、也门咖啡、阿曼枣和波斯地毯。"苏丹"号回到桑给巴尔时，满载美国棉布（梅列卡尼）和念珠，这让在桑给巴尔的美国商人大吃一惊，因为这在当时是两种精美且昂贵的商品，后来这些棉布和念珠远销内陆（Eilts 1962）。[6] 萨耶德·萨伊的继任者苏丹马吉德也购买了用于贸易的船只，其中包括臭名昭著的"谢南多亚河"号海军军舰。"谢南多亚河"号军舰经过改装后重新被命名为"埃尔马吉迪"。马吉德的兄弟苏丹巴格哈什后来转向发展蒸汽技术，以扩大与孟买的商业联系。

桑给巴尔作为一个区域性的商业中心，吸引了世界各地的商人来此临时或永久居住，其诱惑力远远大于皇家企业[7]，19 世纪 60 年代中期，大部分来自印度洋港口，以及来自埃及、美国、阿根廷、葡萄牙、丹麦、法国、英国、德国的商船都到访过桑给巴尔（Gilbert 2005；Prestholdt 2008）。西印度、中国、阿拉伯南部、西欧和北美的棉纺织品是桑给巴尔最重要的进口商品。"苏丹"号返程时所带回的货物说明桑给巴尔岛是念珠、金属、枪支和许多其他货物的重要的区域分销地。

桑给巴尔是东非的主要商场，城中有许多露天市场，主要道路两侧林立着零售商店（Christie 1876，356）。1864 年，一位来自美国的移民曾写道，桑给巴尔岛的"集市上摆满了琳琅满目、物美价廉的外国商品"[8]。商业赋予了桑给巴尔新的文化定义，生活在这里的人有了新的社会地位和归属感。19 世纪，桑给巴尔城内出现了具有独特的桑给巴尔风格的服装和语言。服装和纺织品不仅体现了桑给巴尔的克里奥尔消费文化，还体现了桑给巴尔作为物资运输渠道的地位。

许多上层社会的桑给巴尔人将穿着进口服装作为一种社交手段。随着东非地区更加全面地融入不断扩大的全球市场，桑给巴尔人所购买的进口服装数量超过了以往任何一个时代。此前，一些人尽管移居到了城里，但依旧固守着家乡的衣着风格。19 世纪发展过程中，一种桑给巴尔克里奥尔式的服装美学进入了人们的视野。桑给巴尔人大量借鉴了阿曼和地中海东部的风格，阿曼的美学对女装产生了很大的影响。19 世纪后期，阿拉伯妇女和曾为奴隶的妇女一样都穿着从马斯喀特进口的各式各样的衬衫、紧身裤还有凉鞋（Fair 2001，2004）。同样，马斯喀特包头巾在不同年龄段的男性中深受欢迎。19 世纪末，红色的圆帽在年轻的桑给巴尔男性中流行起来。[9]

桑给巴尔人在服装上一掷千金。桑给巴尔精英阶层的财富日益增加，刺激他们购买大量名贵商品，其中包括东亚丝绸、欧洲夹克和美国鞋履。平民和奴隶衣着较为朴素，但购买进口服装也是他们定义自己身份的重要方法。在迅速变化的城市环境中，超越阶级和种族界限的服装成为一种精心设计的社交手段，用以找到自我的身份认同。更准确地说，消费文化提供了一种新的社会身份的象征，通过公开展示的形式，不同社会和经济地位的桑给巴尔人共同改变了桑给巴尔社会的衣着规范。

例如，尽管桑给巴尔的大多数平民没有能力购买奢侈品，但他们迅速吸收了许多精英阶层的时尚思想，使各式流行元素为己所用。平民男女对服装的追求体现了他们对尊严和体面生活的追求，同时也体现了文化的包容性和对伊斯兰衣着规范的尊重。对于曾为奴隶的穷苦人民来说，穿戴"斯瓦希里"风格的服装和饰品表示他们不再为奴，意味着他们脱离了过去的生活并融入桑给巴尔社会。这些服饰包括被斯瓦希里人称为"康祖长袍"（kanzu）的白色长款男式衬衫、男式"围裙"（kizibao）以及由欧洲宽幅布制成的男式无袖刺绣背心。在 19 世纪初，"围裙"只是精英阶层中流行的一种行头，但到 19 世纪中叶，经济条件较差的曾为奴隶的阶层也愿意花大价钱购买了（Prestholdt 2008）。

"乌卡亚"（ukaya）这种头饰象征着穆斯林的社会规范，佩戴它成为桑给巴尔平民妇女融入桑给巴尔社会的重要标志。在 19 世纪 90 年代，"杠杠布"（kanga），即印着斯瓦希里习语或格言的两件式彩色印花坎肩，同样吸引了大量消费者。正如劳拉·费尔（Laura Fair）所说，"杠杠布"成为桑给巴尔的克里奥尔文化的主要标志，并且随着 19 世纪末奴隶制的废除，"杠杠布"也符合奴隶制废除后的社会规范。在 19 世纪桑给巴尔城的发展背景下，服装清晰明确地表达了人们的社会需求，这些需求包括荣誉感和归属感（Fair 2001，2004；McMahon 2013；Ryan 2013）。

桑给巴尔的克里奥尔美学观念也传播到了桑给巴尔岛以外的地区，并且产生了广泛的影响，例如，在内陆贸易博览会上出现了对"围裙"的需求。"雷索"（leso）的发展更能体现桑给巴尔美学给其他地区带来的影响。"雷索"是"杠杠布"的前身，是沿海地区穆斯林女性的一种时尚流行单品。"雷索"最初是用从曼彻斯特进口的各色男士手帕缝合而成的。各色手帕缝在一起可以制作生动的花色和图案。这种风格在沿海一带甚是流行，很快就沿着商队的路线传播开来。"杠杠布"的发展也遵循着类似的轨迹，其最早可追溯到 19 世纪 80 年代，用未漂白的美国棉布在桑给巴尔岛印制而成。虽然后来"杠杠布"都是由印度、荷兰、瑞士、英国和日本等国进口，但桑给巴尔当地的风格在这片地区更受欢迎

（Linnebuhr 1992；Fair 2001）。

回顾"雷索"和"杠杠布"的发展历史，我们可以看出桑给巴尔非常重视消费者的需求，时常更新进口商品的种类来提高市场吸引力，并且，桑给巴尔的工匠们能迅速将进口商品转化为更具有本土特色的物品，以满足消费者们不断变化的需求。因此，19世纪桑给巴尔成为再制造的中心。例如，在19世纪50年代，桑给巴尔在奈威兹（Nyamwezi）（坦桑尼亚西北部）开市售卖一种印度制造的叫作"卡坦比"（kitambi banyani）的白色布料。桑给巴尔的工匠们在布料上印上细细的红色线条，同样，他们在苏拉蒂棉质裹腰布上印上靛蓝色和黄色的宽边条纹，此举提高了这些裹腰布在内陆市场的占有率（Prestholdt 2008）。准确地说，我们还完全不知道小众市场和流行趋势的消息是如何沿着东非的交通要道传播开来的。正如莎拉·费伊（Sarah Fee）所言，商队的领队和搬运工在美学的传播以及转化中可能起到了核心作用，例如，搬运工们常常穿着在海边买来的衣服，所到之处给潜在客户留下深刻的印象（Fee 即将出版；Verne 2012）。

苏丹国的经济政策促进了桑给巴尔与广阔的东非地区的关系发展。苏丹巴格哈什像他的父亲萨伊德·萨伊和弟弟马吉德一样，想方设法提升桑给巴尔作为区域中心的地位，继承和发扬了许多商业政策。此外，他还雄心勃勃地为桑给巴尔的跨洋贸易制定了一个目标。巴格哈什继续与英国结盟，同时加强与伊斯坦布尔、开罗、巴黎和柏林的联系。[10] 1875 年，巴格哈什成为第一位访问英国的东非国家元首，在访英期间，巴格哈什恳请东道主们到桑给巴尔投资。在曼彻斯特时，他在一间拥挤的演讲厅里向到场的听众说，桑给巴尔人民"希望［英国］能够为桑给巴尔提供资金支持，并组织人员前来开发资源"（*Times of London* 1875）。巴格哈什曾设想修建一条连接非洲东海岸和坦噶尼喀（Tanganyika）湖的铁路，他还在几份欧洲报纸上发表文章，呼吁欧洲人民到桑给巴尔进行投资（Stanley 1878, 43）。

更重要的是巴格哈什还利用国家基金推动桑给巴尔与印度洋西部的新兴工业中心孟买的直接贸易。19 世纪 70 年代末，巴格哈什从德国和苏格兰造船厂购买了6艘汽船，还开创了一条新航线，通过提供低价的货位（Ropes 1973, 34；Prestholdt 2004），与主导西印度洋航线的英国轮船展开了激烈竞争。[11] 苏丹船只的通航大幅促进了桑给巴尔和孟买两地之间贸易和旅游业的发展。除了英国的汽船，巴格哈什的船队同样也让商人摆脱了季风的控制，缩短了航行时间，形成了一个汽船服务网络，并使桑给巴尔更深地融入连接亚丁（Aden）到新加坡等多个印度洋港口的网络中（Bang 2003, 58）。

孟买公司与桑给巴尔有持续稳定的贸易关系，它们向东非出口大量印度和英国的产品。从马车到纺织品，从鞋履、文具到印度酥油和新鲜蔬菜，所有商品在东非都有市场。贸易的增长使桑给巴尔意识到有必要扩建海关（Ropes 1973, 20）。棉布是扩大孟买和桑给巴尔之间经济关系最重要的因素，包括英国再出口的棉布和孟买制造的未漂白棉布。未漂白的棉布与梅列卡尼（merekani）非常相似，因此在整个东非地区都能找到消费者。[12] 到 1881 年，印度制造出口到桑给巴尔的未漂白棉布年产量已达 550 万码，远远超过从孟买出口到东非的任何其他种类的布。[13] 1888 年，就在苏丹阿里·宾·萨伊（Alī bìn saʿīd）同意苏丹国成为英国保护国的前两年，桑给巴尔从孟买进口（然后再出口）1500 多万码未漂白的印度棉布和英国棉布。[14] 但是，桑给巴尔在印度贸易中所占的份额在世纪末趋于稳定，然后转为停滞。随着新港口在达累斯萨拉姆（Dar es Salaam）、德属东非和英国东非保护国蒙巴萨建设起来，桑给巴尔城逐渐失去了其曾经无可比拟的门户地位。

6.3 桑给巴尔的非物质世界

桑给巴尔作为区域中心，对语言、宗教和其他社会生活的非物质方面都产生了影响。19 世纪，桑给巴尔成为一个融合多种语言的大都市。19 世纪 60 年代，桑给巴尔城里出现了许多地区的语言，包括马库亚语（Makua）、姚语（Yao）、扎拉莫语（Zaramo）、奥罗莫语（Oromo）、阿姆哈拉语（Amharic）、马达加斯加语和科摩罗地区的多种方言。[15] 好几种阿拉伯方言也在使用，还有土耳其语、波斯语和许多南亚和欧洲的语言，尤其是古吉拉特语（Gujarati）和英语。尽管如此，斯瓦希里语还是桑给巴尔的通用语。就像桑给巴尔的流行服装一样，基恩古雅语不是一成不变的，而是在流动的多样性人口中不断变化的。根据传教士爱德华·斯蒂尔（Edward Steere）的说法，19 世纪 60 年代，桑给巴尔不同区域（mitaa）使用不同的斯瓦希里方言（Steere 1870，496）。威廉·乔治·托塞尔主教（Bishop William George Tozer）用形象的语言描述了桑给巴尔的方言种类之多，他说，"斯瓦希里语中单词的发音，几乎没有两个桑给巴尔人是一样的"（Ward 1902，92）。

尽管托塞尔的描述略为夸张，但是桑给巴尔人确实讲着五花八门的语言。据斯蒂尔所述，住在科科尼（Kokoni）区的蒙巴萨人和拉蒙人操着一口"标准的斯瓦希里语"。居住在石头城外的人大多有内陆血统，满口"他们自己特有的方言"。大量阿拉伯哈鲁诺人住在巴哈尼（Baghani）地区，他们"说的是蹩脚的阿拉伯方言"（Steere 1870，x）。阿拉伯语对斯瓦希里世界的影响远远超过对巴哈尼地区的影响。身兼传教士和语言学家的约翰·路德维希·克拉普夫（Johann Ludwig Krapf）曾写道，19 世纪时期"大量的阿拉伯以及其他外来词汇涌入"斯瓦希里语中，以至于"情急之下人们脱口而出的是阿拉伯语单词……"（Krapf 1882，xi – xii）。[16]

桑给巴尔人所讲的斯瓦希里语与北部海岸的斯瓦希里语有着明显的差异，蒙巴萨人曾轻蔑地将基恩古雅语称为"愚蠢的话"（maneno ya kijingajinga），暗讽外来语言对基恩古雅语所带来的影响（Krapf 1882, xi, 143）。桑给巴尔斯瓦希里语这种新出现的语言，传播范围很广。在前几个世纪里，斯瓦希里语仅在沿海和赞比西河谷下游地区使用，但随着大篷车商队开拓的贸易网络快速扩张，斯瓦希里语以及桑给巴尔方言中的许多元素成为19世纪区域交流的重要语言。[17]

斯瓦希里语所蕴含的社会意义也随着桑给巴尔成为区域中心而逐渐变化。桑给巴尔社会等级森严，并且随着对奴隶需求的不断增加，以及自由劳工和外国商人的到来，阶层分化程度变得更深。"斯瓦希里"不再仅是一个地理概念或者一种语言，而是一种社会身份。[18] 19世纪60年代，超过一半的桑给巴尔人不是曾经为奴，就是在内陆出生，在农村地区这一比例更高（Cooper 1977）。正如乔纳森·格拉斯曼（Jonathon Glassman）所言，沿海地区新居民，"都为了争取公民权利进行斗争"。"斯瓦希里"一词就反映了这种斗争（Glassman 1995, 25）。不管是曾经为奴还是仍然为奴的人，以及来自内陆的移民都称自己是"斯瓦希里"人。

就像借鉴沿海地区的服饰一样将"斯瓦希里"一词用作身份象征体现了没有当地血统的新移民对桑给巴尔的社会和文化习俗的认同。"斯瓦希里"一词具有很强的延展性，定义广泛，在某种程度上基督教信徒也被称为"斯瓦希里"。"斯瓦希里"一词的相对模糊性使其更具有价值。对于居住在沿海地区的人们来说，这个指称并不准确，但它囊括了当地土生土长的精英阶层（自由民）和外来者在内的所有人。"斯瓦希里"这个身份让出生于内陆的桑给巴尔人和有奴隶血统的桑给巴尔人能够与"野蛮人"（washenzi）和"傻子"（wajinga）区分开来，这两个贬义词通常用来指代具有不同文化背景的来自内陆的外地人（Thomson 1881, 91）。

"斯瓦希里"作为一个社会群体的指称，其含义对形形色色的沿海贫民产生了吸引力，但桑给巴尔的精英阶层还在试图改变这个词所蕴含的文化含义。[19] 例如，桑给巴尔岛上的阿曼精英阶层背弃了他们的祖先和包括姆维尼·姆库伊（the Mwinyi Mkuu）在内的桑给巴尔岛的世袭统治者，转而利用他们与阿拉伯的血缘关系，声称他们比其他沿海居民具有更多的社会文化优越性。[20] 斯瓦希里语中的一个新词"文明"（ustaarabu），也就是"具有阿拉伯性"逐渐成为一个表示社会声望的词语，将社会地位和文明观念直接与阿拉伯血统联系在一起。[21]

桑给巴尔岛作为区域中心的地位也吸引了具有不同宗教信仰的人。布塞迪斯在桑给巴尔岛实行宗教自由的政策，这对印度教徒、什叶派（Shias）和基督教的小团体产生了积极的影响。桑给巴尔岛上存在多种欧洲教派，成为东非基督教的传播中心。特别是在19世纪后期，教会学校的兴起以及获得自由的奴隶的皈依促使东非基督教团体迅速扩大（Hoffman 2005a）。宗教信仰自由让桑给巴尔成为伊斯兰教逊尼派（Sunni）和伊巴德派（Ibadi）的学术研究中心。19世纪末，多个宗教改革派运动在桑给巴尔兴起。

19世纪下半叶，桑给巴尔成为宗教学习的中心，吸引了来自南非、也门和埃及的沙菲伊派（Shafi'i）的学者。此外，大多数皈依了逊尼派的桑给巴尔知识分子四处游历，向广大民众传播他们的思想（Farsy 1989；Bang 2003，2014）。家庭教育和宗教影响激发了许多人对哈德拉毛宗教的研究兴趣（Reese 2008）。[22] 谢赫·艾哈迈德·伊本·苏麦特（Shaykh Ahmad Ibn Sumayt）就是19世纪桑给巴尔沙菲伊派全球主义的代表，他是阿拉维王朝（'Alawiyya）的一位杰出学者，也是与哈德拉米·巴·阿拉维（Hadrami Ba 'Alawi）家族有密切联系的苏菲教徒（Sufi）。伊本·苏麦特身上有哈德拉米的科摩罗人的血统，曾在哈德拉毛学习。在苏丹巴格哈什统治期间，他前往桑给巴尔接受任命成为当地的地方执法官。然而，年轻的伊本·苏麦特和巴格哈什之间的摩擦使这位神职人员在苏丹的领土上不受欢迎，他别无选择，只能离开桑给巴尔。此后，伊本·苏麦特前往爪哇岛、印度、麦加、开罗和伊斯坦布尔，在阿拉维王朝及周边地区传教。1888年巴格哈什去世后，伊本·苏麦特回到桑给巴尔，再次成为地方执法官（Bang 2003）。

伊本·苏麦特和许多一样生于阿拉维时代的同龄人一样，他们人生最辉煌的阶段是被安妮·K.邦（Anne K. Bang）称为"19世纪东非阿拉维-哈德拉米复兴运动"的这一时期。在哈德拉毛和爪哇学习后，这些有识之士成为阿拉维王朝改革的宣传分子。就像邦所证明的那样，这场复兴十分重视圣经主义，像伊本·苏麦特一样的杰出宗教人士在桑给巴尔和拉穆建立了灵性能源中心（ribat）。这些灵性能源中心符合哈德拉毛地区的教义（Bang 2003，151；Pouwels 1981）。虽然伊本·苏麦特不赞同萨拉菲派（Salafi）的改革思想，但他在地中海东部的经历也使他对此有所了解。他对那些没有挑战阿拉维王朝基本原则的思想保持开放的态度，并与著名的泛伊斯兰主义者建立了联系（Pouwels 1987，206；Bang 2003，137）。因此，伊本·苏麦特和桑给巴尔岛上志同道合的学者们从当代思想的多个流派中汲取改革思想（Bang 2003，152），增强了阿拉维王朝的改革决心。[23]

伊巴德改革主义也促进了构建桑给巴尔的公共话语。在苏丹的帮助下，改革主义也对伊巴德派别产生了广泛的影响。加扎勒（Amal Ghazal）在19世纪末已经证实许多信仰伊巴德的桑给巴尔人不仅接受了伊巴德派，还促进了伊巴德派在全球范围内的"觉醒"，这次"觉醒"在很大程度上将桑给巴尔与阿曼和阿尔及利亚联系在一起（Ghazal 2014）。由于伊巴德主义在宗教多元化的桑给巴尔面临着很大的挑战，苏丹巴格哈什便成为伊巴德派在全球范围内复兴的坚定支持者。在桑给巴尔岛上，沙菲伊派学者的人数众多且声望很高，而伊巴德派信仰者的人数相对较少。19世纪末，沙菲伊派学者鼓励许多伊巴德派人士接受逊尼派伊斯兰教（Ghazal 2005a；Hoffman 2005b）。巴格哈什试图扭转这一局面，于是采取了某些极端措施。例如，他因禁了19世纪末最著名的沙菲伊派虔诚信徒沙伊赫·阿里·宾·阿卜杜拉（Shaykh Ali bin Abdallah）（Pouwels 1987，117-

120）。虽然这种恐吓收效甚微，但巴格哈什在印刷技术上的投资，最终让伊巴德派得到了社会认同，并让桑给巴尔成为全球伊巴德派"觉醒"的关键地区。

19世纪80年代，苏丹巴格拉什建立了苏丹国出版社，桑给巴尔成为数不多的出版伊巴德宗教书籍的城市，这些城市还包括开罗、突尼斯和阿尔及尔。正如菲利普·萨德戈洛夫（Philip Sadgrove）所述，巴格哈什相信出版社的存在能够刺激伊巴德派的学术研究。苏丹出版社的第一份出版物是十七卷伊巴德法律与神学（Sadgrove 2004）。通过出版伊巴德法律与神学以及其他学术文本，苏丹出版社加强了阿曼、桑给巴尔和阿尔及利亚的伊巴德教徒之间的学术联系。欧洲帝国主义的入侵是加速改革计划（nahda）的催化剂。正如加扎勒所言，伊巴德"觉醒"给反殖民主义言论提供了形式和方向。利用国家资源和出版社，桑给巴尔岛上不断有苏丹人资助出版阿尔及利亚伊巴德学者的著作，时常讨伐殖民主义的穆罕默德·阿特菲亚什（Muhammad Atfyyash）就是其中之一（Ghazal 2005b，2010a，2010b）。

19世纪的桑给巴尔还出现了其他原创性的文学作品。最值得一提的是一部能吸引广大读者的世俗作品《阿拉伯公主回忆录》（*Memoiren einer arabischen Prinzessin*），该书由苏丹萨耶德·萨尔梅·宾蒂·萨伊德（Sayyida Salme binti Saʿīd）和他的女儿，也就是苏丹马吉德和巴格哈什的妹妹埃米莉·鲁埃特（Emily Ruete）共同创作。该书出版于1886年，是第一部阿拉伯妇女的回忆录，在西方文学界取得了巨大成功。埃米莉·鲁埃特的故事虽不是19世纪的典型桑给巴尔故事，但它描述了桑给巴尔作为区域中心独特的地位。

埃米莉·鲁埃特是苏丹和一个被奴役的格鲁吉亚小妾的孩子，她通晓阿拉伯语和斯瓦希里语，在王室过着特权生活。然而，她和一个桑给巴尔的汉堡商人私奔了，并改信基督教。此后，她先后搬到了德国、黎巴嫩的贝鲁特和以色列的雅法。她的回忆录记录了她在桑给巴尔的童年生活，提供了一个了解桑给巴尔岛精英文化和苏丹家庭生活的窗口，这本书的目的是要澄清西方对伊斯兰社会的误解。这本回忆录以德语出版，后被翻译成多种语言。随着这本书大获成功，一家名为费加罗的法国报社称埃米莉·鲁埃特为"世界的作家"（Salme/Ruete 1993；Prestholdt 2014）。

回忆录虽不是在桑给巴尔写成的，但埃米莉·鲁埃特的生活说明了19世纪桑给巴尔生活富庶，同时充斥着阶层不平等和权钱交易等现象。在她对桑给巴尔社会的思考中，我们看到桑给巴尔是一个一体化的空间，其物质文化、知识潮流和语言等多方面都与世界其他地区紧密相连。

6.4 结论

19世纪的桑给巴尔与外界频繁交流和贸易，经济和文化活动密集，助推斯瓦希里成为区域中心，还促进和加强了斯瓦希里与东非内陆、阿拉伯南部、南亚、欧洲和美洲的联系。货物、思想和人员在桑给巴尔城的流动证明并影响转口港与众多全球网络的关联。确切地说，桑给巴尔作为满足区域和全球消费需求的渠道，向四周辐射新的文化现象，并转化为越洋而来的思想潮流。当地居民将阿拉伯南部、地中海地区及西方的美学本土化，并将外来的知识潮流为己所用。桑给巴尔构建了新的话语体系，推动了语言的演化和发展。同时逊尼派、伊巴德派和基督教都进行了宗教领域的改革。因此，桑给巴尔社会既反映了世界历史的变迁，同时也是世界历史变迁的产物。

然而，19世纪末桑给巴尔的经济和政治开始走下坡路。19世纪80年代末，德国占领了坦桑尼亚大陆，英国东非公司控制了肯尼亚海岸。达累斯萨拉姆和蒙巴萨（基林迪尼）地区出现新港口，桑给巴尔最终失去了贸易中心的地位。但即使桑给巴尔失去了对东非大陆与海洋交界处的控制权，它仍在继续融合和传播全球文化潮流。虽然经济地位有所下降，其文化影响力仍在。因其在19世纪的卓越地位，到了20世纪，桑给巴尔在时尚和音乐方面对东非产生了一定影响。此外，桑给巴尔还是宗教学习的中心（Fair 2001, 2004；Bang 2014）。然而，1964年桑给巴尔革命之后，它进入了相对孤立的时期，其区域影响力进一步削弱。

虽然自20世纪90年代起桑给巴尔不再是转运港，但其曾为区域中心的影响力一息尚存，如今它被视为东非斯瓦希里历史与文化的见证者和捍卫者。现今旅游业盛行，桑给巴尔的文化和历史氛围以及岛上的海滩每年都吸引了数十万的游客。因其克里奥尔式的建筑风格为这座城市增添了风采，石头城于2000年被联合国教科文组织认定为世界文化遗产。桑给巴尔通过举办文化节吸引了国际目光，桑给巴尔国际电影节、杜威国家电影节和智慧之声（Sauti Ya Busara）吸引了大量的国际观众。通过举办这些活动，桑给巴尔再一次汲取了非洲和印度洋地区的文化成果，并将其呈现给不同的观众（Bissell 2011, 2012）。

自19世纪以来，桑给巴尔的文化型经济发生了翻天覆地的变化，它曾为区域中心的地位仍具有重要的历史意义。从非殖民化时代到今天，桑给巴尔社会的多样性和社会不平等一直是政治辩论的重头戏。事实上，虽然经历了经济转型、政治思想转变、社会习俗更迭，桑给巴尔人还在不断地回想和描述它的历史发展过程（Glassman 2011, 2014；Ivanov 2012；Verne 2012）。19世纪桑给巴尔的文化交流活动频繁，值得人们或颂扬或反思它的过去（Bissell 2007；Ivanov 2014）。因此，19世纪的桑给巴尔留下的最重要的遗产是该岛作为枢纽的历史记忆，它将继续影响着人们对桑给巴尔社会的理解和对其未来的展望。

注释

1. 费城历史学会，Henry Drinker Papers, Sandwith Drinker, "A Private Journal of Events and

Scenes at Sea, at the Cape and in Zanzibar by Sandwith Drinker, Commencing August 9, 1840. Sultanee, New York to Zanzibar."感谢雅各布·多曼找到此手稿。

2. 见大英图书馆，印度办事处记录（以下简称 IOR）。

3. 关于马斯喀特布料，见 Fee（即将出版）。

4. 关于孟买，请参见 Green（2011）。

5. Drinker,"A Private Journal",第 88 页。

6. 关于美国对苏丹的商业投资的持续关注，见桑给巴尔国家档案馆，AA1/3 Peters and Pollock 致苏丹赛义德，1847 年 2 月 20 日。

7. 关于 19 世纪 40 年代的区域贸易和桑给巴尔商业，见 Guillain（1856，299-403）。

8. 美国领事馆，桑给巴尔，卷宗二，第 4~5 卷，"Hines to Secretary of State",1864 年 10 月 25 日。

9. 关于红圆帽在撒哈拉以南非洲更广泛的社会文化用途，见 Kramer（1993）。

10. 关于桑给巴尔人与奥斯曼帝国的关系，见 Babavatan（2003）。

11. 伦敦大学亚非学院图书馆，麦金农论文 PPMS1/Corr1，22/Fol，BOX. 88，Holmans to Mackinnon，1879 年 6 月 1 日。

12. 美国领事馆，桑给巴尔，卷宗三，第 6~7 卷，Cheney,"Trade in Zanzibar for the year 1883-1884"。

13. IOR V/17/311 "Annual Statement of Trade and Navigation for the Bombay Presidency for the year 1881-1882."

14. IOR V/17/317 "Annual Statement of Trade and Navigation for the Bombay Presidency for the year 1887-1888."

15. 关于桑给巴尔的科摩罗社区，见 Saleh（1936），Walker（2014）。

16. Krapf（1882，162）也注意到了这样一句话：kisuahili hakina kituo，或"斯瓦希里语没有地位"。换句话说，斯瓦希里语是不断变化的。

17. 关于斯瓦希里语在沿海地区以外使用的复杂历史及其与殖民统治的交集，见 Fabian（1991）。

18. 据爱德华·斯蒂尔（Edward Steere）（1884，82）所说，19 世纪下半叶桑给巴尔人只使用了"kiswahili"这个词来指蒙巴萨北部的方言。

19. "斯瓦希里"似乎也是也门南部奴隶的身份标志。19 世纪 40 年代初，查尔斯·皮克林在摩卡遇到了东非后裔的奴隶，他们被称为"Soahili"。从皮克林的说法来看，这个词确切的社会意义并不明显。

20. 关于用更广泛的视角看待阿拉伯身份以及阿曼与桑给巴尔之间的关系，见 McDow（2005）和 Gilbert（2007）。

21. 更完整地探讨"ustaarabu"一词，请参见 Pouwels（1979，1987）。Steere（1884）和 Kraf's（1882）的字典（这些字典是在 19 世纪 30—60 年代之间编纂的）均未提到"ustaarabu"这个词。

22. 这些没有太多旅行经验的桑给巴尔学者大多都向国外的教师学习（Pouwels 1987，149-151）。关于 19 世纪末东非和南非的苏菲教团成员扩大，见 Bang（2014）。

23. 其他人也会用旅行作为反思的手段，参见 Reese（2004）。

参考文献

Alpers, Edward A. 1975. *Ivory and Slaves: Changing Pattern of International Trade in East Central Africa to the Later Nineteenth Century.* Berkeley: University of California Press.

———. 2000. "Indian Ocean Africa: The Island Factor." *Emergences: Journal for the Study of Media and Composite Cultures* 10: 373 – 386.

Babavatan, Hatice. 2003. "The Understanding of 'Afrika-yi 'Osmânî' in the Late Ottoman Period: The Case of Zanzibar." MA Thesis, Bogaziçi University.

Ballard and Halley, Messrs. 1875. "New York Fashions." Harper's Bazaar. September 11.

Bang, Anne K. 2003. *Sufis and Scholars of the Sea: Family Networks in East Africa, 1860 – 1925.* London: Routledge Curzon.

———. 2014. *Islamic Sufi Networks in the Western Indian Ocean (c. 1880 – 1940): Ripples of Reform.* Leiden: Brill.

Bennett, Norman. 1978. *A History of the Arab State of Zanzibar.* London: Methuen.

Bhacker, M. Reda. 1992. *Trade and Empire in Muscat and Zanzibar: Roots of British Domination.* New York: Routledge.

Bishara, Fahad. 2012. "Sea of Debt: Histories of Commerce and Obligation in the Indian Ocean, c. 1850 – 1940." PhD diss., Duke University.

Bissell, William Cunningham. 2007. "Casting a Long Shadow: Colonial Categories, Cultural Identities, and Cosmopolitan Spaces in Globalizing Africa." *African Identities* 5 (2): 181 – 197.

———. 2011. *Urban Design, Chaos, and Colonial Power in Zanzibar.* Bloomington: Indiana University Press.

———. 2012. "From Dhow Culture to the Diaspora: ZIFF, Film, and the Framing of Transnational Imaginaries in the Western Indian Ocean." *Social Dynamics* 38 (3): 479 – 498.

Burton, Richard F. 1872. *Zanzibar: City, Island, and Coast*, vol. 1. London: Tinsley Brothers.

Cooper, Frederick. 1977. *Plantation Slavery on the East Coast of Africa.* New Haven: Yale University Press.

Christie, James. 1876. *Cholera Epidemics in East Africa: An Account of the Several Diffusions of the Disease in that Country from 1821 till 1872, with an Outline of the Geography, Ethnology, and Trade Connections of the Regions Through which the Epidemics Passed.* London: Macmillan.

Eilts, Hermann F. 1962. "Ahmad bin Na'aman's Mission to the United States in 1840. The Voyage of Al-Sultanah to New York City." *Essex Institute Historical Collections* 98 (4): 219 – 277.

Fabian, Jonannes. 1991. *Language and Colonial Power: The Appropriation of Swahili in the Former Belgian Congo, 1880 – 1938.* Berkeley: University of California Press.

Fair, Laura. 2001. *Pastimes and Politics: Culture, Community and Identity in Post-Abolition Urban Zanzibar, 1890 – 1945.* Athens: Ohio University Press.

———. 2004. "Remaking Fashion in the Paris of the Indian Ocean: Dress, Performance, and the Cultural Construction of a Cosmopolitan Zanzibari Identity." In *Fashioning Africa: Power and the Politics of Dress*, edited by Jean Allman, 13 – 30. Bloomington: Indiana University Press.

Farsy, Shaykh Abdallah Salih. 1989. *The Shafi'i Ulama of East Africa, ca. 1830 – 1970: A Hagiographic*

Account. Translated and edited by Randall L. Pouwels. Madison, WI: African Studies Program, University of Wisconsin-Madison Press.

Fee, Sarah. Forthcoming. "The Dearest Thing on the East African Coast: 'Muscat Cloth' as a Driver of Trade in the Western Indian Ocean of the Nineteenth Century." In *An Ocean of Cloth: Textile Trades, Consumer Cultures and the Textile Worlds of the Indian Ocean*, edited by Pedro Machado, Sarah Fee, and Gwyn Campbell.

Ghazal, Amal. 2005a. "Seeking Common Ground: Salafism and Islamic Reform in Modern Ibadi Thought." *Bulletin of the Royal Institute for Inter-Faith Studies* 7 (1): 119 – 141.

———. 2005b. "The Other 'Andalus': The Omani Elite of Zanzibar and the Making of an Identity, 1880s – 1930s." *MIT Electronic Journal of Middle East Studies* 5: 47 – 50.

———. 2010a. *Islamic Reform and Arab Nationalism: Expanding the Crescent from the Mediterranean to the Indian Ocean 1880s – 1930s*. London: Routledge.

———. 2010b. "The Other Frontiers of Arab Nationalism: Arabs, Berbers, and the Arabist-Salafi Press in the Inter-War Period." *International Journal of Middle East Studies* 42: 105 – 122.

———. 2014. "An Ottoman Pasha and the End of Empire: Sulayman al-Baruni and the Networks of Islamic Reform." In *Global Islam in the Age of Steam and Print, 1850 – 1930*, edited by James L. Gelvin and Nile Green, 40 – 58. Berkeley: University of California Press.

Gilbert, Erik. 2005. *Dhows & Colonial Economy in Zanzibar, 1860 – 1970*. Athens: Ohio University Press.

———. 2007. "Oman and Zanzibar: The Historical Roots of a Global Community." In *Cross Currents and Community Networks: The History of the Indian Ocean World*, edited by Himanshu Prabha Ray and Edward A. Alpers, 163 – 178. New Delhi: Oxford University Press.

———. 2013. "Zanzibar: Imperialism, Proto-Globalization, and a Nineteenth Century Indian Ocean Boom Town." In *Globalization and the City: Two Connected Phenomena in Past and Present*, edited by Andreas Exenberger, Philipp Strobl, Günter Bischof, and James Mokhiber, 123 – 139. Innsbruck: Innsbruck University Press.

Glassman, Jonathon. 1995. *Feasts and Riot: Revelry, Rebellion, and Popular Consciousness on the Swahili Coast, 1856 – 1888*. Portsmouth: Heinemann.

———. 2011. *War of Words, War of Stones: Racial Thought and Violence in Colonial Zanzibar*. Indianapolis: Indiana University Press.

———. 2014. "Creole Nationalists and the Search for Nativist Authenticity in Twentieth-Century Zanzibar: The Limits of Cosmopolitanism." *Journal of African History* 55 (2): 229 – 247.

Green, Nile. 2011. *Bombay Islam: The Religious Economy of the West Indian Ocean, 1840 – 1915*. New York: Cambridge University Press.

Guillain, Charles. 1856. *Documents sur l'histoire, la geographie et le commerce de la Afrique Orientale, partie 2, tome 2*. Paris: A. Bertrand.

Hopper, Matthew S. 2015. *Slaves of One Master: Globalization and Slavery in Arabia in the Age of Empire*. New Haven: Yale University Press.

Hoffman, Valerie J. 2005a. "Muslim-Christian Encounters in Nineteenth-Century Zanzibar." MIT Electronic Journal of Middle Eastern Studies. Special Issue: Islam and Arabs in East Africa.

http://web.mit.edu/cis/www/mite-jmes/intro.htm.

———. 2005b. "Ibadi Muslim Scholars and the Confrontation with Sunni Islam in Nineteenth-and Early Twentieth-Century Zanzibar." *Bulletin of the Royal Institute of Inter-Faith Studies* 7（1）: 91 – 118.

Ivanov, Paola. 2012. "Constructing Translocal Socioscapes: Consumerism, Aesthetics, and Visuality in Zanzibar Town." *Journal of Eastern African Studies* 6（4）: 631 – 654.

———. 2014. "Cosmopolitanism or Exclusion? Negotiating Identity in the Expressive Culture of Contemporary Zanzibar." In *The Indian Ocean: Oceanic Connections and the Creation of New Societies*, edited by Abdul Sheriff and Engseng Ho, 209 – 238. London: Hurst.

Kramer, Fritz. 1993. *The Red Fez: Art and Spirit Possession in Africa*. London: Verso.

Krapf, Johann L. 1882. *A Dictionary of the Suahili Language*. London: Trubner & Co.

Linnebuhr, Elisabeth. 1992. "Kanga: Popular Cloths with Messages." In *Sokomoko: Popular Culture in East Africa*, edited by Werner Graebner, 81 – 90. Amsterdam: Rodopi.

Machado, Pedro. 2014. *Ocean of Trade: South Asian Merchants, Africa and the Indian Ocean, c. 1750 – 1850*. Cambridge: Cambridge University Press.

Mangat, J. S. 1969. *A History of the Asians in East Africa, c. 1886 – 1945*. Oxford: Clarendon Press.

McDow, Thomas. 2005. "Being Baysar: (In) Flexible Identities in East Africa." *MIT Electronic Journal of Middle East Studies* 5: 34 – 42.

McMahon, Elisabeth. 2013. *Slavery and Emancipation in Islamic East Africa: From Honor to Respectability*. Cambridge: Cambridge University Press.

Meier, Prita. 2009. "Objects on the Edge: Swahili Coast Logics of Display." *African Arts* 42（4）: 8 – 23.

———. 2016. *Swahili Port Cities: The Architecture of Elsewhere*. Bloomington: Indiana University Press.

Metcalf, Thomas R. 2007. *Imperial Connections: India in the Indian Ocean Area, 1860 – 1920*. Berkeley: University of California Press.

Parkin, David. 2012. "Textile as Commodity, Dress as Text: Swahili Kanga and Women's Statements." In *Textiles in Indian Ocean Societies*, edited by Ruth Barnes, 44 – 61. London: Routledge.

Pickering, Charles. 1848. *United States Exploring Expedition*, Vol. Ⅸ. *The Races of Man: And Their Geographical Distribution*. Boston: Charles C. Little and James Brown.

Pouwels, Randall. 1979. "Islam and Islamic Leadership in the Coastal Communities of Eastern Africa, 1700 to 1914." PhD diss., University of California, Los Angeles.

———. 1981. "Sh. al-Amin b. Ali Mazrui and Islamic Modernism in East Africa, 1875 – 1947." *International Journal of Middle East Studies* 13（3）: 329 – 345.

———. 1987. *Horn and Crescent: Cultural Change and Traditional Islam on the East African Coast, 800 – 1900*. Cambridge: Cambridge University Press.

Prestholdt, Jeremy. 2004. "On the Global Repercussions of East African Consumerism." *American Historical Review* 109（3）: 755 – 781.

———. 2008. *Domesticating the World: African Consumerism and the Genealogies of Globalization*. Berkeley: University of California Press.

———. 2014. "From Zanzibar to Beirut: Sayyida Salme bint Said and the Tensions of Cosmopolitanism."In *Global Islam in the Age of Steam and Print*, 1850 – 1930, edited by James L. Gelvin and Nile Green, 204 – 226. Berkeley: University of California Press.

———. Forthcoming. "The Indian Ocean Island as Nexus: Slavery and Cultural Politics in Nineteenth Century Zanzibar."In *African Islands: Leading Edges of Empire and Globalization*, edited by Toyin Falola, Danielle Sanchez, and Joe Parrott. Athens: Ohio University Press.

Reese, Scott S. 2004. "The Adventures of Abu Harith: Muslim Travel Writing and Navigating the Modern in Colonial East Africa."In *The Transmission of Learning in Islamic Africa*, edited by Scott S. Reese, 244 – 255. Leiden: Brill.

———. 2008. *Renewers of the Age: Holy Men and Social Discourse in Colonial Benaadir*. Leiden: Brill.

Rockel, Stephen J. 1996. *Carriers of Culture: Labor on the Road in Nineteenth-Century*. Portsmouth, NH: Heinemann.

———. 2014. "Between Pori, Pwani and Kisiwani: Overlapping Labour Cultures in the Caravans, Ports and Dhows of the Western Indian Ocean."In *The Indian Ocean: Oceanic Connections and the Creation of New Societies*, edited by Abdul Sheriff and Engseng Ho, 95 – 122. London: Hurst.

Ropes, Edward Jr. 1973. *The Zanzibar Letters of Edward D. Ropes, Jr., 1882 – 1892*. Edited by Norman Bennett. Boston: African Studies Center, Boston University Press.

Ryan, MacKenzie Moon. 2011. "The Emergence of the Kanga: A Distinctly East African Textile."In *Africa Interweave: Textile Diasporas*, edited by Susan Cooksey, 128 – 131. Gainesville: University Press of Florida.

———. 2013. "The Global Reach of a Fashionable Commodity: A Manufacturing and Design History of Kanga Textiles."PhD diss., University of Florida.

Sadgrove, Philip. 2004. "From Wadi Mizab to Unguja: Zanzibar's Scholarly Links." In *The Transmission of Learning in Islamic Africa*, edited by Scott S. Reese, 184 – 211. Leiden: Brill.

Saleh, Ibuni. 1936. *A Short History of the Comorians in Zanzibar*. Dar es Salaam: Tanganyika Standard.

Salme, Sayyida/Emily Ruete. 1993. *An Arabian Princess Between Two Worlds: Memoirs, Letters Home, Sequels to the Memoirs, and Syrian Customs and Usages*. Edited by E. van Donzel. New York: Brill.

Sheriff, Abdul. 1987. *Slaves, Spices and Ivory in Zanzibar: The Integration of an East African Commercial Empire into the World Economy, 1770 – 1873*. London: Heinemann.

———. ed. 1995. *The History and Conservation of Zanzibar Stone Town*. Athens: Ohio University Press.

Stanley, Henry M. 1878. *Through the Dark Continent*, vol. 1. New York: Harper Brothers.

Steere, Edward. 1870. *Swahili Tales, as Told by the Natives of Zanzibar*. London: Bell and Daldy.

———. 1884. *A Handbook of the Swahili Language as Spoken at Zanzibar*, edited by A. C. Madan. London: Society for Promoting Christian Knowledge.

The Times of London. 1875. "The Seyyid of Zanzibar."July 10.

Thomson, Joseph. 1881. *To the Central African Lakes and Back: The Narrative of the Royal*

Geographical Society's East Central African Expedition, 1878 – 1880. Boston: Hougthon Mifflin.

Verne, Julia. 2012. *Living Translocality: Space, Culture and Economy in Contemporary Swahili Trade*. Stuttgart: Franz Steiner.

Vernet, Thomas. 2005. "Les cités-états swahili de l'archipel de Lamu, 1585 – 1810. Dynamiques endogènes, dynamiques exogènes." PhD diss., Centre de Recherches Africaines, Université Paris 1 Panthéon-Sorbonne.

Walker, Iain. 2014. "Identity and Citizenship among the Comorians of Zanzibar, 1886 – 1963." In *The Indian Ocean: Oceanic Connections and the Creation of New Societies*, edited by Abdul Sheriff and Engseng Ho, 239 – 266. London: Hurst.

Ward, Gertrude, ed. 1902. *Letters of Bishop Tozer and His Sister Together with Some Other Records of the Universities' Mission from 1863 – 1873*. London: Office of the Universities' Mission to Central Africa.

第 3 部分

案例研究：大洋中的群岛

"地方世界主义者"的中心：18世纪初至19世纪路易港的移民与定居

维基亚拉克施米·提洛克（Vijayalakshmi Teelock）

本文旨在阐述毛里求斯路易港历史发展的框架，以期揭示路易港如何在18世纪和19世纪成为"地方世界主义者"的中心，以及这个"中心"为何至今仍然充满争议和竞争。术语"地方世界主义者"借用了何永盛（Engseng Ho）的定义（Ho 2006），他将一个地方世界主义者定义为"生活在一个地方，同时与世界不同地区的人们保持联系的人"。毛里求斯官方的文化"政策"推动了"彩虹民族"的发展，使不同背景的人们得以生活于多元文化和谐交融的氛围之中。尽管毛里求斯的这一观点存在争议，研究方法也存在一些局限，[1] 但本文的目的之一是反对一种认识，即认为这座城市的民族和文化不遵循历史的轨迹，无规则地融合变化，或者仅仅通过绘制移民迁徙路线来研究其历史。本文试图从18世纪和19世纪殖民城市空间经历的深刻经济和社会进程的角度来探讨移民、定居和再移民问题。

7.1 简史

回望历史，为什么殖民强国会偏离他们常规航线选择在毛里求斯定居，在所有原因中最有可能的是路易港口。在印度洋西南部殖民化进程的早期，受到保护的小港口特鲁范佛伦（Trou Fanfaron）吸引了殖民强国到达毛里求斯，比如1731年的法国和1810年的英国。尽管这个港口规模小，但在印度洋西南部岛屿中却是最安全和最适合停泊的港口。直到今天，路易港和该岛仍然保持着这一战略重要性。从18世纪到今天，路易港一直是商业和海事活动的中心，是进出毛里求斯最重要的通道。在18世纪，特别是从1735年起，它为法国扮演了另一个角色：毛里求斯和留尼汪两个岛屿的法国行政总部。从1770年起，它是海军基地和法国属地设在好望角以东的总部。因此，首都路易港不仅成为殖民地官员的主要居住地，而且成为服务于各种商业和港口活动的劳工的主要居住地。这些活动很早就赋予了路易港西南印度洋最多元化社区之一的特质。该港也成为商人们的临时住所，正是这些商人在印度洋之间的联络导致了"地方世界主义者"一词的诞生。这些商人不仅在路易港拥有房产，他们也在留尼汪、开普敦、桑给巴尔、莫桑比克、基尔瓦或本地治里（Pondicherry）拥有各自的房产。

7.2 概念参数

本研究并未采用"文化研究"方法[2]，而是试图了解文化、经济实力、领土争夺以及文化认同主张等多元重叠概念是如何相互作用的。本研究设定在"岛屿研究"的背景下，因为这和毛里求斯本身是一个岛屿或"字面意义上的岛屿"有很大关系（见本书第1篇）。尽管18世纪和19世纪的毛里求斯与大多数岛屿一样具有典型的殖民岛屿特征，如岛屿面积小、偏远、与世隔绝，但其仍存在一些细微的差异，[3] 正是这些差异使它与典型的殖民地岛屿不同。首先，与其他岛屿相比，毛里求斯的一部分空间是非常城市化的，至少四分之一的人口定居在路易港。因此，尽管人们倾向于将岛屿定义为"绿色化"和"乡村化"两类，但许多岛屿并非如此。在18世纪，尽管地处偏远，路易港还是成为一个人口稠密的重镇。如果研究一下它的地形，就会明白形成这种现象的原因。一系列山脉环绕着这个城镇，阻碍了城市的扩张，并使它形成许多散布的定居点。然而，这也导致路易港城市人口稠密，与岛上其他地方之间交通不便，导致时至今日它仍遭受典型的城市综合征，即在工作日交通便会拥挤不堪，成千上万的通勤者会在白天进城工作，而在晚上城市又变得空荡荡。在200公顷的总面积中，约100公顷是中心商务区。在今天，尽管路易港已经成为一个繁荣的港口城市，但正如华乌泽（Jauze）所指出的，以及许多知情的观察家所看到的那样，路易港的族群宗教归属、经济活动和社会职业之间仍然相互关联。这些多层而复杂的上层建筑间的联系和竞争使这座城市成为一个有吸引力的研究课题（Jauze 2004）。它在今天，就像前几个世纪一样，是一个竞争激烈的"枢纽"和空间。

我们也可以把路易港和毛里求斯之间的关系看作是一个"启发式"的问题（King 2009）：这个偏远的小岛是如何吸引这么多国家和民族的？尽管这个小岛的面积很小，人们往往"无处可去"，但人们都希望彼此保持各自的特色。因此，这样的小岛及其更小的港口城镇是研究这些文化和商业互动的生动实验室。[4]

本研究未采用倾向于将岛屿及其港口视为"封闭"空间的"迁移"模型的研究方法。路易港并不封闭：迁移到毛里求斯的人往往都经历过多次往返、辗转各地与印度洋各地的家人和生意都保持着多种联系。因此，路易港不是一个"封闭"的空间，因此很难按这种模式对其进行研究。但是地理学家的观点引起了人们极大的兴趣，例如，我们可以借鉴留尼汪的同行对于空间使用和组织所进行的研究来开展这项研究。[5] 他们研究了20世纪在毛里求斯发生的经济和社会结构的转变，如人口流动和迁移、城市化、新精英阶层以及社会群体的出现，同时也结合了详尽的地方研究。他们挑战了岛屿民族空间隔离的传统观点，并考察了这些新空间的"多元文化性"。但是，他们的分析中缺乏这种殖民地居民形成的深厚历史根源。18 世纪和 19 世纪的权力博弈仍然在延续，但并未在地理学家的著作中得到讨论。换句话说，我们的研究缺乏政治经济学的方法论。

7.3 毛里求斯"例外论"？

在 18 世纪和 19 世纪，路易港成为印度洋西南部最多元化的港口城市之一，虽然人们可能不想承认"毛里求斯例外"的说法，[6]确实存在一些无法用比较视角来解释的特点。[7]因此，根据金（King）从沃灵顿和米恩（Warrington and Milne）那里借用的岛屿类型学（King 2009，65），毛里求斯至少属于岛屿类型论中的三类岛屿，具体类别取决于具体的历史时期。该类型学包括七个类别，例如，文明岛屿（如马达加斯加）、战略岛屿和转运岛屿（Warrington & Milne 2007）。而毛里求斯的独特之处在于它吸引了来自印度洋各地以外的各种人群。例如大西洋岛国的奴隶劳动力主要来自莫桑比克和马达加斯加，但与大西洋不同的是，毛里求斯也吸引来自印度和东南亚的劳动力。毛里求斯与来自印度东北部和南部的契约劳工联系最密切，但它并不是印度移民的唯一形式，从 18 世纪开始，大量商人、工匠和其他自由印度移民从印度西部来到毛里求斯。另外，除了留尼汪和苏门答腊以外，毛里求斯是唯一一个为了特定的目的进口较多西非奴隶的印度洋岛屿。然而，与留尼汪不同的是，毛里求斯的西非人口数量更大，为法国在印度的反英运动以及该岛港口的基础设施建设作出了重要贡献。这表明在 18 世纪，毛里求斯出现了一种非常奇特的人口构成，一种人们不曾在其他地方见到的混合体。欧洲殖民管理者、工匠、水手和商人以及旅行者组成了非常不同的人口混合体，这些我们通过文献可以了解更多。我们正在进行的研究旨在将各种历史、人种学和地理空间分析结合起来，以此为根据描绘不同层次的殖民、阶级和民族，以及在当代路易港中仍然存在的政治经济竞争。

7.4 18 世纪成为"地方世界主义者"的中心

路易港正是在法国殖民时期（1731—1810）得以形成。自从 1731 年法国总督将其总部从该岛的东南部老港口迁至该岛西侧的路易港以来，路易港便得到青睐。[8]与大多数殖民地港口城市一样，它从海边向内陆扩张，海边是最早开发的地区。最初，这里是一片沼泽，但逐渐被填平，并被开垦。这个填海造地的过程一直持续到现在。

18 世纪，路易港的人口主要由法国移民和奴隶组成。法国奴隶贸易是印度洋地区最重要的贸易，与英国主导的大西洋奴隶贸易相当。在法国移民与马达加斯加的奴隶以及非洲奴隶构成的人口中，还有其他几个民族团体从印度洋各地迁来。官方信件显示了毛里求斯奴隶的种族多样性（表7－1）。

表7－1 不同种族的奴隶的数量

	男性	女性
几内亚人	220	310
莫桑比克人	173	72
马尔加什人	259	181
印度人	103	39
克里奥尔人	25	44
澳门人	5	1
合计	785	647

来源：Col C4, Pain, Chef du bureau des travaux, Etat général des esclaves de la Compagnie, Port Louis, September 1, 1758.

在这些人数不多但非常重要的群体中有西非人。长途的航行导致西非人在海上大量死亡，因此在各大印度洋岛国中，他们没有被大量引进。但是在马斯克林群岛，西非人却受到了极大的追捧。尽管今天有"西非"的统称，但它们主要来自三个不同的地方：几内亚（Guinea）、约洛夫（Yoloff）和班巴拉（Bambara），他们的身体高大而且极其"健壮"。[9]尽管当时人数很少，他们还是被招募来组成正在组建的海军中队的重要部分以对抗英国人。他们还补充了船上的现有船员，这些船员也由来自不同地方的人组成。在回忆录中，格洛里恩瑟（La Glorieuse）上尉记录："1753年10月31日，我向总督报告：'从塞内加尔引进奴隶十分重要，因为这批奴隶可以补充我们的水手和木匠人数，同时来自印度的木匠和水手也很重要。'"据他说，他们不能被其他奴隶取代。[10]他们从毛里求斯带着这些船员们前往印度和印度洋其他地区，许多人再也没有回来了。甚至在决定停止进口西非奴隶后的一段时间，他们仍然受到追捧。在18世纪50年代，总督坚持要求法国东印度公司的海军使用来自塞内加尔的奴隶。[11]法国政府在1767年再次接管该岛时，认识到在毛里求斯的500～600名西非奴隶劳动力还不够，他们认为每年必须再从西非引进100名奴隶。至于其他奴隶，例如马达加斯加的奴隶，由于有"逃跑的倾向"，无法在港口工作。事实上，由于船只离得很近，许多奴隶会产生偷船的想法，然后用偷到的船只返回马达加斯加。[12]

到19世纪初，西非人作为一个群体依然存在感极强，我们可以从地图上看到路易港班巴拉和沃洛夫（Wolof）之间的民族空间居住区划分。事实上，这两个营地坐落于城镇的两头，这也相当有趣。直到今天，后者在毛里求斯定居的地方仍保留"沃洛夫营"的名字。通过洗礼登记簿可以了解沃洛夫人在岛上其他地方的分布情况，洗礼登记簿充分揭示了法国殖民时期出现的通婚情况。当然，没有通婚登记的人则在本族内结婚。不同于印度洋普遍的奴隶制，也就是毛里求斯特有的印度奴隶来自法国在印度的领地——本地治里、金德讷格尔（Chandernagore）以及马德拉斯（Madras）。洗礼登记本记录了这些奴隶的来源地和混血程度。例如，"1730年，安吉丽接受了洗礼。她是路易港教区的两个奴隶的女儿，加布里埃尔是马达加斯加奴隶，劳伦斯是印度奴隶"。

1761年，奴隶人口还包括来自中国的奴隶：据报道，M. 德斯坦（M d'Estaing）带来了89名中国人、33名塞波人、33名托帕兹人和一些马来人及其他奴隶；[13]马来人和其他的奴隶被拍卖给了个人和公司。[13]这些被卖给私人的马来人在我们研究迄今为止的历史记录中没有再出现。

19世纪初，路易港另一端的西北大河流地区，居住着另外一个截然不同的群体：英国人带来的帮助接管该岛的印度兵。从1815年起，英国人带着印度囚犯在同一个地方修建道路和桥梁，[14]他们甚至在附近建了一座清真寺。但是我们很难追踪到任何有关他们后代的信息，毕竟很少有人会愿意承认他们拥有"罪犯"的血统。港口附近居住着另一批自由印度人，他们或是拉斯卡人（Lascars）或是法国时期的水手。"拉斯卡"这个称呼在克里奥尔语里一直保留到今天，是其他信仰的毛里求斯人描述穆斯林的贬义用语。[15]拉斯卡们在港口被雇佣，同时也在那些驶向非洲东海岸从事贸易的贩奴船上服务。

因此，在法国船只和港口的日常工作中，印度的拉斯卡人、沃洛夫人和班巴拉奴隶并肩工作。但在路易港镇，他们的住所仍然是彼此隔离的。无论是在船上还是在岸上，其他人对这些群体的态度也不同。由于饮食限制和烹饪习惯的不同，来自印度的水手有单独的生活空间，甚至在医院里也有单独的房间。监察员说："拉斯卡人往往有单独的厨房和房间，因为他们只吃与其同一种姓和宗教的人准备的食物，这大大限制了他们的饮食。"[16]

营区还为不同的宗教群体设立了单独的场地，比如，营地的一部分是为穆斯林民众准备的，被称为拉斯卡营地；而另一部分是为信印度教的南方印度人准备的，被称为马拉巴德营地，其中包括奴隶和自由人，或来自马拉巴尔海岸的印度人。

路易港作为一个迅速发展起来的经济和文化中心，诞生了毛里求斯的第一批"契约工"。他们有着固定的工资，这是在他们出发之前就确定下来的。除了少数罕见的情况，在一定的时间之内，固定的工资是不可变动的。[17]迄今为止，我们很少对他们进行研究，但这批契约工与水手和工匠一起，被分配到路易港中。它们不居住在留给法国富人的商业区，而是在附近。他们中的许多人在路易港的非白人郊区自由活动，其中包括马拉巴德和拉斯卡营地，以及黑人营地。有些契约工与非白人妇女同居。在18世纪90年代革命席卷毛里求斯的狂热时期，这群法国的契约工是被控制政府的法国富商和奴隶主驱逐出境的，主要原因是他们曾支持废除法国殖民地奴隶制的行动。[18]

到18世纪末，路易港的大部分人口都是来自东非和莫桑比克的奴隶。他们具体的居住地主要取决于他们被分配的工作类型和他们的社会地位。在奴隶和被解除奴役的奴隶中，人口划分相当复杂：其中有利夫雷斯黑人营地，主要由自由的有色人种组成，位于克里奥尔的瑞索和德科维尔特蒙塔涅之间；杜吉尼黑人营地，他们主要是受雇于政府进行公共工程建设的奴隶；以及阿法朗基黑人营地，由自由奴隶组成，位于路易港北部靠近拉塔尼尔河和约洛夫营附近。另外还有杜迪塔启蒙黑人营地或莫隆猎人营地，再往上靠近拉塔尼尔河，生活着非洲奴隶。

了解这一复杂背景最好的方法是仔细研究这一时期的地图。官方对于空间的正式分配是有其社会、种族、宗教等背景理由的。地图是凯普蒂安·格伦·迪肯（Capitaine-Général Decaen）（1803—1810）的作品，是他为了试图阻止他认为在路易港猖獗的"邪恶和不道德"而编撰的。根据他的说法，种族的混合带来了更多的混乱。早在1767—1803年的法国皇家政府时期，政府就开始考虑让不同族群分离居住。在18世纪70年代，当时的总督德斯罗切斯（Desroches）为自己"区分了颜色"而自豪。之前黑人奴隶和白人生活在同一地区，总督在将他们分开之后，认为自己已经成功地打击了邪恶、混乱和犯罪活动。对于他来说，市中心是白人居住的，而东郊是印第安人居住的，西郊是自由奴隶居住的。他在执政期间这样记录道："这个城镇是为白人居民而建的，东部郊区是为印第安人而建的，西部是为自由的奴隶而建的……但是奴隶却又和白人混合在一起，我为了打击邪恶和犯罪，分清了皮肤的颜色，结束了可耻和无序的行为。"[19] 迪肯在几年后的各种法令中也表达了类似的观点，这些法令引入了独立的民事身份登记册，在其执政期间，居民们被划分为法兰西岛上的"白人""有色人种"和"奴隶"。[20]

最重要的区分标准是皮肤的颜色，即白人和非白人。其次的标准是阶级，再次是地位，地位取决于肤色。因此，包括工匠、士兵和较贫穷的移民在内的贫穷和下层的白人，居住在白人区的东边，具体位置是在小蒙大拿州的科尔蒂利（Corderie）和恩格里斯（L'Eglise）街道，而较富有的官员居住在白人区的西部，被称为蓝姆帕茨（Les Remparts）。

随着种族通婚在18世纪越来越多地出现，另一个群体也出现了，即被称为"有色人种"或"有色"人口的群体。这些人都是自由人，但其中也有一个基于肤色和社会地位微妙划分的等级制度：那便是一个人是出生于自由家庭还是奴隶家庭。那些没有出生于奴隶家庭的人认为自己比那些双亲中有奴隶的人更优越。笔者认为称呼他们为"自由人"和"重获自由的人"更贴切，而不是用"有色"这个词。[21] "自由人"们居住在靠近白人的路易港西郊，而"重获自由的人"们则居住在靠近印第安人、贫穷的白人和奴隶的地方。经济地位和权力是决定居住地的另一个重要因素。法律禁止了经济流动，即使对于那些拥有"自由人"和"重获自由的人"身份的人也是如此。[22] 这些生活在路易港的通婚的后代只能担任在行政部门中做最琐碎的工作的职员。此外，被释放的奴隶不能获得经营食堂的许可证——这是为白人保留的；同时他们也不能拥有经营许可证。此外，官方还颁布了一些法律，如《拿破仑民法典》中与财产有关的特殊条款，但仅适用于毛里求斯和留尼汪等法国殖民地。这些条款规定白人父亲的非白人后代没有财产的继承权。[23] 自1810年起，英国统治者开始对路易港经济和种族之间的这种不平衡进行改革，直到1826年，法律方才对其有关有色人种的歧视内容进行修订。

7.5 19世纪："地方世界主义者"中心的扩张

英国在1809—1810年与法国短暂交战后接管了法国的殖民地毛里求斯。时间来到了19世纪，一股新的移民浪潮在毛里求斯掀起，被迫和出于自愿的移民接踵而来。移民的增加使路易港自18世纪以来形成的固有区域产生了变动。从1815年开始，特别是1825年以后，甘蔗种植在毛里求斯大规模扩张，第二产业也慢慢出现。其间，超过50万来自亚洲和其他地区的移民进入该岛，其中许多人居住在路易港。此外，随着1835年奴隶制的废除和1839年学徒制的颁布，重获自由身的奴隶及其家人纷纷涌入路易港。其中不乏一些非洲人、科摩罗人和马达加斯加人。他们在奴隶制废除后作为合同工被引进，并以与印度契约劳工相同的条件被招募。[24]

这一时期，路易港的空间竞争十分激烈。所谓的空间竞争不仅包括住宅空间，还包括商业空间和市场的竞争。亚洲人与传统的白人和有色人种资产阶级之间也发生了文化冲突和竞争，这些冲突和竞争是在一些关键时刻和事件中体现出来的，但尚未进行深入研究。

印度契约劳工主要生活在制糖业发达的农村地区，移居毛里求斯的亚洲资产阶级主要居住在路易港。从19世纪50年代开始，该地区发展出明显的亚洲特色：路易港一半以上的人口是印度人。到1870年，印度人人口数量约为1430人，亚洲资产阶级主要由印度和中国的商人组成。他们虽然从事不同的经济活动，但仍有一些共同的特点。他们不愿意与那些生活在农村的同胞建立密切的联系。随着时间的推移，在路易港，他们之间的差异越发明显：一些人越是融入毛里求斯的欧洲文化，他们在经济、社会和政治流动性方面的前途就越光明；那些选择保留文化习惯的移民在政治和行政方面比较没有地位。

那些到毛里求斯的亚洲人慢慢地融入18世纪出现的"地方世界主义者"的大环境之中：原本由南印度的印度教教徒组成的团体迎来了主要是穆斯林的古吉拉特商人的加入。慢慢地，他们形成了一个临时的群体。他们与民众有着众多的接触，在印度洋广泛旅行，特别是到东非、留尼汪、马达加斯加和南非等地。南印度商人定居在法夸尔和皇后街地区，出售黄铜器皿、珠宝、大米等，其中大多数是零售商人，而其他人则在同一时期占据了中央市场的货摊。古吉拉特商人从事服装、香料和大米的进口生意，生意涉及面尤为广泛，甚至劳工移民也属于其经营范围。他们从加尔各答、吉大港和马德拉斯进口货物，并向孟买出口糖等商品。从缅甸进口木材，从亚丁进口牛。大多数人离开了他们在印度的家庭（Kalla 2010）。到19世纪90年代，这些商人将进出口业务转移到了其他印度洋岛屿，如留尼汪、塞舌尔、马达加斯加以及南非等地。举一个例子，古拉姆·霍森（Goolam Hossen）将印度扁豆、男子服装和印度酥油卖给了纳塔尔商人。到1890年，毛里求斯有47名古吉拉特商人，其中9名是印度教徒。[25]

220　这个新的资产阶级开始占据东郊，或者是在法国18世纪被称作马拉巴德和拉斯卡的营地。当地历史学家们经常问的问题是：自18世纪起便居住在当地的印度人到底经历了什么？很多人认为，到19世纪，他们已经被路易港的克里奥尔人同化，不再容易被辨认为印度人。与此同时，笔者发现一些穆斯林家庭的来源可以追溯到18世纪。尽管受到后来的其他穆斯林的抗议，本地的穆斯林家庭仍然实行传统的祭祀仪式。[26]他们保留了一些原始文化，而这并没有完全受19世纪后期印度穆斯林的到来所影响。即使在今天，通过街道名称和象征这些群体力量与存在的历史地标，东部郊区的民族宗教聚集现象仍然很明显。

与"印度"区域并列的是唐人街，它也是这一时期出现的。中国人融入毛里求斯社会的过程并不像印度人那样顺利，因为中国人被视为"外国人"，而不是英国公民。他们也没办法获得商店的经营执照。此外他们一般会被认为是一个非常封闭的群体，但许多第一批到毛里求斯的中国人与解放的奴隶或其他"自由人"又或是"重获自由的"非白人妇女有了婚姻关系。这些妇女允许他们用自己的名字来申请营业执照。总的来说，自19世纪以来，华人社区一直在蓬勃发展。然而，即使是广东话社区和客家话群体也存在着内部分歧。直到今天，这些分歧一直存在。这些群体也是"地方世界主义者"之一，因为他们像印度人一样，与家乡、毛里求斯以及印度洋其他地区的家人保持着联系。

对一些人来说，路易港是一个避难所。从19世纪30年代开始，非洲和马达加斯加的奴隶与路易港的自由人和被释放的奴隶融为一体，这里的氛围比占主导地位的毛里求斯农村种植园更为自由。正如皮尔·拉森（Pier Larson）所指出的那样，[27]除了法国人和克里奥尔人，30%的路易港人口在19世纪40年代之前都说马达加斯加语。他们居住的地方是18世纪奴隶们居住的主要地区：路易港北部和西部的利夫雷斯黑人营地或杜吉尼黑人营地，这些地名一直沿用至今。

221　19世纪中叶到晚期，毛里求斯出现了新的空间格局，明确界定了民族、宗教和商业阶级。在某些方面，这与18世纪没有太大区别。文化和经济空间的竞争主要发生在传统的白色人种和新兴的亚洲资产阶级之间。这种状况也反映在媒体和政府委员会的辩论中，亚洲人被描绘成"危险"的存在，亚洲文化将会成为这个国家文化和经济生活的主导。有时，一些事件会引起排外情绪的激烈反应，导致毛里求斯与中国和亚洲的业务逐渐流失。

此外，鉴于中国移民的外国人的身份，他们不能购买土地，因此他们将投资集中于印度洋领域不断发展的贸易，最终与留尼汪、南非和马达加斯加建立了商务网络。路易港成为他们向西南印度洋投资的跳板（Yap 1996，37）。由于南非的移民法对"亚洲人"和多配偶有限制，一些中国人会选择到毛里求斯登记结婚，从而获准进入南非（Yap 1996，176-179）。

虽然中国移民的各种活动受到了限制，但印度的商业阶层却相对安然无恙。他们不仅在路易港拥有自己的业务，还开始占领曾经为白人和有色精英保留的文化空间：法兰西帝国第一座清真寺就于1805年在毛里求斯建成。因为许多人受过西方的教育，他们也进入了殖民地的政治和行政生活。但是民族空间阶级结构依然没有产生根本上的改变。

近一个半世纪以来发生了三次重大事件，在一定程度上改变了路易港民族宗教的空间分布。首先，在19世纪60年代，毛里求斯发生了一系列的疟疾和霍乱疫情，这给毛里求斯带来了毁灭性的打击，导致了大规模死亡。城内的富裕阶级，特别是欧洲移民和有色人种纷纷选择了离开，有的选择搬迁至海拔更高的高原，那里出现了一些新城镇。他们在路易港郊区留下的各种资产被来自印度的资产阶级（其中主要是来自南印度印度教和古吉拉特邦的穆斯林）接管。只有一些标志性建筑留了下来，这象征着有色人种和白人曾经的存在。其次，在100年后的1967年，由水手和帮派战争引发的民族骚乱事件导致了印度教徒和克里奥尔基督徒被主流社会进一步排挤，这也导致了他们从原先的聚集地被赶出去。[28]这些地区后来被穆斯林家庭接管。最后，在1999年，一位之前非常受欢迎的赛鬼（Seggae）音乐家卡娅（Kaya）的死亡引发了进一步的骚乱，导致人口进一步减少。[29]

从那时起，路易港的实际居民人数逐渐下降，人们纷纷选择从市中心迁入郊区，这主要是出于民族经济原因。市中心也日益成为富有商人的保护区，富人们主要由欧洲人、中国人和穆斯林构成。大多数非洲裔奴隶的后代没有属于自己的土地，他们无处可去（图7-1）。

那些拥有非马达加斯加血统的人仍然生活在路易港的北郊，如罗氏博伊斯（Roche Bois）港及其邻近地区。最近，查戈斯社区以及定居在毛里求斯并在此就业的罗德里格斯岛人和阿加利亚人加入了他们的行列。他们生活在毛里求斯西部，即卡西斯（Cassis）、贝尔村（Bell Village）和帕里斯（Pailles）地区。在18世纪的时候，这里被称为杜吉尼黑人营地和利夫雷斯黑人营地。更为繁荣发达的城市区域已经转移到了更加富裕的郊区，即博巴辛（Beau Bassin）、罗斯山（Rose Hill）、卡特勒博尔纳（Quatre Bornes）和科雷皮普（Curepipe）等地。他们都是"地方世界主义者"的"对立面"。他们在毛里求斯甚至其原籍国英国、法国、中国、南非和印度保留着家庭和文化联系，所以有定居的多种选择。根据亚普的报告（Yap 1996，57），在1888—1898年，1200名中国人离开毛里求斯前往伊丽莎白港。

Connectivity in Motion: Island Hubs in the Indian Ocean World
互联互通中的印度洋岛国中心

图 7-1 毛里求斯路易港平面图，改编自 J. G. Milbert（1812）《前往法兰西岛、好望角和特内里费岛的风景如画的旅程》（*Voyage pittoresque à l'Ile-de-France, au cap de Bonne-Espérance et à l'île de Ténériffe*）. 巴黎：A. Nepveu. 来源：Gallica ark:/12148/bpt6k105222m，公共领域。法国国家图书馆，2007 年 10 月 15 日上线。

尽管现今路易港的人口在持续下降，但这个商业城市中心的空间仍然是欧洲人、穆斯林和中国人激烈争夺的领地。路易港仍然是"地方世界主义者"的中心，其中种族、宗教和经济力量仍然是人口空间分布的决定因素。他们各自占用的空间是通过对遗产建（构）筑物和现代建（构）筑物的使用、建造和维护来确立的，包括总督的雕像、气势恢宏的清真寺和教堂、具有标志性的和拥有响亮名字的建（构）筑物。为了表示欧洲不仅在毛里求斯，而且在印度洋也拥有自

7　"地方世界主义者"的中心：18世纪初至19世纪路易港的移民与定居

已的影响力，"迪亚兹码头"（Diaz Pier）是最恰当不过的名字。在2015年，为了纪念法国在卡丹（Caudan）登陆300周年，官方又建造了一座纪念碑；阿普拉瓦西·加特世界遗产遗址，为了纪念印度的契约移民的到达而建造，但在路易港却没有这样的建筑物或者是纪念碑用来纪念非洲或马达加斯加的移民的到来。在2016年笔者撰写本文时，我们长达10年的努力终于得到政府的批准，通过建立一个洲际奴隶制博物馆，来纪念出现在路易港和毛里求斯历史中的非洲或马达加斯加移民。希望博物馆的建立在不远的将来能成为现实。

注释

1. 参见：Deewoo（2013）与Bunwaree（2002）。
2. 笔者指的岛国文化学习是通过"自然、动态和岛国岛民多样化的研究（以及他们与岛屿本身的关系）"了解岛国社会文化（Shima Editorial Board 2007，1）。
3. Small Island Developing States：Challenges in Transport and Trade Logistics，http：//unctad. org/meetings/en/SessionalDocuments/cimem7d8_en. pdf. Accessed August 3，2016.
4. 从Toussaint 的Histoire de Port Louis（1936）开始，许多有关路易港的研究学习逐渐开展。但是都没能够按照时间顺序整合经济上和文化上的历史性时刻。这是一种长期的研究，例如：Jahangeer-Chojoo（2001），Ng Foong kwong and Carter（2009），Chan Low（2011），Gopauloo（2001），Jauze（2001，2004）。
5. 参见：Jauze（2001，2004），Combeau（2010），Agathe（2006）。
6. 这在许多会议和出版物中引起共识，例如："Abolition of Apprenticeship Conference," Mahatma Gandhi Institute（MGI），Moka，Mauritius，June 1999；Freund（2001），Deborah Brautigam with Tania Diolle（2009），Peerthum（2014）。
7. King（2009，64）。
8. 东南港口提供了壮观的景观，但其最重要的战略意义是东南风会将帆船吹进港口，但离开时却会相对困难。显然现代船只不存在这样的问题但却没有真正尝试过转移港口。
9. ANOM：Col C4，4 1740 – 1745.1740 Mahé de la Bourdonnais，Correspondances generals，M. de la Bourdonnais，gouverneur，Etat des esclaves de la Compagnie.
10. ANOM：Col C4，7 – 2，1751 – 1753，Correspondances générales David，de Lozier Bouvet，gouverneurs："ils ne peuvent être suppléés par aucun autre noir."
11. ANOM：Col C4，86，pièce 1755/1，f. 1 – 9.1753 Lozier Bouvet，gou-verneur des Mascareignes，à la Compagnie，sans lieu，25. 11. 1755；M. De Lozier Bouvet，gouverneur general："il faut toujours des Noirs de Sénégal pour la marine de la Compagnie dans les deux Isles."
12. ANOM：Col C4 17，1767，Copie du Réquisitoire de M. le Procureur Général à Messieurs Du Conseil Supérieur de l'Île de France，22 Octobre Correspondance Générale，M. Dumas，Commandant general："Nous avons 5 à 600 noirs guinées—il serait facile de s'en pourvoir si on ordonnait au commandant de Gorée d'en avoir toujours 100 à prêts à embarquer—sans cela obligation de traiter à Mozambique；traite cou-teuse et toujours incertaine selon la disposition

du gouverneur portu-gais—on ne peut employer les noirs de Madagascar dans le port à cause de la proximité avec leur patrie et danger qu'il y a à ce qu'ils enlèvent les embarkations—on peut les confier aux Mozambique mais ceux de Guinée valent infiniment mieux et couteront bien moins au Roi. " See also Allen（2005）, Nagapen（1999）, and Teelock（2009）, containing a series of arti-cles on maroonage in Mauritius.

13. ANOM：Col C4, 13, 1761. Correspondances générales, M. Desforges Boucher, gouverneur, Lettre du 4 septembre 1761.
14. 参见 Anderson（2007）。
15. 详见 Jumeer（1984）。
16. ANOM：Col C4, 56 – 1, Correspondance Générale, M. Foucault et Chevreau, intendant, 1781 Hôpital Royal du Port-Louis, Extrait des reg-istres des procès verbaux, 1er Aout 1781.
17. Debien（1952）, "Les engagés pour les Antilles（1634 – 1715）," quoted in André（2004）.
18. For more on poor whites in Ile de France, see Wanquet（1984, 1989, 1991）and Jumeer（1984）.
19. ANOM：Col C4, 28, 26 novembre 1771, Reproche de l'Intendant.
20. 参见 Prentout（1901），这依然是拿破仑时期法国对毛里求斯殖民统治时期最重要的分析资料。
21. Teelock（2008），尤其在第 8 章 "Slavery and Abolition：The Rise of the Freed population"，对于该术语的解释十分明确。
22. 奴隶制对于后代的经济和社会流动的影响尚待研究。
23. 参见 Sermet's（2011）在 1803 年的《民法典》中引入的关于财产法 "种族主义" 性质的开创性著作，专门针对法国殖民地制定。
24. 参见 Satyendra Peerthum（2014）。
25. 相关信息见 Kalla（1984；2010a, b；2013），Emrith（1994），Jahangeer-Chojoo（1999, 2001），Annasamy（1999）。
26. 为了纪念先知的第一个孙子去世，伊斯兰教历法的第一个月里经常举行隆重的庆祝活动。在毛里求斯，路易港的拉塔尼尔河和路易港的普兰特维尔地区（以前称为拉斯卡德斯营地）仍然是游行和仪式的主要地点，但正统穆斯林认为该地区是非伊斯兰的。参见：Hollup（1996），"Islamic Revivalism and Political Opposition among Minority Muslims in Mauritius," http：//sunnirazvi. net/society/mauritius. htm, accessed November 3, 2016。
27. 有关毛里求斯的马达加斯加后代，请参见 Larson（2000, 2009）。
28. 参见 "The changes in the spatial distribution of Muslims and Creoles as a result of the 1967 riots in one area" in Karimullah（2011）。
29. 参见 Karimullah（2011）。关于 1999 年骚乱对路易港人口空间分布的影响的学术研究很少，但官方统计数据证实了下降趋势："到 2011 年，路易港地区的人口净损失最高（2.6%）", Ministry of Finance and Economic Development（2014），参见 http：//statsmauritius. govmu. org/English/Documents/census%20report/Migration%20Report2014. pdf.（2016 年 8 月 3 日访问）.

参考文献

Agathe, Henri. 2006. "La gestion de l'espace des territoires insulaires：con-traintes et perspectives：

une étude comparative des marchés fonciers des Mascareignes: Maurice, La Réunion et Rodrigues." PhD diss. , Ecole des Hautes Etudes en Sciences Sociales (EHESS), Paris.

Allen, Richard. 2005. "A Serious and Alarming Daily Evil: Maroonage and Its Legacy in Mauritius and the Colonial Plantation World. "In *Slavery and Resistance in Africa and Asia*, edited by Edward A. Alpers, Gwyn Campbell, and Michael Salman, 20 – 36. London and New York: Routledge.

Anderson, Clare. 2007. "Sepoys, Servants and Settlers: Convict Transportation in the Indian Ocean, 1787 – 1945. "In *Cultures of Confinement: A History of the Prison in Africa, Asia and Latin America*, edited by Ian Brown, and Frank Dikotter, 185 – 220. London: Hurst.

Annasamy. 1999. " The Tamil Mercantile Community, 1879 – 1940," BA diss. , University of Mauritius.

André, Jean-Michel. 2004. "Les engagés de la Compagnie des Indes: Marins et ouvriers (1717 – 1770). "Strasbourg: Editions du Quotidien/Le Livre chez Vous.

Baldacchino, Godfrey. 2006. "Editorial: Islands, Island Studies, Island Studies Journal. " *Island Studies Journal* 1 (1): 3 – 18. http://www. islandstudies. ca/ ISJ-1-1-2006-Contents. html.

Brautigam, Deborah, with Tania Diolle. 2009. "Coalitions, Capitalists and Credibility: Overcoming the Crisis of Confidence at Independence in Mauritius," *Research Paper 04*. The Developmental Leadership Program Publication. http:// www. dlprog. org/publications/coalitions-capitalists-and-credibility-overcoming-the-crisis-of-confidence-at-independence-in-mauritius. php.

Bunwaree, Sheila S. 2002. "Economics, Conflicts and Interculturality in a Small Island State: The Case of Mauritius. " *Polis* 9 (Numéro Spécial): 1 – 19. polis. sci-encespobordeaux. fr/vol10ns/bunwaree. pdf.

Carter, Marina, and James Ng Foong Kwong. 1997. *Forging the Rainbow: Labour Immigrants in British Mauritius*. Port Louis: Centre for Research on Indian Ocean Societies.

Chan Low, Jocelyn. 2011. "Le Chinatown de Port Louis: de l'histoire a la mémoire. " In *Cultures citadines dans l'océan Indien occidental (XVIIIe – XXIe siècles)*, edited by Faranirina Rajaonah. Paris: Karthala.

Debien, Gabriel. 1952. *Les engagés pour les Antilles (1634 – 1715): La société colo-niale aux 17e et 18e siècle*. Paris: Société de l'Histoire des Colonies Françaises et Lib. Larose.

Deewoo, Teena. 2013. "Mauritianism or the Mitigated Euphoria of the Rainbow Nation. "MA thesis, University of Cape Town. http://hdl. handle. net/11427/14118.

Emrith, Moomtaz. 1994. *History of the Muslims in Mauritius*. Mauritius: ELP Press.

Freund, William. 2001. "Introduction. " In *Tribute to M. D North Coombes*, com-piled and edited by W. M. Freund, v – ix. Moka, Mauritius: Mahatma Gandhi Institute Press.

Gopauloo, Nagamah. 2001. "Marches et societies: les rapports marchands et non-marchands au Marche Central de Port Louis. "PhD diss. , Paris, INALCO.

Ho, Engseng. 2006. *The Graves of Tarim: Genealogy and Mobility across the Indian Ocean*. Berkeley: University of California Press.

Hollup, Oddvar. 1996. " Islamic Revivalism and Political Opposition among Minority Muslims in Mauritius," *Ethnology* 35 (4): 285 – 300.

Jahangeer-Chojoo, Ameenah. 1999. "Les Communautes chiites de l'ile Maurice. " *Journal of Mauritian*

Studies 5（1）: 12 – 32.

———. 2001. "India – Mauritius Trade: The Role of Gujarati Commercial Houses During the Second Half of the 19th Century Mauritius."*Journal of Mauritian Studies* 1（1）: 10 – 31.

Jauze, Jean-Michel. 2001. "Port Louis de l'île Maurice: Un Port, une capital."*Mappemonde* 62（2）: 38 – 41. www. mgm. fr/PUB/Mappemonde/M201/Jauze. pdf.

———. 2004. "La pluriethnicité dans les villes mauriciennes."*Cahiers d'Outre-Mer* 225: 7 – 32. doi: 10. 4000/com. 678.

Jauze, Jean-Michel, and Yvan Combeau. 2010. *Géographes et Historiens dans la compréhension et la gouvernance des espaces et sociétés de l'océan Indien*. Collection Terres indocéaniques 1. Saint-Denis: Université de La Réunion.

Jumeer, Muslim. 1984. "Les Affranchis et les Indiens libres à l'Ile de France au 18ème siècle, 1721 – 1803."PhD diss. , University of Poitiers.

Kalla, Cader. 1984. "Runtongee Bickagee: Premier negociant Parsi a Maurice."*La Gazette des Iles de la Mer des Indes* 4: 27 – 29.

———. 2010a. "Gujerati Merchants in Mauritius c. 1850 – 1890."*Journal of Mauritian Studies* 2（1）: 45 – 65.

———. 2010b. "Muharram Performances in Mauritius 1780 – 2010."http://www. academia. edu/7866781/Muharram_Performences_in_Mauritius_ 1780 – 2010.

———. 2013. "Heritage Reclaimed: the Botawalla."*Le Mauricien*, January 10.

Karimullah, Yassin. 2011. "Mapping of Migration, Memory and Family History in Port Louis and Vallée-Pitot."MA diss. , University of Mauritius.

King, Russell. 2009. "Geography, Islands and Migration in an Era of Global Mobility."*Island Studies Journal* 4（1）: 53 – 84.

Larson, Pier, 2000. *History and Memory in the Age of Enslavement: Becoming Merina in Highland Madagascar, 1770 – 1822*. Heinemann.

———. 2009. *Ratsitatanina's Gift: A Tale of Malagasy Ancestors and Language in Mauritius*. Réduit: Centre for Research on Slavery and Indenture, University of Mauritius.

Ly Tio Fane, Huguette. 1981. *The Chinese Diaspora in the South Western Indian Ocean*. Mauritius: Editions de l'Océan Indien.

Ly Tio Fane, Huguette, and Edouard Lim Fat. 2008. *From Alien to Citizen: The Integration of the Chinese in Mauritius*. Mauritius: Editions de l'Océan Indien.

Nagapen, Amédée. 1999. *Le marronage à l'Isle de France-Ile Maurice: Rêve ou riposte de l'esclave?* Port Louis, Mauritius: Centre Culturel Africain.

Ng Foong Kwong, James, and Marina Carter. 2009. *Abacus and Mah Jong: Sino- Mauritian Settlement and Economic Consolidation*. Leiden: Brill.

Peerthum, Satyendra. 2014. "Mauritius, A Tropical Island in the South West Indian Ocean: Exploring Its Natural, Historical, and Heritage Sites and Gardens."2nd Indian Ocean International Conference on History, Heritage, and Gardens, Saint-Denis, September 25 – 28, 2014. La Réunion.

Prentout, Henri. 1901. *L'Ile de France sous Decaën（1803 – 1810）: essai sur la politique coloniale du premier Empire et la rivalité de la France et de l'Angleterre dans les Indes orientales*. Paris: Hachette.

Sermet, Laurent. 2011. "Le Code civil colonial de 1805 entre esclavage et libertés." *International Conference Slave Trade, Slavery and Transition to Indenture in Mauritius and the Mascarenes 1715 – 1848*, organized by the Truth and Justice Commission in collaboration with the University of Mauritius and CEMAF/Paris 1.

Teelock, Vijayalakshmi. 2008. *Mauritian History from Its Beginnings to Modern Times*. Moka, Mauritius: Mahatma Gandhi Institute.

Teelock, Vijayalakshmi, ed. 2009. *Maroonage and the Maroon Heritage in Mauritius*. Réduit: University of Mauritius Press.

The Shima Editorial Board. 2007. "An Introduction to Island Culture Studies." *Shima: The International Journal of Research into Island Cultures* 1 (1): 1–5. http://www.shimajournal.org/issues.php#previous.

Toussaint, Auguste. 1936. *Port-Louis: deux siècles d'histoire (1735 – 1935)*. Port-Louis: Imprimé par La Typographie modern.

Wanquet, Claude. 1984. "La Tentative de Baco et Burnel d'application de l'abolition aux Mascareignes, en 1796." In *Les Abolitions de l'esclavage*, edited by Marcel Dorigny, 231 – 240. Paris: Presses Universitaires Vincennes.

———. 1989. "La Suspension de la traite negrière, par les Mascareignes durant la Révolution Française, anticipation ou leurre." Colloque sur La Révolution et l'Afrique, St Louis, Dakar.

———. 1991. "Les îles Mascareignes, l'Inde et les Indiens pendant la Révolution française." *Revue française d'histoire d'outre-mer* 78 (290): 29 – 57.

Warrington, Edward, and David Milne. 2007. "Island Governance." In *A World of Islands*, edited by Godfrey Baldacchino, 379 – 427. Prince Edward Islands: Institute of Island Studies.

Yap, Melanie. 1996. *Colour, Confusion and Concessions: The History of the Chinese in South Africa*. Hong Kong: Hong Kong University Press.

枢纽社会的建立：毛里求斯从停靠港到网络岛的发展之路

博卡德·施奈培（Burkhard Schnepel）

8.1　引言

本文以印度洋西南部毛里求斯岛上的港口城市路易港为例，对枢纽社会的民族史，特别是岛屿枢纽的民族史作出解读。从地缘战略上讲，这个岛屿属于所谓的"在茫茫大海中的一个有用的岛屿"。毛里求斯位于好望角和印度之间，成为浩瀚大海航行中备受欢迎的中转点和庇护所。下面的讨论基于这样一个假设：毛里求斯岛具有枢纽岛屿的一切主要功能和基本特征，是一个天然的枢纽。依托这一功能形成的专长和能力，毛里求斯逐渐向非航海领域拓展，进而走向了独立发展之路。

正如第 1 篇所述，枢纽是运输系统网络中的重要节点。它们在国际商品、思想和知识的交流中，扮演着交融、互汇和集散的重要节点和角色。然而，枢纽不仅仅是网络和网络化进程中的简单连接或节点，它们是高度连接的节点（Collar 2013，19）。正如科勒（Collar）阐述的，"枢纽存在的部分原因是它能够在已有连接的基础上吸引新的连接，不断发展"（Collar 2013，19）。

枢纽的这种"高度连接"的特性可以通过观察枢纽表现出的特性得以补充：枢纽充满了一种非凡的能量，它影响着岛民自己的内在生活，而且最重要的是改变那些参与其中的事物，哪怕这些事物只是暂时性的。枢纽具有代理性和一定的动态活力，它们可以使人和事物循环运转流动。作为行为主体的枢纽，可以转化在其内部停留过一段时间的所有事物，使其存在物的意义、功能、用途、形式以及（材料与思想）价值方面具有显著的能动性。通常情况下，这些变化会增加价值，其中一部分仍留在岛内，从而使其获利。因此，枢纽具有显著的内部组织运行活动，并将其发展成重要的内在动力。当关注枢纽运转的来来往往时，这些动力一定不能被忽视。为了准确描述枢纽的（内部和外部）转换代理功能，笔者建议使用术语"枢纽化"。笔者所说的"枢纽化"指的是某一枢纽在运作、组织和未来发展以及其内部转化等方面产生效果的活动。

本文所说的"枢纽的艺术"，是指成为一个枢纽和成功成为枢纽的特殊专业知识和能力。毛里求斯已成为枢纽化艺术的专家或大师。在本文中，笔者将试图通过回顾毛里求斯作为一个枢纽的历史以及其在这一历史中发生的变化来证明这一点，包括从该岛早期作为海军基地开始，直至目前作为旅游目的地、离岸银行和网络岛的角色变化。在讨论一个成功枢纽在全球的现实意义时，笔者还表明，在此处和在本书其他部分中关于理论和方法论的阐述中，枢纽这个词在毛里求斯代表一种特殊的指征。毛里求斯人经常使用"枢纽"这个词，当然，不是所有毛里求斯人总是提起，也不会像社会理论家那样把这个词挂在嘴边。之后，笔者将回顾毛里求斯枢纽内部发生的转换性和价值提升过程。最后，笔者认为，为了理解毛里求斯社会和文化，再也不能像大多数研究那样，将其视为种植园社会，而应该将它视为枢纽社会。

8.2 海上枢纽

很明显，当谈到毛里求斯，人们面临的这种"枢纽"现象本质上就是所谓的"海上枢纽化"。它是横跨海洋的枢纽化，在技术、运输和转化方面具有海洋维度所持有的特殊性，包括海上中间通道和海上界限性。枢纽化艺术中的这些海洋元素——特殊类型的船只、旅行方式和货物、海洋及其海岸和岛屿的物理特征、洋流与风、季风的模式，看似无尽的海洋以及海洋中的"蓝色经济"财富，流动性和陆地边界——所有这些都需要考虑在内。即使在现代，无论是使用蒸汽轮船、飞机跨越海洋，还是通过海底电缆或卫星传输信息，都不能忽视和超越印度洋这一水域因素。

尽管荷兰人最终未能在 17 世纪在该岛上建立一个小的定居点和停靠港，但法国人从 18 世纪 30 年代起更为认真地尝试，使毛里求斯开始展示其全面的人、事物和思想的跨洋流动的能力。[1] 海洋枢纽化的最初始和最基本的形式可以称为海上枢纽化。该岛和那些留在那里的人为法国海军以及他们的船只、船长、水手、军官、士兵、管理人员和商人穿越印度洋往返印度，建造、经营和保卫了一个停靠港。最初，对于巴黎印度公司的董事来说，毛里求斯只不过是一个中级军事基地和一个船舶修理、人员补充的停靠点，可以为他们前方漫长而艰苦的旅程（和战斗）配备食物和水。[2] 在早期阶段，一些卸在毛里求斯的货物是用于满足定居者和士兵的需求；而另一方面，诸如乌木或乌龟等其他物资则从该岛装船。尽管如此，这些停靠和起航只是到达目的地的一种手段，其目的仅仅是使船只能够到达其东部或西部终点和主要目的地。毛里求斯在早期除了木材、水、海洋食品及其战略位置外，没有什么可提供的。从海上枢纽的这个维度来看，毛里求斯只是针对船只及其船员的枢纽。

路易港和毛里求斯岛的被动角色还体现在这样一个事实上：毛里求斯在其历史上几乎从未拥有过一支强大的海上力量。然而，该岛的第一任州长——务实且远见卓识的法国总督拉波多内（Mahé de Labourdonnais）（1735—1746），曾有一系列计划——为毛里求斯配备一支重要的商业船队。他想建立一支他所说的"联合国海军陆战队"。在一份给法国东印度公司的备忘录中，他认为毛里求斯需要并希望拥有以下商船库存：一艘500～600吨的船，用于从马达加斯加采购大米和公牛；一艘150～200吨能从马达加斯加运来奴隶的船，一艘400～500吨的能够从莫桑比克运来奴隶的船只；在毛里求斯和留尼汪（当时称为波旁岛）之间定期贩运80～100吨货物的两艘船只；两艘高达100吨的船只，用于从罗德里格斯收集海龟；两艘更大的船只，用于与印度的贸易。这些关于毛里求斯船队的计划在巴黎并不受欢迎，也从未实现。即使在英国的统治下，情况也没有改变。从一开始到今天，毛里求斯政府和岛上的商业阶层都无法声称他们拥有大量的国土或商业船队。在毛里求斯，无论是作为一个国家，还是作为商人或企业集团进行贸易，使用本国船只的贸易量都比租外国船只或使用经过船只的贸易量要少得多（Toussaint 1966，9–16）。

即使没有取得海上力量的地位，法国在毛里求斯也努力建造和维护港口，并提供过路船只需要的服务和供给，这就要求在港口周围建立一个小的永久性定居点和驻军。东印度洋公司必须建立一个基本的岛屿社区，不仅能够养活自己，而且能够满足过往船只和船员不断增长的需求。它还需要有能力抵御偶尔出现的虎视眈眈的英国舰队。这个定居点的存在一直受到饥饿、飓风和流行病的威胁，以及那些藏匿在岛上荒芜地方的逃亡奴隶以及海上和海湾地区海盗的威胁。

毛里求斯迟早会发展成为一个枢纽，这与公司董事们的意愿是背道而驰的。对于许多来到这个岛上的人来说，他们大多来自从圣·马洛（St. Malo）和布列塔尼（Brittany）的其他地区。毛里求斯最终成为让他们开始新生活的一个岛屿，它保证了体面的生活和财富。因此，这个港口，由早期众所周知的"营地"，逐渐成为口岸城市路易港，后来发展和延伸到内陆。此外，该岛其余地区还建立了甘蔗种植园和新定居点。因此，毛里求斯除了作为海军枢纽之外，已经发展成为一个有着自身需求和潜力的殖民地。毛里求斯港起初只是一个"供停靠"的海军枢纽，到了18世纪中叶，路易港这个自然海湾已经发展成为一个繁荣的殖民地，最终成为法国东印度公司的贸易中心，后来甚至成为法国在印度洋的行政中心。"海上枢纽"的功能和优势，逐渐扩展到经济、社会、文化、技术和政治生活的其他领域。

8.3 早期的扩展和改进

8.3.1 早期必需品的进出口贸易

作为海上枢纽，毛里求斯最初扩展和改进的原因之一，就是需要向岛上居民提供食物、建筑材料和工具。³ 进口生活必需品的需求,以及从法国进口一些奢侈品的需求,如葡萄酒和茶,很快发展出另一种枢纽活动。毛里求斯逐步发展成为商品和贸易枢纽。最终,一些被带到岛上并从岛上带走的食品和其他货物被转化成商品,这使法籍毛里求斯商人通过购买、储存和销售它们来获得利润。与这些功能紧密相关的是,该岛不再只是一个停靠港,毛里求斯因此也具有了发展商业枢纽的专门技术。

很长一段时间,毛里求斯岛上的岛民并没有为路过的水手和士兵生产食物,因为他们发现自己也急需进口大米、肉类和谷物等主食。当法国人从荷兰人手中接管它的时候,所有的渡渡鸟都被杀死和吃掉了,巨型海龟也濒临灭绝。⁴ 为了满足路过岛屿的殖民者和船只日益增长的需求,法国人花了一些时间在"老鼠岛"上建立农业和畜牧业。由于战略和军事原因,当水手和士兵长时间逗留时,食物短缺加剧。因此,在1756—1763年欧洲主要列强之间的7年战争和1775—1783年美国独立战争期间,毛里求斯是法国与英国争夺印度及其他地区霸权的重要海军基地。数百人,有时多达15 000名士兵和水手驻扎在毛里求斯,在他们等待行军命令或者他们的船只被检修时,他们不得不在这里住宿和进食。这使当时人口不超过5万人(几乎三分之二是奴隶)的小岛濒临毁灭和饥荒的边缘(Allen,1999,17-19,128)。

毛里求斯作为一个生活必需品和其他货物的集散地,主要有四个目的地,分别是马达加斯加、留尼汪、罗德里格斯和塞舌尔。从早期开始,毛里求斯与当地的马达加斯加酋长和"混合"的扎纳·马拉塔(Zana Malata)⁵ 商人有很多贸易往来,这些"混合"的扎纳·马拉塔商人来自800多千米外的格兰德岛及其西部地区,主要向毛里求斯出口大米、牛肉和奴隶。除此之外,马达加斯加还是向马斯克林群岛输入奴隶的主要地方。早期,这种贸易以企业家个体和当地酋长之间的易货贸易形式进行,但经常发生摩擦甚至导致小规模冲突,这导致了马达加斯加酋长时不时地向毛里求斯船只关闭港口。本书的重点是小岛屿,值得注意的是,大部分业务是通过位于马达加斯加大陆正前方的诺西彼拉哈岛等小岛开展的。

就留尼汪而言,在法国殖民统治印度洋这一地区的过程中,毛里求斯的马斯克林火山群岛和留尼汪相距约160千米,被视为"姐妹岛"。留尼汪最早是在17世纪中叶成为定居地的,当时的人们有的直接从法国到这里,有的为逃离马达加斯加的大屠杀到这里,有的放弃海盗生活方式成为居民。因此,几十年来,留尼汪一直是法国东印度公司在印度洋这一地区的主要基地。然而,到了18世纪中叶,毛里求斯在当时占据了上风,主要是因为它在路易港拥有更好的天然港口。从那时起,毛里求斯和留尼汪之间的流动以殖民地之间的贸易这一形式进行,前者更为重要,并管理后者。最终抵达留尼汪的货物和人员经毛里求斯到达目的地。因此,毛里求斯的政治和商业阶层占据了上风,他们可以支配价格、海关,对留尼汪征税。⁶ 尽管罗德里格斯位于毛里求斯以东约 650 千米处，自 18 世纪 50 年代以来一直有人居住，但两者之间的通信长期以来都很糟糕。在 18 世纪，曾有几年，几乎没有来自毛里求斯的船只访问罗德里格斯（Toussaint 1966，11）。这个小岛上住着法国种植园园主，他们相对拥有更大量的马达加斯加和非洲奴隶，他们带来的货物和运到留尼汪的货物差不多，不过从总体上来说，这些货物包含了更多的基础生产用品。罗德里格斯除了提供海龟和鱼之类的海洋产品外，什么也没有。法国要把这个岛变成肉牛供应地的计划也从未成功过。

塞舌尔群岛从 18 世纪 70 年代开始归毛里求斯管理。首先由法国统治，然后是被英国统治，该群岛自此被视为毛里求斯殖民地的属地，并归其管理。直到 20 世纪初，塞舌尔才开始独立管理，这给它的居民带来了一些益处。因此，在很长一段时间里，塞舌尔人，与其他两个附属地一样，对毛里求斯有着相同的关注和控诉。直到近代，其通信都是不规律的，甚至是不存在的。其商业活动和其他交流活动即使不是剥削性的，也是不平等的，毛里求斯和毛里求斯的商人阶层始终高人一等。毛里求斯及其周围地区的木材和海龟已变得稀少，塞舌尔群岛主要是木材、海龟和椰子油的供应地，还建立了椰子油种植园。⁷

8.3.2 早期制糖和海盗"战利品"贸易

自 18 世纪中后期开始，糖成为在法国统治下的毛里求斯的主要出口货物和收入来源。从英国殖民统治到 1968 年毛里求斯独立，一直到今天融入全球贸易体制，这种情况依旧没有改变。本文不会追溯毛里求斯糖的经济史或社会文化历史（可参阅 Allen 1999；Storey 1997；Teelock 1998）。然而，鉴于本文关注的是该岛及其居民的枢纽特性，笔者要强调以下明显的事实：不是毛里求斯本地不生产糖。通常是在秘密和危险的条件下，不同品种的糖从印度和东南亚被带到毛里求斯，然后在岛上的植物园或糖种植园进行试验，直到确定其为最有利可图和最适应毛里求斯环境生长的农作物品种。之后，岛上的种植园园主和商人生产并出口糖及其附属产品。因此，糖是一个被带到岛上，在出口之前经过改造的典例。⁸

在将毛里求斯变成一个商业枢纽的过程中，另一种发挥了相当特殊作用的是产生于海盗行为的贸易。在 1810 年英国接管该岛之前的几十年里，路易港为数十名法国海盗提供了一个避风港，他们在对英国、荷兰、莫卧儿和马拉地船只的商业袭击中夺取了大量财富。据说，仅臭名昭著的苏尔库夫（Surcouf）一人就虏获了 47 艘英国"印度人商船"，其中包括强大的肯特号（Piat 2010，168 - 179）。据英国历史资料报告，在 1807—1809 年之间，也就是在法国对该岛的统治即将结束时，18 艘商业船只在往返印度的途中落入海盗手中（Carter 2009；Schnepel 2014）。海盗们突袭归来，卸下战利品，分给船长、船员，并按固定利率分给政府一份强制性份额。海盗并没有像民间传说中那样把宝藏埋在地下或藏在山洞里,而是把相当可观的战利品卖给在路易港或从路易港路过的商人。只有一小部分新掠夺的财富,包括黄金、钻石、胡椒粉、细布、香料或瓷器留在岛上的法裔毛里求斯白人精英的国库中,其余大部分都进入了国际贸易和金融业。特别是随着新独立的美利坚合众国和丹麦的商人和捕鲸者的到达,战利品被兑换成金钱、海军物资,甚至是被兑换成缅因州和马萨诸塞州造船厂建造的船只(Toussaint 1966,17-23;Allen 1999,11-12)。为了了解海盗掠夺全球化的机制,我们必须认识到,路易港在 1767 年被法国东印度公司割让给法国国王数年后已经成为一个常用的自由港(Allen 1999,12-13,179)。通过对世界各地商业的开放,各国与毛里求斯的贸易稳步增长,仅 1803 年就有 350 艘来自欧洲、亚洲和美洲的船只停泊在路易港。毛里求斯除了从事"战利品"贸易外,还作为一个转口和分销枢纽,从事印度尼西亚香料、印度纺织品、斯里兰卡传统药品、中国瓷器等商品和非洲奴隶的定期贸易活动。自此,毛里求斯已成为一个成熟的商品枢纽。

8.3.3 早期通信信息和知识类贸易

海军和商业枢纽所需要的基本技能之一是稳定而迅速地接收、处理和传播最新的新闻、信息和知识。这主要包括关于来港船只、货船的使用常识,这些货物在其他市场上的价格,关于船长、船员和乘客的信息,以及关于大洋彼岸世界的和平或战争状态。鉴于该岛作为印度洋中途停靠港的重要作用,世界上最著名的邮票来自这个岛屿绝非偶然。诚然,"蓝便士"主要是为岛内的邮政通信而创造的,但在路易港蔻丹广场(Candan Waterfront)的蓝便士博物馆里,人们还看到了另一件艺术品,它证明了毛里求斯作为信息和(或)通信枢纽的作用,让人印象深刻:一棵人造菩提树,是一种由纸制品加工而成的树,有许多罐子系在它的"枝条"上。纸上写着:

> 第一封在毛里求斯记录在案的信件来自荷兰摩鹿加舰队,可以追溯到 1601 年 6 月。1602 年 6 月,当船在岛上停靠时,恩克赫伊曾(Enkhuizen)的船长威廉·冯·韦斯特·赞恩(Willem von West-Zanen)发现了这些东西。历史上,当船长首次停留在这个荒无人烟的国家的时候,他们通常会把留言放在密封的罐子里,倒挂在树上……在诺德西部港口的入口处,现今的路易港港口。

伴随着殖民化进程,该岛不仅可以传播信息和新闻,而且也能够接收、消化、增强和传播知识,这也是该岛作为一个专门枢纽的艺术的一个关键方面。我们已经提到毛里求斯根据从南亚和东南亚带到该岛的植物亚种确定制糖最有利的物种和技术的重要意义。其他动植物物种,如肉豆蔻、丁香、靛蓝、棉花、胡椒、水果和棕榈树、蔬菜或动物(如马达加斯加牛或爪哇鹿)也被带到岛上进行试验,以测试它们的生存能力和农业效用(Piat 2010,64-65,92-97)。

在岛上,帕姆普莱穆斯植物园(Botanical Gardens of Pamplemousse)在尝试种植新物种的过程中发挥了关键作用,该园曾经被一些国际上最著名的植物学家和农业科学家管理,比如皮埃尔·波夫尔(Pierre Poivre)。[9] 此外,在启蒙时代,路易港成为许多学术团体的所在地,这些团体从事哲学、航海、天文学、地图学、植物学、林学、制图学和其他研究。这些学术团体也接待了许多杰出的科学家,包括专业和非专业人士,他们把自己的见解传播回巴黎和伦敦的殖民地中心,同时,他们热衷于从大都会中心了解最新的科学发现。有些学者或科学团体也会到毛里求斯探险,如著名的路易斯·安托万·德·布干维尔(Louis Antoine de Bougainville)于1768年抵达毛里求斯(Piat 2010,141-148);或运气较差的探险家让·弗朗索瓦·德·拉·普卢斯(Jean-François de La Pérouse)也经常从东方或西方经过这里,利用访问的机会对该岛进行一些研究。他自18世纪70年代在该岛逗留了6年,于1789年在太平洋失踪(Piat 2010,148-152)。

8.4 当今的"服务枢纽":毛里求斯的愿景

现在,让我们从殖民地的创建、稳定阶段跨越到当前阶段,[10] 在当前处于后殖民主义时期的毛里求斯,作为枢纽的艺术,其社会性的、制度方面的以及思想方面的基础状态已经经历了进一步的扩展和完善,渗透到了各个领域,但几乎没有海上领域。独立的毛里求斯已经发展成为一个"服务枢纽",通过提供当今全球市场所需的服务,在经济方面获得了惊人的成功。为了证明笔者的观点,现在是时候听一下毛里求斯人的想法了。因此,我们研究了一些毛里求斯的传统媒体和互联网媒体,以便了解在毛里求斯社会中,希望成为一个枢纽的愿景是如何体现和构想的。

在一份报纸上(2012年2月20日《快报》),我们发现了一份题为《毛里求斯将自己定位为印度和非洲之间的金融中心》的文章。这篇文章向读者介绍了毛里求斯渣打银行(Mauritian Standard Chartered Bank)利用其服务发展成为非洲门户的计划。该银行的首席执行官认为,就像新加坡一样,毛里求斯位于非洲和亚洲之间,地理位置十分理想。[11] 这篇文章进一步论述,国家为投资者提供了稳定的经济和政治环境、坚实的法律体系,以及合适的劳动力,这些都是把毛里求斯定位为"非洲投资的门户"的理由。在一份类似的声明中,即德意志银行毛里求斯分行发布的互联网公告中,有一条是:毛里求斯于1992年开始提供金融服务,自此以后,为其成为一个世界级的国际中心建立了良好的声誉,为投资者提供安全和灵活的保证。作为一个位于印度洋上的独立主权国家,毛里求斯具有良好的政治和经济稳定性，拥有被广泛认可的习惯法框架和税收中立环境。它得益于这里受过良好教育、能讲多种语言的劳动力，以及其便利的亚洲、中东和非洲时区"[12]。最后，关于毛里求斯作为一个"金融中心"的作用，毛里求斯投资委员会在一本题为《全球投资指南》的小册子中提出，为什么外国人应该在毛里求斯投资，并且给出了答案："毛里求斯历史悠久，商业氛围友好；毛里求斯是一个社会稳定和政治稳定的安全国家；毛里求斯有多元化的文化、多语种和受过高等教育的劳动力；毛里求斯位于亚洲和非洲之间的战略要地；毛里求斯位于方便的时区；毛里求斯的海运和空运可以连接到世界各地。"

如今，这种服务在全球范围内被称为"离岸银行服务"。事实上，毛里求斯可供避税的大多数分支机构，实际上都位于通往世界的新门户——路易港蔻丹广场。然而，港口本身并没有完全失去它原来的作用，以下提到路易港目前"自由港"的说法就说明了这一点。在过去10年中，毛里求斯港务局的年度报告显示，从进出港的货物到赚取的利润，几乎所有方面的业绩都有大幅增长。在各种报纸上，我们都可以看到毛里求斯计划建造一个巨大的"延岸码头"（2014年2月13日《快报》），计划继续扩大自由港的停靠能力，或"更新港口设备"（2013年7月29日《毛里求斯人报》；2014年2月20日《快报》），尤其是对于港口越来越重要的集装箱部分所需的吊车。此外，人们还会在报纸上反复看到自由港作为"海鲜中心"或"水果中心"的重要经济功能（《毛里求斯人报》2006年1月1日，2006年2月11日、22日，2006年3月2日）。[13]这是指自由港在冷藏库方面提供了大量的储存容量，以保存每天由中国台湾的舢板船运抵路易港的大量金枪鱼。这种濒临灭绝的远洋物种在路易港从没有被享用或者加工过。相反，经过一段时间的储存后，金枪鱼被较大的运输船收集起来，这些运输船将货物运到亨氏的工厂和位于塞舌尔甚至远在波多黎各的其他工厂，从那里进入美国或欧洲商店。路易港不仅仅是个鱼类集散地，同时，它的邮轮乘客也越来越多。毛里求斯最近建成了一个供各种大小邮轮使用的新码头，被授予"2012年印度洋最佳邮轮港口"的称号。一家意大利公司定期在印度洋西南部的主要景点港口停靠豪华邮轮，从这个邮轮码头到达北部的桑给巴尔和南部的开普敦。其他邮轮会在长途旅行中经过毛里求斯，有些游客将毛里求斯作为出入境点，他们希望把毛里求斯作为旅行的一部分，在这里中转。

除了"海鲜中心"和国际邮轮目的地，毛里求斯和外国投资者还进行了大量投资，目的是将该港变成液化石油气（LPG）的区域中心。2010年，彼得雷德克（Petredec）投资有限公司受毛里求斯政府委托，在路易港集装箱港口西角建设一个1.5万吨级仓储码头。该码头的建设成本为2480万欧元，于2014年3月竣工并投入运营。它包括意大利建造的三个大型储罐，为安全起见在储罐上方修建的一个混凝土墩，通向海面数百米的进出口管道，储罐附近的现代控制装置以及行政大楼。一方面，该码头旨在满足该岛自身的需求，每年向毛里求斯国家贸易公司供应 65 000～67 000 公吨货物。它的建造规模是如此之大，以至于"该码头还将作为一个贸易中心，每年向印度洋地区的区域市场再出口超过 10 万吨液化石油气"。[14] 正如《印度洋时报》（*Indian Ocean Times*）所写的那样，"该项目旨在改造自由港，使其成为一个服务于整个印度洋地区的巨大天然气枢纽"[15]。

毛里求斯机场也在扩建，试图变成类似于中东的迪拜机场那种区域性的"机场枢纽"。毛里求斯机场有限公司的首席执行官刚刚落实了新的大型机场航站楼的建设（包括一条适合 A380 飞机起降的跑道），他对这些新开发项目对旅游业的影响进行了如下评估："由于（世界）经济危机，目前所做的预测存在不足。然而，我相信毛里求斯在未来几年将迎来 200 万游客。这个新的航站楼将作为一个额外的营销资产，它将有助于更好地宣传毛里求斯作为区域中心的作用（《毛里求斯人报》，2012 年 4 月 5 日）。"[16]

通信是毛里求斯在正式成为区域枢纽之前最基本的功能之一。《毛里求斯人报》（2012 年 4 月 5 日）报道了"狮子 2 号"的安装。狮子（LION）代表"低速印度洋网络"（Lower Indian Ocean Network），它指的是连接毛里求斯与留尼汪、马达加斯加、马约特和肯尼亚的高质量光纤海底电缆，该电缆可延伸至 3000 千米。据悉，这条电缆还将与其他三条海底电缆连接：第一条是海底光缆系统（EASSy），约 10 000 千米，在南非和埃塞俄比亚之间运行，并连接科摩罗、坦桑尼亚和苏丹；第二条是被称为东非海洋系统（TEAMS）的电缆；第三条是"狮子 1 号"，2009 年毛里求斯总理为它揭幕。两天后，在同一份报纸关于世界经济论坛发布的《全球信息技术报告》中，毛里求斯在网络方面全球排名第 53 位。人们认识到，这"优秀的成绩"使该国在包括南非和尼日利亚在内的所有撒哈拉以南非洲国家中处于领先地位。报告称："因此，降低国际互联的成本，提高劳动力质量，促进商业环境，进一步确保了毛里求斯成为国际通信技术/业务流程优化（ICT/BPO）领域的首选平台和解决方案提供商。"在过去的 10 年里，毛里求斯通过在伊本（Ébene）内陆地区和毛里求斯大学附近的糖厂旧址上建设一个不断发展的"网络城市"，展示了将其定位成一个主要的"枢纽 2.0"的愿景。[17]

信息和知识的传播是相辅相成的。在这方面，毛里求斯试图成为知识领域的中心也不足为奇。2005 年，毛里求斯教育和科学研究部发布了一份长达 50 页的施政纲领，题为《把毛里求斯建设成为一个知识中心和高等教育中心》[18]。这份纲领是由部长、国务秘书、工业界和公众人士组成的高级委员会制定的，在纲领中，政府承诺进一步加强该国的大学和其他高等学府建设，特别是在"信息和通信技术"的优先领域，以及"医学和相关健康科学"和"商业、金融和金融服务"等领域。另一篇文章写道："具有全球竞争力的知识型经济的一个特征是，这些经济体的政府、高等院校和行业共同努力，创建了知识中心。"知识中心关注的是如何增强一个国家融入世界日益增长的知识型经济的能力。报告中有两页论述了"新加坡模式",新加坡是一个国土面积小、自然资源匮乏的国家,与毛里求斯相似。

最后,毛里求斯正在努力使自己为在印度洋区域内寻求合作与发展的各种国家组织发挥中心作用。1997年,毛里求斯是印度洋沿岸区域合作协会(IOR-ARC)的创始国之一(Sellström 2015,45-46;Waganer 2013),自此它一直是该组织秘书处的所在地,组织的总干事长期以来都是毛里求斯人。此外,还有1984年成立的印度洋委员会(COI),它的总部也设在毛里求斯,印度洋委员会努力加强与位于印度洋西南地区法语岛屿的合作,即与毛里求斯、留尼汪、马达加斯加、塞舌尔、法属马约特和科摩罗之间的合作。[19]

如果不深究,那么这些来自纸媒和互联网媒体的报道足以表明希望成为枢纽的言论是毛里求斯公共话题的重要组成部分。我们可以从不同类型或规模的枢纽确定:"海鲜中心"可能是小岛屿社会最真实的枢纽类型。虽然其也希望成为或声称成为"金融中心""液化石油气中心""旅游中心"和"知识中心",但毛里求斯的枢纽地位无论从物质上还是在观念上都不会被取代。2012年3月26日,《国际先驱论坛报》刊登了一篇题为《毛里求斯:通往非洲和亚洲的闪亮新门户》的文章,并配以一大幅彩色照片,夜间的蔻丹广场灯火辉煌、令人赞叹,足以说明毛里求斯在旅游、银行和"信息通信中心"领域的经济成就。

这些主张和设想显然是那些在政治和经济事务中具有影响力的人物提出的。它们在国际政治背景下得以重申,比如2015年6月9日,毛里求斯总检察长让-克洛德·德·埃斯特拉克(Jean-Claude de l'Estrac)在德国外交部于柏林举行的印度洋会议上宣布,毛里求斯正"处于十字路口,处于全球化世界的核心"。简而言之,从本文这一节的论述和事实中可以看出,毛里求斯希望成为一个区域中心,即专门为西南印度洋,特别是对于马达加斯加岛、马斯克林群岛、科摩罗岛和塞舌尔岛服务的区域中心,以及对于像莫桑比克、坦桑尼亚这样的沿岸国家,甚至远至南非和肯尼亚等国家和地区而言的区域中心。

此外,在许多关于毛里求斯是或可能成为理想枢纽的言论中,都提到了毛里求斯的地缘战略地位(即时间和空间的岛国地位)、相对无危机和多样化的经济,以及为投资者和客户提供的稳定可靠的政治框架。人们还不断暗示关于该岛的有利的社会文化状况及其历史的线索。据说毛里求斯有着悠久的好客历史和多样性的民族,拥有大量使用印地语、汉语、阿拉伯语或法语等作为祖传语言的人口。最重要的是,所有这些语言都是在英语作为国家语言和高等教育语言的背景下使用的。简言之,毛里求斯的劳动力具有全球化的特征,并且是国际化的。这种人为因素具有决定性,使该岛能够在全球金融、信息、知识、人、植物、动物、思想和事物的流动中发挥重要作用。

8.5 毛里求斯枢纽经济的当下"支柱"

当然,毛里求斯的人们提倡颂扬该岛作为现代服务中心的能力,确实反映了毛里求斯经济的多样性,突出了其最成功的领域和未来的潜力。除了制糖业贡献的长期利润外,该岛自20世纪70年代以来得以实现非凡的"经济奇迹"[20]的两个主要"支柱"是纺织业和旅游业。随着千禧年的到来,毛里求斯在国际金融服务(IFS)和国际通信技术方面也取得了一定的进展。所有这些经济分支都具备了不同种类的重要枢纽维度。

8.5.1 纺织品

自20世纪70年代设立出口加工区以来,纺织品已成为该岛的主要出口项目。这种情况今天仍在继续,尽管在21世纪初发生了严重的金融危机,工资水平持续上升,毛里求斯不再是一个有吸引力的低劳动力成本的经济体。[21]由于毛里求斯不养羊,也不种棉花,生产名牌服装和精纺织品的材料都必须从亚洲和澳大利亚进口。但毛里求斯进口的不仅仅是布料,服装的设计源自欧洲或美国,而大量资金、管理和技术专长都来自东亚"四小龙"。[22]毫无疑问,对于出口加工区的制造业来说,毛里求斯的"纺织中心"生产的产品不是针对本国市场,而是针对外国市场,尤其是针对欧美消费者的奢侈品行业。因此,在材料和制造方面,纺织品并不是毛里求斯特有的。这种材料可能从澳大利亚进口,然后在中国香港或印度加尔各答加工成布料,然后在毛里求斯制作成品,再运往西方。毛里求斯为这项产业提供了政治和法律支持,提供税收和海关优势和相对有利的制造业条件。毛里求斯华裔在建立这一横跨印度洋进入南海的商业链条中发挥着至关重要的作用;法裔毛里求斯人利用甘蔗地和他们自己的投资使这项产业成功获利;毛里求斯印度裔和克里奥尔人提供了合乎标准但相对低成本的劳动力,他们将布料转化为有价值的名牌服装。[23]

8.5.2 旅游业

旅游业进入毛里求斯纯属偶然。在早期的商业飞机运输时代,飞机无法像今天的A380或波音747客机那样长途飞行。澳洲航空公司(Qantas Airways)在寻找往返于欧洲和南非、澳大利亚之间的长途航班的中转站时,发现毛里求斯地理位置优越,政治环境也很安全,是一个方便的中转站,将来往于澳大利亚的航行转变为一站式或两站式飞行。[24]于是,1953年9月1日,以毛里求斯为枢纽的定期航班服务正式启动。虽然这一日可以被视为毛里求斯旅游业的开端,但在那个年代，乘客们来这里不是为了欣赏岛上的美景，也不是为了在海滩上放松，而是在居尔皮普（Gurepipe）的酒店里停留一两天，等待转机。居尔皮普是一个以白人为主的法属毛里求斯城市，位于毛里求斯较凉快的高原地带。

现在，游客停留的时间更长，平均10天。他们到毛里求斯当然不是仅仅作为过客，毛里求斯本身已成为一个主要的旅游景点和目的地，每年吸引100多万名游客。这些游客来的时候脸色苍白，精神紧张，但是在享受了阳光、沙滩和大海一段时间后，在离开这个"天堂岛"时他们通常皮肤晒得黝黑，而且身材变得更好。因此，从20世纪80年代中期以来，旅游业为岛上的旅馆和有关企业，例如餐饮或旅游歌剧院提供了大量收入。2010年，毛里求斯拥有100多家酒店和2.7万名员工，旅游业已发展成为毛里求斯政府的主要纳税行业和重要就业来源，有时甚至超过了制糖业和纺织业。从毛里求斯经常提到的每年200万游客的目标看来，旅游业的潜力巨大。[25]

8.5.3 国际金融服务和国际通信技术

2000年以后，由于离岸银行和通信技术领域的服务取得了巨大成功，毛里求斯的经济进一步多样化并不断发展。毛里求斯经济的第四大支柱和第五大支柱使毛里求斯一跃成为当今全球经济的中心（Sellström 2015，249-250）。就国际金融服务而言，印度进出非洲的资金主要由毛里求斯金融中心管理、流通，该中心拥有约1.5万名员工。如上所述，国际通信技术的服务直到最近才成为可能，因为毛里求斯接通了"狮子1号"和"狮子2号"光纤电缆。由于毛里求斯已成功成为这些通信线路中的一个节点，它成为该岛政界人士和300多家国际通信技术公司的明确目标，这些公司拥有逾1.2万名员工，毛里求斯将因此成为"网络岛""数据中心"或"枢纽2.0"。事实上，这个经济部门的增长速度比其他部门都要快。

8.6 扩展和枢纽内部转化

到目前为止，笔者一直认为毛里求斯"生来就是一个枢纽"，其中心活动在起源和本质上都是海上活动。此外，笔者已经表明了该岛首要和最基本的功能是作为海上枢纽帮助船只及其船员继续前进。这一功能需要岛屿和港口有更多的常住人口，包括士兵、管理人员以及在港口内外的自由和被奴役的劳工。当这些人稳定下来，岛屿的规模和功能不断扩大时，毛里求斯也逐渐获得了其他枢纽功能。虽然枢纽仍然是海上性质的，但毛里求斯需要对原来的海上枢纽的地位和功能进行若干扩展和改进。不仅是过往的船只和船员构成了枢纽，进出路易港的船只也带来和带走了商品，这些商品以不同的方式为岛上的居民和商人带来了一定的盈余，使该岛成为商业和信息中心。然而，无论这些商品是基础生活用品，还是奢侈品，无论是糖、海盗的宝藏，还是来自欧洲、中国或印度的商品，它们都不是原产于毛里求斯的，也从未打算在毛里求斯久留，它们始终在运输途中。[26]

让·霍伯特（Jean Houbert）早在1981年就注意到了这一事实（1981，77），他写道："毛里求斯作为一个实体国家，从发展之初，它的所有出口，以及几乎所有的进口都依赖外部世界。"也许最初，毛里求斯的局势确实依赖外部力量，但自那时以来，毛里求斯充分利用了这一看似不利的因素，甚至通过实现和加强其在所有领域的枢纽潜力使之转变为优势。事实上，这种情况从来就不是一种依赖，而是一种优势。然而，可以肯定的是，如果我们要充分了解这个小岛屿的发展，就必须对依赖理论提出疑问，这些理论在分析非洲和其他殖民主义和后殖民主义国家的经济困境时经常使用。相反，就毛里求斯以及印度洋上的其他小岛屿而言，人们必须更仔细地观察其互联互通的内部动态，以及该枢纽到底是如何运作的。我们将会发现，毛里求斯在经济领域的成功并不在于它拥有丰富的自然资源，也不是基于它的生产能力（甚至不是在制糖业和纺织业，因为这两个工业本身都在削减）。相反，毛里求斯之所以成功，是因为它始终意识到并发展了自己在分配和流通物品方面的优势。简而言之，毛里求斯的"奇迹"是基于其专业功能，进而可以提供其所拥有的各种各样的且随历史不断变化的品质服务。

现在，虽然该岛原有的枢纽功能（本文第一部分已讨论）已逐渐扩展到非海洋领域，但该岛的枢纽活动和专业功能继续为这些新的非海洋活动提供活动基础和理论基础。这些海事基础和逻辑仍然以新的形式存在。在毛里求斯帮助岛上居民休养生息的专业功能中，最能说明这一点。这项服务最初是在一个拥有500个床位的医院建成后发展起来的。这家医院是法属岛上最早的永久性建筑之一，可以帮助生病的水手或旅行者康复（Toussaint 2013，48－49；Piat 2010，109）。这种服务一直延续到今天的旅游医疗行业。类似的服务在不断延续，首先提供服务给船舶、海员和商品，现在提供金融、纺织和通信技术等领域的服务。在这些例子中发生变化的是，人们不再是单独局限于海洋表层，而是通过海底电缆到达海底，以及通过飞机或网络空间在海洋以外的区域传播。

在强调该岛的运输和过境功能时，无论船只中途停留时间的长短，它们都会带来某些变化。无论新旧海运，还是网络运输，所有这些过去和现在在岛上提供服务的人力、物力和意识形态的货物，在继续运输之前并不仅仅是中途停留在岛上。它们被转化成不同种类的事物，而且这些事物往往增值，其中一部分价值就此留在岛上，使毛里求斯变得更加繁荣。

在物质方面，这些"转化"包括：
- 从破旧的船只到修好的船只；
- 从只有使用价值的商品到增加了交换价值的商品；
- 从库存商品到销售剩余价值商品；

- 从甘蔗到精制糖及其衍生物（比如朗姆酒，如今甚至还有生物能源）；
- 从鱼类到等待装罐的冷冻海鲜；
- 从棉、毛、粗布到名牌服装；
- 从信息与沟通到知识与金融交易；
- 从基础知识到植物学、农业、园艺学、航海学、地理学、工程学和其他科学；
- 从投资到盈利。

在人类领域，这些"转化"包括：
- 水手/士兵/旅行者从生病疲惫到健康强壮（有希望的）；
- 游客从脸色苍白、工作过度，到晒得黝黑、神情放松、精神焕发；
- 从海盗、冒险家或探险家到定居者；
- 从法国的贫民到毛里求斯的小贵族；
- 从个体商人到种植园园主；
- 从奴隶到自由公民；
- 从合同工到"计算机印度人"。

8.7 结论：毛里求斯是种植园社会还是枢纽社会？

到目前为止，笔者已将毛里求斯小岛屿和港口城市路易港本身视为行为主体。虽然这个概念借鉴了行动者网络理论（ANT），但我们不应该止步于此。具有意图性、创造性和不可预测性的行为主体必须被视为整体的一部分。通过将普通的法国移民、海盗、糖业大亨、非洲和马达加斯加奴隶以及印度移民包含在上述第二份名单中，笔者发出了一个信号，即任何有关毛里求斯是一个枢纽的讨论，以及任何试图发展一个更微妙的枢纽和枢纽社会理论的尝试，都必须包括那些经过这里的人，以及那些留下来的人。区分这两者的界线当然是不定的。有些人最初想搬家，但留下来了，甚至建立了家庭；其他人想留下来，但不久就去世了。尽管存在这样的模糊性，但如果不考虑岛上生活、工作和死亡的人类，研究就无法继续。[27] 在这种情况下，不仅要更仔细地研究这些人是如何从事枢纽工作的，而且要更仔细地研究枢纽活动是如何形成和改变这个小岛屿的居民的心态的。这些活动是否使他们变得比世界其他地方的人，包括大都市的人，更具有世界性和"流动性"？[28] 这一切究竟是因为他们住在小岛上才得以发生还是因为哪怕其住在小岛上也无法阻止的自然发展？这样的疑问无疑会深化对一个枢纽社会的特定社会、文化、语言和宗教方面的认识和洞察，并将其纳入到政治经济视角中，这在本文的分析中是最重要的。此外，它将为移民和迁徙研究提供一个新的视角，这些研究经常指出，某些移民和迁徙者具有更大的流动性、灵活性和更好的远距离人际网络，他们在形成"中间商经济"方面是全球经济的赢家

(Cohen，1997；Srebrink 1999）。

笔者提出在毛里求斯的研究中加入人类的因素不代表之前在这一领域不存在有价值的研究。相反，希望进入毛里求斯研究领域的学生很快就会发现，毛里求斯和海外学者的优秀作品数不胜数。毫无疑问，它是世界上被研究得最透彻的小岛之一。[29] 然而，尽管这些研究提供了大量关于该岛的社会文化、政治和宗教历史与现状的信息，但它们大多是在一种毋庸置疑的假设背景下进行的，这种假设或含蓄或明确地认为，毛里求斯本质上是或曾是一个"种植园社会"。虽然这一说法并非完全没有根据，但笔者的建议是，它需要有人来进行对比并质疑。我们要用一种新的视角观察已有的丰富数据（以及发现新数据），就必须承认毛里求斯在过去、现在和将来本质上都是一个"枢纽社会"。

注释

1. 对毛里求斯海事历史最有见地的研究是图森特（Toussaint）（1966、1973 和 2013）的研究，就本文的前面部分内容，笔者非常感谢他的帮助。
2. 在毛里求斯之前，该公司已经在 1674 年和 1690 年在印度东海岸的本地治里和金德讷格尔分别建立了贸易站。
3. 不要忘记急需的人力。直到第一次世界大战为止，不论是奴隶还是"苦力"，其中大部分是"不自由的"。
4. 此外，木材，特别是珍贵的乌木，已经被荷兰人耗尽，至少在岛上那些可以不太费力轻易就能到达的地方受到严重破坏。见 Toussaint（1966）和 Richon（2008）。
5. 在 17 世纪和 18 世纪，许多欧洲和美国海盗定居在马达加斯加的东北海岸，产生了克里奥尔后裔，他们能够在马达加斯加人的首领和欧洲商人之间进行协调或自己成为"小国王"。参见 Schnepel（2014）和 Alpers（2009，27 - 28）。
6. 关于毛里求斯在早年马斯克林殖民地时与留尼汪的关系，另见 Toussaint（1966，21 - 22）。
7. 关于这些问题，主要参见 Toussaint（1966）。除了这些岛屿，来自马斯克林群岛的法国船只也与斯瓦希里沿岸几个岛屿进行贸易，例如基尔瓦、莫桑比克或桑给巴尔。
8. 这并不是要忽视艾伦（1999）特别强调的，当地货币的重要作用，不仅包括毛利法郎货币，而且源自 19 世纪 70 年代大分裂时期之后的印度毛利货币。
9. 波夫尔（Poivre）于 1746 年和 1750 年留在岛上，每次仅待几个月，然后从 1753 年到 1756 年，他作为帕姆普莱穆斯的植物学家试图研究从荷兰摩鹿加群岛"偷走"的珍贵香料。1767 年之后的五年，为了实现该岛从公司的行政统治过渡到归王室所有，被国王以"地方行政长官"的身份派到那里。关于波夫尔，请参见 Grove（1995，168 - 263），Osterhammel（1997），Piat（2010，81 - 97），Poivre（1997）。格罗夫（Grove 1995）举例研究了殖民主义和帝国主义地区植物园的重要科学和经济作用。
10. 不要忽视英国在该岛的殖民时期的重要性，1810—1968 年印度合同工进行了人口上的转型性移民，从而加强了与印度的交流。
11. 与东南亚的金融中心新加坡一样，毛里求斯是通往非洲和亚洲的门户。
12. 请访问 http：//www.dboffshore.com（2013 年 3 月 18 日最后访问）。

13. 关于毛里求斯扩大其作为"海鲜中心"角色的雄心,另见 Sellström(2015,252)。
14. http://www.petredec.com/storage.shtml(2014 年 3 月 18 日最后访问)。
15. http://en.indian-ocean-times.com/Mauritius-wants-to-export-liquefied-petroleum-gas(2013 年 7 月 26 日最后访问)。
16. 参见《毛里求斯人报》,2012 年 12 月 20 日,第 19 页。另请参阅 2012 年 7 月 12 日《毛里求斯人报》。
17. 对于现代交流形式的"先前历史"以及毛里求斯在其中的作用,海底电报电缆的历史是重要的。1893 年,毛里求斯可与塞舌尔和桑给巴尔通过电报联通。这些连接已于 1901 年扩展到南非和罗德里格斯岛,并于 1906 年扩展到毛里求斯和留尼汪之间。见 Sellström(2015,18)。
18. http://ministry-education.gov.mu/English/Documents/knowledgehub.pdf。
19. 有关 1994 年以来 COI 的计划,请参见《毛里求斯人报》,2015 年 7 月 1 日,15 页。
20. 毛里求斯经济常常被视为"奇迹",不仅在所有金融和经济领域的报告良好,而且在 1961 年诺贝尔奖获得者经济学家悲观预测的背景下仍然如此。参见 Meade et al.(1961)。关于"经济奇迹",参见 Houbert(1981,88 – 95)和 Sellström(2015,241 – 245)。
21. 该分支机构的资金正在缓慢但稳定地转移到马达加斯加或返回南亚和东南亚。这些地方的劳动力价格便宜,对工作条件的限制不严格甚至不存在限制。
22. 与世界其他地方的大多数出口加工区不同,毛里求斯纺织工厂不在一个戒备森严的飞地中,而是分布在整个岛屿上多达 600 个不同的位置。
23. 该行业创造了多达 9 万个工作岗位,导致 20 世纪 90 年代毛里求斯的失业率不到 3%。在许多方面,大约 70% 的工人是女性。关于毛里求斯的纺织工业,参见 Meisenhelder(1997,287 – 292),以及最近的数据和评估,Sellström(2015,246 – 247,251)。
24. 第二个中间站由科科斯(基林)群岛提供,位于斯里兰卡和澳大利亚之间的澳大利亚群岛中部。
25. 那些担心该岛"布拉瓦海岸化"(Costa Bravaization)的人提出了许多批评意见。到目前为止,其旅游业,总的来说,主要为经营五星级酒店的豪华业务。关于毛里求斯旅游,参见 Schnepel and Schnepel(2008;2009),Sellström(2015,248,252)。
26. 在这里可以补充一点:在蒸汽时代的早期,这些船只需要的煤炭数量是巨大的。和印度洋其他岛屿和港口城市一样,毛里求斯作为重要的煤炭港口,其作用是为就业和利润提供重要的新机遇。煤炭不是产自岛屿本身,但来自威尔士和英格兰北部。关于这一点,另见 Sellström(2015,17 – 18)。
27. 正如一位毛里求斯学者于 2016 年 2 月在毛里求斯大学的一次讨论中针对笔者的论文所说的那样:"毛里求斯是人类的渡渡鸟。"
28. 在这种情况下,人们记得在此前讨论的陈述中,毛里求斯人经常被赞扬为潜在的国际投资者,高素质、会多种语言、工作勤奋是毛里求斯枢纽的基石。
29. 参见 Boswell(2006),Carter(1995,1996),Eisenlohr(2006),Eriksen(1998),Hookoomsing,Ludwig and Schnepel(eds.2009),Vaughan(2005)。

参考文献

Agha, Sameetha, and Elizabeth Kolsky, eds. 2009. *Fringes of Empire*. New Delhi: Oxford University

Press.

Allen, Richard B. 1999. *Slaves, Freedmen and Indentured Laborers in Colonial Mauritius*. Cambridge: Cambridge University Press.

Alpers, Edward A. 2009. *East Africa and the Indian Ocean*. Princeton: Markus Wiener Publications.

———. 2014. *The Indian Ocean in World History*. Oxford: Oxford University Press.

Boswell, Rosabelle. 2006. *Le Malaise Créole: Ethnic Identity in Mauritius*. Oxford: Berghahn Books.

Carter, Marina. 1995. *Servants, Sirdars and Settlers: Indians in Mauritius 1834–1874*. Delhi: Oxford University Press.

———. 1996. *Voices from Indenture: Experiences of Indian Migrants in the British Empire*. Leicester: Leicester University Press.

———. 2009. "Pirates and Settlers: Economic Interactions on the Margins of Empire." In *Fringes of Empire*, edited by Sameetha Agha and Elizabeth Kolsky, 45–68. New Delhi: Oxford University Press.

Cohen, Robin. 1997. *Global Diasporas: An Introduction*. Seattle: University of Washington Press.

Collar, Anna. 2013. *Religious Networks in the Roman Empire: The Spread of New Ideas*. Cambridge: Cambridge University Press.

Eisenlohr, Patrick. 2006. *Little India: Diaspora, Time and Ethnolinguistic Belonging in Hindu Mauritius*. Berkeley: University of California Press.

Eriksen, Thomas Hylland. 1998. *Common Denominators: Ethnicity, Nation-Building and Compromise in Mauritius*. Oxford: Berg.

Grove, Richard. 1995. *Green Imperialism: Global Expansion, Tropical Island Edens and the Origins of Environmentalism, 1600–1860*. Cambridge: Cambridge University Press.

Houbert, Jean. 1981. "Mauritius: Independence and Dependence." *The Journal of Modern African Studies* 19: 75–105.

Hookoomsing, Vinesh Y., Ralph Ludwig and Burkhard Schnepel, eds. 2009. *Multiple Identities in Action: Mauritius and Some Antillean Parallelisms*. Frankfurt: Peter Lang.

Meade, J. E. et al. 1961. *The Social and Economic Structure of Mauritius*. London: Her Majesty's Stationery Office.

Meisenhelder, T. 1997. "The Developmental State in Mauritius." *The Journal of Modern African Studies* 35: 279–297.

Osterhammel, Jürgen. 1997. "Einleitung." In *Reisen eines Philosophen*, by Pierre Poivre, translated and edited by Jürgen Osterhammel, 7–41. Sigmaringen: Thorbeke Verlag.

Piat, Denis. 2010. *Mauritius: On the Spice Route*. Singapore: Editions Didier Millet.

Poivre, Pierre. 1997. *Reisen eines Philosophen*. Translated and edited by Jürgen Osterhammel. Sigmaringen: Thorbeke Verlag.

Richon, Emmanuel. 2008. *Le Reveil du Dodo*. Rose Hill: Editions de L'OcéanIndien.

Schnepel, Burkhard. 2014. "Piracy in the Indian Ocean (ca. 1680–1750)." Max Planck Institute for Social Anthropology Working Papers no. 160, Halle (Saale).

Schnepel, Burkhard, and Cornelia Schnepel. 2008. "Finger weg von unserem Strand: Tourismus auf einer multikulturellen 'Paradiesinsel' (Mauritius) im Indischen Ozean." Vienna: Österreichische

Akademie der Wissenschaften, Arbeitspapiere zur Sozialanthropologie. http://www. oeaw. ac. at/sozant.

———. 2009. "Two Beaches: The Globalization of Mauritian Waterfronts." In *Multiple Identities in Action: Mauritius and Some Antillean Parallelisms*, edited by Vinesh Y. Hookoomsing, Ralph Ludwig and Burkhard Schnepel, 287–317. Frankfurt: Peter Lang.

Sellström, Tor. 2015. *Africa in the Indian Ocean: Islands in Ebb and Flow*. Leiden: Brill.

Srebrnik, H. 1999. "Ethnicity and the Development of a 'Middleman' Economy on Mauritius: The Diaspora Factor." *The Round Table* 350: 297–311.

Storey, Kelleher William. 1997. *Science and Power in Colonial Mauritius*. Rochester: University of Rochester Press.

Teelock, Vijayalakshmi. 1998. *Bitter Sugar: Sugar and Slavery in 19th Century Mauritius*. Moka (Mauritius): Mahatma Gandhi Institute.

Toussaint, Adolphe. 1966. *Harvest of the Sea: The Mauritius Sea Story in Outline*. Port Louis: Mauritius Printing CY. Ltd.

———. 1973. *Port Louis: A Tropical City*. London: Allen and Unwin.

———. 2013 [1936]. *Port Louis: deux siècles d'histoire, 1735–1935*. Port Louis, Mauritius: Editions VIZAVI.

Vaughan, Megan. 2005. *Creating the Creole Island: Slavery in Eighteenth-Century Mauritius*. Durham, NC: Duke University Press.

Wagner, Christian. 2013. "The Indian Ocean Rim Association for Regional Cooperation (IOR-ARC): The Futile Quest for Regionalism?" *Journal of Indian Ocean Research* 9: 6–16.

孤立/互汇的岛屿：查戈斯群岛的互联互通性和分离性

斯蒂芬·F. 约翰内森（Steffen F. Johannessen）

在印度洋中心，马尔代夫群岛最南端以南约 500 千米处，大约 65 个热带小岛像项链一样散布在查戈斯大浅滩上，这就是查戈斯群岛，面积约为 54.4 万平方千米，但其陆地面积不超过 63 平方千米。这些低洼的珊瑚岛是地球上最偏远的地方之一。然而，查戈斯群岛与位于西南约 2200 千米的毛里求斯拥有紧密的历史联系，这使它们在西印度洋地区有了一席之地，也使它们成为非洲大陆最东部的前沿哨所。随着全球经济的重大变化，以及通信技术的跨时空发展，自 16 世纪以来，该群岛的孤立性日益削弱，越来越多不同的人员和物品以越来越快的速度进出这些遥远的岛屿。冷战期间，世界主要强国策划并实施了极具争议性的政治变革，导致了该群岛进出口贸易的流通方式发生了重大转变。因此，越来越多的人也开始注意并非常关心该群岛的现状、历史和未来，及其在更广泛的政治经济中的地位。

本文主要以查戈斯群岛为研究对象，考察其不同的连通形式、互联互通性和分离性，探讨查戈斯群岛向小岛屿枢纽或岛群枢纽的转变及其对整个印度洋地区产生的巨大影响。出于各种原因和目的，查戈斯群岛在过去的几个世纪里一直与不同的港口、民族和地方连接在一起。它与这些岛屿的连通形式在种类上和强度上都有所不同。在讨论这些历史联系之后，笔者将从三个不同的方面将查戈斯群岛视为一个枢纽。第一，它是一个军事中心，拥有目前美国最重要的海外军事基地。第二，从某种意义上说，它是一个社会中心，因为它高度政治化，是散居在外的查戈斯人争取遣返权利的一个重要历史家园，这些查戈斯人是群岛的前居民，被英国军队驱逐到印度洋其他岛屿生活。第三，它是一个重要的环境中心，一个对海洋生物，包括大型迁徙鱼类而言重要的枢纽。查戈斯群岛的例子表明，相对孤立的流通形式可能在政治上有着密切的联系。正如我们看到的那样，控制进出这些岛屿的通道，进而限制进出这些岛屿的物品流通，将该群岛作为一种特殊枢纽，长期以来一直是各种强大势力极为关注的问题。基于这些岛屿的例子，笔者建议，在处理小岛屿中心问题时，还必须考虑到不同的行为主体为建立、维持和保护一个划定区域并将其作为一种特殊的中心而进行的政治努力和活动，例如将一个岛屿作为一个特殊的中心。因为，这可能涉及新的连通形式的建立。

9.1 要避开的岛屿、要开发的岛屿、要掠夺的岛屿

据马尔代夫的一个传说，17世纪后期，有16个马尔代夫商人在南部乘坐一艘限乘12人的小船时遭遇暴雨。5天后，当一群小型无人居住的类似珊瑚环礁的岛屿出现在视野里时，他们意识到风和洋流携带他们到达了被当地渔民称为弗林特（Hollavai）的地方。[1]在一次穿越周围礁石的大胆尝试中，他们的船撞到珊瑚头上，导致他们搁浅在查戈斯群岛（见图9-1）最北端的耶耶岛（Ile Yéyé）附近的一个荒无人烟的小岛上。后来讲克里奥语的居民以在岛上筑巢的无数军舰鸟（热带大海鸟）之名命名了这个岛。这些大型海鸟很快就会向北迁徙，其中一些会定期被马尔代夫富阿穆拉库岛（FuaMulaku）的岛民捕获，这些漂流者也决定捕捉一些海鸟。于是，他们把一片片棕榈叶系在这些鸟身上，并在上面写下了自己的名字。几天之内，福阿穆拉库岛的酋长就得到了通知，不久，就派了三艘船来营救他们（Romero-Frías 2012，190–194）。

16世纪以前，似乎只有马尔代夫人知道查戈斯群岛。然而，当这些岛屿真正有人登陆的时候，欧洲印度洋地图上已经有了标记这些岛屿位置的痕迹。1512年，佩德罗·马斯卡伦哈斯（Pedro Mascarenhas）发现了这些岛屿。随后，葡萄牙飞行员被派往马达加斯加南部寻找一条通往印度的更快捷的航线的中转点，他发现了这个岛屿，并以葡萄牙舰队指挥官的名字唐·加西亚（Dom Garcia）命名了最大的岛屿（后来被称为迪戈加西亚岛）（Romero-Frías 2003，19；Scott 1961，34；Forsberg 2005，4–5）。

不仅马尔代夫的商人在这个地区成了被遗弃的人，在马斯卡伦哈斯的"发现"之后，查戈斯群岛也在两个多世纪里一直远离航线。然而，这些岛屿上不时有不幸遇难的水手，以及一些被困在此的欧洲航海家。尽管这些欧洲的航海家们试图避免搁浅在这里，但仍旧被困在世界上最大的珊瑚环礁——大查戈斯浅滩（Great Chagos Bank）危险的暗礁、浅滩和浅水区。这些事件导致该地区名声不佳，成为殖民地航运的一大隐患（Forsberg 2005，5–6；Scott 1961，40–41；Selvon 2012，397）。因此，在接下来的两个世纪里，这个群岛发展成为一个"非中心"，也就是说，它是在海难中偶尔出现的海洋环流的终点，这实际上把这个群岛变成了一个声名狼藉的岛屿世界。

从18世纪中期开始，在相互竞争的殖民列强眼中，这个群岛开始变得富有战略价值。这些无人居住的小岛在殖民地经济中可扮演的角色后来成为法国政界人士和官员们争论的话题。法国海洋政策发言人马埃·德·拉布尔多（Mahé de Labourdonnais）是法兰西岛（早期和后来的毛里求斯）的总督，他认为，对这些岛屿（以及其他战略港口城市）的控制以及在这些岛屿上引进人口将增强法国对印度洋的控制，从而成为法国控制印度的重要一步。18世纪40年代，他派

出考察队去探索塞舌尔群岛、阿德米兰特群岛、圣布兰登群岛（St. Brandon Group）和查戈斯群岛水域。另一方面，法国大陆政策发言人约瑟夫·F. 杜普利（Joseph F. Dupleix），是法国本地治里州的州长，他则认为这些定居点是不必要的。他对该政策感到不满，认为如果把重点放在法国对印度的控制上，将不可避免地让法国成为印度洋的主人。20 年后，英国人也开始绘制查戈斯群岛的地图。他们考虑将迪戈加西亚岛改造成印度航线上的补给站，该项目在启动后不久就因国防原因被叫停（Scott 1961，20，53 - 54；Stoddart 1971，210；Edis 1993，24 - 27）。

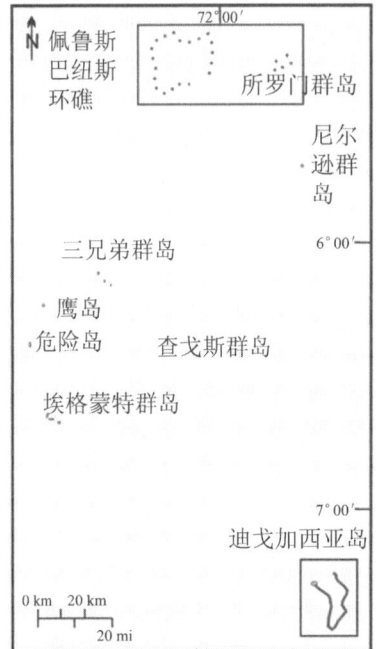
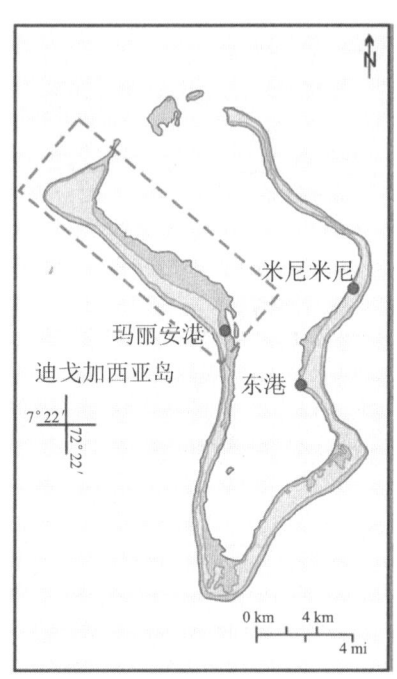
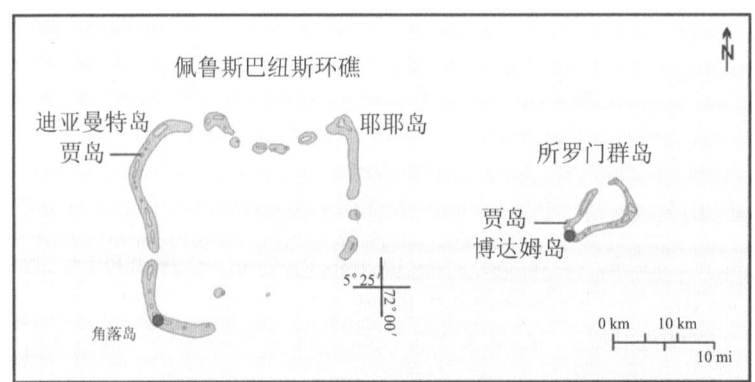

图 9 - 1　查戈斯群岛岛屿地图

18世纪末期之前，法兰西岛已经成为印度洋的一个战略中心，法国海盗船在这里袭击了驶往好望角的英国船只（见 Schnepel 2014）。1793 年，当该岛受到英国封锁时，一个特殊的战时市场发展起来，这对查戈斯群岛产生了关键影响。当时，这座法属岛屿上充斥着奢侈品，但维持日常生活的基本产品却寥寥无几。这导致了当地用于烹饪和照明燃料的石油价格急剧上涨，而中立的美国商人从中获利颇丰。这一举动促使州长鼓励当地的糖业巨头把奴隶运送到查戈斯群岛和阿加勒加（Agalega）群岛，为法兰西岛提供稳定的干椰子肉和椰子油供应。事实证明，植物油生意是有利可图的，足以让一个人在阿加勒加群岛以及迪戈加西亚、佩鲁斯巴纽斯（Peros Banhos）、所罗门群岛、鹰岛、埃格蒙特（Egmont Atoll）环礁这六个岛屿上永久定居。因而，查戈斯群岛和阿加勒加群岛被称为"石油群岛"（Scott 1961，96 – 97；Edis 1993，32）。

不久，英国开始攻击法属西印度洋岛屿殖民地，逐渐占领印度洋（Alpers 2013）。1794 年，在塞舌尔的法国殖民者向英国投降。1810 年，在英国占领罗德里格斯和波旁岛（后来的留尼汪）后不久，占领法兰西岛的法国殖民者也放下了武器。1814 年的《巴黎条约》正式将毛里求斯割让给英国，并将波旁岛归还给法国。查戈斯群岛因此成为英属毛里求斯的属地。

法国投降者被给予了慷慨的条件，这意味着至少在 1835 年废除奴隶制之前，地方层面的变革并不明确。自此以后，查戈斯群岛的契约劳工从英属印度进口，以保持其像毛里求斯一样的生产能力。然而，与其形成鲜明对比的是，在那里获得自由的奴隶大量逃离当地的甘蔗种植园，而来到"石油群岛"的新移民似乎与获得自由的奴隶一起融入了当地的种植园经济。其部分原因在于，即使在最严酷的劳动制度下，当地工人在这些非常小且偏远的岛屿上受到剥削的程度可以与当地的权势相互制衡，因为劳动者的数量远远超过了当地管理层的人员数量，而在这里国家和其他政府机构基本上都不存在（见 Bourne 1886，389 – 390）。

1965 年 11 月 8 日，在毛里求斯获得独立的两年多以前，英国政府创建了英属印度洋领地（BIOT）。根据议会的命令，查戈斯群岛实际上与后来的毛里求斯共和国［即毛里求斯群岛、罗德里格斯群岛、阿加勒加群岛、圣布兰登岛，可能还有特梅林（Tromelin）岛］[2] 分隔开来，以便在其最大的岛屿迪戈加西亚上建立英美联合军事基地。最初，同样属于塞舌尔的法夸尔（Farquhar）群岛、德斯罗彻斯（Desroches）群岛和阿尔达伯拉（Aldabra）群岛也被重新划分为英国的新殖民地。为提升塞舌尔总统候选人詹姆斯·曼查姆（James Mancham）的声誉，在英国人的支持下（Houbert 1981，84），但在 1976 年塞舌尔获得独立时，这些岛屿全部被释放。自 1980 年以来，在国际社会的广泛支持下，历届毛里求斯政府都声称查戈斯群岛属于毛里求斯。它们指出，英国这一做法违反了《联合国 1960 年关于给予殖民地国家和人民独立的 1514（15）号宣言》以及联合国的一些决议。1992 年，经修正的毛里求斯宪法也明确规定查戈斯群岛为毛里求斯领土。事实上，除了英国和美国之外，没有哪个国家承认英属印度洋领地，但是几乎没有其他国家有意愿和力量来做很多事情——当然包括毛里求斯。毛里求斯的出口经济长期以来依赖于其获得进入欧美市场的优惠准入政策（Johannessen 2014，70-74，128-132）。

很少有例子能比这一案例更符合土地掠夺的概念，尽管"岛屿掠夺"一词（包括保留和归还岛屿的权利）可能更为精确。在1965年至1973年期间，英国将查戈斯的所有居民驱逐出查戈斯到毛里求斯和塞舌尔。议会发布了新命令，将他们回到查戈斯的行为定为犯罪。那时，"石油岛屿"上的椰子产业已经运作了近两个世纪之久。

9.2 互联互通性和分离性：一个新兴的枢纽

查戈斯群岛在其殖民时期能否被描述为一个枢纽是值得怀疑的。在美国军队到来之前，查戈斯群岛的总人口似乎从未超过1500人（Johannessen 2014，58）。在20世纪30年代中期，每年只有2-3次，船只会带着补给品抵达毛里求斯，然后带着干椰子肉、椰子油和其他一些产品返回。此后，汽船开始每季度到达一次。20世纪30年代中期，除了公司将工人转移到其他岛屿以外，当地居民在不同岛屿群之间旅行的情况也不常见。当时，该群岛最西端的三兄弟岛、鹰岛和埃格蒙特环礁的生产也被终止。从南部的迪戈加西亚岛到最北部的佩鲁斯巴纽斯环礁和所罗门群岛的环礁，有超过200千米的广阔浅洋。不过即使是在后两个岛屿群之间的50千米的距离内，乘坐一艘用于在不同环礁内航行的小型皮洛格（当地船只）航行也是一次冒险。因此，这些公司的船只也是群岛不同岛屿或主要岛屿定居点之间的主要交通工具，这些岛屿在椰子贸易中充当着小中转站的角色（Bourne 1886，387-389；Scott 1961，26；Vine 2009，33-34）。

文献和各种网站上经常提到另外三个例子以突显这些岛屿的孤立性。首先，岛上与世隔绝，加之普遍认为当地盛产的龟肉可以治愈麻风病，因此法国人将其中一些岛屿变成麻风病聚居地，这种做法一直持续到19世纪30年代。其次，所谓的"暂时的加煤站"却是一个例外。1869年苏伊士运河开通，人们发明了可以独立于风和洋流航行的蒸汽船，查戈斯群岛突然发现自己置身于一条欧洲移民前往澳大利亚的新航线中间点上。据报道，当19世纪80年代在迪戈加西亚岛上建立了两个加煤站时，这个群岛目睹了前所未有的"外部世界的入侵"（Edis 1993，47）。然而，在"与现代世界的短暂接触"（Edis 1993，51）之后，这些加煤站在10年内就关闭了（Bourne 1886；Scott 1961，169-178；Forsberg 2005，24-26）。最后，1920年5月25日，一名《泰晤士报》记者报道查戈斯群岛称"没有外部世界的忧虑和麻烦"。他以6年前发生在那里的一件事证实了他的观察：1914年，因为第一次世界大战爆发的消息尚未传到这个大英帝国非常偏远的前哨地，德国军舰"埃姆登号"（Emden）在该岛受到欢迎，人们为它修理、补给（Edis 1993，52–55；Stoddart 1971，214）。这些典型的例子强调了一点：查戈斯群岛及其居民与外部世界的联系并不紧密；事实上，他们与外部世界非常隔绝。

尽管这些岛屿与外界的联系受到如此的限制，而且在许多报告中都强调了这一点，但这些岛屿在很大程度上仍然是由它们的全球互联互通性所定义的。早在18世纪80年代，英国人就试图在迪戈加西亚岛上建立一个补给站，从孟买运来了一船船的土壤，当然也包括各种各样的外来物种。1837年，费尔法克斯·莫尔塞比（Fairfax Morseby）船长从锡兰引进了马拉巴尔山药和面包树。他还绘制了当地的珊瑚礁地图，这使著名的生物学家查尔斯·达尔文（Charles Darwin）能够在他的珊瑚礁形成研究中广泛地讨论它们（Sheppard 2013，224）。这些岛屿的人口增长多来自于殖民战争的结果，战争的范围远远超出了海洋，来自不同地方的人选择在此定居下来，包括来自马达加斯加、莫桑比克、坦桑尼亚、肯尼亚和塞内加尔的奴隶，以及后来的印度契约劳工。麻风病人从其他地方带来了疾病。他们的建筑与法国其他殖民地的建筑很相似，当地的法国管理者在来访的传教士的帮助下，成功地使当地居民皈依了天主教。此外，当地的制糖业融入帝国经济巨大的经济体系中，确保了石油和鸟粪（肥料）等关键物资的供应，这些物资来自毛里求斯这个快速发展的岛国腹地[3]——事实上，毛里求斯到1865年已成为大英帝国最大的糖类供应国。他们生产的一些椰子产品出口到欧洲和其他地方，而椰子肉在世界市场的变化也影响了这些偏远岛屿。例如，欧洲对加工石油征收了进口税，椰子肉取代椰子油成为该岛的主要出口产品。由于第一次世界大战期间世界对甘氨酸和人造黄油的高度需求，椰子肉投机贸易泛滥，导致了1920年椰子肉在世界市场上的价格暴跌（Hanning 1931；Heersink 1999，184–191）。因此，即使在20世纪中期查戈斯群岛发生重大变革之前，这些岛屿在很大程度上是由它们所拥有的国际联系所塑造的。例如，麻风病人殖民地的例子——查戈斯群岛在把人和疾病从海外带来的过程中发挥了重要作用，战争蔓延到这里的例子——甚至包括在殖民中心登上报纸头条的船只，由索马里和毛里求斯工人经营的加煤站，以及前往澳大利亚的欧洲移民和前往麦加的爪哇朝圣者——实际上是这个偏远地区历史上连通的有力证明，而不是仅仅体现了孤立或隔绝。

具有讽刺意义的是，消息人士还指出，在其主权从法国移交给英国之后，查戈斯群岛成为印度洋奴隶贸易的中心。为了防止这种疾病传播到其他奴隶身上，当议会承诺为废除奴隶制度补偿奴隶主时，法裔毛里求斯人将他们的麻风奴隶抛弃在这个地区。1807年《反奴隶贸易法案》本应在英国接管后生效，但在该法案通过后，新奴隶显然也从东部运来。由于英国把印度洋划分为不同的管理区域，奴隶贩子可以在东经60度以东，就是在毛里求斯以东进行更为和平的活动。毛里求斯不隶属驻扎在好望角的皇家海军指挥，而是受驻扎在印度的皇家海军管控。特别是从19世纪初期开始，当开普中队在非洲海岸加强对非法奴隶贩子的拦截时，奴隶价格上涨，奴隶贩子转向东部的奴隶市场，比如苏门答腊岛西北海岸附近的普洛尼亚斯岛（Pulo Nyas）。查戈斯群岛后来被用作奴隶贩子把马来奴隶运到西部的中途站或补给站。从这里运输奴隶的便利之处在于奴隶在殖民地不同地区之间的运输仍然是被允许的。在那些日子里，查戈斯群岛、塞舌尔群岛和毛里求斯并不是独立的殖民地。然而，这种贩运奴隶的活动在查戈斯群岛的界定尚不明确。有些案件已被记录在案，但由于活动的阴暗性质以及这些岛屿与官方行政当局之间的距离很远，原始资料很少（英国外交部1829，445；Taylor 2000；Allen 2014，158，180；Campbell 2004，41）。

在英属印度洋领地建立前，印度洋将查戈斯群岛和毛里求斯定期连通起来，尽管并不频繁。与此同时，海洋也把他们分开，使他们的居民在一年中的大部分时间里，即使是在不同的岛屿群中，也相当孤立。尽管如此，这些岛屿在很大程度上是由它们与全球的联系所界定的，正如侯伯特（Houbert）在谈到毛里求斯整体时所写的那样，这些岛屿"完全是由殖民主义造成的"（Houbert 1981，104）。在这一时期，查戈斯群岛变成了各种流通的小中心，也许很小，甚至有些中心很短暂，但它们并非无足轻重，而是全球经济发展的结果。20世纪70年代早期，随着种植园的关闭、查戈斯居民被驱逐出境，这些岛屿被建成为另一种特殊的中心。据报道其广泛地区域性影响在很大程度上得益于在同一群岛内没有其他类型的中心。

9.3 军事中心

查戈斯群岛的战略意义可以追溯到18世纪80年代，当时英国驻孟买办事处接到伦敦的命令，要加强迪戈加西亚岛的防御。但是，在他们发现这个小岛缺乏合适的建筑材料后，就放弃了这个计划，并得出结论——一艘军舰就可以轻易地控制这个非常平坦的小岛（Forsberg 2005，12-13）。虽然德国和英国军舰在第一次世界大战期间访问了这些岛屿，但这一时期的影响主要集中在社会经济方面。第二次世界大战期间，英国皇家空军海岸司令部为应对日本咄咄逼人的军事扩张，在迪戈加西亚岛建立了一个小型武装飞艇基地，该基地位于阿都环礁（Addu Atoll）的马尔代夫干岛（Gan）以南约700千米处。[4]这一决定很可能也是受到1939年第一架飞越印度洋的飞机的启发〔或者是受到乘坐美国石油大亨理查德·阿奇博尔德（Richard Archbold）驾驶的古巴号飞艇从澳大利亚的黑德兰港（Port Hedland），经由科科斯岛、迪戈加西亚岛和塞舌尔群岛到蒙巴萨的"列岛游"的启发〕。该飞机还研究了在潜在敌人的领空外建立一条帝国航空储备航线的可能性，该航线可以在4天内连接澳大利亚和非洲（Loader and Donaldson 2006；《海峡时报》1939年4月9日；1939年7月16日；1940年7月14日）。然而，与查戈斯群岛在21世纪下半叶经历的变革相比，这种军事发展是微不足道的。

1964年，美国政府决定在迪戈加西亚岛上建立一个基地。这个V形环礁在印度洋中部提供了一个完美的海港，很适合建设基地。它是位于东非、中东、南亚和印度尼西亚之间的战略要地，而且，在中东石油供应方面具有相当大的战略价值。这一决定也是在受杜鲁门主义和所谓多米诺骨牌理论影响的冷战背景下作出的，当时美国军方的注意力和干预已经转移到当局政府和革命团体拥护共产主义的国家，如苏联、中国、朝鲜、越南和印度尼西亚。因此，这一决定不仅仅是根据这些岛屿的地方特点作出的。事实上，这是美国更广泛的全球军事战略的一部分。20世纪50年代，美国当局还担心，当欧洲盟国从它们的殖民地撤出时，它们在海外的军事存在为了保护至关重要的经济利益，将受到民族主义浪潮和新独立国家不可预测的来自政府的威胁。因此，五角大楼制定了后来被称为"战略岛概念"的政策，这是一个全球性的网络，由驻扎在战略小岛上不受当地政治约束且相互关联的美国军事基地组成（Vine 2009）。英国当局当时已经在讨论从苏伊士以东撤军的问题了，他们对此是可以接受的。为了换取价值1400万美元的核武器计划的秘密折扣，他们在1965年建立了英属印度洋领地——这个摇摇欲坠的帝国最后的殖民地，由散布在印度洋岛屿世界的小环礁组成。

自那时起，已有数百万美元用于投资扩建这个英美联合岛屿基地。迪戈加西亚岛现在是美国最重要的海外军事基地之一。它作为一个卫星跟踪站和海军支援设施港，对在印度洋和波斯湾作业的军事单位起到了关键作用。它为美国军方提供了一个港口，可以容纳由30艘舰船和核潜艇组成的飞机整装部队，以及一个3.7千米长的机场，前往中东的重型远程轰炸机可以在这里起降。根据美国负责政治和军事事务的助理国务卿在2000年签署的一封密信，该岛独特的孤立状态使其免受监视、监听和电子设备的干扰，该基地现在成了一个"几乎不可或缺的平台"，其中心地位"会确保增加美国和英国的安全利益"（Newsom 2000）。[5]这不仅仅指与基地组织或伊斯兰国等有关联的网络，也关系到伊朗、伊拉克和阿富汗等国的事态发展，此外，这也与至关重要的印度洋海上航线有关，世界上超过三分之二的石油运输（亚洲近75%的石油需求来自海湾地区）、一半的集装箱运输以及全球三分之一的散货运输都是在这条航线上进行的（Ladwig III et al. 2014）。

印度洋上的迪戈加西亚岛确实可以被理解成为一个军事中心。拉德韦格三世等人（Ladwig III et al.）（2014，141）将其描述为"向该地区投射权力的枢纽"，这一提法很好地描述了其功能，但没有直接描述其作为枢纽的要素。在这里，大约有1700名美国军事人员，大约50名英国士兵，以及大约1500名来自菲律宾、斯里兰卡和毛里求斯的平民合同工往返于此。环礁被用作引渡航班，关押被中情局在"9·11"事件后实施绑架和酷刑计划的嫌疑人（《卫报》2014年12月13日，2015年1月30日）。根据桑德（Sand）（2009，39）的说法，来访的携带核弹头的盟军舰艇在此住宿被认为是该设施的"正常使用"。除了通过当地卫星跟踪站提供信息外,还有大量的飞机、军舰、潜艇和其他各种军事设备往返于看似孤立的这个海岛,别忘了还有无数的炸药,这些炸药是从国外进口的,后来被 B-1 和 B-52(后者是美国最大的轰炸机)等远程轰炸机用于投掷中东的各种目标,这些轰炸机能够在 12~15 小时往返于阿富汗北部。从这个角度来看,在 1991 年的沙漠风暴行动中,迪戈加西亚海军基地是美国唯一发动空袭的海军基地。此外,在随后的反恐战争中,"迪戈加西亚机场向阿富汗塔利班和基地组织投下的弹药比任何其他基地都多"[6]。

因此,对美国来说,迪戈加西亚是一个重要的军事中心,为亚洲、非洲和中东地区提供船只和空中力量。作为一个前线补给站,它向冲突地区附近预先部署的船只提供情报和关键用品。然而,这些船只不仅仅是通信工具。在迪戈加西亚基地上作业的航母应该被理解为基地本身移动和高度灵活的延伸。迪戈加西亚岛可以说是一艘在海洋中永不沉没的航空母舰,它当然是静止不动的,但对于临时的喷气式战斗机来说,它却比较遥远。如果临时战斗机在中东等地执行任务,燃料的消耗量将超过它们的运载能力。作为一个为此类船只提供补给的前线作战中心,这个军事中心在该地区的实力得到了极大的扩展。随着西方对该地区(尤其是中东地区)政治发展的解读,对迪戈加西亚岛设施的投资和扩建有所增加,但群岛的其他岛屿已被完全遗弃。自从最后一个椰子种植园于 20 世纪 70 年代早期停止运作,这些岛屿已经变成了一个群岛隔离带,一个没有人有居留权的军事缓冲区。

9.4 查戈斯人与外界的连通

美国军队的到来也使查戈斯群岛变成了一个新家园,新出现的移民以这里作为主要居住地。原住民被驱逐,被迫在其他印度洋岛屿上开始全新的生活。对他们来说,居留权很快就会发展成为一个主要问题。

在他们被驱逐的时候,多达 2000 人在查戈斯群岛已经有了相当长的生活和工作历史。许多人可以把他们当地的家族史追溯到好几代以前。虽然大部分原住民迁往毛里求斯,但大约有 500 人最终抵达塞舌尔。今天,他们的跨国群体有 8000 多人。他们中的很多人已经移居到欧洲和其他地方,尤其是在 2002 年获得英国公民身份后部分人移民到英国(Jeffery 2011)。在很大程度上,一个对查戈斯群岛具有强烈起源感和归属感的查戈斯移民群体已经发展起来,他们为争取补偿和遣返权利而进行不懈的政治斗争,其组织也日益完善。

这个群体的成员将这种斗争的起源追溯到 1973 年他们抵达路易港的时候。在竖立着纪念他们被驱逐的纪念碑之地,在被告知没有为他们作出任何安排后,人们拒绝下船,从而举行了第一次抗议。人们发现自己被抛弃在码头上,在一个新近独立的国家里,没有食物、工作、住房或相关的工作技能,而这个国家社会动荡，失业率也很高。在随后的几年里，人们流落街头，家家户户忍饥挨饿，因当地放债人为他们设定的高利贷而负债累累。一些人吸毒、酗酒或小偷小摸，许多妇女被迫卖淫。根据当地的一项调查，到1975年，至少有44名查戈斯群岛居民死于贫穷，11人自杀，约16人接受精神治疗。在一系列请愿和绝食抗议之后，英国才在1978年和1982年对毛里求斯1344名查戈斯群岛居民和儿童发放了两笔补偿金，分别为65万英镑和400万英镑。这些进程在很大程度上得到毛里求斯迅速发展的马克思主义反对派运动成员的支持，他们也同时反对英美在查戈斯群岛的活动。除了策划示威游行及指责毛里求斯当局的配合外——包括接受300万英镑以及在毛里求斯独立前分割查戈斯群岛，毛里求斯战斗党（MMM）的核心成员还帮助被驱逐的岛民与毛里求斯和英国当局进行谈判。然而，被驱逐到塞舌尔的家庭从未得到任何补偿（Botte 1980；Sylva 1981；Madley 1985；Walker 1986，20-37；Dræbel 1997；Harveyet al. 2009；Vine 2009，126-164；Johannessen 2010；Jeffery and Vine 2011；Jeffery 2011，23-30）。毛里求斯的大多数查戈斯人仍然居住在毛里求斯社会最贫穷的地区。许多人仍然负债。2004年，笔者在毛里求斯进行了第一次实地考察，在查戈斯群岛出生的人中，至少40%的人仍然不会写自己的名字（Johannessen 2004，119）。此外，由于失业、就业不足、酗酒和其他物质的滥用以及一些与贫困有关的难题仍是急需解决的问题，这两笔来之不易的补偿显然不足以使他们摆脱贫困。

与此密切相关的是，对于许多查戈斯人来说，查戈斯群岛已被想象成天堂岛。这在一定程度上与他们的天主教信仰有关，因为他们生活的重要方面都是通过流行的圣经寓言来传达和理解的，其中包括花园的寓言（见《被驱逐之前的查戈斯》）和摩西的故事（参阅《查戈斯人的政治领袖》），摩西带领他的人民走出流放，漂洋过海来到应许之地。这些都是假想的孤立主义的重要来源（见Schnepel，本书第一篇），这在他们的政治斗争中具有非常重要的意义。然而，他们以查戈斯群岛作为天堂的文化取向大多与毛里求斯的主岛有关。在很大程度上，查戈斯群岛可以理解为毛里求斯主岛的一个镜像（Johannessen 2014，166-177），也就是说，反映了这个岛上的生活以及这个岛本身，这有助于将分散的查戈斯群岛汇集到一个地方。查戈斯人通常会记得他们的祖国是一个极其富饶和平的地方。然而在对家园进行了丰富多彩的描述之后，紧接着是关于毛里求斯生活差异的评论和故事。此外，反转的叙述顺序也很有特色，这有助于解释查戈斯群岛是如何出现并被称为天堂的：当查戈斯人在毛里求斯遇到问题和困难时，故乡的记忆似乎就会被触发。查戈斯群岛经常被认为是一个理想的地方。也就是说，当查戈斯人贫穷、失业、因种族被歧视、生病或者有朋友或家人陷入困境时，仍觉得这些岛屿是一个"我们不需要钱""有32种不同的工作""所有人都像一个大家庭""没有人生病""没有毒品""容易捕获很多新鲜食物"等的地方。毛里求斯和查戈斯群岛是互相联系、高度相关的。查戈斯人经常会说"查戈斯是不同的"。在他们的记忆中，这些岛屿已成为一个由有限的问题和主题组成的地方，这些问题和主题被认为是毛里求斯所独有的问题，只不过顺序相反，查戈斯群岛是一个天堂岛。这样，他们伊甸园般的家园，连同对这个深蓝色岛屿世界的渴望和归属感，在日常生活中产生和再现。在毛里求斯社会边缘，被驱逐的查戈斯人生活、抗议并缅怀自己的过去，他们普遍将毛里求斯描述为地狱。

毛里求斯和查戈斯群岛之间的这些联系是值得分析的，而且它们的联系超出了查戈斯人自己的概念化。笔者在 2004 年和 2006 年对毛里求斯的实地调查中发现，许多当地人解释说，在查戈斯群岛，一位妇女生完孩子后，总是将脐带埋在她家附近的地下。确切地说，为什么要这样做现在看来并不重要，而且，如果它曾经具有文化意义的话，其原因似乎在很大程度上被遗忘了。然而，在毛里求斯这一长期被中断的做法现在具有了新的意义。现在，许多人把这个模糊的身体部位（一个高度象征性的东西，在身体上连接着母亲和孩子，进而连接着几代真实和虚构的亲属和家庭）描述为埋在"祖国""土壤"中的"小根"。2004 年在毛里求斯，在一位查戈斯人的家中进行了一项参与性观察，这位查戈斯人的母亲在大约 40 年前将他的脐带植入了佩鲁斯巴纽斯环礁，他解释说："查戈斯是母亲——是祖国。""然而，由于被驱逐，查戈斯人现在已与母亲分离。"他认为这与脐带被切断后母子之间仍然持久的特殊关系十分相似，他还说："但这种联系仍然存在！"

尽管如此，一种深刻的与祖国的分离感明显地反映在查戈斯人经常使用的"背井离乡""悲伤"等词汇中，他们经常会用这些词汇来描述与故土和埋葬在那里的祖先分离，以及遭驱逐后的家庭分崩离析等问题（Johannessen 2014，177 - 189）。当谈到如何应对与亲人的疏离时，笔者发现一些被采访者想出了非常有创意的方法来与印度洋对岸的朋友和家人保持联系。例如，在一次采访中，一位住在路易港郊区，名叫安妮（Anne）的查戈斯老妇人突然大叫："啊——伯纳黛特（Bernadette）！"伯纳黛特是住在塞舌尔的查戈斯人，她在去孟买的途中买了三个一模一样的闹钟，一个送给安妮，一个送给毛里求斯的政治领袖，最后一个留给自己。"我们过着同样的时间，"安妮解释说，"闹钟铃一响，我就想起了她。"闹钟同时在三个房子里响起。由于伯纳黛特和安妮生活在不同的岛上，他们的接触一直受到限制。然而，通过这种创造性的方法，跨越海洋的联系得以保持，不是通过居住在同一个岛屿空间，而是通过居住在同一时刻。当然，现在更便宜的新型通信技术促进了生活在印度洋不同岛屿和更远地方的查戈斯，包括迪戈加西亚，亲戚和朋友之间的联系。2006 年，在查戈斯人多年来反对明显的系统性就业歧视之后（Emileien 2003），三名查戈斯人首次得以在美国军事基地获得工作。安妮的儿子是为数不多的幸运儿之一，但她也很遗憾，这片大海又会让她和家人分开好几个月。这让她想起在 1965 年，她曾独自一人前往毛里求斯，在一家正规的医院生下孩子。在那之后，她在售票处被告知："你们的岛已经卖了，你们没有权利再回去了。"然后，她错过了妹妹的葬礼，她的妹妹"死于过度悲伤"，因为她在等安妮回来的时候拒绝吃饭。因此，要让安妮完全理解她儿子的新工作是困难的。她说道，这种分离的回忆又重现脑海。但她解释说，与当时不同的是，虽然时间受限，她的儿子现在可以不定时地从美国军事基地通过电话与她联系。

由于这种联系以及他们政治活动的持久性，查戈斯人逐渐形成了一个日益紧密联系的跨国散居群体，他们有明确的民族身份，对原来的家园心中有着强烈的依恋。有趣的是，这种自我认知在早期并不占主导地位。事实上，"查戈斯人"一词是在20世纪90年代查戈斯群岛的人民把他们的政治斗争上升到国际水平之后才产生的。1982年，查戈斯群岛居民获得第二批补偿的同一年，毛里求斯激进运动党当选为执政党，该党派曾支持并致力于将抗议的查戈斯群岛居民纳入更广泛的反种族运动。然而，该党在执政不到一年就分裂了，这为连续几届新自由主义联合政府的新时代铺平了道路。随着当地对他们的关心日益减少，被驱逐的岛民把他们的斗争带到了国外，首先他们在联合国声称自己是查戈斯本地人，然后转到英国和美国的法院寻求进一步的赔偿和遣返的权利。斗争呈现出一种民族政治的转变，正是在这一进程中，被驱逐的岛民在毛里求斯一名律师的协助下阐明了查戈斯人的概念（Johannessen 2010）。在此之前，他们被称为"Ilois"，意为岛民，这是一个高度贬义的称呼，意为落后、不文明、野蛮等，这种称呼使他们有别于毛里求斯人——尽管毛里求斯本身也是一个岛屿，或者实际上也是一个群岛（Collen 2002）。随着他们新命名的诞生，一个明确的少数民族群体在概念上把英属印度洋地区边界内分散的小岛连在一起，有效地融合了这些不同的岛屿群，并排除了其他的岛民，例如来自阿加勒加石油群岛人。20世纪50年代曾访问过查戈斯群岛的毛里求斯总督罗伯特·斯科特（Robert Scott）爵士指出，查戈斯群岛的岛民对特定的某个珊瑚岛有强烈的归属感，而不是整个群岛（Scott 1961，23，26），查戈斯人现在称自己的居住地是一个单独的地方，甚至是一个单独的岛屿。例如，2006年笔者在毛里求斯进行实地考察时，在不同的场合中，许多查戈斯人都穿着他们的政治组织分发的T恤，上面印着"查戈斯群岛：一个民族，一个岛屿，一次斗争"的大字。因此，从这场政治斗争中，查戈斯人民为其跨国群体创造了一种新的群岛/岛屿特征。在这个过程中，巨大的查戈斯群岛内不同的珊瑚岛被合并成一个地方。

从目前所提出的各岛屿之间的联系来看，人们仍然会质疑查戈斯群岛是否为查戈斯人的中心和枢纽，因为查戈斯群岛上的所有居民都已被驱逐在外，除了少数例外，大部分人现在仍然不准返回那里。然而，它在很大程度上是一个想象中的中心，这种想象在他们的政治努力中起到了非常重要的作用，查戈斯人努力把这个群岛变成事实上的家园。至少，它是一个潜在的中心，甚至可能是未来想象力的中心，其当代意义有助于连接和融合印度洋内外的数千人。应该强调的是，这个未来的想象中心有助于发展散居在外的查戈斯人与其支持的政党、律师、学者和国际非政府组织之间的联系，使查戈斯人不要忘记其在国内外的政治对手。

最近，查戈斯人也设法通过朝圣的方式在岛上建立了某种自主性的存在形式。2006年3月，英国和毛里求斯当局首次为100名散居海外的毛里求斯人组织了一次对查戈斯群岛的人道主义访问。查戈斯人随后抓住机会反对英国版的历史，因为英国版的历史为了规避国际法，将当地居民描述为移民合同工，他们不会被驱逐，而只是回到他们假定的毛里求斯和塞舌尔的发源地。因此，查戈斯人重新定义并踏上了这一旅程，不是作为一次访问（这将与他们的对手的历史论点相一致），而是作为对领土起源最有力的象征性朝圣：找寻他们自己祖先的墓地和坟墓。通过这种方式，他们改变了这些岛屿之间的运作方式，并根据英国政府试图规避的联合国决议，宣布自己具有这样的资格。在他们离开之前，英属印度洋领地专员一定已经考虑了查戈斯人的战斗历史，他呼吁"一次冷静而有尊严的访问"，并宣布未来的访问将取决于这次旅程的结果（《毛里求斯人报》，2006年3月29日）。他没有失望。从那时起，一种新的传统被建立起来。允许新的查戈斯人群体在曾经驱逐他们并继续占领他们称之为家园的列强的帮助下，进行短途旅行以照料这些坟墓（Johannessen 2011；2014，290，323）。

9.5 生态热点

1971年，英国政府颁布了《英属印度洋领地移民条例》，将未经特别许可进入或居住在该领土的任何行为定为犯罪。自20世纪90年代以来，查戈斯诉讼人在英国法庭上对这项条例的合法性提出了质疑，并取得了暂时的成功。但在2008年，英国上议院推翻了此前的所有判决，维持了英国政府的立场。因此，这些岛屿在相当长一段时间内都是禁区——只有某些精英，比如环境科学家等可以进入。

显然，作为一项预防措施，在上议院作出最后判决之前，英国当局发布了反对查戈斯重新定居的可行性研究结论：全球变暖可能引起自然灾害，甚至对低洼的环礁带来危险。洪水、地震和缺乏淡水可能威胁生命。甚至有人认为，人类在这些脆弱的环礁上的定居会加速全球变暖。[7]

这些研究很快就遭到了严厉的指责。顾问们声称，政府操纵了结果。其他人则指出了相当多的悖论：这些热带岛屿是地球上最潮湿的地方之一。原住民已经居住了两个世纪，现在居住的人口是曾经居住在那里的人口的三倍——都位于迪戈加西亚的西部。此外，美国也没有搬迁基地的计划，而基地本身带来了最大的环境风险。除了储存在该地区的爆炸装置外，还有数千棵树被推土机铲平，为基地让路。盆地被疏浚，珊瑚礁被炸开，泻湖变成了可运作的港口。大量的垃圾填埋场和外来入侵植物物种从马来西亚进口，当地珊瑚被炸毁并被广泛采集用作建筑材料。数百吨的人类生活污水和废水被排入泻湖，自20世纪80年代以来，记录在案的燃油泄漏量不少于450万升（Curtis 2003，429；Sand 2009，51-56；《时代在线》，2010年4月22日；《独立报》，2014年3月18日）。

现在，环境问题已经在政治对话中占据突出地位，但阅读相关的历史就会发现，相关的"绿色"政治论证已经存在了相当长的时间。[8]在罗伯特·斯科特（Robert Scott）爵士1961年出版的重要著作《利莫里亚：毛里求斯较小的属地》（*Limuria: The Lesser Dependencies of Mauritius*）中，毛里求斯总督详尽地描写了查戈斯群岛居民的生活和劳作。然而，他也倾向于把这些遥远的殖民"他者"限制在他们当地的岛屿环境中，就像他强调的，"环境的影响是自然的原因。这些岛屿形成了自己的社会……我们已经打下了根基，正如我们希望在后面的章节中会出现的那样，一个特别适合这些岛屿的社会已经发展起来了"（Scott 1961，27）。几年后，当所有的原住民都被驱逐时，英国官员却决心做相反的事情，即否定这种根深蒂固的、与世隔绝的、"他者"的殖民建筑。这条证据来自于英国1966年与美国外交部常务副部长保罗·戈尔（Paul Gore）的解密交换笔记，双方都达成了一个共识："这次演习的目的是得到一些仍然属于我们的岩礁。除了海鸥以外，没有任何原居民还没有成立委员会（妇女地位委员会不保护鸟类权利）。"在同一份文件中，他的继任者、英国外交官丹尼斯·格林希尔（Denis Greenhill）援引了一些虚构人物的经历，证实了他的策略和隐喻："不幸的是，和这些鸟一起出现的还有一些'人猿泰山'和'星期五男人'（小说《鲁滨逊漂流记》中的主要人物之一，意为忠实仆人或助手，译者注），他们的起源不详，但人们希望他们能去毛里求斯"（Pilger 2006，30）。对这些解密的外交部文件进行逐字逐句的解读，已经成为查戈斯的支持者们最喜欢的关注点，这也为他们自己的论点提供了证据，即这些岛民确实是"土著"。当然，这与查戈斯人自己的种族政治，以及他们精心设计的"被驱逐出家园类似于连根拔起的绿色植物"这一隐喻是相辅相成的。

考虑到政府的可行性研究，英国的查戈斯支持者发起了一场名为"让他们回来！"的公关活动，并发表了他们自己的重新安置报告。报告在2008年的结论是，没有任何环境或经济原因阻碍人们在这些岛屿重新定居。除了控制捕鱼业、生态旅游和生物柴油的生产，这些岛屿的原住民还可能最能适应气候变化：如果接受环境心理学家的培训，他们就能维持自己作为环境保护者的生活（Howell 2008）。[9]

当败诉的查戈斯当事人前往欧洲人权法院（ECHR）时，这种新的环保策略产生事与愿违的后果。在各种官方网站和许多文献中，查戈斯群岛的原始状态不仅受到了赞扬，而且还归功于军事的存在。查戈斯保护信托基金会（CCT）在其网站上宣布："查戈斯群岛与世隔绝，远离海洋贸易航线，这意味着它们和邻近的礁区享有异常纯净的环境，不受通常与人类活动有关的污染。"[10] 2009年，查戈斯保护信托基金会与皮尤环境组织（Pew Environment Group）一起发起了一场运动，在查戈斯群岛周围建立一个海洋保护区（MPA）（Stevenson 2010）。不到一年，英国当局发起了一场广泛的网络公开咨询，邀请公众投票支持或反对这样一个自然保护区，以及它应该受到多大程度的保护。不久以后，这个地区就被称为英国的大堡礁——一个生态热点和对于印度洋海洋生物至关重要的环境中心，对于大型鱼类迁徙到印度洋其他更暴露、更污染、过度捕捞的地区也具有重要意义。由于这一倡议在网上广受欢迎，英国政府于2010年4月建立了世界上最大的海洋保护区，面积达54.4万平方千米，完全禁止捕鱼、建筑、旅游等活动。如果查戈斯人重返群岛，他们将很难在不违反新规定的情况下维持生计。不出所料，这个军事基地被豁免了。

2015年，联合国裁定海洋保护区的设立是非法的。然而，在此之前，2010年维基解密公布了一份美国大使馆的秘密电报，记录了英国海外领地主管科林·罗伯茨（Colin Roberts）如何向美国官员提出建设海洋公园的想法。在提到欧洲人权公约的诉讼时，他承认英国政府"承受着压力"，要求允许重新安置移民，但他解释道，"环保游说团体比查戈斯人的支持者强大得多"，因此，"建立一个海洋公园实际上会使该群岛前居民的重新安置费用增加"（Tokola 2009；Zeijden 2011）。这与迪戈加西亚岛上的英属印度洋领地保护顾问、前政府代表 J. 托普（J. Topp）说过的话大同小异，他在 1996 年，也就是他成立查戈斯保护信托基金会 4 年后说过："保护环境是我们在印度洋获得信誉的唯一方式，而其他国家不希望我们这样做。"（Sand 2009, 56）

9.6 互联互通的、分离的与孤立/互汇的中心

本文介绍并讨论了以查戈斯群岛为中心的不同形式的互联互通与分离性。这些小岛在很大程度上是由在它们之间流通和不再流通的东西所界定的。然而，一个岛屿或一个群岛要想成为一个枢纽就需要在流通方面有一定的强度。在迪戈加西亚被军事化之前，查戈斯群岛没有形成这样的中心。然而，在20世纪60年代中期，查戈斯群岛经历了最戏剧性的转变，首先是一个岛屿掠夺的特殊案例，岛上的所有居民都被驱逐到毛里求斯和塞舌尔。

笔者在文中探讨了如何定义当今的查戈斯群岛三个不同的领域，所有领域都与连通性有关。毫无疑问，这个群岛已经发展成为美国政府的一个重要军事中心。其次，群岛也可以被看作是一个社会中心，对跨国查戈斯群体来说，他们渴望有一个非常重要的家园，因为他们的成员长期以来一直为在那里的重建与存在而奋斗。最后，群岛已被公认为一个重要的环境中心和生态热点，对海洋生物和大型鱼类迁徙到印度洋其他地区具有重要意义。后两者是否符合传统意义上的枢纽是有争议的，但它们至少是想象中的枢纽，对查戈斯群岛内外都有非常真实的

影响。因此，群岛可以被描述为在各个领域都非常活跃的枢纽。它在该地区投射军事力量，并在不同层面影响政治决策。它还连接着人们，影响着人们的想象力，并影响着远在其许多海岸之外的人们的生死。

从表面上看，这三种不同形式的（想象的）流通形式似乎是相互独立的。然而，从理论上讲，它们实际上是互融互汇在一起的。从战略政治幕后讨论这些不同形式（想象的和潜在的）流通之间的相互联系来看，它们彼此之间很可能是孤立的。为了维持和保护查戈斯群岛作为军事中心的地位，政府官员刻意支持和欢迎环保保护——这是一种非常矛盾的方式，很多环保主义者呼吁将该地区作为对印度洋海洋生物至关重要的不可或缺的环境中心（或"生态热点"）来保护。最终，这些岛屿在2010年被非法侵占，成为世界上最大的海洋保护区。这一令人困惑的"联姻"是由核动力的军事力量和环境保护者们精心安排的，目的是防止这些小岛也成为流亡海外的跨国查戈斯人的真正家园。

因此，保护这个军事中心的运动打着一种"绿色"的政治话语的名义，这种政治话语可以追溯到殖民时代（如果这个标签在这里有意义的话），当时英国官员把自己的殖民主义行为赋予了"绿色"标签，这让其他国家也变得根深蒂固、被动，同时把自己的权力归于岛屿本身，因为他们认为自己有能力塑造自己的社会。从此，与这些岛屿有关的新殖民主义政治的核心问题就是岛国的孤立性。针对英国通过将居民重新定义为自由流动的合同工群体，从而使驱逐显得合法的政策，查戈斯人和他们的支持者现在引用了关于根茎（一个复杂的植物学词汇）、祖国和脐带的隐喻。对被驱逐的查戈斯人来说，这个家园已成为一个天堂，家园的形象在很大程度上是毛里求斯所经历的问题的镜像。许多查戈斯人仍然希望在这里生活和工作，他们希望能成为这个环境中心的一员，成为自己环境的守护者，成为军事中心的工匠或清洁工。但一些人还对这些（想象中的）中心可能提供的就业机会不屑一顾，而且，由于不太愿意向造成如此多苦难的大国妥协。他们设想，被遣返的查戈斯人（无论是否在英国主权之下）在非军事化的家园中开始另一种岛屿生活。

本文所讨论的印度洋岛屿的例子表明，在理解小岛屿中心时，不同的行为主体寻求建立、保护或维持一个岛屿或一个地区作为一种特殊的中心所进行的努力和政治活动是非常重要的。这当然涉及权力，也可能包括相当大的妥协，甚至可以意味着欢迎和支持新的、不同的，甚至是相互矛盾的流通形式。显然，无论是真实的还是想象的，不同的枢纽中心可能在政治上相互关联。它们甚至可以相互竞争，这样，为了保护一个岛屿作为一种特殊的枢纽，新的流通形式就会受到欢迎和支持，并排除不需要的流通形式。在这种情况下，我们有必要去考虑一些当事人有权限定人和事物在不同地区之间的流通，并意识到这一点会对那些在占用区域、再占用区域、特定的区域（如岛屿）工作的人产生巨大的影响。

注释

1. 对于南部马尔代夫人而言,弗林特(Hoḷḷavai)(或标准马尔代夫语 Fōlavahi)是指整体上的查戈斯群岛。马尔代夫没有命名查戈斯群岛的不同岛屿(Romero-Frías 2012,190)。
2. 对特罗姆林岛(Tromelin)的主权与法国有争议。毛里求斯当局辩称,根据1814年《巴黎条约》,这座8平方千米的沙洲并未割让给法国。
3. 参见 Baldacchino(1989,2010,65-89)。
4. 水上飞机——带有船体的固定翼水上飞机,能够降落在水上,在二战期间被广泛应用于反潜巡逻和海空救援。由于其特殊的设计,水上飞机仍然常用于群岛的岛际运输。
5. 这封信是在原住民在英国法院提起法律诉讼,希望重新确立他们被遣返的权利的背景下写的。
6. 资料来源:www.globalsecurity.org/military/facility/diego-garcia.htm,2010年2月1日访问。
7. 在线资源:http://www.publications.parliament.uk/pa/cm200607/cmselect/cmfaff/501/501we16.htm,2009年3月10日访问。
8. 实际上,美国军方首先考虑的是莫桑比克海峡以北的阿尔达布拉环礁(Aldabra Atoll),但在保护主义者和环境科学家发起了一场保护当地海龟的大规模运动后,美国军方最终选择了迪戈加西亚岛(参见 Stoddart 1968)。
9. 在线资源:www.letthemreturn.com,2009年11月2日访问。
10. 在线资源:www.chagosconservationtrust.org,2009年9月5日访问。

参考文献

Allen, Richard Blair. 2014. *European Slave Trading in the Indian Ocean, 1500–1850: Indian Ocean Studies*. Athens, OH: Ohio University Press.

Alpers, Edward A. 2013. "On Becoming a British Lake: Piracy, Slaving and British Imperialism in the Indian Ocean During the First Half of the Nineteenth Century." In *Indian Ocean Slavery in the Age of Abolition*, edited by Robert Harms, Bernard K. Freamon and David W. Blight, 45–61. London: Yale University Press.

Baldacchino, Godfrey. 1989. "Managing the Hinterland Beyond: Two Ideal-Type Strategies of Economic Development for Small Island Territories." *Asia Pacific Viewpoint* 47(1):45–60.

———. 2010. *Island Enclaves: Offshoring Strategies, Creative Governance, and Subnational Island Jurisdictions*. Montreal: McGill-Queen's University Press.

Botte, Francise. 1980. *The "Ilois" Community and the "Ilois" Women*. La Reduit, Moka: University of Mauritius.

Bourne, Gilbert C. 1886. "On the Island of Diego Garcia of the Chagos Group." *Proceedings of the Royal Geographical Society and Monthly Record of Geography* 8(6):385–393.

Campbell, Gwyn, ed. 2004. *The Structure of Slavery in Indian Ocean Africa and Asia: Studies in Slave and Post-Slave Societies and Cultures*. London, OR: Frank Cass.

Collen, Lindsey. 2002. "What Exactly is 'Mauritius'?" In *Diego Garcia in Times of Globalization*, edited by Lalit, 147–155. Port Louis: Ledikasyon pu Travayer.

Curtis, Mark. 2003. "Diego Garcia: Removing People from History." In *Webof Deceit: Britain's Real Role in the World*, edited by M. Curtis, 414–432. London: Vintage.

Dræbel, Tania. 1997. "Evaluation des besoins sociaux de la communauté déplacée de l'Archipel de Chagos, volet un: santé et education." World Health Organization Report, December 1997. Mauritius: Le Ministère de la Sécurité Sociale et de la Solidarité Nationale.

Edis, Richard. 1993. *Peak of Limuria: The Story of Diego Garcia*. London: Bellew Pub.

Emileien, Benoit. 2003. *CNN Insight* [Online transcript of video aired on CNN June 18, 2003—17:00]. http://edition.cnn.com/TRANSCRIPTS/0306/18/i_ins.01.html.

Forsberg, Steve. 2005. "Island at the Edge of Everywhere: A History of Diego Garcia." MA thesis, Sam Houston State University. http://www.zianet.com/tedmorris/dg/realhistory-2.html.

Great Britain Foreign Office. 1829. *British and Foreign State Papers 1827–1828*. London: H. M. S. O.

Hanning, W. J. 1931. *Report on Visit to Agalega Islands for 1931*. Kew, UK: The National Archives.

Harvey, Philip, S. Wojciech Sokolowski, and David Vine 2009. "'We All Must Have the Same Treatment': Calculating the Damages of Human Rights Abuses for the People of Diego Garcia." In *Waging War, Making Peace: Reparations and Human Rights*, edited by Barbara Rose Johnston and Susan Slyomovics, 133–153. Walnut Creek, CA: Left Coast Press.

Heersink, Christiaan. 1999. *Dependence on Green Gold: A Socio-Economic History of the Indonesian Coconut Island Selayar*, Verhandelingen van het Koninklijk Instituut voor Taal-, Land-en Volkenkunde 184. Leiden: KITLV Press.

Houbert, Jean. 1981. "Mauritius: Independence and Dependence." *The Journal of Modern African Studies* 19(1): 75–105.

Howell, John. 2008. *Returning Home: A Proposal for the Resettlement of the Chagos Islands*. London: UK Chagos Support Association.

Jeffery, Laura. 2011. *Chagos Islanders in Mauritius and the UK: Forced Displacement and Onward Migration*. Manchester: Manchester University Press.

Jeffery, Laura, and David Vine. 2011. "Sorrow, Sadness, and Impoverishment: The Lives of Chagossians in Mauritius." In *Eviction from the Chagos Islands: Displacement and Struggle for Identity Against Two World Powers*, edited by Sandra Evers and Marry Kooy, 83–103. Leiden: Brill.

Johannessen, Steffen F. 2005. "Contested Roots: The Contemporary Exile of the Chagossian Community in Mauritius." MA thesis, University of Oslo.

———. 2010. "From Socialist Uprising to Cultural Genocide: The Emergence of Traditions in Chagossian Struggles for Repatriation." In *Tradition Within and Beyond the Framework of Invention: Case Studies from Mascarenes and Japan*, edited by Susanne Klien and Patrick Neveling, 69–104. Halle (Saale): Zentrum für Interdiszipline Regionalstudien Vorderer Orient, Afrika, Asiender Martin-Luther-University Halle-Wittenberg.

———. 2011. "Cleaning for the Dead: The Chagossian Pilgrimage to their Homeland." In *Eviction from the Chagos Islands: Displacement and Struggle for Identity Against Two World Powers*, edited by Sandra Evers and Marry Kooy, 183–217. Leiden: Brill.

———. 2014. "Sacralising the Contested: The Chagossian Diaspora and Their First Pilgrimage to the Homeland." PhD diss., Martin Luther University Halle-Wittenberg.

Ladwig Ⅲ, Walter C., Andrew S. Erickson, and Justin D. Mikolay. 2014. "Diego Garcia and American Security in the Indian Ocean." In *Rebalancing U. S. Forces: Basing and Forward Presence in the Asia-Pacific*, edited by Carnes Lord, and Andrew S. Erickson, 131 – 181. Annapolis, MD: Naval Institute Press.

Le Mauricien. 2006. "Tony Humphries: 'Nous nous attendons à une visite sobre et digne'", March 29, 2006.

Loader, John. F., and Alan Donaldson. 2006. *Diego Garcia and the Seychelles, a Few Wartime Memories: Flight Sergeant John F. Loader* (Film). Personal copy obtained from director.

Madley, John. 1985. "Diego Garcia: A Contrast to the Falklands." *Minority Rights Group* 54: 1 – 16.

Newsom, Eric. 2000. "Letter to R. D. Wilkinson, 21 June 2000." Letter signed in Washington D. C. June 21, 2000. http://homepage.ntlworld.com/jksonc/docs/bancoult-d23a.html#a6.

Pilger, John. 2006. "Stealing a Nation." In *Freedom Next Time*, 19 – 61. London: Bantam Press, Transworld Publishers.

Romero-Frías, Xavier. 2003. *The Maldive Islanders: A Study of the Popular Culture of an Ancient Ocean Kingdom*. Barcelona: Nova Ethnographia Indica.

Romero-Frías, Xavier. 2012. *Folk Tales of the Maldives*. Copenhagen: NIAS Press.

Sand, Peter H. 2009. *United States and Britain in Diego Garcia: Military Presence, Rendition, and Global Climate Change*. New York: Palgrave Macmillan.

Schnepel, Burkhard. 2014. "Piracy in the Indian Ocean (ca. 1680 – 1750)." *Max Planck Institute for Social Anthropology Working Papers* 160: 1 – 26.

Scott, Robert. 1961. *Limuria: The Lesser Dependencies of Mauritius*. London: London University Press.

Selvon, Sydney. 2012. *A New Comprehensive History of Mauritius: From the Beginning to this Day*, vol. 2. Mauritius: Sydney Selvon MDS Editions.

Sheppard, Charles. 2013. *Coral Reefs of the United Kingdom Overseas Territories*. Dordrecht: Springer.

Stevenson, Rosemary. 2010. "Whether to Establish a Marine Protected Area in the British Indian Ocean Territory." *Consultation Report*. London: FCO.

Stoddart, David R. 1968. "The Aldabra Affair." *Biological Conservation* 1 (1): 63 – 69.

———. 1971. "Settlement and Development of Diego Garcia." In *Atoll Research Bulletin*, edited by David R. Stoddard and John D. Taylor, 209 – 217. Washington, D. C.: The Smithsonian Institution.

Sylva, Herve. 1981. *Report on the Survey on the Conditions of Living of the Ilois Community Displaced from the Chagos Archipelago*. Port Louis: Ministry of Social Security.

Taylor, Donald. 2000. "Slavery in the Chagos Archipelago." *Chagos News: The Periodical Newsletter of the Friends of the Chagos* 14: 2 – 4.

Tokola. 2009. *Subject: HMG Floats Proposal for Marine Reserve Covering the Chagos Archipelago (British Indian Ocean Territory)*. Confidential US Embassy cable dated May 15, 2009, leaked by Wikileaks and reproduced online by *The Guardian*, December 2, 2010. http://www.theguardian.com/world/us-embassy-cables-documents/207149.

The Guardian. 2014. "Diego Garcia Guards Its Secrets Even as the Truth on CIA Torture Emerges", December 13.

The Guardian. 2015. "CIA Interrogated Suspects on Diego Garcia, Says Colin Powell Aide", January 30.

The Independent. 2014. "Exclusive: World's most Pristine Waters Are Polluted by US Navy Human Waste", March 18.

The Straits Times. 1939. "Indian Ocean Survey Flight Fixed", April 9.

The Straits Times. 1939. "Air Service Over Indian Ocean", July 16.

The Straits Times. 1940. "Guba to Fly as Bomber", July 14.

The Times. 2010. "Study into Return of the Chagos Islanders Was Manipulated, Consultant Claims", April 22.

Vine, David. 2009. *Island of Shame: The Secret History of the U.S. Military Base on Diego Garcia*. Princeton: Princeton University Press.

Walker, Iain. 1986. *Zaffer pe Sanze: Ethnic Identity and Social Change Among the Ilois in Mauritius*. Vacoas: KMLI.

Van der Zeijden, W. 2011. *Man Fridays: Wikileaks Exposes UK Tricks to Deny the Chagossians the Right to Return Home*. Online article published by Transnational Institute, January 20, 2011. http://www.tni.org/article/manfridays-wikileaks-exposes-uk-tricks-deny-chagossians-right-return-home.

马尔代夫群岛世界中的大人物政治和岛国性

鲍里斯·威尔（Boris Wille）

10.1 序章：岛际间的孤立性

艾哈迈德（Ahmad）是一名纪念品销售员，也是两个孩子的父亲，年近四十，几乎一生都居住在离马尔代夫首都马累不远的一个岛上。[1]就像其他当地人一样，他也为自己的家乡感到自豪和依恋，他积极参与岛上的社区生活。他是一个普通人，努力让自己和家人过上更好的生活。然而，与他的同胞相比，有一点他确实很突出：几十年来，他一直对马累"政府"持批评态度。起初，他相对低调，后来，他变得更加直言不讳，并在2003年成为最早加入反对派运动的人之一。他对政治体制的批判立场是他生活能力的决定性因素，因为他面临着在其他情况下不会遇到的障碍。

艾哈迈德回忆起2005年他加入新成立的反对党——马尔代夫民主党（MDP）后的那段时间说："真正让生活变得困难的是我不能旅行。""三年来，我没有交通工具。"他继续说："因为我的想法与官员们不一致。"他所指的官员不仅包括安保人员，而且包括负责该岛公共事务的任何行政工作人员。通常，这些官员要么由马累派到当地岛屿，要么从岛上的精英阶层中招募，这通常会导致那些依附于官方职位的人不仅能够行使更多的控制权，而且能够积累更多的特权和财富。无论如何，他们被认为是国家的代表，通常与政府的政策协调一致。由于艾哈迈德多年来一直被认为是持不同政见者，现在又正式加入主要的反对党，他成了当地官员的目标。艾哈迈德回忆说，有一次他正要前往马累。他已经踏上了一艘私人经营的渔船"多尼号"（Dhoni）。"那位船主说：'谁给你权利上船？'——我能说什么呢？所以我带着我的包回家了。"虽然他想乘坐的船是一艘私人拥有的商船，但由于船主与当地官员关系密切，实际上扮演了海关官员的角色。艾哈迈德指出："你必须记住，那时没有渡轮。"事实上，在2009年之前，艾哈迈德还没有可以用来通勤的公共交通工具，这意味着他只能依靠船只来进行岛屿间的旅行。特别是在马累举行政治示威的时候，他被禁止离开他的岛屿。

"如果我要去马累参加抗议活动,没有船只会带我去,没人会载我。"他回忆道。

10.2 概述

艾哈迈德的故事让我们初步了解这一章的核心主题:大人物政治和岛国性的交织。艾哈迈德的故事是笔者讲述的几个故事之一,以展示特定的社会政治安排是如何与马尔代夫群岛环境的岛国先决条件相联系的。笔者想通过下面的故事开展讨论。这不仅是为了说明政治在马尔代夫社会顶层所表达的基本含义,而且也为了说明社会和空间结构是如何在社会底层和顶层相互制约的。因此,笔者对大人物政治和岛国性的讨论,既关注精英阶层,也关注平凡人。

笔者所说的"岛国性",是指与岛屿地理条件有关的一系列属性,即一块被水包围的陆地块。例如,埃里克森(Erikson)(1993)所提出的岛国性的隐喻在笔者的讨论中被边缘化。相反,笔者认为岛屿的物理特征是"有限的地理情况"及其对社会组织的影响。笔者在这里使用"大人物"的概念,正如尤塔斯(Utas)所使用的那样,用来描述那些在人类学文献中被称为"大人物"的领导人物的品质和特征。因此,笔者抓住了造就大人物的特质和做法,比如他们采取的让自己凌驾于他人之上的策略、他们创造追随者的能力、他们积累财富和影响力的技巧,以及他们建立和维护各种关系网的技巧(Godelier 1986;Lindstrom 1981;Sahlins 1963;Utas 2012b,8–9)。

研究大人物在人类学上有其独特的传统,因为有关大人物的争论与岛屿的研究密切相关,关于美拉尼西亚和波利尼西亚的讨论尤其丰富(Brown 1990a,1990b;Godelier 1986;Lindstrom 1981;Martin 2013;Sahlins 1963)。现在,把马尔代夫群岛加入到这场辩论的主题中,并不是说大人物在任何意义上都是岛屿所特有的:显然没有得到大多数研究有力的证明(Utas 2012a;van Bakel et al. 1986)。相反,笔者认为岛国性很可能会导致一种特殊的"大人物"政治,而马尔代夫的"大人物"就是最好的例子。

根据笔者的材料,有三个方面对岛国性和大人物的相互关系至关重要。第一个方面与岛屿的海洋环境有关。在这方面,海上运输是最重要的,而在海上运输领域中取得决定性地位的是大人物。第二个方面是关系的多样性,这些关系集中在有限且人口非常密集的陆地上。马累岛是世界上人口密度最高的岛屿之一,每平方千米有 65 201 名居民,这不仅适用于首都马累,而且适用于领土总面积约 190 平方千米、可容纳 407 660 名居民的 425 个被占领的岛屿。[2] 这些先决条件使大人物能够同时进入各种网络,并成为其中的一部分,无论是在商业、政治、亲属关系,还是在几乎任何其他方面。第三个方面是,岛国性使大人物能够在这些不同的网络中把自己塑造成中心。在这个过程中,他们把一个网络与另一个网络连接起来的能力,以及他们把一个网络的资产转化为其他网络的资产的技能,起到了决定性作用。为了阐明这些论点，笔者将提出一个详细的人种学分析，但在开始之前，先简要概述这次人种学分析的背景。

2008年，马尔代夫人民选举穆罕默德·纳希德（Mohamed Nasheed）为总统，这是第一次由不属于这个岛国的精英阶层的人当选总统，也是这个岛国有史以来第一次多党选举。令许多人吃惊的是，纳希德领导的马尔代夫民主党（MDP）的政党联盟以微弱优势获胜。[3] 鉴于各政党在2005年才被合法化，而前总统穆蒙·阿卜杜勒·加尧姆（Maumoon Abdul Gayoom）在此前的六次全民公投中均以支持率90%左右的惊人成绩获胜，一场根本性的变革显然近在咫尺。尽管困难重重，这位亚洲在位时间最长的总统在连续执政30年后终于下台。公平透明的选举是多方面发展的结果。一方面，民主改革运动已逐渐确立。另一方面，人们对长期存在的加尧姆政府越来越不满，特别是自从2004年印度洋大海啸之后，重建工作几乎没有取得任何进展。看来是彻底改变政治局面的时候了。正是后加尧姆时代为笔者的人种学观察提供了背景。

穆罕默德·纳希德领导的新一届马尔代夫政府迅速起草了一份宣言（《马尔代夫民主党派联盟2008》），概述了下一届立法期的政策和优先事项。其核心是主张实现更多的民主、更多的自由和更快的发展。虽然在这份宣言中讨论了许多有趣的问题，但其中两条政策与笔者正在进行的调查密切相关。第一条政策是从2009年开始在全国范围内广泛推行公共交通系统。在那之前，岛屿间的交通对这190个有人居住的岛屿上的居民来说，是日常生活中最大的挑战[4]。在引进新交通系统之前，环礁间的补给船只将许多外围岛屿与首都连接起来，新交通系统是第一次尝试以全面的方式组织监管公共交通。第二条政策是打着"分权"的旗号制定的。从执政的那一刻起，马尔代夫政府就采取措施，以牺牲马累首都为代价，使周边岛屿受益。乍一看，可能还不清楚公共交通和分权政治与大人物政治有什么关系。然而，笔者想强调，尽管这些政策被掩盖在发展话语中，但它们的目的是挑战大人物政治。

笔者的讨论从调查当代马尔代夫大人物的历史开始。笔者认为，当代的大人物在许多方面与他们的贵族祖先相似，他们在南苏丹时代在马尔代夫社会中占有类似的地位，并遵循类似的模式日积月累产生影响。就此，笔者开始讨论一个当代大人物的原型，展示一个人是如何拥有如此多的财富、影响力和地位，以至于他的对手除了时不时地接近他之外别无选择。有人说，"大"既依赖于大人物将自己塑造成网络组合中的枢纽的能力，也依赖于他在孤立空间中的资产。笔者将后一方面与如何在马尔代夫的各种社会行为主体之间管理和分配岛屿地形联系起来，详细阐述了笔者称之为群岛分区的原则，展示了陆地空间的自然分割是如何形成整个岛屿的，又是如何与这些空间的行政区域划分联系起来的。这让笔者回到了出发点，即交通和中心－外围关系的重新配置可以被解读为对"大"的挑战。笔者最后指出大人物似乎喜欢与小岛保持持久的关系。

10.3 马尔代夫大人物起源

马尔代夫群岛不仅有许多小岛，而且也有几个大人物。[5] 在一个大约有34万人口的国家里，只有极少数人被认为属于精英阶层，其中被视为"大人物"的人可能更少。根据制定的标准，他们的人数从十几个核心大人物到构成精英阶层核心圈子的几百人不等。然而，要准确地确定数字是很困难的，这不仅是因为没有人试图区分不同的人口阶层，而且还因为人们对马尔代夫大人物的构成也有不同的解释。然而，科尔顿（Colton）估计，在20世纪70年代和80年代，"马尔代夫的精英阶层可能最多有1000人，包括其配偶和子女，核心成员大约只有100人"（Colton 1995，98）。由于这一数据统计截至2010年，我们可以看出，本文调查的大人物很少，以至于马尔代夫人很容易就能了解他们中的大多数人，而且往往是本人了解的，不是道听途说的。可以肯定地说，马尔代夫的大人物已经获得了如此高的知名度，他们在这个岛国上家喻户晓。

说到马尔代夫的"大人物"，笔者并不是要把一个人类学的概念转移到另一个场景，而是要使用一个适用于马尔代夫社会的概念。在马尔代夫语中，有一个词叫作"bodung"，雷诺兹（Reynolds）在他的马尔代夫语词典中把这个词翻译成"重要人物"，但有些不太准确（Reynolds 2003，270），它的准确翻译应该是"大人物"。[6] 科尔顿把"bodung"翻译为"大的"，也就是"大人物，贵族，精英，当权者"，这个翻译更加细致入微，体现了这个词的各种内涵。与在苏丹时期（1153—1932年几乎没有中断）相比，1932年以后这个词的使用完全不同。这是因为这个词所指代的精英阶层，已经从一个普通的贵族阶层，明显地转变为我们可以称之为资产阶级的阶层。不过，就目前而言，先仔细研究封建观念是值得的，因为它将使我们能够找出一些延续至今的界线，涉及大人物与国家之间的关系，以及马累与岛屿之间的关系。

历史学家、前总统穆罕默德·纳希德在他的论文《马尔代夫：1800—1900年传统的迪维希政体历史概述》中对这类有影响力的人物做了一些有趣的观察。他说，19世纪的大人物是国王的一群密友，"来自统治家族"（Nasheed 2003，3），因此起源于马尔代夫的贵族。在大多数情况下，大人物的地位要么是继承的，要么是通过与一个精英家族的婚姻关系获得的。有很多"在宫廷范围内长大的有志者"的案例；与国王有亲密关系的人，如玩伴、仆人和奴隶有时也可以当精英（Nasheed 2003，3）。这表明，地位体系中存在一定程度的灵活性。[7] 大人物的一个关键特点是，尽管有继承制度，他们还是要保持自己强大。虽然"国王本身很强大"（Nasheed 2003，39），但对所有这些大人物来说，增加他们的影响力的关键是与苏丹保持密切的联系。

纳希德对19世纪马尔代夫政体的分析表明，在群岛治理中最具有决定性的因素是大人物与国王之间形成的多重关系。事实上，国王统治这个岛国的能力取决于他与大人物之间的关系（Nasheed 2003，79）。换句话说，国王不断确保大人物的支持，获得他们的信任和善意，否则他可能会被他们质疑，"这种争斗模式非常常见"。马尔代夫的历史充满了这样的例子：大人物试图推翻国王的统治，并成功地代替他治理国家。因此，纳希德认为"国王是最大的大人物之一"。

通过各种各样的方式，最大的大人物设法获得了大人物的支持，并展示了一群大人物如何在管理王国中起着重要作用。君主与大人物之间的关系在形成联盟的过程中起着决定性的作用。许多大人物是国王或彼此的兄弟、父亲、叔伯或姻亲（Nasheed 2003，21-44）。但是亲属关系并不是国王和大人物之间建立联系的唯一手段。在地位方面，国王有权根据个人意愿分配政府职位。例如，他指挥一些大人物管理民兵组织，为其提供资金（Nasheed 2003，37），并任命其他人担任法官（Nasheed 2003，47）。

大人物的等级也带来了大量的权利和义务，排名第一的大人物需要不断扩大自己的影响力和增加财富，"凭借其地位，他们有资格从整个环礁、无人居住的岛屿、清真寺和其他各种捐赠基金中获得税收和租金"（Nasheed 2003，23）。换句话说，这些大人物行使的权力的范围属于我们现在称为国家的领域，他们使用国家土地不是为了苏丹的发展，而是为了自己的扩张。通过税收关税和依靠岛屿进行生产，像鱼干和咸鱼、椰壳、干椰子肉，全部是大人物的个人预算，但"经济效益很大程度上取决于地位的高低、权力的大小和大人物能够获得的尊重"（Nasheed 2003，23）。然后，这些钱被用于投资大人物自己的业务，这些业务"类似于家族事务"（Nasheed 2003，25）。为了把他们的产品运往印度和锡兰，大人物常常投资贸易船只，因此在组织马尔代夫的出口贸易方面发挥了核心作用。事实上，"大人物拥有的外围船只的数量通常可以体现其地位"（Nasheed 2003，25）。除了通过与国王的关系而在政治领域获得地位外，大人物的影响力还来自于其经济资产。两者都为其提供了一个基础，让其可以拥有追随者，进而争取自己在政治领域的地位。通过担任税收人和企业家，大人物在马尔代夫和该国经济之间发挥了关键作用。

这些权利也随之带来了公共义务，这一点在1837年马累的港口建设项目中表现得很明显，纳希德对此进行了讨论。国王和大人物们决定开发首都岛的内港：

> 为建造马累防波堤而开采珊瑚石的工作是按照古老的传统路线进行的。当建造完成后……财政部指示各环礁酋长建造小型船只并将其送往马累。当船只到达马累时，它们被分配给大人物，大人物必须承担船只所做工作的所有费用。这些船只是根据大人物的等级来分配的。最重要的大人物会选择他想要的船，以此类推（Nasheed 2003，61-62）。

这个例子说明了两点：首先，大人物在资助和组织大型建设项目方面发挥了重要作用。在这种情况下，一个基础设施项目有利于整个社区。其次，它揭示了一个大人物的地位和等级如何在组织过程中发挥作用，通过这种作用，地位和等级得以加强。这意味着一个大人物为了自己的地位也不得不参与其中实现共同利益。

由此可见，大人物不仅在国家与经济之间，而且在国王与臣民之间，在首都与环礁群岛之间，都扮演着中间人的角色。他们是将周边地区和中心地区以及中心与印度洋邻国联系在一起的关键力量。因此，大人物的中介作用第一取决于他们如何定位自己和国王的关系，以及他们利用自己头衔的能力；第二，他们的地位得益于他们将政治资本与经济资本融为一体的能力；第三，他们在下属中创造了一批追随者。因此，对大人物来说，在政治和经济领域都采取行动同样重要。

大人物的形象是政治大亨与寡头政治官员的结合，与当代马尔代夫的大人物惊人地相似。事实上，大多数大商人兼任政客，或至少与政治精英保持密切关系。两者都将政治与经济紧密地交织在一起。然而，当代的大人物与他们的大人物祖先在一个核心方面有所不同：历史上的大人物主要代表贵族阶层，而现在的大人物更多地代表资本家阶层。财富和权力的集中模式，以及因此而产生的影响力，无论如何都是保持在极少数人手中不变的。这意味着，在马尔代夫从苏丹过渡到民族国家的过程中，社会组织的基本原则具有连续性。然而，精英阶层本身的构成已经发生了变化。以前的贵族不一定是现在的资产阶级；相反，其他人已经变成了资产阶级，笔者现在开始讨论这个方面。

10.4 大人物是中心

比亚（Biya）先生是一位身家数十亿美元的亿万富翁，现在已经过了退休的年龄。[8] 在过去的40年里，他在巨型企业的庇护下建立了一个庞大的企业集团，从而发家致富。巨型企业是一家在多方面都有涉猎的合资公司，活跃在马尔代夫几乎所有利润丰厚的领域。当然，比亚最赚钱的业务是旅游业。他经营着三个豪华的旅游度假村岛。其中一个是与美国一家大型连锁酒店成立的合资企业，另外两个是他自己出资的。凭借这三个度假村，他拥有全国最大的床位容量之一。巨型企业也涉足运输领域，经营航空和海运业务。这些运输能力不仅用于旅游目的，也用于满足当地居民的需求。比亚的公司还积极从事国际贸易，进口建筑材料和主食。他的媒体公司包括巨型电视台（Giant TV）和巨型调频（Giant FM），他在一家在线新闻网站也有股份。最近，他的寄宿学校办起了私立教育，他也有一些较小的项目。简而言之，比亚是一位商业大亨，他不仅拥有巨额资金，还雇佣了很大一部分马尔代夫劳动力。

除了他庞大的经济资产，比亚还与纳西尔时代（Nasir era）（1957—1978）

的政治精英保持着密切的联系,在加尧姆担任总统期间(1978—2008),他与这些人的关系更为密切。可以肯定地说,他自己也有过政治生涯。他在政府内担任过若干行政职位。例如,在他行政生涯的早期,他曾在国家贸易组织工作,这是该国主要的进出口企业,后来在各部担任职务。此外,在2005年政党合法化之后,他与其他人共同成立了一个政党,成为该政党的主席,并通过该政党获得了全国议会的授权。

因此,比亚先生不仅是一个富有的商人,也是一个有影响力的政治家。他的双重角色帮助他在事业的两个方面都有所发展。例如,当他在20世纪70年代提出开发巨礁度假村的计划时,他和他的合作伙伴确定了一个适合他们投资的岛屿。自1972年旅游业出现以来,马尔代夫政府坚持认为,度假村只能建在无人居住的岛屿上,以避免与当地居民发生冲突,并保护当地文化不受外来影响(Colton 1995,94-96;Domrös 1985,126;Domrös 2001,123;Maloney 1976,662,664)。这一规定的一个重要方面是,所有土地,特别是无人居住的岛屿,都归国家所有,国家可以出于任何经济目的出租这些土地,例如椰子种植园或度假村开发。但巨礁度假村这个项目存在一个障碍:相对较大的岛屿已经有了自己的用途。那时比亚利用他的政治关系,游说国家实施移民安置法。1968年,纳西尔政府才刚刚推出移民安置法。根据这项法律,居住在成年男性人口数量少于50人(不包括妇女和配偶)的岛屿上的居民,将被重新安置在其他有人居住的岛屿上(Maniku 1990,47)。该岛人口较少,因此居民被转移到邻近的三个岛上,有些人被转移到马累岛。由于岛上的人口减少,它被重新归类为"无人岛",现在可以出租给比亚的企业,用于度假村开发。这项法律很快就被废除了(1975年),其他离岛的居民也被允许返回原来的岛屿,但这对这里的居民没有好处,因为巨礁度假村已经开始运营了。对以前的居民来说,这意味着他们不能再住在自己的岛上,也不能开发岛上的农产品。这个案例很好地说明了比亚如何能够调动他的政治关系,不仅通过游说国家立法来让他的企业运作正常化,而且通过创造额外的经济资产来提升他作为一个大人物的地位。

令人惊讶的是,与他的祖先相比,比亚作为当代马尔代夫大人物的原型,与萨林斯(Sahlins)对美拉尼西亚大人物的经典描述更加匹配。这是因为萨林斯强调的是白手起家的伟大,而不是继承来的伟大,正如笔者上面所说的,后一个特征更适合描述大人物。萨林斯写道:

> 美拉尼西亚的大人物看上去完全是中产阶级,那么让人联想到我们自己的传统中那种自由进取、粗犷的精神。表面上,他表现出对公众福利的兴趣,这是一种更圆滑地平衡私利、经济算计的方式(1963,289)。

> 大人物权威在任何地方都是一样的,那就是个人权力。大人物不会到办公室来工作;他们既不能成功地领导政治集团,也不能担任现有的领导职

务。获得大人物的地位是一系列行为的结果，这些行为使一个人凌驾于普通大众之上，吸引了一群忠诚的、地位较低的人。（Sahlins 1963，289）

萨林斯对美拉尼西亚大人物的描述，惊人地适用于马尔代夫的大人物，比亚的例子就很好地说明了这一点。他不仅涉足经济的各个领域，而且一有机会就通过自己的政党来实现自己的抱负，从而使自己超越了普通民众。然而，对于马尔代夫的大人物，笔者还想了解更多的方面，通过了解一些更近期的事态发展来研究这些大人物。

在一篇有趣的文章中，阿布杜·马利克·西蒙（Abdou Maliq Simone）（2004）认为人同样可以被看作是基础设施。尽管基础设施通常用于说明物理设施，如管道、电线或道路，但这些设施组建的系统性也是很重要的。因此，西蒙建议我们"将基础设施的概念直接扩展到人们的活动中"（Simone 2004，407），即民众"参与到事物、空间、个人和实践的复杂组合中"（Simone 2004，408）。人与人的结合就可以看作"成为一个基础设施——一个为人们的生产生活提供便利的平台"（Simone 2004）。他强调，作为基础设施的人的核心是"连接的过程，它能够产生连接一系列个人能力与需求（包括已有的和虚拟的）的网络，并试图从最小的一组元素中获得最大的结果"（Simone 2004，410-411）。

尤塔斯（Utas）（2012b）借鉴了西蒙的"人是基础设施"的观点，将其与非洲冲突背景下的大人物研究联系起来。他认为，一个大人物之所以伟大，部分原因在于他有能力创建、维护和操纵网络，而网络正是这位大人物建立自己地位的核心："如果网络是另一种治理模式，那么大人物就是人口众多的基础设施的另一种管理者"（Utas 2012b，6）。我们已经看到，对于历史上的大人物和当代马尔代夫的大人物来说，"大"意味着能够把政治资本转化为经济资本，反之亦然，换句话说，就是能够占据一个位置，将一个网络与另一个网络连接起来。因此，作为基础设施的大人物是一个开关，是连接一个领域和其他领域的通道。正如尤塔斯所说，这就是为什么，"我们还必须识别节点/大人物，除了他们维护的多种连接之外，还要考虑他们的多重角色"（Utas 2012b，11）。尤塔斯继续指出，这意味着，作为节点的大人物应该被视为"社会结构特征，而不是社会文化特征，其中这些结构特征导致了某些社会结果"（Utas 2012b，4）。即使这些结构特征没有导致社会结果，但它们肯定会制约或促成某些社会结果。

尤塔斯关于"大人物是节点"的讨论与本书一个中心概念——枢纽产生了惊人的共鸣。施奈培（Schnepel）写道，将岛屿视为枢纽意味着要认识到，某些基础设施配置，如天然港口、可航行的环境条件和有利的地缘政治位置（Schnepel，本书第一篇），会影响一个岛屿是否可能成为枢纽。这些岛屿实际上是枢纽，它们已经成功地获得和积累了各种枢纽功能，它们不仅已经成为各种网络中的节点，而且还充当了它们之间的中介，这一点很重要。例如，在这样一个模型中,马尔代夫的首都马累可能被视为一个枢纽,因为它处于各种交通网络的十字路口。岛屿间旅行的网络与国际航空网络一样,都必须经过马累。例如,如果人或商品要从一个地方的岛屿迁移到另一个地方,他们需要经过首都。如果当地人想出国旅游,他们需要从马累的国家交通网络转到国际交通网络。如果椰子种植者或渔民希望出售他们的产品,他们需要在马累贩卖。当病人寻求治疗时,他们需要在马累的医院咨询医生。如果学生想要接受高等教育,他们需要进入一所马累的大学。马累作为"中心"的出现并非巧合,而是刻意为之,正是因为中心和中心功能紧密结合在一起,构成了空间和社交网络的核心,从而创造了这个枢纽。

这与马尔代夫的"大人物主义"机制惊人地相似,因为大人物想把自己塑造成一个中心。因此,把中心的概念应用到大人物作为基础设施上是很有成效的,可把他们的行动看作是出于建立自己作为各种网络中心的需要。这种拟人化的中心呈现出一种联系,揭示了岛国性与大人物主义之间的关系,至少在马尔代夫这个岛国的背景下是这样的。

而艾哈迈德的故事说明了岛国性是如何与大人物把自己塑造成一个中心的想法联系在一起的。在开幕式上,艾哈迈德被广泛认为是当地岛上一个政治上有问题的人物,每当他想要离开家乡的时候,他都很难乘坐任何形式的交通工具。然而,有时旅行是不可避免的,例如他儿子需要紧急医疗救助。艾哈迈德的儿子患有慢性疾病,有时会出现病情的紧急发作,当地岛屿上的基本医疗设施无法满足其治疗要求。正常情况下,艾哈迈德和他的妻子有足够的药物,甚至可以用强力药物减轻儿子的痛苦,当这些药物没有效果的时候,就需要咨询专业的医生。他们想,这样的医院只在马累有,因此他们需要想办法把他们的儿子送到首都的两家医院。然而,艾哈迈德的儿子的情况非常糟糕,不能乘坐小船,因为这要花很长时间,而且颠簸得太厉害。在紧急情况下,艾哈迈德联系了比亚的巨礁度假村的管理人员,该度假村恰好位于一个邻近岛屿上,他请求是否可以提供一架配有两个座位的飞机,这种飞机通常会把度假村游客送到国际机场。最终他说服了管理层,让他们相信他的请求是紧急的,并允许利用这架飞机把他的儿子送到马累。然而,马累的医院未能确定他儿子发病的原因,也没有办法治愈或减轻他儿子的痛苦。对艾哈迈德来说,这意味着他只有一个选择:他必须带儿子出国接受治疗。因此,他带他去了斯里兰卡的科伦坡医院。经过几周的治疗,斯里兰卡的医生们也没能改善他儿子的病情。当时唯一的选择似乎只有去印度特里凡德姆的一个特殊私人诊所。然而,到目前为止,艾哈迈德的治疗几乎耗尽了他所有的积蓄,这意味着他必须借钱才能带儿子去印度。艾哈迈德回到马累,把儿子留在科伦坡。他联系了各种各样的人,尤其是亲戚朋友,希望他们能帮他一把,但他能筹集到的资金仍不足以支付这笔费用。这时艾哈迈德(通过中间人)找到比亚,比亚同意为他提供他迫切需要的贷款。这使艾哈迈德能够把他的儿子带到印度专家那里，几个月后，印度专家终于缓解了艾哈迈德的儿子的病情。经历了三个月的寻医问药长途跋涉，并花了一大笔钱，艾哈迈德和他的儿子终于回到了他们的家乡。

艾哈迈德的故事不仅说明了马尔代夫如此常见的医学和流动性的交织，它还突出了马尔代夫大人物的一个核心特征：即使一个人对大人物采取了批评态度，但在有需要的时候，他也会向他们寻求帮助。在这件事上，比亚先生为艾哈迈德提供了两种可能的方法来减轻他儿子的病情：交通和金钱。如果没有比亚的交通网络和他慷慨的贷款，艾哈迈德就无法切实可行地帮助他的儿子。当然，比亚的关键地位也源于当地缺乏替代性资源。如果像现在这样，马尔代夫在流动性和医疗保健方面有更好的基础设施，艾哈迈德可能就不会被迫接近比亚。但由于当时几乎没有其他选择，比亚的帮助成了最后的选择。这支持了尤塔斯的观察，即"大人物出现在国家的结构性空洞中，巧妙地将网络治理、社会控制和经济活动结合起来"（Utas 2012b, 14）。换句话说，大人物提供国家不提供的结构和服务，从而重新塑造他们的大人物地位。因此，正如我们现在将要看到的，大人物地位既取决于国家在某些领域的缺席，也取决于国家在其他领域的主导地位。

10.5 大人物和群岛的政治划分

国家特别重视的一个重要领域是对陆地空间的管理。在一个完全由海洋和小珊瑚岛组成的国家里，土地是最稀有和最有价值的资源之一。几个世纪以来，"所有的土地传统上都归国家所有"（Maloney 1976, 661），现在仍然如此。马尔代夫全国总面积（专属经济区）约 85.9 万平方千米，其中陆地面积仅 300 平方千米左右，占总面积的 0.03%。这块相对较小的土地分布在 1192 个岛屿上，沿着两条链分布在 26 个自然环礁上，面积约 860 千米×140 千米（约 120 400 平方千米，译者注）（Government of Maldives 2008）。这些岛屿大小不一，面积介于 0.1～5.0 平方千米之间。该数字表明，横跨海洋的马尔代夫陆地区域是支离破碎的。然而，他们没有掌握土地分类和管理的动态性。在国家的管辖范围内，通过识别和调整土地面积，为岛屿世界制造秩序。要实现这一点，一个关键的原则是所谓的群岛分区（archipelago zoning）。群岛分区是该国陆地法规的核心，因为它将空间分割成功能单元，进而重新塑造了另一种行政地形。

对于城市规划者来说，空间分区是他们的日常工作：一个人对一个空间进行制图描述，研究其特征，将一个空间片段与另一个空间片段划分开来，然后为每个空间片段分配潜在的用途。然后，每一个指定的地区都具有特定的潜力和规则，这些潜力和规则决定如何划分这些空间。在马尔代夫的例子中，这种分区原则与岛屿地形密切相关，通常以整个岛屿为基本单元。换句话说，这意味着空间规划的主要实体是整个岛屿，然后赋予其指定的地位。"一个岛，一种活动"这句话可能最能体现群岛分区的基本模式。根据这个模式，国家对群岛进行地图绘制，从而产生一种特定的空间分区，这种分区与岛屿群的地理位置大概相符，但并不一致。在某些方面，该州的空间秩序与自然地理是分离的，因为一个岛屿可能不一定能承担得起这个功能（比如拥有一个天然港口或供应淡水）。然而，最重要的是群岛分区是一个识别、区分和宣布空间地位的政治过程。

最基本的行政划分是有人居住的岛屿和无人居住的岛屿之间的区别，这种区分表面上看是明确的。在群岛分区的逻辑中，国家正式指定 193 个岛屿为有人居住的（Government of Maldives 2008，10），109 个为度假岛屿（截至 2013 年）（Government of Maldives et al. 2014），以及另外 55 个岛屿为工业、农业或鱼类加工活动保留区（Government of Maldives 2008，18）。[9] 此外，还有一些特殊用途的岛屿，如用作机场、燃料储存和垃圾处理岛，还有野餐岛、监狱岛和经常被忽视的国王度假胜地阿拉岛（Arah）。剩下的大约 800 个岛屿被列为无人居住的岛屿。从空间规划者的角度来看，这个群岛不再是一个拥有相同物理特征的热带岛屿的集合。相反，岛屿世界呈现为一个有序、整齐划一的空间，其中每个独立的岛单元都与特定的活动相关联。在这个秩序井然的孤岛世界里，无人居住的岛屿尤其成为争夺的对象，这就是我们再次遇到大人物政治的地方。

既然所有的土地都属于国家的领土，既然一个岛屿的地位划分完全是中央政府的事，那么一个大人物介入政治领域是合情合理的。正如上文所述，在苏丹时期，历史上的大人物已经确保其获得了对无人居住岛屿的独占开采权。过去，这些岛屿主要允许采摘椰子或制造鱼干或咸鱼，在当地或国外销售。但是为了获得这样的权利，大人物必须与苏丹保持密切的关系。同样，像他的祖先一样，比亚身兼商业大亨和政治家两种身份，并参与政府事务。最引人注目的例子是巨礁度假村的开发，正是因为他与政治精英的关系良好，才使曾经有人居住的岛屿重新被列为无人居住的岛屿，这是他建立度假村业务的先决条件。历史上的大人物和当代的大人物都利用他们的双重身份来确保自己在这个岛国的土地上占有一席之地。在这两种情况下，这些地产都构成了他们创业活动的重要基础，只是在创收方面，游客已经取代了椰子。因此，参与国家的土地保有权管理，以及支持严格的岛屿划分方案，都符合大人物的利益。

然而，马尔代夫的岛屿划分并不像看起来那样明确。例如，一群低收入的孟加拉国移民工人定居在位于马累附近的工业和垃圾处理岛——蒂拉富希岛（Thilafushi），他们住在相当拥挤的营房里。此外，一些农业或渔业岛屿有或多或少的常住人口，他们更愿意待在工作地点附近。当然，从分类的角度来看，最矛盾的案例是度假岛屿。虽然国家没有将其列为有人居住的地区，但这些地区全年都有人居住。当然，除了旅游者，通常还有几百名工作人员，有时甚至是整个家庭，或多或少永久地居住在这些度假岛屿上。[10] 事实上，大多数度假村都有明确的区域划分，有些是禁止员工在非工作时间内入内的，有些是禁止游客入内的。除了技术领域,如厨房、办公室、电力和污水处理设施,这需要一个几乎完整的公共基础设施,通常包括咖啡馆、商店、员工宿舍,当然还有清真寺。尽管按照马尔代夫的岛屿划分,这些度假村仅是旅游场所,但实际上它们是一类特殊的有人居住的岛屿。

在这里,大人物再次登场,因为他们不仅是酒店的经理,而且是岛屿的管理者。就像邮轮船长一样,大人物掌控着他们的度假岛屿的运营,管控岛上发生的任何事情。几乎每一个场合都有着装规范、规章制度、计划和日程安排,对于员工何时何地可以去哪里,以及他或她可以做什么,也有相当严格的规定。度假村是一个特殊的空间,不仅因为它允许游客享受其他地方禁止的活动,如穿比基尼游泳、消费酒类。这是一个特殊的例子,因为它的安排包罗万象,是一个由总经理而不是市长管理的岛屿。人们很容易把一个度假村称为戈夫曼经典意义上的"总机构"——"一个混合的社会,一部分是居住社区,一部分是正式组织"(Goffman 1961,12),至少对它的雇员来说,这里是"一个居住和工作的地方,有大量和自己处境相同的人,在相当长的一段时间内与社会隔绝,一起过着封闭的、受管制的生活"(Goffman 1956,xiii)。由于这个总机构不仅依赖于对内部事务的控制,而且还依赖于其与外部世界的关系。通常被危险的水域所包围的暗礁岛,为总机构的运行提供了一个完美的地点,在暗礁岛上,岛屿的管理者可以监视所有物件和人员的进出。这就是为什么巨礁度假村所在的岛上的前居民被禁止从他们声称归自己所有的树上摘椰子(椰子树是私人财产),或者游客被禁止独自探索其他岛屿。无论如何,岛国性和大人物显然是交叉的,因为岛屿是一个整体,是一个"有限的地方"(Baldacchino 2007,4)。

10.6 大人物和基层平民

2009年5月,议会选举即将来临,全国民众都参加了许多集会。艾哈迈德也积极参与了选举的准备工作。他在自己的家乡组织了很多活动,因为他是马尔代夫民主党分支非常活跃的成员之一。几乎每天晚上都有会议,通常是在岛上的咖啡馆里。有些会议相当随意,人们只是坐在那里,边喝咖啡边抽烟,谈论政治。另一些则更加正式,尤其是在政党领导人访问岛屿作为竞选活动一部分的时候。在这种情况下,艾哈迈德会帮忙搭建一个场地,装饰这个地方,安排座位,安装一个音响设备,让他的家人准备零食和饮料。他会挨家挨户地宣传这个活动,邀请每个人来参加。简而言之,艾哈迈德是那种让政治组织充满活力、让事件顺利进行的人之一。

艾哈迈德回想起来认为,也许正是他对组织事务的投入,使他成为游说的目标。就在选举日前几周的一天,比亚先生所在政党的一名支持者(艾哈迈德称他为比亚的代理人)找到艾哈迈德。这名男子询问艾哈迈德是否愿意从马尔代夫民主党辞职，转而加入他的政党。起初，对艾哈迈德来说，这是一个不可思议的提议，因为他是第一批加入马尔代夫民主党的人之一，并且一直支持这个政党。然而，这个代理人相当顽固。他一次又一次接近艾哈迈德，详细说明艾哈迈德可以如何从与比亚先生和他的政党结盟中获利。艾哈迈德可以在当地政党委员中得到一个职位，该代理人表示，这不是唯一的好处。事实上，他可以得到一系列的好处，包括享有交通的便利和就业的机会，比亚先生很乐意提供这些机会。无疑，给艾哈迈德带来最大诱惑的是一笔巨大的财务补贴，这些钱比他两年的工资都多，这使艾哈迈德陷入苦恼。他所得到的待遇远远超过了像他这样的普通岛民所能期望的任何东西，而且，他还感到有一种冲动，自己要对比亚先生表示一些感激，因为比亚先生在他儿子急病期间帮助了他。他也考虑到了他的孩子们，这些钱会帮助他把他们送到比亚先生在马累开办的大学；他想到旅行会变得容易得多，而且与比亚先生的企业建立特权联系，可能会促进他的纪念品业务。简而言之，艾哈迈德非常困惑，挣扎着做出最后的决定。最终，他抵制住了接受这个提议的诱惑，尽管通过那次经历，他开始明白关键问题不仅仅是用忠诚或贿赂来框定的，现存的问题远远超出了政治范畴。

艾哈迈德的困境恰当地说明了"小人物"在面对大人物及大人物提供的基础设施时所面临的挑战（Sahlins 1963，289）。它展示了大人物如何将多个网络和领域联系起来，形成强大的关系网，以实现他们的目标。艾哈迈德曾被邀请加入比亚的政党，这与其说是政治意识形态或计划的问题，不如说是个人归属的问题。如果他换了党派，他就会较少考虑目标和政策，而考虑个人利益和机会。值得注意的是，他考虑的问题非常符合经济、教育和流动性等因素，毫无疑问，这些因素将使他能更容易过上更好的生活。这些考虑是艾哈迈德思想的核心，这表明他也意识到将政治派别转化为个人财富是多么容易，而实现这种转变的关键是要在一个大人物身上找到的。

因此，艾哈迈德的困境凸显了大人物如何有效地将一个领域的资产转换成另一个领域的资产。尽管这一案件通常可能被定义为企图收买选票的做法，如果认为这只是为了获得政治支持而进行的现金流动，那么事情远不止于此。支持或追随一个大人物可以给小人物同时提供多种机会。所以，当选民们考虑他们的选票或支持能给他们带来什么时，他们考虑的是一个大人物能给他们带来什么，以及他可能提供什么。这意味着一个大人物能否吸引大批追随者，而这又取决于其投资组合的多样性。而且，由于大人物之间还有其他选择（尽管只有极少数），所以追随者之间存在着相当大的竞争。无论如何，一个大人物的伟大之处在于他有能力聚集各种各样的关系网，并能将它们相互转化。这是作为枢纽的大人物的核心所在，是马尔代夫民主党试图消除的一个强有力的方面。

10.7 挑战大人物

到目前为止，笔者已经调查了马尔代夫大人物的背景和保持他们地位所需的条件和原则。笔者曾经说过，一个大人物之所以"大"，是因为他有能力把自己打造成一个枢纽，成为各种网络中的一个节点。在这个节点上，他有能力组织一个关系网，并把一个网络转化为另一个网络，这对他很有帮助。本文也将马尔代夫大人物与基层的小人物进行了对比。笔者曾一次又一次勾勒出这个岛的岛民是如何别无选择地去接近一个大人物的，尽管他是马尔代夫大人物现象直言不讳的批评者。这揭示了在马尔代夫环境中嵌套的大人物是如何成功，因为他提供了其他人没办法提供的基础设施和机会。也正因如此，马尔代夫民主党在 2008 年成为执政党后，就试图扭转这种局面。

公开挑战有影响力的马尔代夫大人物是相当危险的，而且成功的机会有限，因此他们以发展的名义阐明了解散大人物关系网的办法。这并不是说他们的发展政策不真实、设计不合理，恰恰相反，笔者建议应该在"大人物"现象的背景下解读这些政策。本文将着重介绍马尔代夫民主党迅速提出的两项发展政策：第一，引入廉价的岛际公共交通系统；第二，权力下放。这两项措施均明显地解决了马尔代夫大人物主义框架中的关键问题。

在本文开篇的序章中，笔者已经指出了岛国内部岛屿间流动所带来的挑战。对于大多数没有船只的人来说，情况就是如此，尤其是那些与船主发生了一些争吵的人，其中有很多是大人物。由于船主以及现在的航空公司经营者，决定着人们的流动性，他们在海洋社会中占有决定性的地位，几乎对岛屿间生活的任何方面都有影响。早在 20 世纪 70 年代，马洛尼（Maloney）就曾指出，"船主可以影响人们进出马尔代夫的活动。有些人设法弄到几艘船，通过其影响，以便能够成为一名官员或租下一个无人居住的岛屿"（Maloney 1976，661）。因此，要想通过剥夺船主的特权来解决这种大人物主义与岛屿之间的种种复杂关系，就意味着要推动马尔代夫社会的根本变革。

然而，在他们的宣言《马尔代夫民主党派联盟 2008》[*Maldivian Democratic Party Alliance*（MDPA）*2008*]中，由马尔代夫民主党领导的政府没有将交通重组定义为对大人物主义发起挑战，而是用发展的术语来表述："由于缺乏负担得起的交通网络，居民被限制在自己的岛屿上，无法参与国家的发展，也无法在其他地点获得必要的设施"（MDPA 2008，18）。因此，对他们来说，"一个综合运输网络是促进区域发展的一项首要任务"，希望"建立一个全国范围的运输系统，促进财富的公平分配，鼓励经济发展，使社会和商业网络以及货物和服务的运输成为可能"（MDPA 2008，19）。换句话说，其政策是在现有的基础上建立一个可供选择的海上运输基础设施。然而，重要的是，新的运输网络的设计旨在破坏各种依赖关系，引入便利的运输港口是为了削弱大人物的核心资产，因为马尔代夫民主党清楚地知道运输通道和财富积累之间的关系，它正试图打破这一关系。

新的海上交通政策很快付诸实施。早在2009年，与商业船舶运营商签订的独家长期合同就已经开始宣传。其运作方式是，政府通过将不同的环礁（通常有几十个有人居住的岛屿）集中在一起来定义一个更大的区域。然后，邀请私人运输公司投标整个这样的地区，要求他们展示如何通过定期轮渡网络连接每个有人居住的岛屿。中标者将获得在该地区运营公共交通的50年独家合同。在这个过程中，马尔代夫民主党政府同时实现了三件事情。首先，它能够相当迅速地执行这项政策，因为在一年半的时间内，大多数环礁都配备了这种网络关系。其次，它让中档企业有很大的机会在与大型企业的竞标中胜出，因此覆盖整个地区所需的船只数量将是可控的。最后，它使运输市场多样化，避免了另一个垄断巨头的产生。

与交通发展维度相关的是马累在岛国中的主导地位问题。马尔代夫民主党宣言称："由于岛屿间的交通设施有限，发展一直只集中在首都马累"（*MDPA* 2008，18），这意味着相当一部分"人口被迫前往马累以满足基本需求"（*MDPA* 2008，18）。宣言认为，由于缺乏区域岛屿间运输，"岛屿居民发现到马累的长途旅行比到邻近岛屿更容易"（*MDPA* 2008，18）。上文已经指出，在引进轮渡系统之前，岛屿间的旅行在大多数情况下都是通过马累进行的，因此，前往其他其至相近的岛屿不仅会消耗更多的时间和金钱，也受该中心和大人物的交通政策的制约。因此，使区域间的岛际旅行成为可能也是使马累和大人物边缘化的一种方式。

引人注目的是，马尔代夫民主党领导下的政府将交通系统框定为一个中央集权的问题，在马尔代夫的语境中，这本质上是一个枢纽功能的问题。在他们看来，马累的多元中心功能可以更好地重新分配财富，突破服务与政治参与等的核心障碍，尤其影响到那些居住在首都以外的岛屿上的人。换句话说，建立交通网络是为了促进周边互联互通，以抗衡中心－周边关系的主导地位。当我们意识到大人物更喜欢把他们的业务集中在首都时，不仅在空间方面，而且在社会方面也是如此。因此，解决马累的枢纽功能就是对大人物的挑战。

马尔代夫民主党宣言中的另一套政策也可能被解释为反对"大人物"。这些政策都是在权力下放的保护伞下出台的。笔者将简要说明其中一些政策是如何旨在瓦解"大人物"的。例如，马尔代夫民主党促进了社区旅游的新概念。[11] 它主张为小企业家提供在其岛屿上创造收入的机会，而不必竞争无人居住的岛屿，正如上文所见，无人居住的岛屿上是精英们的企业。为了使社区旅游成为可能，马尔代夫民主党必须打破几十年来将旅游业和国内岛屿分开的政策。虽然这项政策的推出受到了质疑，并伴随着人们对岛屿"高档"旅游形象的担忧，但它也为当地商人和中产阶级游客提供了一个新的选择。在这个政策实施后不久，艾哈迈德也和他的商业伙伴一起在岛上开了自己的小旅馆，把一个小屋改造成了两个中档客房。由于交通网络已经开始运作，他们可以毫不费力地把游客带到岛上的住所。因此，促进社区旅游为利润丰厚的旅游部门创造了就业机会，从而绕过了以大人物为主导的度假行业。[12]

另一项权力下放政策包括改革地方治理结构。2011年，马尔代夫民主党政府引入了议会，以取代由马累委派的代表制度。岛屿和环礁行政级别的理事会现在由五名成员组成，而不是仅由一名岛屿酋长或环礁酋长管理[13]。对地方行政制度来说，新理事会成员由选举产生。更重要的是，选举产生的委员会在公共问题上有责任和权力，他们可以根据自己的优先事项来分配预算。在这里，马尔代夫民主党的目标不仅是将国家权力、责任和问责制从马累转移到地方，而且要将这些权力从少数人手中分散到更多人手中。正如笔者之前提到的和在艾哈迈德身上看到的，岛上的酋长们通常与马累的大人物关系密切。对地方政府管理结构的改革影响了大人物在当地社区的影响力，他们因此失去了当地的代理人身份。

尽管民主党领导的政府小心谨慎，不直接攻击大人物，但他们采取措施通过解决各方面的岛国封闭性问题来打破后者的权力集中。在对民主党发展政策的解读中，笔者认为我们能够从中推断出"大人物"的运作方式。民主党的许多政策都很好地适应了人口众多的问题，无论是通过引进廉价、开放的交通系统，开放旅游市场，还是重新配置地方行政结构，这并非巧合。单独来看，这些政策中的每一项对大人物统治的影响可能都是有限的。然而，所有这些微小的变化加在一起，对马尔代夫的大人物主义构成了严重的挑战。

10.8 结论

尽管政府竭尽全力挑战大人物的势力，马尔代夫的小岛屿仍然是少数大人物的地方。它们强调了群岛的空间性如何与一种特定的社会结构相联系，在这种社会结构中，前者和后者不断相互影响和加强。换句话说，这个支离破碎的岛屿，现在分化成了不同的区域，这不仅是政治谈判的结果，也同样是大人物政治的结果。占用陆地空间来发展大人物势力，就像海上运输和中央集权一样，是这个交通枢纽的典范。然而，"大人物"与"岛屿性"之间最显著的相似之处无疑就在于节点功能与核心功能的重叠。如果枢纽被视为一个在空间和社会术语方面的结构性隐喻，它可能被证明是将孤立性和大人物政治结合在一起的概念。

注释

1. 笔者的讨论是基于在2011年10月至2012年9月在马尔代夫进行人类学田野调查时收集的材料。在本文中均使用化名。这一章中的某些人物可能与实际人物类似，这不是巧合而是无法避免的，因为笔者是基于民族志的数据对它们进行建模。这意味着，尽管问题和案例的核心是经验性的，但笔者已将各种提供资料者的某些细节融合到原型中。笔者这样做不是因为暴露个体对分析没有好处，而是因为笔者想强调原则和做法而不是个性。

2. 人口参数因来源材料不同而有很大差异，笔者在下面会提到这个问题。此处引用的数据来源于2014年9月进行的最新人口普查（全国统计局，2015年）。这是第一次试图进行包括几乎所有外国劳动人口的人口普查。根据人口普查，63 637名居民是外国人，其中大多数是孟加拉国人，其次是印第安人和斯里兰卡人，其余338 434人被归类为马尔代夫人。关于被占领的岛屿数量，笔者统计了不被视为"无人居住"的岛屿的类别。这包括"188个行政岛、109个度假岛以及128个工业和其他岛屿"（国家统计局，2015，6）。领土数字是根据《马尔代夫官方地图集》中的数字计算得出的（2008，13）。

3. 纳希德在决选中赢得了54.21%的选票，加尧姆的45.79%（选举委员会，2008年）仅次于其他在第一次投票中被否决的总统候选人，这些被否决总统候选人表示支持他，并鼓励他们的支持者同样这样做。因此，选举结果反映出人们普遍认为纳希德的票数少于加尧姆的票数。

4. 如前所述，有人居住的岛屿的数量不仅在历史上有所不同，而且根据资料的不同也有所不同。最新人口普查包括188个岛屿（国家统计局，2015，6），而《马尔代夫官方地图集》则是193个（2018，10）。

5. 尽管从经验上讲，大多数大人物确实是男人，但"大人物"并不是性别概念，而是采集的社会原型，女性可能同样被标记为"大人物"。从历史上看，尤其是在马尔代夫皇室成员中，女性也可以应用这个概念。马尔代夫皇室家庭网站（http://www.maldivesroyalfamily.com；最后访问日期为2016年4月22日）为进一步探讨在马尔代夫有影响力的女性角色提供了丰富的资源。这个主题超出了本文的范围。

6. 笔者将迪维希术语音译成普通的拉丁文字，而不是使用变音符号。

7. 纳希德认为加入"迪维希血缘关系或个人熟悉范围之外的迪维希权力结构"还有另一种选择（2003，3），那就是走宗教学术之路。特别是排名最高的伊斯兰学者，范迪亚鲁（Fandiyaaru）或酋长卡迪（Qadi）在迪维希王国内占有重要地位。在迪维希政体中，这类伊斯兰学者无疑是举足轻重的，但是他们代表了归类为大人物的另一种有影响力的人物，因为这些学者处于可以产生大人物的马尔代夫贵族的身份体系之外。因此，尽管笔者承认伊斯兰学者及其有关的穆斯林网络对马尔代夫政体的影响，但笔者的讨论重点是大人物。

8. 比亚先生是一个原型，是根据马尔代夫大人物的人种学数据而塑造的。笔者在2011和2012年在马尔代夫进行人类学田野调查时收集了这些数据。

9. 岛屿状况的列举和明确定义随时间而变化，并根据消息来源而变化。例如，最新的人口普查现在列出只有188个"行政岛"、109个度假岛和128个"工业岛和其他岛屿"（国家统计局，2015，6），这只是隐约暗示了之前有人居住的五个岛屿发生了什么事："该国的行政岛屿见证了多年来岛屿数量明显减少。2006年和2014年岛屿数量下降的主要原因是2004年亚洲海啸"（国家统计局，2015，22）。尽管在各种类型的岛屿数量不明确的情况下，笔者仍继续使用官方地图集的数字（Government of Maldives 2008）。因为对于笔者的论点，更重要的是要掌握这些原则的行政划定做法，而不是其在特定的时间点的具体配置。
10. 度假村中的马尔代夫工作人员通常是把其他居住的岛屿而不是度假村作为他们的"家岛"。然而，在全年的大部分时间里，他们居住在其工作的度假村中。
11. 为马尔代夫制定这种方法的时间要早于马尔代夫民主党执政期间，因为在2007年至2011年的旅游业总体规划中已经设想了这一点（旅游和民航部，2007年；另请参见Scheyvens 2011）。但是，它是在马尔代夫民主党执政期间首次实施的。
12. 但是，这并不意味着大人物没有进入宾馆旅游市场——实际上恰恰相反。关键是社区旅游改变了旅游业，如果规模较小，投资者现在可以用较少的资本参与其中。
13. 马尔代夫民主党受到反对党的严厉批评，因为据称，五人理事会将会增加地方政府的政府开支。评论家认为这是马尔代夫负担不起的。然而，正如罗宾逊（Robinson）所述（2015：72），正是因为这些批评家在议会中修改了地方议会法案，理事会成员增加到五名。

参考文献

Baldacchino, Godfrey. 2007. "Introducing a world of islands." In *A World of Islands: An Island Studies Reader*, edited by Godfrey Baldacchino, 1 – 29. Charlottetown: Institute of Island Studies.

Brown, Paula. 1990a. "Big Man, Past and Present: Model, Person, Hero, Legend." *Ethnology* 29 (2): 97 – 115.

———. 1990b. "Big Men: Afterthoughts." *Ethnology* 29 (4): 275 – 278.

Colton, Elizabeth O. 1995. *The Elite of the Maldives: Sociopolitical Organisation and Change*. London: University of London.

Domrös, Manfred. 1985. "Tourism Resources and their Development in MaldiveIslands." *Geo Journal* 10 (1): 119 – 126.

———. 2001. "Conceptualising State-Controlled Resort Islands for an Environment-Friendly Development of Tourism: The Maldivian Experience." *Singapore Journal of Tropical Geography* 22 (2): 122 – 137.

Elections Commission, Republic of Maldives. 2008. *Statistics of Presidential Election 2008 – Second Round*. Male': Elections Commission.

Eriksen, Thomas Hylland. 1993. "In Which Sense Do Cultural Islands Exist?" *Social Anthropology* 1 (1b): 133 – 147.

Godelier, Maurice. 1986. *The Making of Great Men: Male Domination and Power among the New Guinea Baruya*. Cambridge: Cambridge University Press.

Goffman, Erving. 1956. *The Presentation of Self in Everyday Life*. Edinburgh: Social Sciences Research Centre.

———. 1961. *Asylums: Essays on the Social Situation of Mental Patients and Other Inmates*. Garden City: Anchor Books.

Government of Maldives. 2008. *Official Atlas of the Maldives*. Male': Government of Maldives.

Government of Maldives, Ministry of Planning and National Development. 2014. *Statistical Yearbook 2014*. Male': Government of Maldives.

Knoll, Eva-Maria. 2014. "HolidayDoc." In *Mobilitaten! Voyage. Jahrbuch für Reise- & Tourismusforschung*, edited by Johanna Rolshoven, Hasso Spode, Dunja Sporrer, and Johanna Stadlbauer, 59 – 92. Berlin: Metropol.

Lindstrom, Lamont. 1981. "'Big Man:' A Short Terminological History." *American Anthropologist* 83 (4):900 – 905.

Maldivian Democratic Party-Alliance. 2008. *The Other Maldives: Manifesto of the Maldivian Democratic Party-Alliance 2008 – 2013*. Male': Maldivian Democratic Party-Alliance.

Maloney, Clarence. 1976. "The Maldives: New Stresses in an Old Nation." *Asian Survey* 16 (7):654 – 671.

Maniku, Hassan Ahmed. 1990. *Changes in the Topography of the Maldives*. Male': Forum of Writers on Environment (Maldives).

Martin, Keir. 2013. *The Death of the Big Men and the Rise of the Big Shots: Custom and Conflict in East New Britain*. Oxford and New York: Berghahn Books.

Ministry of Tourism and Civil Aviation. 2007. *Maldives Third Tourism Master Plan 2007 – 2011*. Male': Government of Maldives.

Nasheed, Mohamed. 2003. *Maldives: A Historical Overview of Traditional Dhivehi Polity 1800 – 1900*. Male': Orient Academic Centre.

National Bureau of Statistics. 2015. *Maldives Population & Housing Census 2014 Statistical Release Ⅰ: Population & Households*. Male': Ministry of Finance and Treasury, Republic of Maldives. http://statisticsmaldives.gov.mv/nbs/wpcontent/uploads/2015/10/Census-Summary-Tables1.pdf. Accessed June 6, 2016.

Reynolds, Christopher. 2003. *A Maldivian Dictionary*. London: Routledge.

Robinson, John. J. 2015. *The Maldives: Islamic Republic, Tropical Autocracy*. London: Hurst and Company.

Sahlins, Marshall D. 1963. "Poor Man, Rich Man, Big-Man, Chief: Political Types in Melanesia and Polynesia." *Comparative Studies in Society and History* 5 (03):285 – 303.

Scheyvens, Regina. 2011. "The Challenge of Sustainable Tourism Development in the Maldives: Understanding the Social and Political Dimensions of Sustainability." *Asia Pacific Viewpoint* 52 (2): 148 – 164.

Simone, Abdou Maliq. 2004. "People as Infrastructure: Intersecting Fragments in Johannesburg." *Public Culture* 16 (3):407 – 429.

Utas, Mats, ed. 2012a. *African Conflicts and Informal Power: Big Men and Networks*. London: Zed Books.

———. 2012b. "Introduction: Bigmanity and Network Governance in African Conflicts." In *African Conflicts and Informal Power: Big Men and Networks*, edited by Mats Utas, 1 – 31. London: Zed Books.

Van Bakel, Martin A., Renée R. Hagesteijn, and Pieter van de Velde, eds. 1986. *Private Politics: A Multi-Disciplinary Approach to 'Big-Man' Systems*. Leiden: Brill.

马尔代夫首都马累：流动的医疗枢纽

伊娃-玛利亚·诺尔（Eva-Maria Knoll）

11.1 引言

通过医学视角，我们可以看到印度洋岛屿世界的流动性和互联互通性。我们可以发现普通人（即患者和患者家属）、内科医生和其他医学专家、药物、知识、药物学、疾病都处于该流通中。对于疾病而言，从历史的角度来看，我们认识到长途海洋旅行会导致意想不到的副作用和风险的转移，如病毒、细菌和寄生虫的风险。船员携带的疾病在过往的船只上蔓延，反过来，船员和旅客也在船上感染了当地的疾病。马尔代夫现在主要以其高档旅游、气候变化或政治动乱而为人所知，从笔者上述的与健康相关的观点来看，马尔代夫在过去受到的关注要更多。

几个世纪以来，各历史报告把马尔代夫描述为出于健康原因而最好避开的地方——相比之下，它作为热带天堂岛屿的名声只有不到40年的历史。例如，14世纪的旅行家伊本·白图泰打算在位于马哈尔（Mahal）（今马累）的皇家宫廷宅邸居住8个月，但在他入住皇家宫廷宅邸伊始，就连续发热了好几个星期（Dunn 2005，232）。[1] 他染上了所谓的马尔代夫热，大多数学者认为这种病就是今天所说的疟疾（Maloney 1980，398）。白图泰坚信"每个去那个岛的人都会不可避免地染上发热病"（Vilgon 2001a，41）。17世纪初，由于船只失事，弗朗索瓦·皮拉德·德·拉瓦尔（François Pyrard de Laval）在马尔代夫待了五年多，他一直发烧，后来勉强幸存下来。皮拉德强调，"商人们对马尔代夫热的恐惧不亚于对洋流和暗礁的恐惧"（Bell 1882，8）。克里斯托弗（Christopher）中尉和杨（Young）在19世纪30年代中期在马累逗留不久后都患上了高烧，他们不得不提前结束在马累的研究（Bell 1882，ii）。东印度公司"贝拿勒斯号"轮船上的外科医生大卫·坎贝尔（David Campbell）博士在1835年对这些岛屿进行调查时指出，"有害气体"的"影响"是导致各种疾病的原因，并指出气味"应该被视为离开的警告"（Vilgon 2001b/IV，77）。

在（寄生虫学）确定寄生虫是疟疾病因的70年前，坎贝尔和当时的人认为，马尔代夫的泻湖、沼泽和沼泽中恶臭难闻的死水，夹杂着腐烂的丛林植被，正在

"产生一种毒药,或'疟疾'"(Vilgon 2001b/Ⅳ,81)。坎贝尔在报告发表一年后死于马尔代夫。贝尔(H. C. P. Bell)是锡兰的考古专员,他在1882年出版的一本有关该岛的书中,把"马尔代夫热"分列一章,并把这种病称为"潜伏的害虫"和"岛屿的致命祸害"。他认为马尔代夫的气候"甚至对当地人来说都不健康",并报告说,这些岛屿"对欧洲人来说不健康""已经臭名昭著"(Bell 1882,6-8)。因此,马尔代夫旅游业的出现与1972—1975年成功消灭热带疟疾同时发生,也就不足为奇了(Firdous et al. 2011;Kundur 2012)。

然而,马尔代夫热并不完全是过去的一种疾病。如果从遗传学视角来进行医学观察的话,那么几个世纪的马尔代夫热仍然对现在有所影响:正如笔者将展示的那样,印度洋岛屿世界也可以被认为是由空间和时间的基因突变而联系在一起的区域。

本文通过关注一个当代话题和一个迄今为止都没有引起学术界关注的地区来反映"运动中的连通性"。[2] 通过讨论该地区一种特有的需要大量护理的遗传性血液疾病,本文将探讨印度洋[3]中与健康相关的流动性以及马尔代夫首都马累在其中的作用。马累被描述为一个快速发展的地方,一个其内部群岛医疗流通的中心。本文的最后一节将会对马累作为国内互联互通性的中心方面进行补充,重点关注与该中心相关的医疗旅行的远距离层面。最后,笔者将概述与医疗卫生相关的跨国流动所产生的顺畅通道和摩擦、目的地和意义。

11.2 血液联系的深层结构

传说中的马尔代夫热仍然是一种地方性遗传性血液病,它对个人和整个马尔代夫社会产生了深远的影响。马尔代夫位于所谓的地中海贫血带的中心,这是一个疟疾流行地区,估计有460万地中海贫血患者生活在地中海、印度洋和太平洋周边国家(Weatherall and Clegg 2001,706)。[4] 在印度洋的西部,其另一种肆虐的疾病是镰状细胞病,这是第二种大且更为人所熟悉的遗传性血液病,在赤道非洲地区流行。这两种红细胞病症都被认为是一种进化适应,因为地中海贫血和镰状细胞性状的携带者在某种程度上受到引起疟疾(通常致命)的寄生虫、恶性疟原虫的保护(Weatherall 2010,28-33)。这种"通过自然选择对达尔文进化原理进行了悲惨的证实"的疾病,正如血液学家大卫·内森(David Nathan)(1995,20)所说的那样,几个世纪以来各个沿海携带者的数量一直在增加。携带者如果只携带一个缺陷基因就可以免疫于疟疾,如遗传其中两个基因(即纯合基因突变)就可能需要终身治疗。如今,治疗和预防计划以及基因突变本身与这些血红蛋白病的斗争,使印度洋世界相互连通起来。

地中海贫血携带者几乎没有任何症状,因此携带者可能不知道他们遗传了突变珠蛋白基因,随后将其传递给下一代。与携带者不同的是,地中海贫血症患者

（他们自称）不是遗传了一个突变基因，而是遗传了两个突变基因，它们分别来自于携带者的父母。地中海贫血症患者体内产生的功能性血红蛋白不足。由于红细胞对于将氧气从肺部运送到细胞是必不可少的，地中海贫血症患者必须每隔两到三周输一次血来对抗这种严重的贫血。但定期输血会使身体铁元素超负荷，这反过来又需要进一步的医疗护理。简而言之，我们在这里讨论的是一种需要特别护理且危及生命的血液疾病，这种血液疾病在马尔代夫及其他地区很常见，而且在更广阔的印度洋世界的整个沿海地区以不同的变种和强度传播。这对当地居民和医疗保健系统提出了严苛的要求。

在 20 世纪 80 年代后期，地中海贫血被认为是马尔代夫的一个严重的健康问题（Firdous 2005，132），导致世界卫生组织（WHO）将该群岛列为世界地中海贫血"高发地区"（Modell et al. 1990，1170）。由于 18.1% 的人口是携带者，马尔代夫是世界上 β-地中海贫血携带者比例最高的国家之一（Fucharoen & Winichagoon 2007，2）[5]。然而，这种将近五分之一的马尔代夫人是携带者的流行率并不完全是"自然"形成的，也就是说，并非完全由进化期间致命的地方性疟疾流行媒介引起的。相反，它是从"生物和社会过程在时间和空间上的不断相互作用，最终形成"医学人类学家玛格丽特·洛克（Margaret Lock）所创造的"地方生物学"和"生物社会分化"（Lock and Nguyen 2010，90）。马尔代夫的基因组源于基因与环境之间的适应性相互作用，源于印度洋岛屿世界的迁徙、附属国和贸易联系。

马尔代夫群岛形成了查戈斯-拉克代夫山脊（Chagos-Laccadive Ridge）中部的陆地部分，在印度洋中部沿南北方向延伸超过 2300 千米。少校 G. R. 蒂贝茨（G. R. Tibbetts）根据阿拉伯重要的导航文本和其他文献汇编了一个关键的评估图表集。在对该汇编的批评性评估中，安德鲁·D. W. 福布斯（Andrew D. W. Frobes）（1981）认为中世纪的阿拉伯航运通常在马累停靠。马尔代夫群岛是一条几乎不可避免的海上通道，散布在东南亚与阿拉伯南部和红海之间的海上直通航线上，温和的东北季风使船只更容易和更快通过危险的珊瑚礁路线。因此，在从东南亚到波斯和阿拉伯半岛的回程路线上，马累（大概从伊斯兰时代开始）成为转口港和中途站点。此外，"继最初的葡萄牙人对印度洋传统贸易网络的攻击之后，马拉巴尔地区的大部分土著穆斯林主要贸易都在马尔代夫进行了重新调整"（Forbes and Reynolds 2016）。

反过来，因为马尔代夫的低洼热带珊瑚岛环境本身资源稀缺、土壤贫瘠和空间有限，马尔代夫岛民历史上一直依赖于贸易联系。他们自称迪维欣人（Dhivehin），进口主食，如大米，以及其他谷物、糖、香料、锅、钉子、衣服和其他日常用品。即使是小而精巧的编织业、油漆业和铁匠铺工匠行业也依赖于原材料的进口[6]。

遗传调查显示，马尔代夫的 β-地中海贫血基因突变谱与邻国不同。基因偷渡者以代际方式沿着海上贸易网络或迁徙路线"旅行",一些普遍存在的基因突变很可能起源于印度人、印度尼西亚人和美拉尼西亚人。其他基因突变是指中东种群,而另一些基因突变来自葡萄牙或阿尔及利亚(Furuumi et al. 1998,148 - 149;Pijpe et al. 2013)。除了地中海贫血基因突变的这种创始效应之外,还需要考虑许多生物社会贡献,以解释人口中 β - 地中海贫血携带者的日益增多及其在 26 个马尔代夫环礁中的不均匀分布(Firdous 2005,134)。它们包括具有挑战性的风和洋流条件,这些条件有助于或阻碍特定环礁之间的航行,包括传统的马尔代夫岛屿内部通婚,相当高的离婚和再婚率的婚姻模式(Fulu 2014,51 - 52;Maloney 1995,5;1980,309,336 - 337)。对于中世纪的阿拉伯航运,福布斯参照伊本·白图泰提出"在这段漫长的航程中,在中途离开并与马尔代夫妇女建立临时和长久婚姻关系的可能性"(Forbes 1981,80)。白图泰谈到"一种临时婚姻",阐述了外国船员在抵达时可以轻易建立婚姻关系,并在离境时离婚。他本人就有"4 个合法的妻子,包括小妾"(Forbes 1981,80)。

血液病在分子水平上通过基因按照孟德尔规则传递而互相联系,其管理包括护理和预防这两个主要的干预领域,并涉及整个社会。例如,相当一部分没有直接受到影响的公众为地中海贫血患者捐献血液或骨髓。马尔代夫和其他发展中国家一样,捐献血液的采购是在血液替代政策的框架内进行的。如果患者需要血液,就必须找到一个献血者。笔者在别处讨论过每两周组织匹配献血者或愿意定期献血是小型发展中国家医疗保健领域在人力资源有限的情况下采取行动的几个方面(Knoll 2017a)。因为在广袤的印度洋水域中,群岛分布着数百个岛屿,无论是对于为了保持地中海贫血患者的健康而进行的常规输血和其他治疗,还是对于为了避免新病例而进行的预防性人口筛查项目,这种地形都极具挑战性。在管理、运输、通信和向偏远地区提供服务方面,"水比地多"的栖息地所面临的独特挑战仍然未得到充分研究(Warrington and Milne 2007,416),尤其在关于本文的连通性方面。

11.3 作为首都的一座小岛,从此岸到彼岸以及到更远的地方

马累,一个港口城市(Pearson 2003,30 - 37),与世界联系长达几个世纪,是一个小珊瑚岛国家的首都岛,没有坚实的地面作为首都腹地。根据皮尔逊(Pearson)的说法,珊瑚岛是"海洋中的微小碎片",因此它们"都属于沿海地区"(Pearson 2003,38)。今天,这个沿海社会的主要资源使它在世界著名的长途旅游目的地中名列前茅。[7]

首都马累岛位于马尔代夫群岛中心附近,是一个由 26 个自然环礁组成的双链型岛,包括超过 860 千米的 1200 个岛屿(MPND 2008,11)。加上众多无人居住的小岛屿和列岛一起,该群岛包括 188 个人口密集的所谓行政岛屿,128 个保

留用于工业和农业用途的非行政岛屿,以及 109 个作为旅游度假村的岛屿(NBoS 2015a,6)。167 艘游船在它们之间的水域巡航。[8]

旅游业收入为马尔代夫这个小岛屿发展中国家(SIDS)转变为南亚最繁荣的国家作出了重大贡献,在 2004 年海啸造成发展延误之后,国际援助接踵而至,最终于 2011 年 1 月马尔代夫从最不发达国家(LDC)不断发展升级。[9]除了椰子和当地鱼类外,马尔代夫消费的几乎所有东西主要通过马累进口和分销,马尔代夫消费者包括大约 34 万马尔代夫人和 6.4 万名常驻外国人(NBoS 2015a,11)以及每年人数超过 100 万的游客。到撰写本文时,马尔代夫只有一个全面运作的国际机场,还有三个正在建设中,然而马累仍然在很大程度上成为群岛空中和海上交易的唯一枢纽。例如,2014 年,易卜拉欣·纳西尔国际机场通过 99 047 次航班运送了 200 万名乘客(NBoS 2015b,15)。这样一个有"支线航班"的"中心辐射型网络组织",从马累到环礁的 9 个当地机场,再到由世界上最大的水上飞机航队运营的度假目的地,反映了一种中心-外围的物流关系。这对于经济上相当依赖旅游业的暖水群岛来说是典型的(Baldacchino and Ferreira 2013,86-87)。很明显,这样的交通网络也与医疗卫生状况相互作用(Aboobakuru 2014)。

透镜状的马累岛一直是政治、经济和社会中心,也是该国通往世界的大门。这个独特的中心位于一个特殊的小岛上,其吸引力对人口密度、相互作用与交流产生了相应的影响,并可能对健康也产生影响。被称为国王岛或苏丹岛的马累是"马尔代夫人和外国人的商业中心"(Pyrard 1887,118),这是唯一允许在传统检疫法规框架内进行外贸的地方(Bell 1882,13,67)。这种贸易往往受到皇家的垄断,例如,贝壳贸易(Hogendorn and Johnson 1986,85-86)。作为"十字路口的十字路口",(Neville 1995,2),空间有限,再加上人口增长和城市化,马累这个岛屿城市一次又一次到了它的极限。皮拉德(Pyrard)将国王岛描述为群岛中"最不健康"的岛屿,因为它是"人口最密集"的岛屿——对于生者和死者都是如此。皮拉德怀疑无数的墓地是马累不利于健康的根源:"整个岛上到处都是尸体,太阳在土壤上肆虐,产生了有害的气体。水质也非常糟糕,因此国王不得不到邻近的岛屿居住生活"(Pyrard 1887,118)。在皮拉德之后,贝尔(Bell 1882,13)也在 1881 年的会议论文中抱怨岛上的人口过剩。那时,估计有 2000~3000 名居民住在马累岛 1.05 平方千米的土地上。

像马累这样的多维小岛屿枢纽为商品、人员和知识等的流通提供了舞台。而且,这些过程反过来也改变了枢纽本身。最明显的是马累从一个带有裙礁的小珊瑚岛到多岛城市群的转变。在 20 世纪 90 年代,阿德里安·内维尔(Neville 1995,2)强调了马累作为首都岛屿区别于其他岛屿的独特性,因为"没有其他首都对岛屿进行边对边、岸对岸的填补"。由于岛上周围的泻湖逐渐被填满,到 1986 年,马累岛的面积扩大到 1.9 平方千米(Neville 1995)。随着西边的邻近岛屿维林格里岛(现为 Vilimale')和东北部的瑚湖尔岛(Hulhule)及其开垦的附属胡鲁马累岛（Hulhumale）相继被并入，一端是国际机场，另一端是住宅区，马累面积再次扩大至其原来的五倍。大马累面积计算中不包括据称是世界上最大的、每天都在增长的垃圾岛斯拉夫士岛（Thilafushi），其位于马累以西约5千米处，首都的垃圾问题和重工业都外包到了这个岛（Naylor 2015，739）。尽管自20世纪70年代以来，马累不断扩张，目前5.8平方千米的土地上有153 904名居民（NBoS 2015a，17），但马累仍然是世界上人口最稠密的城市之一，并且存在相应的环境和健康问题（图11-1）。

图11-1 马累（右下）及其卫星城市维林格里（前景）和胡鲁马累岛（Hulhumale）。2015年最近一次完成的土地复垦将近期作为度假岛运营的法鲁岛（Farukolhufushi）（左上）并入马尔代夫的城市首府。当时首都已经由四个岛屿组成（照片来源：E. M. Knoll）

11.4 马累及其岛屿作为医疗中心的复杂性

在整个9万平方千米的主权领土上（即群岛和领海；MPND 2008，9），马尔代夫的小型低洼珊瑚岛仅占陆地面积的0.33%。马尔代夫的医疗保健行业与这个杰出的300∶1的海陆比例相互作用，形成了由偏远的周边地区、环礁（译者注）、转诊中心和一个医疗中心组成的四层转诊系统。周边岛屿基层的医疗中心将患者转诊至更高级别的医疗中心，从周边外围地区、环礁的医疗中心，到地方性医疗中心和中央级别的医疗中心，会逐步为患者提供更先进的医疗设备和专业知识（Aboobakuru 2014，18-19；MoH & G 2014，1）。尽管在权力下放方面取得了初步进展，但马尔代夫的两个中央转诊医院以及大多数专科实验室和诊所都位于首都马累。群岛周边地区的医疗保健取决于其流动性，包括马累的外展服务和治疗旅行。因此，整体医疗状况基本符合马尔代夫人对其群岛的（"马累"和各岛屿的）心理预期。"马累"与首都以外的其他岛屿形成了对比，这些岛屿被称为"环礁""岛屿"，甚至"更外围的岛屿"[10]。

梅米·查希尔（Maeed M. Zahir，2011）分析吸引越来越多的人从环礁迁移到首都的原因时，首先列出了"更好的医疗设施"，然后是"更好的教育和更好的就业机会"。关于马累作为提供国家服务的中心角色，内勒（Naylor 2015，735）谈到了行政、教育和医疗设施以及城市本身的"机构性拥挤"。在本已拥挤的生活环境下，马累的居民还必须面对每年有超过 100 万的游客和大约 10 万名外籍工人经过这里，以及拉杰·特雷·米洪（raajje therey meehun）（字面意思是：国家里的人，指与马累居民相对的岛民）等为了就医而来到马累的马尔代夫其他岛屿的岛民。例如，2014 年的人口普查数据表明大约 43% 的人口出生在马累，但他们却在各岛屿注册登记，这是由于更好的医疗设施"导致其他岛屿的人来到马累生育"（NBoS 2015a，14）。

马尔代夫的经济以及马尔代夫的医疗保健系统极大地依赖于游客、劳动力、患者、商品和专业知识的跨洋流动。在马累，群岛内与健康有关的流动与医学知识、医疗专业人员和学生、患者和药品的跨境流动相互交错。[11] 马累的医院和专科诊所提供了该国最高级别的当地医疗转诊系统，而任何进一步将患者转诊到邻国的医疗机构也主要依靠马累组织。当地寻求医疗保健的岛民成为国际医疗旅行者。根据旅游部 2015 年 11 月进行的一项调查，66% 的马尔代夫国内旅行是出于医疗目的而进行的。这使医疗旅行成为马尔代夫当地居民国内旅行的主要原因。在这些群岛内部的医疗保健寻求者中，52% 的人前往马累。这种前往马累的医疗旅行者的流动被马尔代夫人国内旅行的第二个主要原因所抵消，即 63% 的马累居民因在群岛内"休闲和度假"而旅行。这些心情愉悦的来自马累的旅游者住在自己的房子、家庭住宅或岛上的朋友家中，而大多数从环礁到马累的医疗旅行者都住在租来的房间里，因此花费更多的钱。[12] 马累作为一个医疗枢纽的功能及其相关的关系效应和变革性转化，在民族志上是可见一斑的，例如通过私人公告为医疗旅行者在距离医疗设施近的地方租用房间等。

由于当地机会有限，马尔代夫学生可以到国外学习医学和其他保健专业；反过来，外籍医务人员被招募，抵达首都并接受初步培训，其中一些人随后被分配到群岛各地的岛屿医疗卫生机构。主要医疗机构都设在首都——世界卫生组织国家办事处、卫生部、医院、诊所和非政府组织，这只是医学人类学家劳伦特·波尔迪（Laurent Pordié，2013）所描述的一些"位置节点"——即该节点是一些开展国际医疗交流和专业知识转让的机构。马尔代夫与地中海贫血的关系也是如此。

11.5 基因身份的产生和有风险的夫妻关系

一家专门从事保健教育的非政府组织（NGO）和唯一一家专门从事血红蛋白疾病管理的诊所是马累的两个节点，这里与全球机构（如总部设在塞浦路斯的地中海贫血国际联合会）相互作用，汇集了当地人口的遗传知识，并转化为非专业知识加以运用。在这里，根据基因测试、全国人口筛查和宣传计划的框架，个人收到他们的颜色状态——他们的基因身份，其形式是一张信用卡大小的层压卡。通过地中海贫血卡（thelemiamia caadu），基因流动的管理责任切实地被移交给个人。这种有色的"体细胞个性化"（Novas and Rose 2000，489–491）在人类谱系的帮助下进一步转化，可以将隐性地中海贫血基因的遗传模式可视化，或在普兰萨克（Prainsack）和西格尔（Siegal）（2006）所称的"风险基因配对"图表的帮助下得到进一步的展示。该图表显示了基因身份，有六种不同颜色排列在 X 轴和 Y 轴上。白卡表示非携带者；绿色、紫色、蓝色、桃红色、灰色和粉红色卡片表示各种血红蛋白基因突变的携带者。例如，持红卡的女性和持红卡、绿卡或蓝卡的男性将通过这种风险评估和教学工具被告知他们是一对"有风险的夫妇"，这会在红色和红色、红色和绿色或红色和蓝色轴的交叉部分用一个红色矩形加以提醒。这对夫妇在遗传咨询会上会被告知，根据孟德尔遗传定律，每次怀孕有 50% 的概率使孩子成为携带者（即持红色、绿色或蓝色卡片）；这个孩子有 25% 的概率成为白卡身份的非携带者；有 25% 的可能性是最不理想的结果：这个孩子成为一个遗传了两个地中海贫血基因的地中海贫血患儿，其生存将依赖于定期输血和相关治疗。

由于基因检测和携带者鉴定的实验室设备和专业知识仅存在于马累，这种遗传风险评估和风险沟通还必须适应马尔代夫群岛的整体环境。自 1992 年以来，当地非政府保健组织（NGO）的外派服务团队一直乘船前往这些岛屿，提供宣传方案，并从 12～35 岁的人群中收集血液样本（Firdous 2005，131）。[13] 非政府组织的团队通常留在岛上，第二天继续在另一个岛上工作；然而，血液样本必须被装在一个恒温箱里在数小时内运到马累的实验室。在组织运行方面，这项在群岛上具有挑战性的任务可以作为一个棱镜，突出了马尔代夫与健康相关的流动性和旅游流动性之间的一种高度连通的特殊形式。

非政府组织发起的马尔代夫地中海贫血预防方案的后勤工作得到了旅游基础设施的支持。正如这个例子所示，虽然无意贬低对马尔代夫旅游业的合理批评，但是旅游与健康医疗在接触中也产生了新的摩擦。这个例子强调了珊瑚岛和（旅游）基础设施与人类活动的关系（Sheller 2011，3），从而揭示了多重流动中"摩擦"的创造力：即多重活动中尴尬的、不平等的、不稳定的以及创造性的"跨越差异的互联"（Tsing 2004，4）。现在快艇和水上飞机不仅将地中海贫血患者送去治疗，而且还负责在其乘坐途中进行血液样本的免费基因测试，以便在度假岛屿和马累国际机场之间运送游客。这不仅仅是血样从外围地区转移到首都马累的预防性基因检测。为了遵守婚前基因检测的生物政治规定，来自这些岛屿的未婚情侣在不知道其携带者身份的情况下赶到马累（无论是乘船还是飞机，但到目前为止这些都是自费）。这就是为什么一些即将结婚的夫妇在婚礼前几天匆匆赶到马累的两个基因检测实验室，也说明了为什么这个非政府组织的实验室需要定期的基因检测费用，以及稍高的快递服务费用。然而，对于这些马尔代夫夫妇中的一些人来说，马累并不是最终目的地，而只是地中海贫血预防措施中最为基础的一个环节。

在马尔代夫，两个地中海贫血携带者结婚的可能性相对较高。具有上述传统上高离婚率和较高再婚率的爱情婚姻模式（Maloney 1980，309）增加了两个携带者在一个群体中相互匹配的可能性，其中五分之一的人口从一开始就是地中海贫血携带者。如果爱上了那种患有"错误颜色"的地中海贫血患者，而且既不想放弃感情，也不想没有孩子，那么建议进行医疗旅行以免生一个患有地中海贫血的孩子，这种孩子的生活很痛苦且寿命通常很短。对胎儿进行预先的产前遗传检测是早在1999年就通过的一项决议，例如绒毛膜绒毛取样（妊娠第10～12周的胎盘组织）或羊膜穿刺术（在妊娠第16～22周之间用羊水进行）（Firdous et al. 2011，175），但在马尔代夫还没有具体实施。因此，一些有患病风险的马尔代夫夫妇加入了跨越印度洋的马尔代夫医疗旅行者的行列（Knoll 2017b）。

11.6 跨洋医疗旅行的障碍、路径和到达便捷的目的地

从马累到印度和斯里兰卡有两条主要的医疗旅游路线。[14] 医疗旅行者重新确立了一些传统贸易路线与附属国贸易路线及其联系（Didi 1949，32-39；Hogendorn and Johnson 1986，66，87；Maloney 1980，107-130；Pyrard 1887，227-222），医疗旅行者遵循现代医疗途径，通过政治协议、公共资金并以马尔代夫侨民社区作为联系点，使其跨洋医疗旅行更畅通。

健康卫生是南亚区域合作联盟（SAARC）商定的五个合作领域之一。马尔代夫合作协议——最突出的是与印度和斯里兰卡的合作协议，包括为马尔代夫招聘医务人员，在国外大学为马尔代夫的医学院学生提供名额，以及为马尔代夫采购药品。由于抵达时不需要或不要求有签证，因此身处南亚国家的马尔代夫人因医疗问题出行是十分容易的。然而，当马尔代夫政府于2012年取消与印度一家大型基础设施公司合作经营和扩建马累国际机场的合同时，情况发生了变化，印度通过引入"医疗签证"对这一事件作出回应，导致这段时间医疗旅行者很难到达印度。[15] 这种政治上的紧张局势在马尔代夫政府与中国签署了机场和其他主要建设项目的合同后加剧，例如连接马累和邻近机场瑚湖尔岛（Hulhule）长约1.4千米的著名桥梁，这一桥梁工程与中国承包商合作，旨在融入中国的"新海上丝绸之路倡议"[16]。马尔代夫是印度洋上仅次于塞舌尔第二小的主权国家。这些岛屿的地缘政治战略和经济吸引力使其处于这两个亚洲大国在印度洋的相互竞争之中，这对马尔代夫复杂的医疗问题造成了影响。

对于普通的马尔代夫人来说，近年来医疗旅行的资金障碍明显缓解。由于有

了蓬勃发展的旅游业、建筑业和渔业的收入，以前为富人所提供的服务已普适于大众。如今，病人流动产生的费用被纳入"每年"（Aasandha）计划，这是马尔代夫首个综合健康保险计划，成立于 2012 年。2014 年 9 月该保险公司网页上的信息显示"海外医疗"是主导问题。该保险针对满足以下两个条件的向印度和斯里兰卡转诊的患者：第一，马尔代夫没有治疗方案；第二，患者在经过认证的专科医生那里得到这种治疗的处方。大多数获得授权开具此类处方的专科医生（例如心脏病专家或肿瘤科医生）位于转诊系统的较高级别，其中大部分在马累。该保险计划负责国外的治疗费用（包括手术、术前和术后检查、绷带和拐杖等医疗辅助用品），每年最多 4 次经济舱飞行的旅行费用，甚至包括陪同人员的旅行费用。如果患者不满 19 岁、超过 65 岁或卧床不起，该保险则可以支付陪同人员的额外 4 张机票费用。对于所有其他患者，陪同出行仅适用于第一次。其选择权不在患者，该保险会根据经济标准选择医疗旅行目的地和治疗方案。[17]

除了上述传统贸易路线沿线的区域合作和医疗旅行的财务保障外，地理和文化邻近性，以及可能会给人带来某种熟悉感的目的地，有助于使印度和斯里兰卡成为马尔代夫跨国医疗流动中便捷的目的地。以健康为中心的互联互通已经形成，并在马尔代夫附近形成了一种治疗－旅游－社区－定居的范式。印度和斯里兰卡是传统上的马尔代夫人在国外的聚居点（Maloney 1980，108－109）。他们在马尔代夫航海家"非官方安全国家名单"中分别排名第一和第二（Romero-Frias 2003，288）。从大约 20 世纪 80 年代后期开始，更多的马尔代夫家庭倾向于国外的医疗和教育选择，并开始在科伦坡、新加坡和马德拉斯居住。与当代医疗相关的马尔代夫侨民社区在科伦坡兰卡医院和特里凡德鲁姆医学院周围地区发展起来，这种发展与传统的贸易路线和相关定居点相一致，其发展不仅可以振兴和调整传统贸易路线和相关定居点，还可以通过旅游业促进定期航空服务的建立[18]。这些马尔代夫侨民社区为马尔代夫的医疗旅行者提供了方便的停靠点，它缓解了流动性和停泊点之间的紧张状况并为其搭建桥梁（Hannam et al. 2006）。从这个角度来看，印度和斯里兰卡的部分地区可以被视为马尔代夫医学上相关的"前沿地（foreland）"（Pearson 2003，31），是一个通过病人交通往来联系起来的海外地区。据未经核实的估算，每个地点约有 5000 人。这个看起来很小的数字实际上相当于马尔代夫人口的 1.3%。

由于我们对这些社区几乎一无所知，本文还为更全面地探索马尔代夫"医疗流亡社区"在印度洋医疗互联互通中的作用规划了研究议程。

在特里凡德鲁姆医学院周围的街道上，医疗跨国主义很明显，有许多迪维希语的标牌也同时用塔安那文（Thaana）、马尔代夫的语言和文字标示出来：药房用英语宣传（如生物医学），并为阿育吠陀医药（传自印度，译者注）做广告，户外广告牌则宣传诊所、医生、验光师和药房的服务，以及治疗和药品。此外，在这个地区，马尔代夫的医疗保健寻求者可以找到迪维希语的广告并从中获取医疗住宿所需的其他一切信息，如住宿和马尔代夫美食。特里凡德鲁姆－马尔代夫侨民社区是由寻求医疗服务和群岛不能提供的教育机会的马尔代夫人，以及为马尔代夫医疗游客提供餐饮服务的马尔代夫人发展而来的[19]。

11.7 新兴的马尔代夫医疗旅行文化

医疗旅行处于约翰·厄里（John Urry 2007，10－11）所描述的当代一些主要流动性形式的交叉点上，如移民、医疗旅行、旅游和探亲。因此，医疗旅行是一种与其他活动重叠的人类流动实践。此外，一个马尔代夫病人几乎从不独自旅行。大多数情况下，几个家庭成员聚集在一起，越过大洋，度过我们所谓的"海外多用途时间"（multipurpose time abroad）。在国外度过的时间从几天到几周，甚至几个月不等，在这段时间内，人们将度假、商务、教育、购物、探亲，以及寻求各种医疗服务等各种活动结合起来。印度洋小岛屿发展中国家（SIDS）人口较少，其医疗转诊系统分散在群岛上，这使其与健康相关的流动性（在其内部和外部）几乎成为一种必要。许多人认为国外的医疗卫生设施质量更好。此外，由于直到20世纪80年代末生物医学护理一直是精英阶层的特权，医疗旅行也具有一定的声望。社会保险覆盖使更多人可以享受到异地医疗。因医疗原因跨越印度洋已成为医学领域的一个不言而喻的内在组成部分，因此这也成为马尔代夫日常生活和流行文化的一部分（Knoll 2017b）。以下马尔代夫一年级学生课本中的故事说明了这一点。

这里以简短的语言对教科书的故事进行复述，教科书上的故事（Maniku 2011）从一幅痛苦的老虎的图画开始。根据下面所附的塔安那文字得知：老虎是因为肚子疼哭了，所有的动物都认为老虎应该接受治疗，因此苍蝇和苍鹭乘坐"米尼卡（Minikaa）航空"飞机，将老虎带到一个名为"米尼卡"的国家。课本后面的图画显示：在医院里，麻醉师老鼠博士和外科医生松鼠博士在兔子护士的帮助下进行手术，并从老虎的腹部取出一个大钉子。最后的图片和文字表示老虎回到了马尔代夫，没有痛苦，并且幸福地与其他动物生活在一起。

教科书中的《老虎到米尼卡的医学之旅》打开了一扇民族志的窗口，让我们了解印度洋这一地区民众如何看待自己的医疗旅行现状。它还揭示了当代患者流动性与传统民间传说之间的互联互通。乘坐飞机旅行，老虎的医疗旅行团选择了跨境旅行中首选的但昂贵的交通工具，而不是缓慢的渡船。图画中的英文术语"airline"是用塔安那文字写在飞机上的。迪维希语飞机一词，*mathindhaa boatu*——也就是上面的一艘船——没有在本文中使用。灰色的苍鹭是马尔代夫民间传说中一位杰出而受人尊敬的人物（Romero-Frias 2003，note 163），它与苍蝇一起陪伴着老虎病人。老虎虽然不是马尔代夫土生土长的——可能是由于与印度的贸易和移民关系——老虎也成为本土故事中的主要人物（Romero-Frias 2003，

28，93，273 - 274；2012，xxxi - xxxii）。[20]

根据医学人类学家贝丝·坎格斯（Beth Kangas）（2007，293）的说法，尽管医疗旅行"在当今全球化的世界中可能是一个有吸引力的选择，但采用国外医疗服务会影响当地人的认知观念"。患者的流动性"使人们获得某种希望，即在世界某个地方存在一种治疗方法"（例如用于癌症），并且"它使人们对当地能力的不信任永久化"。在人口稀少、分散的小岛屿发展中国家，患者的流动性是对医疗健康不平等的明显反应。然而，在马尔代夫，病人的流动性也因不信任而加剧，而这又与医疗卫生专业人员的流动性有关。由于马尔代夫人口太少，无法提供足够的训练有素的医务人员，该国的医疗系统严重依赖外国劳动力。截至2010年，全科医生和专科医生中，外籍人士在马累占55%，在环礁占98%（卫生部2013，55 - 56）。与笔者交谈过的许多来自南亚区域合作联盟国家的年轻医学毕业生，计划在马尔代夫工作几年，赚取相对不错的收入，专攻一个医学领域，以这种方式填补了他们在等待原籍国理想医院职位的时间。然而，相当一部分人在一年后甚至更短时间内离开，他们对不方便的工作和生活条件感到沮丧（要么在拥挤的首都，要么在一个幽闭恐怖的小外岛上），有时也会因为社会孤立和与傲慢和不友好的马尔代夫患者的负面经历而离开。其结果是外籍医疗人员的流动率高，使马累成为不稳定的外籍医疗人员的"旋转门"。这反过来又加剧了马尔代夫患者对国内医疗系统的不信任，并使医疗旅行呈现跨境化发展的趋势。

11.8 结论

本文以马累参与治疗地中海贫血为例，讨论了人类的病痛、风险评估和治疗实践，以多种方式与印度洋的流动性和连通性交织在一起。尽管马尔代夫历史上曾因马尔代夫热而受到危害，但近几十年来，健康已成为马尔代夫流动性和连通性的众多驱动力之一。通过普遍的遗传性血液疾病地中海贫血的例子，笔者介绍了医疗健康相关的流动性，其作为生物社会关系的一个广泛领域，可以为印度洋研究增加"运动中的连通性"的历史和当代方面的研究视角。本文讨论的当代医疗健康的变革性流动领域包括变革性基因、流动患者、陪护家庭和照料者、疟疾媒介、血样、知识和卫生人员。"位置节点"的概念有助于描述马累在医学维度上的连通模式。

与遗传基因突变的斗争将印度洋沿岸地区与地中海贫血带联系起来，在那里，人们共同面临着一个紧迫的健康问题，并努力解决这个问题。遗传性血液病对印度洋的个人和社会包括国家管理和预防计划，都有深远的影响。第一届泛亚血红蛋白病会议于2012年在泰国举行，第二届于2015年在河内举行。预防工作产生了新型遗传身份信息，并影响婚姻策略和个人的生育决定，而其对治疗的要求则连接起地中海贫血症患者和献血者。血红蛋白病已经成为海洋地区健康的一个固有因素，它决定了当代日常生活，某种程度上类似于皮尔森（Pearson）（2003，13-25）所认为的印度洋世界的气候、季风、潮汐和洋流是不可抗拒的因素［对费尔南多·布劳德尔（Fernand Braudel）的致敬］。因此，笔者建议将遗传性血液疾病（首先是地中海贫血和镰状细胞性贫血）纳入印度洋岛屿世界的当代"深层结构"中。皮尔森的气候深层结构元素在蒸汽机时代失去了一定的意义，但在某种程度上，在近几十年旅游业中，这一结构重新获得了社会经济意义。作为区域遗传疾病，血红蛋白病被确定为待处理的生活境况直到最近才进入印度洋世界。

人种学小插曲阐释了马尔代夫外籍人士社区为中转目的地的马尔代夫医疗旅行者提供服务，解决其医疗旅行中移动和停留时无处不存在的紧张关系。因此，与健康相关的流动性不仅成为一种结果，而且成为一种结构和驱动力。在这种情况下，显而易见的是港口城市马累具有群岛内部流动的枢纽和跨境联系的双重功能，事实上，这两种功能都是横跨印度洋水域的。因此，通过医学人类学的视角，我们认识到印度洋既是基因突变和其他疾病、混乱和隐忧的传播者，也是希望、医疗保健、医学及生物技术的传播者，其同样改变了岛民、社会和地区。

注释

1. 对伊本·白图泰在马尔代夫旅居时期的不同解释，参见 Dunn（2005，240）。
2. 感谢马尔代夫马累健康服务有限公司血液服务；并感谢马尔代夫地中海贫血学会和健康教育学会这两个中央非政府组织。笔者也想感谢自己在马尔代夫和穆罕默德·埃米尔（Andre）的研究伙伴 Andre Gingrich、Martin Knoll、Xavier Romero-Frias、Iain Walker、Boris Wille，以及编辑们对本文早期草稿的宝贵意见以及其他形式的帮助。
3. 开创性的编译工作由 Anna Winterbottom 和 Facil Tesfaye 提供（2015 年），重点研究印度洋世界医学和 Cliff 等人（2007）关于岛屿流行病学的研究。
4. "地中海贫血"一词是指一组遗传性血液疾病影响形成血红蛋白所需蛋白质的产生。血红蛋白的产生和合成受 α 基因控制（位于 16 号染色体上）和非 α 基因（包括 β 基因、染色体 11）（Eleftheriou 2007，9-17）。
5. 各种血红蛋白基因突变是马尔代夫地方性流行疾病。预防计划筛查 α- 和 β- 地中海贫血，血红蛋白 E 和 D，以及镰状细胞携带者。
6. 关于马尔代夫移民、朝贡和贸易联系的进一步信息，见例如 Maloney（1995），Mohamed（2008），Pearson（2012），Romero-Frias（2003，11-19）；关于贝壳的贸易，见 Hogendorn 和 Johnson（1986）；对锡兰的鱼干贸易，见 Didi（1949）；关于伊斯玛仪博拉商人在（从）马累的作用（的驱逐），见 Forbes 和 Reynolds（2016）。
7. 由于高档旅游业和人口压力，小珊瑚岛屿的土地在马尔代夫面临激烈竞争，被看作是积累财富和影响力的媒介（参见 Wille，本书）。
8. 2015 年旅游部，"2015 年 1 月到马尔代夫的游客人数在下降"。http：//tourism. gov. mv/news/tourist-arrival-maldivesdeclines-2015，2015 年 2 月 20 日访问。

9. 2014年，马尔代夫经济被世界银行列为南亚八个发展中国家（阿富汗、孟加拉国、不丹、印度、尼泊尔、巴基斯坦、斯里兰卡和马尔代夫）中唯一的"中上收入经济体"（即人均国民总收入为4086美元至12 615美元）：http：//data.worldbank.org/about/country-and-lending-groups#Lower_middle_income，于2014年6月20日访问。
10. 群岛的空间组织分为社会政治和经济中心与依赖性的"外岛"，并着重强调相当大的世界性中心（参见Bethel，2000），这在印度尼西亚是有据可查的（参见Lukas 2002）。
11. 笔者集中讨论21世纪马尔代夫公民的生物医学治疗。岛上度假村提供水疗设施和生物医学护理（Knoll，2014年），包括马尔代夫草药和神奇实践在内的医学多元化元素，以及它与印度洋主要医疗系统内部和外部的交流不在本文讨论范围。
12. Haveeru在线，2016年3月1日。http：//www.haveeru.com.mv/domestic_travel/66947，2016年3月1日访问。
13. 笔者重点介绍20世纪90年代初由马尔代夫最古老和最成熟的非政府卫生组织建立的外展服务。由于非政府组织的预算有限，这些外展服务积极寻求与旅游业的合作。到2015年初，马尔代夫血液服务（MBS）已经开始了所谓的宣传活动，这是一项额外的推广服务。
14. 2012年，印度的医疗游客中约有50%来自邻国。马尔代夫占抵达人数的17%，仅次于孟加拉国的22%（KPMG 2014，18–19）。2016年2月，印度在马累的（Dharubaaruge）会议中心举办了首次为期四天的印度健康博览会。有18家印度医疗机构参加了展会，其中包括阿波罗（Apollo）医院、楠楠普利（Ananthapuri）医院、马尼帕尔（Manipal）医院、NU医院和拉詹（Rajan）牙科等享誉盛名的医疗机构。
15. "抛开GMR惨败不谈，印度会继续做一个好邻居"。印度教，新德里，2013年1月21日。http：//www.thehindu.com/news/national/gmr-fiasco-apart-india-will-continue-as-benign-neighbour/article，2013年1月25日访问。
16. 转引自http：//thediplomat.com/2014/09/china-pushes-maritime-silk-road-in-south-southeast-asia/；http：//www.ciis.org.cn/english/2014-09/15/content_7231376.htm，2014年10月15日访问。
17. 所有信息出自www.aasandha.mv，2014年9月15日。
18. 喀拉拉邦医学科学研究所（KIMS）是特里凡得琅（Trivandrum）的另一家医院，是马尔代夫人常去的地方。KIMS提供国际患者服务，包括机场接送服务、签证手续的处理和机票预订与确认，同时还配备货币兑换处，以及专门为外国患者开设的单独的护理中心。根据KIMS网页，外国患者从2003年的752人增加至2007年的27 734人，其中大多数来自马尔代夫（http：//www.kimskerala.com，2014年10月21日）。
19. 特里凡得琅的某些角落几乎让人想起印度拉克沙群岛（Lakshadweep islands）最南端的岛屿Maliku（Minicoy），那里被马尔代夫语言和文字所包围（Kattner 1996），因为Maliku文化上属于马尔代夫。
20. 在这种情况下，治疗旅行团不会前往印度或斯里兰卡，但会前往Minikaa Raajje，这是马尔代夫传统民间传说中虚构的地方，即食人族王国（Romero-Frias 2003，133–135，288）。从地理上讲，这是指安达曼群岛，以前被视为马尔代夫航海家上文提到的"非官方名单"底部的"荒野"（同上，288）。人类学家拉德克利夫·布朗（Radcliffe-Brown）（1922，8）曾经试图改变这种普遍看法。然而，最近，Minikaa Raajje失去了在安达曼海的地理上的锚泊；相反，在当代马尔代夫儿童故事和民间故事中，成为想象的外国国家原型。

参考文献

Aboobakuru, Maimoona. 2014. "Transport Services in the Maldives: An Unmet Need for Health Service Delivery." *Transport and Communications Bulletin for Asia and the Pacific* 84:15 – 27.

Baldacchino, Godfrey, and Eduardo C. D. Ferreira. 2013. "Competing Notions of Diversity in Archipelago Tourism: Transport Logistics, Official Rhetoric and Inter-Island Rivalry in the Azores." *Island Studies Journal* 8 (1):84 – 104.

Bell, H. C. P. 1882. *The Máldive Islands: An Account of the Physical Features, Climate, History, Inhabitants, Productions, and Trade*. Colombo: Frank Luker, Acting Government Printer.

Bethel, Nicole. 2000. "Navigations: Insularity Versus Cosmopolitanism in the Bahamas. Formality and Informality in an Archipelagic Nation." Extract from PhD diss., University of Cambridge. http://www.nicobethel.net/nico-at-home/academia/forminformal.html, accessed March 7, 2016.

Cliff, Andrew, Peter Haggett, and Matthew Smallman-Raynor. 2007. "Island Epidemiology." In *A World of Islands: An Island Studies Reader*, edited by Godfrey Baldacchino, 267 – 291. Charlottetown and Luqa, Malta: University of Prince Edward Island and Agenda Academic.

Didi, Amin A. M. 1949. "Maldive-Ceylon Trade." In *Ladies and Gentlemen—The Maldive Islands*, Amin A. M. Didi. Colombo: Novelty Printers and Publishers.

Dunn, Ross E. 2005 [1986]. "Malabar and the Maldives." In *The Adventures of Ibn Battuta, a Muslim Traveler of the Fourteenth Century*, Ross E. Dunn, 213 – 240. Berkeley and Los Angeles: University of California Press.

Eleftheriou, Androulla. 2007. *About Thalassaemia*. Nicosia: Thalassaemia International Federation.

Firdous, Naila. 2005. "Prevention of Thalassaemia and Haemoglobinopathies in Remote and Isolated Communities: The Maldives Experience." *Annals of Human Biology* 32 (2):131 – 137.

Firdous, Naila et al. 2011. "Falling Prevalence of Beta-Thalassaemia and Eradication of Malaria in the Maldives." *Journal of Community Genetics* 2:173 – 189.

Forbes, A. D. W. 1981. "Southern Arabia and the Islamicisation of the Central Indian Ocean Archipelagoes." *Archipel* 21:55 – 92.

Forbes, A. D. W., and C. H. B. Reynolds. 2016. [2012]. "Maldives." In *Encyclopaedia of Islam*, second edition, edited by P. Bearman, Th. Bianquis, C. E. Bosworth, E. van Donzel, and W. P. Heinrichs. Brill Online. http://referenceworks.brillonline.com/entries/encyclopaedia-of-islam-2/maldives-COM_0647, accessed March 7, 2016.

Fucharoen, Suthat, and Pranee Winichagoon. 2007. "Prevention and Control of Thalassemia in Asia." *Asian Biomedicine* 1 (1):1 – 6.

Fulu, Emma. 2014. *Domestic Violence in Asia: Globalization, Gender and Islam in the Maldives*. London and New York: Routledge.

Furuumi, H. et al. 1998. "Molecular Basis of β – Thalassemia in the Maldives." *Hemoglobin* 22 (2): 141 – 151.

Hannam, Kevin, Mimi Sheller, and John Urry. 2006. "Editorial: Mobilities, Immobilities and

Moorings." *Mobilities* 1 (1): 1 – 22.

Hogendorn, Jan, and Marion Johnson. 1986. *The Shell Money of the Slave Trade*. Cambridge: Cambridge University Press.

Kangas, Beth. 2007. "Hope from Abroad in the International Medical Travel of Yemeni Patients." *Anthropology & Medicine* 14 (3): 293 – 305.

Kattner, Ellen. 1996. "The Social Structure of Maliku (Minicoy)." *International Institute of Asian Studies (IIAS) Newsletter* 10: 19 – 20.

Knoll, Eva-Maria. 2014. "Holiday Doc als Variante des medizin-touristischen Blicks: Gesundheitsbezogene Mobilitaten auf einer maledivischen Resortinsel." In *Voyage-Mobilitaten!*, edited by Johanna Rolshoven et al., 59 – 82. Berlin: Metropol.

———. 2017a. "Blood and Other Precious Resources: Vulnerability and Social Cohesion on the Maldive Islands." In *Small Countries: Structures and Sensibilities*, eds. Ulf Hannerz and Andre Gingrich. Philadelphia: University of Pennsylvania Press.

———. 2017b. "Archipelagic Genes: Medical Travel as Creative Response to Limitations and Remoteness in the Maldives." In *Asia Pacific Viewpoint* (Special Issue: *International Medical Travel and the Politics of Transnational Mobility in Asia*), eds. Brenda S. A. Yeoh, Chee Heng Leng, and Andrea Whittaker. doi: 10.1111/apv.12157.

KPMG. 2014. "Medical Value Travel in India." https://www.kpmg.com/IN/en/IssuesAnd-Insights/ArticlesPublications/Documents/KPMG-FICCIHeal-Sep2014.pdf, accessed August 4, 2015.

Kundur, Suresh K. 2012. "Development of Tourism in Maldives." *International Journal of Scientific and Research Publications* 2 (4): 1 – 5.

Lock, Margaret, and Vinh-Kim Nguyen. 2010. *An Anthropology of Biomedicine*. Oxford: Wiley-Blackwell.

Lukas, Helmut. 2002. "Tribale und staatliche Einstellungen zum Imperata-Gras in Indonesien: Traditionelles Naturbild versus nationale Entwicklung?" In *Metamorphosen der Natur: Sozialanthropologische Untersuchungen zum Verhaltnis von Weltbild und natürlicher Umwelt*, edited by Andre Gingrich and Elke Mader, 277 – 316. Vienna, Köln, Weimar: Böhlau Verlag.

Maloney, Clarence. 1980. *People of the Maldive Islands*. New Delhi: Orient Longman.

Maloney, Clarence. 1995. "Where Did the Maldives People Come from?" *IIAS Newsletter* 5. http://www.iias.nl/iiasn/iiasn5/insouasi/maloney.html, accessed November 10, 2006.

Maniku, A. I. 2011 [2003]. "Minikaavaguge opareyschan." In *Dhivehi Gureydu1. Dhivehi Kiyun (h)*, A. I. Maniku, 80 – 91. Male': Million Book Shop.

Modell, Bernadette et al. 1990. "Thalassaemia in the Maldives." *Lancet* 335: 1169 – 1170.

MoH-Ministry of Health. 2013. *The Maldives Health Statistics 2012*. Male'.

Mohamed, Naseema. 2008 [2005]. "Seafaring in Early Maldives." In *Essays on Early Maldives*, Naseema Mohamed, 63 – 84. Male': National Centre for Linguistic and Historical Research.

MoH&G – Ministry of Health and Gender. 2014. *Maldives Health Profile*. http://www.nicobethel.net/nico-at-home/academia/forminformal.html, accessed April 10, 2015.

MPND – Ministry of Planning and National Development. 2008. *Official Atlas of the Maldives*. Male': Republic of Maldives.

Nathan, David G. 1995. *Genes, Blood, and Courage: A Boy Called Immortal Sword*. Cambridge, MA: The Belknap Press of Harvard University Press.

Naylor, Alexander K. 2015. "Island Morphology, Reef Resources, and Development Paths in the Maldives." *Progress in Physical Geography* 39 (6): 728–749.

NBoS – National Bureau of Statistics. 2015a. *Maldives Population & Housing Census 2014. Statistical Release II: Migration*. Ministry of Finance and Treasury. http://statisticsmaldives.gov.mv/nbs/wp-content/uploads/2015/12/Statistical-Release-II-Migration-new2.pdf, accessed October 28, 2015.

———. 2015b. *Statistical Pocketbook of Maldives* 2015. Ministry of Finance and Treasury. Retrieved February 9, 2016, from http://planning.gov.mv/nbs/wp-content/uploads/2015/10/Statistical-Pocketbook-of-Maldives2015.pdf.

Neville, Adrian. 1995. *Malé: Capital of the Maldives*. Malé: Novelty Printers and Publishers.

Novas, Carlos, and Nikolas Rose. 2000. "Genetic Risk and the Birth of the Somatic Individual." *Economy and Society* 29 (4) (Special Issue: *Configurations of Risk*): 484–513.

Pearson, Michael. 2003. *The Indian Ocean*. London and New York: Routledge.

———. 2012 [2010]. "Islamic Trade, Shipping, Port-States and Merchant Communities in the Indian Ocean, Seventh to Sixteenth Centuries." In *The Eastern Islamic World Eleventh to Eighteenth Centuries*, edited by David O. Morgan and Anthony Reid, 317–365. Cambridge: Cambridge University Press.

Pijpe, Jeroen et al. 2013. "Indian Ocean Crossroads: Human Genetic Origin and Population Structure in the Maldives." *American Journal of Physical Anthropology* 151: 58–67.

Pordié, Laurent. 2013. "Spaces of Connectivity, Shifting Temporality. Enquiriesin Transnational Health." *EJOTS – European Journal of Transnational Studies* 5 (1): 6–26.

Prainsack, Barbara, and Gil Siegal. 2006. "The Rise of Genetic Couplehood? A Comparative View of Premarital Genetic Testing." *BioSocieties* 1: 17–36.

Pyrard of Laval, François. 1887. *The Voyage of François Pyrard of Laval to the East Indies, the Maldives, the Moluccas, and Brazil*. Translated and edited with notes by Albert Gray, assisted by H. C. P. Bell from the third French edition of 1619. Vol. I. New York: Burt Franklin Publisher.

Radcliffe-Brown, Alfred R. 1922. *The Andaman Islanders*. New York: The Free Press.

Romero-Frias, X. 2003 [1999]. *The Maldive Islanders: A Study of the Popular Culture of an Ancient Ocean Kingdom*. Barcelona: Nova Ethnographia Indica.

Romero-Frias, X. 2012. *Folk Tales of the Maldives*. Copenhagen: NIAS Press.

Sheller, Mimi. 2011. "Mobility." *Scociopedia.isa*. doi: 10.1177/205684601163, accessed February 27, 2015.

Tsing, Anna L. 2004. *Friction: An Ethnography of Global Connection*. Princeton: Princeton University Press.

Urry, John. 2007. *Mobilities*. Cambridge and Malden: Polity Press.

Vilgon, Lars. 2001a. "1344 – Ibn Battuta." In *Maldive Odd History, Volume I: A Collection of 44 Entries Translated and Transliterated into English from 11 Languages*, edited by Lars Vilgon, 25–53. Male': National Centre for Linguistic and Historical Research.

———. 2001b. "1835 – Campbell, David." In *Maldive Odd History, Volume IV: A Collection of 13*

Entries Translated and Transliterated into English from 7 Languages, edited by Lars Vilgon, 63 – 103. Male': National Centre for Linguistic and Historical Research.

Warrington, Edward, and David Milne. 2007. "Island Governance." In *A World of Islands: An Island Studies Reader*, edited by Godfrey Baldacchino, 379 – 427. Charlottetown and Luqa, Malta: University of Prince Edward Island and Agenda Academic.

Weatherall, David. 2010. *Thalassaemia: The Biography*. Oxford: Oxford University Press.

Weatherall, David, and John B. Clegg. 2001. "Inherited HaemoglobinDisorders: An Increasing Global Health Problem." *Bulletin of the World Health Organization* 79 (8): 704 – 712.

Winterbottom, Anna, and Facil Tesfaye, eds. 2015. *Histories of Medicine and Healing in the Indian Ocean World*. 2 Volumes. London and New York: Palgrave Macmillan.

Zahir, Maeed M. 2011. "Population Explosion: A Major Environmental Issue in Male'." *ECOCARE Maldives*, April 21. https://web.archive.org/web/20110914144624/http://ecocare.mv/population-explosion-a-major-environmental-issue-in-male%E2%80%99/, accessed March 3, 2016.

第4部分

案例研究：南亚与东南亚

意外的互联互通：中国与斯里兰卡之交

沈丹森（Tansen Sen）

1409年，明朝政府计划在斯里兰卡竖立一块用汉语、波斯语和泰米尔语共同铭刻的石碑。1411—1412年，这块石碑最终被运抵斯里兰卡南端的一座岛上，这座岛很有可能就是今天的栋德勒角。碑铭中的汉文向佛陀与岛上的佛舍利致敬，波斯文召唤真主阿拉，而泰米尔文则对婆罗门教毗湿奴[1]的化身特纳瓦拉伊（Tenavarai-nāyanār）表达了崇敬之情。该石碑现保存于科伦坡的斯里兰卡国家博物馆中，是一件十分珍贵的文物。

该石碑中的碑铭意义重大。首先，碑铭证明了当时的明朝政府已经认识到斯里兰卡南端的这座岛屿上存在着多个信仰和语言各不相同的民族；第二，它是印度洋互联互通的象征，从一个侧面证明了当时的斯里兰卡南部沿海地区是该区域流动商业集团、航运网络及具有战略利益的中心枢纽；第三，石碑是在中国（可能是明朝首都南京）印刻后再被带到斯里兰卡的，表明早在欧洲殖民列强到来之前，印度洋内已存在来自遥远国度中象征他国国家权力的物品。这块石碑充分说明了早在葡萄牙人开辟印度洋新航道的一个世纪以前，密集的海上商业活动、宗教思想的传播、移民的流动就已经实现了印度洋世界的互联互通。

中国对南亚地理的探索在15世纪达到了巅峰，其间明朝政府曾多次派出使节访问该地区，郑和（约1371—约1433）于1405—1433年间七下西洋，随同的官员绘制了大量航海图。斯里兰卡是明朝政府远航的重要基地之一，驶入阿拉伯海的船只会在其南部沿海地区的港口停泊。

本文主要考察自5世纪以来中国佛教僧侣、商人、朝廷官员与斯里兰卡之间的交流。中国与斯里兰卡的交往从一个侧面阐释了从非洲斯瓦希里海岸一直延伸至明朝首都南京的大小岛屿在印度洋世界中的功能。最后，笔者认为中国古籍在描述印度洋世界时并没有对其"岛屿"这一地理概念表现出特别的兴趣。

12.1 狮子国

法显和尚（约337—约422）是第一个在南亚陆地和海洋大范围游历的中国人，现存中国古籍中最早有关斯里兰卡的记载就出自他手。399年，法显踏上了寻找律藏的旅程，参观了当今印度恒河地区的主要寺庙。斯里兰卡很可能并不在法显最初的行程计划之内，有可能是法显和尚住在多摩梨（Tāmralipa，现印度西孟加拉邦）的两年时间里听说了斯里兰卡的佛舍利和寺庙后才决定前往该地游历。这个中国和尚写道，他登上了一艘"大商船"，并"乘季风"航行14天，到达了"狮子国"（僧伽罗国）（Siṃhala/Sinhala）。[2]

法显首次在中国的史料里给出了对斯里兰卡的详细描述。他写道：

> 这个国家在一座岛上，东西五十由旬，南北三十由旬；左右两侧约有一百个小岛，相隔十里、二十里甚至二百里，所有这些小岛受主岛的控制。[3]（Li 2002，203）

法显还描述了岛上的珠宝、气候、主要的佛舍利和寺庙，以及当地统治者举行的仪式。他还进一步指出该地区对远洋贸易的重要性。当谈及岛上的第一批居民时，他引用了以下当地传说：

> 这个国家原本没有居民，只有鬼、神和蛇王。多国商人来此贸易。市场上，鬼神并不现身，而只展示其珍稀商品，在上面标明价格。商人按标价付款，直接把商品买走。随着商人在岛上来往定居，各国百姓听闻此地宜居，纷至沓来。于是该地逐渐变成一大王国。（Li 2002，204）

法显对斯里兰卡的描述让中国人（包括佛教僧侣和其他知识分子）了解到，这个岛上有重要的佛舍利，尤其是佛印和佛牙，人们可以取佛经、得教义。此后，许多被这些佛物吸引的中国僧侣都到此参观。两个世纪后关于斯里兰卡的详细描述又出现在玄奘和尚（602—664）的作品中。

玄奘在南亚逗留期间没有去过斯里兰卡，但他对于该岛名字的由来给出了详细的说明。玄奘称其为"宝洲"，"方圆逾七千里"。[4] 在南印度时，他"听当地人说，从此地向东南越海三千里达僧伽罗国"（Li 1996，322）。他指出斯里兰卡是与次大陆分开的"非印度领土"，并讲述了几个关于该岛早期历史的传说。其中一个故事与公主和狮子的结合有关，他们生下了"兽面人身"的一男一女。男孩说服其母逃离狮穴，与人共居。狮子发现公主和子女弃他而去，便荼毒乡里，杀人越货。国王擒其不成，悬赏捕狮。这家人长期困于饥寒，儿子自愿猎杀狮子。

狮子看到自己的孩子，心生爱意，不攻不逃，男孩最终杀死狮子，得到了奖赏。但国王得知真相后因男孩弑父而放逐了他。男孩乘船到达"宝洲"时，见当地珠宝成堆，便决定定居于此。不久，一支商队来此寻找珠宝，男孩杀害了商人的首领，留下其女。根据这一传说，斯里兰卡的居民是狮子儿子和商人女儿的后代。"他们的祖先是一位捕狮者",这些居民便"用这个称号命名他们的国家,以纪念其出身"(Li 1996,324 – 326;T. 2087,933a)。

有关僧伽罗国名字的由来,玄奘还讲述了一个"佛陀"的故事。故事中,佛的一个前世曾是"大商人"的儿子僧伽罗,诞于南赡部洲(Jambudvīpa),据说他于罗刹女(rākṣasīs)手中救了去"宝洲"的商人(罗刹女引诱去"宝洲"的商人,啖其骨肉)。僧伽罗将罗刹女驱逐出该岛后,商人和移民来到此地,并用他的名字命名该地。

玄奘对斯里兰卡的描述及对该岛的记载基于他在印度收集到的传说。这些传说出现在诸如《玛瓦颂》(《大纪事》)之类的经文中,玄奘在印度的主要寺庙里找到或是听到了这些传说。除此之外,玄奘同法显一样,强调了岛上的大量珍宝、收藏的各种佛舍利,及其与周边地区佛教和商业的联系。从这两人的记载中可以明显看出,中国僧侣把这个岛和印度次大陆的其余地方(南赡部洲)区分开来。从中国出发可以行陆路抵达南赡部洲,但去"狮子岛"则只能走海路。

虽然法显和玄奘都估算了该岛的大小,但二人尤其是玄奘,是否熟悉该岛轮廓,又是否知晓其在印度洋世界中的位置,仍值得怀疑。不过,法显的作品最终还是在中国广泛传播,他经海路从斯里兰卡返回中国,使该岛与东南亚和中国沿海地区的联系在中国僧侣和文士中广为人知。法显作品中有关斯里兰卡的记载或被很多中国文献逐字引用,或在其他文献中被改写。后来,玄奘的著作也和法显的著作一样,吸引了更多的中国僧侣前往岛上游览。

一些僧侣去斯里兰卡是为了瞻仰佛舍利,另一些则为获取真经。在这些想要获取真经的人中有一名叫不空(705—774)的南亚僧侣,在中国唐朝(618—907)游历了几十年后决定去斯里兰卡获取与密宗佛教有关的经书。[5] 根据明朝中国佛教经典中关于玄奘的补充材料来看,似乎是郑和最终将佛牙带回了中国,这在1413年3月11日永乐皇帝(在位1402—1424)写给一位藏族喇嘛的信中得到了佐证(Sen 2014a)。这两则史料意义重大,表明即使到10世纪中国僧侣不再远行前往斯里兰卡,但斯里兰卡与中国之间仍保续佛教交流。此外它们还将上文所述的僧伽罗佛教传说与岛上佛牙的遗迹联系起来,并将该岛的早期名称"狮子国"与后来15世纪流行的名称"细兰(锡兰)"联系起来。最后,这两份史料提到明朝和当地统治者或官员之间冲突的潜在原因,这在其他资料中是不曾被提及的。

玄奘关于斯里兰卡的记载中所附的注释首次描述了这个地方的起源,这与其他中国的早期记录一致:

> 僧伽罗国,古称狮子岛,又称无忧国,位于印度南部。因其多产稀有宝石,也称作"宝洲"。从前,释迦牟尼化作一人,名叫僧伽罗,他因身怀众

德而被人民拥护为国王。因此该国也叫僧伽罗国。他用法力摧毁了大铁城，消灭了罗刹女并拯救了处于危险中的受害者。他建都立城，教化百姓。他离世后在这个国家留下了一颗牙。这颗牙坚固异常，数劫不坏。它能发出奇光，星星般灿烂，夜月般皎洁，太阳般明亮；面对祈求，它回应如回声般迅速，每逢天灾，最诚挚的祈祷便能瞬间化凶为吉。

然后，它还提到了佛牙及据说是"异教徒"的"国王"：

细兰山古为僧伽罗国。王宫侧有佛牙精舍，莹以珠珍饰之奇宝，宝光赫奕。它受一代又一代人们敬畏。在位的阿烈苦奈儿[6]（译者注：古籍文献中多用"阿烈苦奈儿"这称谓）国王崇拜异教而非三重宝石，是一个残暴的统治者，对百姓毫无怜悯，亵渎佛牙圣物。

该书中记载的郑和所率军队与"异教徒国王"的会面与明朝其他相关文献类似：

大明永乐三年（1405），皇帝遣中使太监郑和奉香花往诣彼国供养。郑和劝国王阿烈苦奈儿敬重佛教，远离外道。王怒，即欲加害。郑和知其谋，遂去。后复遣郑和往赐诸番，并赐锡兰山国王，王益慢不恭，欲图害使者。用兵五万人，刊木塞道，分兵以劫海舟。会其下预泄其机，郑和等觉，亟回舟。路已阻绝。潜遣人出舟师拒之，和以兵三千，夜由间道攻入王城，守之。其劫海舟番兵，乃与其国内番兵，四面来攻，合围数重，攻战六日，和等执其王，凌晨开门，伐木取道，且战且行，凡二十余里，抵暮始达舟。当就礼请佛牙至舟，灵异非常，光彩照耀。如前所云，訇霆震惊，远见隐蔽。历涉巨海，凡数十万里，风涛不惊，如履平地。狞龙恶鱼纷出乎前，恬不为害，舟中之人皆安稳快乐。[7]

上述文献还插入了一份其他明朝文献中都没有涉及的有关郑和在斯里兰卡行动的报告：

永乐九年（1411）七月初九日至京师。皇帝命于皇城内。庄严旃檀金刚宝座贮之。式修供养。利益有情祈福民庶。作无量功德。

12.2 从狮子国到细兰

在公元9世纪以后，中国史料中的"细兰"一词特指斯里兰卡，它起源于波斯/阿拉伯的单词 Serendib 或 Sarandib。经常光顾中国的波斯/阿拉伯商人引入了这个词，并对该岛给出了描述。然而，该词中的 dib（岛）并没有用相应的汉语翻译出来，[8] 而是使用了"国"或后来的"山"（即"细兰国"或"细兰山"）来代替"岛"。其中，"山"与亚当峰有关，当中国水手和商人开始远航印度洋地区，并根据他们从海中看到的山脉绘制岛屿和沿海地区地图时，"细兰山"这一称呼便流行了起来。

中国的水手和商人最终在 13—14 世纪抵达斯里兰卡。9—13 世纪期间，有关斯里兰卡和南亚的信息则通常是通过各种中间人间接获得的，因此中国对斯里兰卡的了解仍然非常模糊。这些中间人主要是波斯人、阿拉伯人和东南亚人，他们自 5 世纪以来长期致力于促进斯里兰卡和中国之间的商业交流。中国和斯里兰卡间的商业发展主要来自孟加拉湾与中国南海的航海商人对马六甲海峡的利用，中国长江以南地区与海上世界的接触，以及东南亚和波斯航运网络的扩张。尽管如此，中国人对斯里兰卡的了解并没有超出佛教典籍中的描述。8 世纪末的中国大百科全书《通典》中对斯里兰卡的一个奇怪注释就是中国对该岛认识有限的一个例子。

据《通典》记载，"杜环记云：狮子国亦曰新檀，又曰婆罗门，即南天竺也。[9] 国之北，人尽胡貌，秋夏炎旱。国之南，人尽獠面，四时霖雨。从此始有佛法寺舍，人皆儋耳，布裹腰。"杜环是《通典》作者杜佑（735—812）之戚，曾于 751 年参加了与阿拉伯人会战的怛罗斯战役，据传随后前往西亚和非洲。他的游记名为《经行记》，现已丢失。

杜环把斯里兰卡描述为天竺（或印度）的一部分，反映出中国人在佛教僧侣对斯里兰卡的记录逐渐减少后对斯里兰卡的有限认识。上述对斯里兰卡的描述也表明，杜环不太可能去过该岛。8—11 世纪，中国史料中关于斯里兰卡的大多数记载都比较模糊，其中一些只是简单地复制了 5 世纪时法显关于该岛的描述。

12 世纪《岭外代答》中有关斯里兰卡的记载则明显地从参考佛教典籍转向参考阿拉伯与波斯史料。该书由南宋地理学家周去非所著，他明确提到在西天各国的南边"有洲名曰细兰国，其海亦曰细兰海"。周去非还提到交趾（越南北部）"西有大海隔之，是海也名曰细兰，细兰海中有一大洲名细兰国，渡之而西复有诸国"。这应该是中国人第一次将斯里兰卡称为细兰。几十年后，在赵汝适的《诸蕃志》中也出现了对斯里兰卡的详细描述：[10]

> "蓝无里国，土产苏木、象牙、白藤。国人好斗，多用药箭。北风[11] 二十余日，到南毗管下细兰国。自蓝无里[12] 风帆将至其国，必有电光闪烁，知是细兰也。
>
> 其王黑身而逆毛，露顶不衣，止缠五色布，躢金线红皮履；出骑象或用软兜，日啖槟榔。炼真珠为灰。屋宇悉用猫儿睛及青红宝珠、玛瑙、杂宝妆饰，仍用藉地以行。东西有二殿，各植金树，柯茎皆用金，花实并叶则以猫儿睛、青红宝珠等为之。其下置金椅，以琉璃为壁。王出朝，早升东殿，晚

升西殿，坐处常有宝光。盖日影照射，琉璃与宝树相映，如霞光闪烁然。二人常捧金盘从，承王所啖槟榔滓。从人月输金一镒[13]于官库，以所承槟榔滓内有梅花脑并诸宝物也。王握宝珠，径五寸，火烧不暖，夜有光如炬；王日用以拭面，年九十余颜如童。国人肌肤甚黑，以缦缠身，露顶跣足，以手搊饭，器皿用铜。有山名细轮叠[14]，顶有巨人迹，长七尺余。其一在水内，去山三百余里。其山林木低昂，周环朝拱；产猫儿睛、红玻璃脑、青红宝珠。地产白豆蔻、木兰皮、粗细香。番商转易用檀香、丁香、脑子、金、银、瓷器、马、象、丝帛等为货。岁进贡于三佛齐。[15]

从上述文献中不难发现如下问题：第一，它表明中国人对斯里兰卡特产及商业前景的兴趣与日俱增；第二，这段文字不再提及该地区是重要的佛教圣地；第三，关于南毗（马拉巴海岸）和三佛齐（Śrīvijaya）共同统治细兰国的描述令人感到费解；最后，似乎连作者自己也没有意识到他所描述的地区是一个岛屿。

赵汝适撰写上述文字时，中国商人还没有大量涌向孟加拉湾。对斯里兰卡的认知很可能来自阿拉伯、波斯、南亚和东南亚的水手和商人。这就解释了该文为何多关注贸易而没有提及岛上的佛舍利。南毗和三佛齐对斯里兰卡的统治记录不详，这可能是因为赵汝适使用了多方资料，而这些资料记录了斯里兰卡不同的地区和不同的历史时期。因此，他认为斯里兰卡不是一个独立政权，而是一个由南毗统治的地方，而南毗后来也是三佛齐的附属国（"南毗"可能就是 Lambri 的音译，苏门答腊北部一个受三佛齐统治的国家）。

11—12 世纪斯里兰卡北部隶属于潘地亚－朱罗（Pāṇḍyan-Chola）的历史似乎与上述"南毗管下细兰国"这一说法有关（Nilakanta Sastri 1929），但斯里兰卡与三佛齐的情况则更为复杂。中国宋代史料提到三佛齐是一个控制着苏门答腊、马六甲海峡和东南亚海域的政权，该政权在孟加拉湾的属地之一便是斯里兰卡。据说，位于科罗曼德尔（译者注：文中提及的科罗曼德尔位于印度东南部）海岸的朱罗国也是三佛齐的附属国。三佛齐之所以被中国人所熟知是由于三佛齐的代表、特使和商人频繁访问宋朝，以获得更高的地位以至更大的贸易特权（Sen 2009）。颇具主观色彩的碎片化史料也可能导致赵汝适忽略了他所描述的地方是一个岛屿的事实。赵汝适显然不知道，斯里兰卡已被中国早期佛教文献和宋朝南亚地图描绘为一个岛屿。[16]尽管赵汝适有关注印度洋的安达曼和马达加斯加等岛屿，但他似乎并不知道斯里兰卡的确切位置或地理轮廓。

由于中国史料中关于南亚的信息来自诸多不同的国家，零碎且互相矛盾，所以中国对于南亚这几个地区的记录似乎是脱节的。在随后的一个世纪里，随着中国贸易网络的扩大和朝廷使节对南亚的访问增多，[17]中国人对于南亚沿海地区的认知也相应改变，中国文士和官员们逐渐意识到斯里兰卡是印度洋世界中的一个关键枢纽。

12.3 岛屿枢纽

《岛夷志略》由汪大渊（1311—？）在14世纪中叶所著，包含了当时中国对若干印度洋国家的实地调查报告。汪大渊曾两次同中国水手进入印度洋地区（可能是在1330年和1337年）。他的作品记录了从太平洋西部琉球群岛到印度洋西部桑给巴尔岛的220个地方。其中提到斯里兰卡的地方有三处：僧加剌（Sinhala）、高郎步（Colombo）和大佛山（即亚当峰）。[18] 僧加剌很有可能是指该岛南部沿海的贝里加地区。汪大渊写道："海洋覆盖了整个地方。"到岛上游览的中国商人买卖棉制品、锡、玫瑰、苏木、黄金和白银等商品。他提到了岛上的佛印、金钵等佛祖遗物，还提到元朝曾派遣三支使团，把其中一件佛祖遗物带到了中国（《岛夷志略》，244；Rockhill 1915，376）。后者也在《元史》中得到证实，《元史》指出，一个名叫亦黑迷失的维吾尔官员于1282年和1287年两次受忽必烈可汗（1260—1294年在位）派遣取回佛祖金钵。另一方面，马可·波罗曾记载忽必烈在1284年也曾以相同的目的派使团出国（Sen 2006b）。

随着印度恒河地区佛教寺院的衰落，中国朝廷代表获取佛舍利及其他佛教物品的地点也相应减少（Sen 2003），这似乎使斯里兰卡成为获得此类物品的替代地点。事实上，到了13世纪，斯里兰卡已经成为孟加拉湾佛教交流的重要枢纽，是佛教世界里佛教物品的重要来源、朝圣活动的著名场所和小乘佛学的重要中心。包括缅甸的异教徒政权和泰国的素可泰王朝在内的一些东南亚政权与斯里兰卡朝廷及各处寺庙均保持着外交、佛教和商业之间的交流（Blackburn 2015）。

中国人对斯里兰卡佛教文物的兴趣一直持续到明朝初年。这可以从上述郑和获得佛牙舍利的描写中得证。忽必烈和永乐皇帝从斯里兰卡获取佛物不太可能仅仅是为了供奉它们。这些舍利有利于统治者巩固他们的政权，受到了外国统治者们的觊觎。这种对斯里兰卡佛舍利和佛教物品的兴趣并不仅限于中国的皇帝，据说在1247年和1262年，坦布拉利（Tāmbralinga）（位于马来半岛）的统治者坎德拉布（Candrabhānu）就曾发动海军来强占这些物品（Sirisena 1978，36–57）。

忽必烈从斯里兰卡寻找舍利，试图宣称自己是分裂了的蒙古帝国的真正"可汗"；永乐皇帝废黜侄子、篡夺王位，则想通过舍利表明其统治的正统性。忽必烈和永乐皇帝从斯里兰卡获得佛舍利可能还与印度洋的战略地位有关。波斯的伊儿汗国是忽必烈在蒙古帝国斗争中的重要盟友，与伊儿汗国保持联系的主要渠道是海运路线。科罗曼德尔和马拉巴尔海岸以及斯里兰卡的南部沿海港口，形成了元朝与伊儿汗国之间的重要交流中心。因此，忽必烈向该地区派出了多个外交使团与当地统治者和商业集团谈判（Sen 2006b）。

同样，永乐皇帝在篡位后向外国派遣多个外交使团，其主要目的之一便是说服国外政权向中国朝贡，并承认其为正统天子。郑和1405—1433年下西洋，在永乐年间，至少前六次远航都以此为目标。马拉巴尔沿海与斯里兰卡这两个地方是他进入印度洋的重要节点，是郑和所率舰船的中转区（Sen 2011；Sen 2016b）。郑和与阿烈苦奈儿交战后获得的佛牙舍利一直以来被斯里兰卡统治者作为维护领土主权和王权的象征（Strong 2004，196）。[19]

郑和在斯里兰卡所立的三语石碑的铭文表明明朝政府意识到了宗教习俗对当地各商业集团的重要性，并揭示了明朝政府直接介入商业活动这一事实。此外，它还表明明朝政府已经认识到了斯里兰卡南部沿海地区是从东南亚启航驶向阿拉伯海与非洲斯瓦希里沿岸港口的主要航道，极其重要也十分复杂。

铭文的波斯文部分并非清晰可辨，但汉语与泰米尔语部分的开篇都暗示了明朝皇帝宣扬自己为"奉旨登基"（汉语）与"至高上皇"（泰米尔语）。该文中的汉语承认佛祖的"崇高美德"，波斯语向阿拉表示"尊敬"，泰米尔语敬畏特纳瓦拉伊。郑和启航时，汉语、波斯语与泰米尔语为当时印度洋世界交流的三大主要语言。明朝政府通过建立四夷馆（Nappi 2016）掌握了多种印度洋语言，这也为撰写波斯语与泰米尔语铭文提供了条件。

在铭文中，波斯语对真主阿拉的献词是针对斯里兰卡的穆斯林商人的，他们是连接印度洋世界各地的掌舵者，这些商人来斯里兰卡不仅带有商业目的，也为了向作为佛教徒和穆斯林共享圣地的亚当峰致敬。[20] 通过铭文可以得知明朝政府已经了解斯里兰卡、东南亚港口甚至中国沿海地区泰米尔人的贸易网络，知道在栋德勒角的特纳瓦勒姆神庙有超过500年的时间专门供奉天神特纳瓦拉伊。同时，据推测，明朝政府很可能了解斯里兰卡与科罗曼德尔海岸泰米尔统治者之间的冲突。在铭文上使用多种语言，表明明朝皇帝试图扩大他在国外地区以及印度洋主要商业群体的影响力。

明朝对斯里兰卡地理的了解也可以从其他史料中得出。例如，该岛还被绘在了航海图《茅坤图》上（图12-1）。该图收录于17世纪汇编的《武备志》中，被认为是郑和下西洋时草拟的一幅海图。它可能由舰长携带，同时还附带了罗盘轴承手册（Mills［1970］1997，239）。地图包括了印度及其以西地区的星象图。[21] 米尔斯（Mills［1970］1997，251）认为该地图是"航海图"，它提供袖珍目录，指明了中国至波斯、阿拉伯及东非航行所要遵循的路线、主要地标、航行所需时间、沿海岸线的大部分地点以及其他重要信息。

《茅坤图》给出了从苏门答腊岛北端的龙涎屿到斯里兰卡以及斯里兰卡岛上的贝鲁沃勒（Beruwala）和栋德勒角到印度洋其他地方的航线。米尔斯在有关斯里兰卡的部分记录道："船从龙涎屿出发横渡大海，以285度航行40更，再以285～270度航行50更，便可到达细兰。"（Mills［1970］1997，292）。该节还提供从龙涎屿经尼科巴群岛（Nicobar Islands）到斯里兰卡的替代航线。从斯里兰卡到其他地方的航线还包括从栋德勒角到马累岛，从贝鲁沃勒到马累岛，从贝鲁沃勒到法迪弗卢（Fadiffolu）环礁，从贝鲁沃勒到科莱（Kelai）岛，以及从贝鲁沃勒到格尔贝尼（Kalpeni）环礁。[24]

《西洋朝贡典录》是1520年黄省曾（1490—1540）编纂的明朝史料，记录了从孟加拉湾经栋德勒角与迓里（Galle）到马累岛的航线（Mills［1970］1997，291–292）。除此之外，《茅坤图》上对相关岛屿和印度洋沿海地区的表述也再次出现在了《西洋朝贡典录》中。《西洋朝贡典录》正确地记载了斯里兰卡的地理位置（Mills［1970］1997，245），并描绘了其周边的地理概况。

值得注意的是，《茅坤图》提供的航线图展示了岛屿的重要作用，其中许多岛屿是小岛屿、环礁和珊瑚礁，它们连接了印度洋的各个区域。龙涎屿、马累岛、法迪弗卢环礁和米尼科伊岛（Msnicoy）显然是在孟加拉湾和阿拉伯海航行的中国船只的枢纽，这些岛屿都位于海上各港口之间，并在中国航运网络中形成关键节点。许多较小的岛屿也出现在《茅坤图》中。

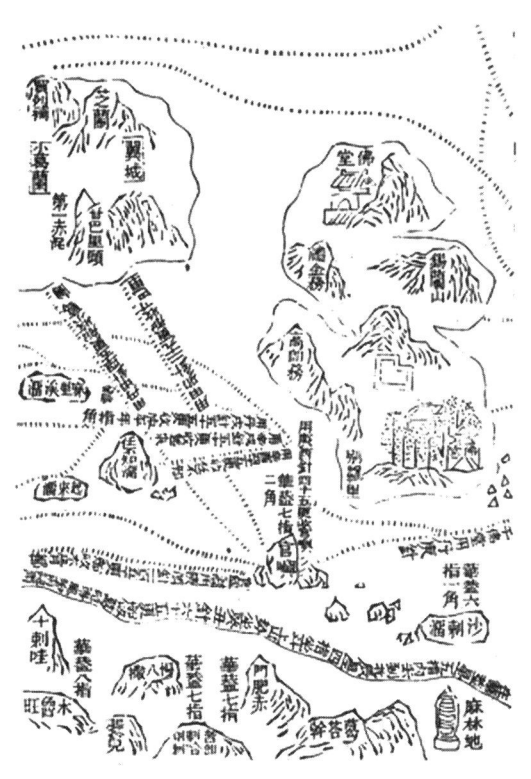

图 12–1　茅坤图中展示斯里兰卡、印度及非洲的部分

当时，关于斯里兰卡的详细信息也出现在郑和下西洋的随行人员的记载中。这些记载一致指出，岛上物产之丰富、人口之兴旺，仅次于爪哇。马欢（约1380—1460）是一个回族穆斯林，曾在郑和的三次远航中担任阿拉伯语翻译，对斯里兰卡的描述最为详细。和汪大渊一样，马欢描述了斯里兰卡的佛迹和佛舍利。[23] 在描述亚当峰时，他引用了伊斯兰传说，称"亚当"是人类的祖先。马欢

215

指出斯里兰卡有许多奇珍异宝,以及当地统治者令人收集珍珠。除此之外,马欢在有关斯里兰卡的一节中还提到了当地的男女服饰、饮食习惯、丧葬习俗、农业产品和货币制度(Mills [1970] 1997, 124–29)。

马欢还特别提到斯里兰卡与明朝之间的交流:

> 中国的麝香、麻丝、绢丝、青瓷碗碟、铜币、樟脑都很受欢迎,他们于是拿宝石和珍珠来交换。
>
> 国王不断派遣人员带着宝石和其他类似的东西通过西洋返回的宝船向中国进贡(Mills [1970] 1997, 129)。

郑和与斯里兰卡地方"统治者"阿烈苦奈儿之间的冲突并没有被马欢所记载。该事件不仅出现在上述玄奘游记的附注中,也出现在其他明朝史料中。费信(1385—?)曾和郑和一起下西洋,关于导致冲突的事件、斯里兰卡人的失败和被俘,以及阿烈苦奈儿被明朝政府赦免的叙述,在费信和其他史料中都一字不差。一些作者夸大了这次胜利,正如 Loiuse Levanthes(1994, 117)指出,这场胜利"被认为是航海史上最辉煌的时刻"。

《杨文敏公集》同费信等人的那些作品一样,并没有提及岛上佛舍利被拿走一事,杨荣也没有指出明朝任命其他人为斯里兰卡的"新统治者"一事。据《明宝录》记载,永乐十年七月初三(1412 年 8 月 20 日),耶巴乃那被封为斯里兰卡国王。[24] 文献记录道,斯里兰卡国王阿烈苦奈儿因罪被捕,皇帝下令任命一位值得信任的亲属为统治者。这时,礼部建议:"我们已经询问过这个国家的人民,他们都说耶巴乃那贤明。"于是,一位特使携圣旨去册封他,授予其头衔和印玺。[25]

郑和下西洋期间,多次上演了对印度洋城邦潜在对手的驱逐和取代(Wade 2005a)。这些地方包括巨港和亚齐,是海上互联互通的战略节点。关于这次斯里兰卡的军事冲突,明朝政府对郑和船队的几乎所有成员都给予晋升和嘉奖,[26] 意义深远。

12.4 结论

尽管《茅坤图》将斯里兰卡描绘为"岛",访问南亚的明朝人也都意识到了这一点,但他们并不认为强调该地的这一地理特征是有必要的。此外,与法显、玄奘不同,明朝那些斯里兰卡的文献记载者们可能避免涉及这一地理特征,没有给出任何对该岛面积的估计,也不曾提及岛内任何景观。因此在这些记载中,大岛屿与大陆沿海区域没有明显区别。以斯里兰卡作为参照,费信得以定位马拉巴尔海岸的科钦与卡利卡特。对他来说,这里的高山作为地理因素的重要性超过

"岛屿性"。马欢对斯里兰卡的描述也是如此。事实上，其他印度洋中的大小诸岛也没有被描述为"岛"。对于这些多次横跨印度洋的文献记载者来说，最重要的两个地理特征似乎是山和海。然而，《茅坤图》并非如此，它清楚地将斯里兰卡描绘为岛屿。这也许是由于印度洋上的中国航海家对其航海网络的正确表述，但他们也没有将其称之为"岛"。

中国古籍中对"岛屿性"的忽视是很明显的。例如，当马欢与费信描述马尔代夫与拉克代夫群岛时，他们称其为"溜山国"或"溜洋"，[27] 有"八个大地方都叫作溜"（Mills [1970] 1990, 147）。米尔斯（[1970] 1990, 146n. 4）指出"溜"是汉语 diu 或梵语 dvīpa 的音译。但马欢与费信似乎都不理解该词的含义。马欢注意到外国人称此地为"Diewa"，但马欢却无法将其与 dvīpa 的音译联系起来。马欢与费信二人均注意到这里"四面为海"，他们选择将这些大岛称为"山"，并说有上千小岛。因此，费信称溜洋有溜山 8 座，小岛 38 000 个（Mills 1996, 102–103）。《茅坤图》上也采用了相同的说法。

中国对印度洋中岛屿的描述与阿拉伯人对该地区的描述在各方面都有所不同。例如 9 世纪作品《印度中国游记》（*Akhbār al-sīn wa-l-hind*）的作者阿布萨义德斯拉菲（Abū Zayd al-Sīrāfī）指出孟加拉湾与阿曼湾及北阿拉伯海间有 1900 个岛，其中最后一个岛是孟加拉湾里的 Sarandīb。他写道："大海从四面包围该岛""这个大岛上有沉香、黄金、宝石，而围绕它的海洋中蕴藏着珍珠和犬齿螺（喇叭状，会发光）"（Mackintosh-Smith 2014, 25）。除此之外，阿布萨义德斯拉菲还区分了大岛、小岛以及"岩岛"。但对中国人来说，尽管他们明白大小岛屿是连接印度洋各个区域的重要因素，但"岛屿要素"并不曾在他们的著作中被有意提及。

从以上研究可以看出，斯里兰卡在公元后的 1000 年里是中国僧侣的佛教中心，是中国市场上珍贵商品和中国统治者所渴望的佛舍利的来源，也是中国水手的重要枢纽。但无论是在中国古籍的一手文献还是二手文献中都没过多地描述斯里兰卡的"岛屿性"。相反，中国人对斯里兰卡和其他岛屿的认知主要来自当地的山丘和山脉。[28] 也许对进入印度洋冒险的中国人来说，重点并不是"岛屿想象"，而是引导他们横渡大海时看到陆地的山丘这一现实。[29] 在此背景下，中国的文献记载者们也没有区分大岛（如斯里兰卡的贝鲁沃勒）和大陆[如卡利卡特（Calicut）]上的港口。同样，小岛屿（如龙涎屿和马累岛）也可能像大岛和大陆港口一样是重要的枢纽。至少从那些中国文献记载者对印度洋岛屿世界的描述来看，一个地方的"岛屿性"是不值一提的。

注释

1. 所有碑文文本的翻译都可以在《布施锡兰山佛寺碑》中找到。Devendra（1990）对中文文本进行了详细研究。

2. 《高僧法显传》。
3. 一由旬约为12～15千米，一里约为0.5千米。
4. 《大唐西域记》。
5. 关于中国与斯里兰卡的佛教联系，详见 Sen（2014b）。
6. "阿烈苦奈儿"在中国也被称为"亚烈苦奈儿"，这可能来源于 Alakéswara 或 Alagakkonara 的音译。
7. 李荣溪（1996，353-355）翻译，略有修改。
8. 汉语中这一名称也有可能来源于阿拉伯/波斯语文献中的"Saheelan"。关于斯里兰卡与波斯的联系以及斯里兰卡的波斯语名称，见 Imam（1990）。
9. 狮子国是 Siṃhaladesa/Sinhaladesa 的音译。新檀是 Sindhu 的音译，即印度。婆罗门是 Brahmin 的音译。"天竺"和"西天"常在中文文献中指代印度。
10. 细兰即 Ceylon 的音译。
11. 很可能是指东北季风。
12. 苏门答腊的兰布里（现在的班达亚齐）。
13. Hirth and Rockhill（1911，74n.5）解释，一锱相当于二十两，只能被用作黄金的重量单位。
14. Hirth and Rockhill（1911，74n.8）解释，"细轮叠"是阿拉伯语 Serindip 的粤语音译，即亚当峰。
15. 由 Hirth and Rockhill（1911，72-73）翻译，略有修改。
16. 在这张地图和其他佛教地图上，参见 Park（2010）。
17. 关于这一时期中国对南亚贸易和航运网络的拓展，参见 Sen（2006a）。
18. Rockhill（1915，385n.1）和 Petech（1954，226）认为第三港代表了斯里兰卡西北部的玛纳尔（Manner）海湾。其他人（Su 1981，291）认为它在科罗曼德尔海岸的 Punnaikayal。
19. 在南亚其他地方，这种企图窃取宗教文物（或纪念碑）以证明领土主张或政权主张的行为并不少见。参见 Burkhard Schnepel（2004）对奥里萨邦（今奥迪沙）神灵"偷窃"图像事件的研究。
20. 关于在斯里兰卡的穆斯林商人和朝圣者，详见 Dewaraja（1990）。
21. 根据 Roderick Ptak（1987）的研究，斯里兰卡已经作为一个岛屿出现在元朝和明朝早期的一些地图上。这包括公元1368年根据元代绘画创作的《大明混一图》。
22. Mills（[1977] 1997，334）暗示贝鲁瓦拉是"细兰的中国基地"，郑和在七次探险中有六次造访。在其翻译的《瀛涯胜览》的附录5中详细讨论了前往斯里兰卡的航行方向。
23. 然而，马欢混淆了佛教和婆罗门教，他报告佛陀在岛上涅槃是错误的。
24. 关于耶巴乃那，详见 Karashima（1978）。
25. 关于郑和和阿烈苦奈儿之间的战争，详见 Sen（2014a，2016a），Hettiaratchi（2003）和 Levathes（1994）。
26. 详见 http：//www.epress.nus.edu.sg/msl/reign/yongle/year-9-month-8-day-25。
27. 关于马尔代夫和拉克代夫群岛在中文文献中的介绍，详见 Ptak（1987）。
28. 中文汉字中"岛"包含"鸟"和"山"。
29. 关于"岛屿要素""岛屿想象"和"岛屿性"的问题，见本书第1篇。

参考文献

Blackburn, Anne. 2015. "Buddhist Connections in the Indian Ocean: Changes in Monastic Mobility, 1000 – 1500." *Journal of the Economic and Social History of the Orient* 58: 237 – 266.

Da Tang Xiyu ji 大唐西域记 [Records of the Western Regions Visited During the Great Tang Dynasty]. By Xuanzang (玄奘) and Bianji (辩机). *Taishō shinshū daizōkyō* 大正新修大藏经 [Taishō-era new edition of the Buddhist canon, hereafter T.], ed. Takakusu Junjirō (高楠顺次郎)(1866 – 1945), Watanabe Kaikyoku (渡边海旭)(1872 – 1932), et al. vols. 100, 1924 – 1935. 51: 2087. Tokyo: Taishō issaikyō kankōkai.

Daoyi zhi lüe 岛夷志略. See Su Jiqing.

Dewaraja, Lorna. 1990. "Muslim Merchants and Pilgrims in Sarandib, C. 900 – 1500 AD." In *Sri Lanka and the Silk Road of the Sea*, edited by Senake Bandaranayake, Lorna Dewaraja, Roland Silva, and K. D. G. Wimalaratne, 191 – 198. Colombo: The Sri Lanka National Commission for UNESCO and the Central Cultural Fund.

Devendra, S. 1990. "The Galle Tri-Lingual Slab Inscription" (editorial note). In *Sri Lanka and the Silk Road of the Sea*, edited by Senake Bandaranayake, Lorna Dewaraja, Roland Silva, and K. D. G. Wimalaratne, 217 – 219. Colombo: The Sri Lanka National Commission for UNESCO and the Central Cultural Fund.

Gaoseng Faxian zhuan 高僧法显传 (*A Record of the Eminent Monk Faxian*). By Faxian 法显 (337? – 422?). T. (51) 2085.

Hettiaratchi, S. B. 2003. "Studies in Cheng-Ho in Sri Lanka." In *Zheng He xia Xiyang guoji xueshu yantaohui lunwen ji* 郑和下西洋国际学术研讨会论文集 [Collection of Essays from the International Workshop on the Zheng He's Expeditions to the Western Oceans], edited by Chen Xinxiong (陈信雄), and Chen Yunü (陈玉女), 91 – 101. Taipei: Daoxiang chubanshe.

Hirth, Friedrich, and W. W. Rockhill. 1911. *Chau Ju-kua: His Work on the Chinese and Arab Trade in the Twelfth and Thirteenth Centuries, Entitled Chu-fan-chï*. Saint Petersburg: Printing Office of the Imperial Academy of Sciences.

Imam, S. A. 1990. "Cultural Relations Between Sri Lanka and Iran." In *Sri Lanka and the Silk Road of the Sea*, edited by Senake Bandaranayake, Lorna Dewaraja, Roland Silva, and K. D. G. Wimalaratne, 173 – 178. Colombo: The Sri Lanka National Commission for UNESCO and The Central Cultural Fund.

Karashima, Noboru. 1978. "The Yeh-pa-nai-na Problem in the History of Sri Lanka: A Review Based on New Chinese Sources." In *Senarat Paranavitana Commemoration Volume*, edited by Leelananda Premayilleke, Karthigesu Indrapala, and J. E. van Lohuizen-de Leeuw, 98 – 106. Leiden: Brill.

Levathes, Louise. 1994. *When China Ruled the Seas: The Treasure Fleet of the Dragon Throne, 1405 – 1433*. Oxford: Oxford University Press.

Lévi, Sylvain. 1900. "Les missions de Wang Hiuen-ts'edansl'Inde." *Journal Asiatique* 9 (15): 297 – 341; 401 – 468.

Li, Rongxi, tr. 1996. *The Great Tang Dynasty Record of the Western Regions*. Berkeley: Numata Centre for Buddhist Translation and Research.

———. tr. 2002. "The Journey of the Eminent Monk Faxian." In *Lives of Great Monks and Nuns*, translated by Li Rongxi, 155–214. Berkeley: Numata Center for Buddhist Translation and Research.

Mackintosh-Smith, Tim, tr. 2014. "Abū Zayd al-Sīrāfī, Accounts of China and India." In *Two Arabic Travel Books*, edited and translated by Tim Mackintosh-Smith and James E. Montgomery. New York: New York University Press.

Mills, J. V. G., tr. [1970] 1997. *Ma Huan: Ying-yai sheng-lan: The Overall Survey of the Ocean's Shores* [1433]. Bangkok: White Lotus Co. Ltd.

———. 1996. tr. and rev. by Roderich Ptak. *Hsing-ch'a sheng-lan: "The Overall Survey of the Star of the Raft by Fei Hsin."* Wiesbaden: Harrassowitz.

Nagel, Eva. 2001. "The Chinese Inscription on the Trilingual Slabstone from Galle Reconsidered: A Case Study in Early Ming-China Diplomatics." In *Ancient Ruhuna: Sri Lankan-German Archaeological Project in the Southern Province*, vol. 1, edited by H.-J. Weisshaar, H. Roth, and W. Wijeyapala, 385–468. Mainz: Verlag Philipp von Zabern.

Nappi, Carla. 2016. "Trees and Stones Are Only What They Are: Translating Ming Empire in the Fifteenth Century." In *Ming China: Courts and Contacts 1400–1450*, edited by Craig Clunas, Jessica Harrison-Hall, and Luk Yu-ping, 206–210. London: British Museum.

Nilakanta Sastri, K. A. 1929. *The Pāṇḍyan Kingdom: From the Earliest Times to the Sixteenth Century*. London: Luzac & Co.

Park, Hyunhee. 2010. "A Buddhist Woodblock-Printed Map and Geographic Knowledge in 13th Century China." *Crossroads: Studies on the History of Exchange Relations in the East Asian World* 1: 55–78.

Petech, Luciano. 1954. "Some Chinese Texts Concerning Ceylon." *The Ceylon Historical Journal* 3 (3–4): 217–227.

Ptak, Roderich. 1987. "The Maldive and Laccadive Islands (liu-shan 溜山) in Ming Records." *Journal of the American Oriental Society* 107 (4): 675–694.

———. 1991. "China and Portugal at Sea: The Early Ming System and the Estado da Índia Compared." *Revista de Cultura / Review of Culture* 13–14: 21–38.

Rockhill, W. W. 1915. "Notes on the Relations and Trade of China with the Eastern Archipelago and the Coast of the Indian Ocean During the Fourteenth Century, Part II (IV)." *T'oung Pao* 16 (4): 435–467.

Schnepel, Burkhard. 2004. "The Stolen Goddess: Ritual Enactments of Power and Authority in Orissa." In *Sharing Sovereignty: The Little Kingdom in South Asia*, edited by G. Berkemer and M. Frenz, 165–180. Berlin: Klaus Schwarz Verlag.

Sen, Tansen. 2003. *Buddhism, Diplomacy, and Trade: The Realignment of Sino-Indian Relations. 600–1400.* Honolulu: University of Hawai'i Press.

———. 2006a. "The Formation of Chinese Maritime Networks to Southern Asia, 1200–1450." *Journal of the Economic and Social History of the Orient* 49 (4): 421–453.

———. 2006b. "The Yuan Khanate and India: Cross-Cultural Diplomacy in the Thirteenth and Fourteenth Centuries." *Asia Major* 19 (1–2): 299–326.

———. 2009. "The Military Campaigns of Rajendra Chola and the Chola-Srivijaya-China Triangle." In *Nagapattinam to Suvarnadwipa: Reflections on the Chola Naval Expeditions to Southeast Asia*, edited by Hermann Kulke, K. Kesavapany, and Vijay Sakhuja, 61–75. Singapore: Institute of Southeast Asian Studies.

———. 2011. "Maritime Interactions Between China and India: Coastal India and the Ascendancy of Chinese Maritime Power in the Indian Ocean." *Journal of Central Eurasian Studies* 2: 41–82.

———. 2014a. "Changing Regimes: Two Episodes of Chinese Military Interventions in Medieval South Asia." In *Asian Encounters: Networks of Cultural Interactions*, edited by Upinder Singh and Parul P. Dhar, 62–85. New Delhi: Oxford University Press.

———. 2014b. "Buddhism and the Maritime Crossings." In *China and Beyond in the Mediaeval Period: Cultural Crossings and Inter-Regional Connections*, edited by Dorothy Wong and Gustav Heldt, 39–62. Amherst and Delhi: Cambria Press and Manohar Publishers.

———. 2016a. "Diplomacy, Trade, and the Quest for the Buddha's Tooth: The Yongle Emperor and Ming China's South Asian Frontier." In *Ming China: Courts and Contacts, 1400–1450*, edited by Craig Clunas, Jessica Harrison-Hall, and Luk Yu-Ping, 26–36. London: British Museum.

———. 2016b. "The Impact of Zheng He's Expeditions on Indian Ocean Interactions." *Bulletin of the School of Oriental and African Studies* 79 (3): 609–636.

Senaveratne, John M. 1915–1916. "Chino-Sinhalese Relations in the Early and Medieval Ages." *Journal of the Ceylon Branch of the Royal Asiatic Society* 24: 74–105; 106–118.

Sirisena, W. M. 1978. *Sri Lanka and South-East Asia: Political, Religious and Cultural Relations, A. D. c. 1000 to c. 1500*. Leiden: Brill.

Strong, John S. 2004. *The Relics of the Buddha*. Princeton: Princeton University Press.

Su Jiqing (苏继庼). 1981. *Daoyi zhi lüe jiaoshi* 岛夷志略校释 (Annotations to the Brief Record of the Island Barbarians) by Wang Dayuan (汪大渊) (c. 1311–?). Beijing: Zhonghua Shuju.

Tongdian 通典 (Comprehensive Records). 1988. By Du You (杜佑) (735–812). Beijing: Zhonghua shuju.

Wade, Geoff. 2005a. "The Zheng He Voyages: A Reassessment." *Journal of the Malaysian Branch of the Royal Asiatic Society* 78 (1): 37–58.

———, tr. 2005b. *Southeast Asia in the Ming Shi-lu: An Open Access Resource*. Singapore: Asia Research Institute and the Singapore E-Press, National University of Singapore. http://epress.nus.edu.sg/msl.

Werake, Mahinda. 1990. "Sino-Sri Lankan Relations During the Pre-Colonial Times." In *Sri Lanka and the Silk Road of the Sea*, edited by Senake Bandaranayake, Lorna Dewaraja, Roland Silva, and K. D. G. Wimalaratne, 221–227. Colombo: The Sri Lanka National Commission for UNESCO and the Central Cultural Fund.

小岛屿世界的互联互通：论荷兰霸权下望加锡枢纽（苏拉威西岛）的重要性

尤尔根·纳格尔（Jürgen G. Nagel）

13.1 始于古老的传说

17世纪的欧洲文献在提到苏拉威西岛南部的贸易中心望加锡时总会讲述这样一个小故事：望加锡的苏丹特邀苏门答腊岛上亚齐（Aceh）的穆斯林学者和马来半岛上来自葡萄牙马六甲的基督教传教士前往望加锡指导他的人民进行宗教活动，他承诺将接受先到达望加锡一方的所有宗教信仰。大约1600年，来自亚齐的穆斯林赢得了这场比赛，所以望加锡便成为伊斯兰苏丹国和穆斯林的贸易中心。[1]

然而，这场耶稣会士与穆斯林之间的"灵魂竞赛"并不仅关乎传教史。尽管耶稣会士在当时受到葡萄牙的保护，而且他们早在1544年就已成功对北方前任最高统治者施行了洗礼，但在面对望加锡这一伊斯兰港口城市正逐步成为地区霸主时，耶稣会士不得不编造这样一个故事（Villiers 1990a，147）。耶稣会士想借此来解释为什么他们在马来群岛进行传教活动时付出的努力都收效甚微。最后，这个故事变成一个耶稣会士聊以自慰的传说。

不仅如此，在故事中还提到了望加锡和国外的联系，正是这些联系使它成为马来群岛西部最重要的枢纽。在16世纪末时，无论是苏门答腊岛西北部的亚齐，还是位于航运中心的马六甲，都是连接马来群岛和印度洋的最重要的枢纽。与此同时，作为摩鹿加群岛香料贸易中心的望加锡也同处核心位置。就如同故事所讲的那样，这些重要的枢纽在包括宗教在内的许多层面上都相互关联。这个故事讲述了欧洲人为在此港口争取立足点而展开的竞争。望加锡能进入欧洲人的视线并不是因为它的宗教，而是因为其摩鹿加群岛香料中转站的功能。英国和荷兰都是为了获得甚至垄断摩鹿加群岛的香料这一野心而开始关注苏拉威西岛这一香料贸易枢纽的。当葡萄牙专注于在马六甲或直接在摩鹿加群岛进行香料贸易时，英国与荷兰的东印度公司却通过各种投资组合策略在17世纪初打开了望加锡的大门（Nagel 2010，2011，63–67）。起初，东印度公司重点关注的是与苏丹的谈判以及在此建立工厂，但其长远目标是不惜动用武力以控制香料市场。就这些方面而言，望加锡是印度洋岛屿世界中的"典型"枢纽。换句话说，这个城市是这片岛屿圈被殖民的典型案例。

苏拉威西岛并不是狭义上的一个"小"岛。因此，苏拉威西岛的都会望加锡也不像作者博卡德·施奈培在本书第1篇中描述的那么渺小。但在望加锡被卷入印度洋岛屿世界全球化的早期，它和印度洋之间确实存在着一个由小岛屿甚至更小岛屿组成的"世界"，这一"世界"布满了周边海域并起着桥梁作用。

本文综述望加锡伊斯兰化和印度尼西亚的独立，旨在介绍作为地区枢纽的望加锡的互联互通性及其枢纽功能。本文同时也讨论了马来群岛中的其他小岛，并强调要理解这种互联互通，就应考虑重要的港口城市与这些小岛之间的关系以及它们的"枢纽等级"。

13.2 香料贸易与伊斯兰化

虽然我们没有太多有关望加锡早期商业活动和它被殖民前香料贸易的资料，但从当代欧洲的贸易轨迹中不难发现，望加锡是一个与整个群岛甚至更远的地方都紧密相连的贸易中心。[2] 望加锡与群岛中的大多数地区都或多或少保持着定期联系。望加锡的船只经常驶向摩鹿加、爪哇岛和苏门答腊岛、小巽他群岛（努沙登卡拉）。望加锡与苏拉威西岛南部、菲律宾的棉兰老岛和马尼拉、科罗曼德尔海岸以及印度的戈尔康达（Golkonda）都往来密切，与中国和日本也保持着联系。尽管有一些地区与望加锡没有任何联系，但后来也都建立起重要的联系，比如婆罗洲海岸东部和澳大利亚北部。

苏丹的开放政策允许并鼓励来自南亚、东南亚、东亚以及欧洲的不同阶层和信仰的商人群体来此定居，这形成了殖民前望加锡港的格局。[3] 望加锡是一个多民族的贸易中心，不同出身的商人们在这个尚未被殖民的城市中组建了自己的社区群体（Nagel 2003a，265 – 276）。来自邻近腹地的武吉士人、马来群岛西部的马来人（Cummings 1998；Noorduyn 2000；Sutherland 2001），还有华人（Kispal-van Dijk 2013）都住在这里。在那些来自欧洲的商人群体中，葡萄牙的卡萨多人（自由居民）住在自己的围区里（Boxer 1967，1 – 53；Villiers 1985）；英国东印度公司（EIC）自1613年起一直在此经营一家工厂（Villiers 1990b；Nagel 2003a，296 – 313）；丹麦公司也出现过，但昙花一现（Krieger 1998，58 – 65；Diller 1999，248 –252）；荷兰东印度公司（VOC）最开始没能建立一个类似的据点，但他们奋起直追，最终在1667年成功建立了据点（Nagel 2003a，277 – 295）。

让我们再回到开头的故事中。城市的经济化带来了地区宗教的发展，到17世纪中叶时，望加锡已经完全伊斯兰化了，它成为该地区的伊斯兰中心。伊斯兰教于 13 世纪末通过一些各不相同但又彼此相关的途径传入马来群岛（Wendt and Nagel 2015，631–633）：通过来自印度、阿拉伯和波斯，还有少数来自东南亚和东亚的穆斯林商人传播，也通过具有传教意图的神秘苏菲派学者和成员传播。这些团体把新的信仰带给更多的人，并开始向底层大众布道。而且，不管是出于宗教精神还是出于政治的考虑，他们也影响了经常接触伊斯兰教的当地统治者，从而推动了自上而下的伊斯兰化。

戈瓦（Gowa）和塔罗（Tallo）组成的苏丹联邦，可能在 1605 年接受了伊斯兰教（Noorduyn 1956）。而据当地文献记载，到 1607 年时，整个国家都被伊斯兰化了，这也意味着在这一年第一次举行了官方的周五祷告。此后，望加锡便成为该地区活跃的"伊斯兰教分子"（Laffan 2011，11）。这个城邦为争夺地区霸权而发起的数次战争被粉饰成宗教战争。受吉里（Giri）的爪哇邦、马塔兰城（Mataram）和亚齐的苏菲派模式影响，苏丹发现了通过宗教战争来合法扩张领土的新途径。1609—1610 年间，邻近武吉士州的苏朋（Soppeng）、瓦乔（Wajo）和博尼（Boné）都在这样的战争中"皈依"了伊斯兰教。在接下来的几年里，望加锡在 1618—1633 年间通过四次战争将周围的岛屿伊斯兰化，最终征服了松巴哇岛（Sumbawa）。在这一时期，随着伊斯兰教区自身一体化的进一步加强，身处阿拉伯-波斯的伊斯兰核心区与东南亚新伊斯兰化地区的联系也日益密切（Laffan 2003，11–18）。其表现为穆斯林学者被有意地从伊斯兰教的核心地区分派到新伊斯兰化的外围地区。

在这种贸易、宗教和政治紧密相连的快速发展下，耶稣会士在"灵魂竞赛"中微不足道的力量使其几乎不可能成功。耶稣会士在望加锡遭受了挫折，于是他们编造了一个用来推脱自己责任的故事，即穆斯林学者比耶稣会士更快航行到望加锡的故事。

望加锡的伊斯兰化和其作为香料贸易枢纽的发展均延伸到了政治和权力两个层面。苏拉威西岛南部戈瓦和塔罗两地的苏丹合并成了一个联邦，望加锡被选为联邦的中心以及两个苏丹的住所。这个城邦在受政府庇护的等级制度下逐步成长，建立了地区优势。大多数东部群岛上较小的苏丹的权力基础并不是对领土的控制，而是在于它们控制的属臣数量。因此出现了一个由德那地（Ternate）联盟和望加锡联盟相竞争的联盟霸权的体系。

如此便形成了 17 世纪上半叶分裂且复杂的政治体系，这正是欧洲殖民公司所希望看到的。首先，我们可以从欧洲殖民公司争夺中转站以及荷兰、英国和丹麦建立工厂的行动中看到它们的野心。随后，荷兰东印度公司（VOC）得寸进尺地让苏丹关闭了它的工厂。最后，这一野心还反映在荷兰人变本加厉的行为上：最开始是维持香料最高价格的政策，其次是贸易封锁，最后是 1666—1669 年间的侵略战争。

13.3 政治的转折点

1667 年，城防坚固的望加锡向荷兰及其盟国武吉士投降，这是当地历史上重要的政治转折点。为了更好地理解这段历史，下面有几个转折点需要特别说明。

第一，在 1641 年荷兰东印度公司征服葡萄牙马六甲之后，所有被驱逐的或逃离荷兰东印度公司控制的亚洲商人都涌向望加锡，他们希望在此建立新的栖息地。包括总督和教会人员在内的葡萄牙势力也被赶出马六甲，他们在望加锡建立了独立的葡萄牙社区。同时，马来人的队伍也在望加锡城内不断发展壮大，进一步获得了政治权力。因此，望加锡逐渐成为逃离荷兰东印度公司控制的难民的最后希望，成为东印度公司的眼中钉：一方面，这座城市成了敌人的避难所；另一方面，这里未受到香料贸易垄断的影响，经济正迅猛发展。

第二，发生在 17 世纪的望加锡侵略战争是使荷兰东印度公司付出最大代价的战争之一，这场战争让望加锡失去了港口城市的功能。荷兰的统治者通过签订《本加亚条约》（Stapel 1922, 237 – 247; Andaya 1981, 305 – 307）加入了望加锡多层次的政治管理体系中，他们夺取了这个城市的控制权，戈瓦 – 塔罗联邦的统治者虽然仍坐在苏丹的位置上，但现在只能听命于荷兰东印度公司。望加锡也因此有了一个与巴达维亚（Bataria）相似的新特点：大量的华人和少量的欧洲人控制着城市中心的大部分经济，当地土著只能被迫迁往城市外围。荷兰港务局加强了对港口的控制，如此便形成了新的稳定的经济格局。

第三，望加锡重新开通了前往中国厦门的航线。17 世纪时所有荷兰东印度公司管辖的港口一直未对中国船只开放，所以在 18 世纪 30 年代发生的这一事件虽然并不特别引人注目，但也不容小觑。这项政策的贯彻实施不仅加强了华人与荷兰东印度公司的商业合作，发展了经济；更重要的是，华人势力的重要性也因此大大提升。荷兰人征服望加锡后逐渐减少了与中国的联系。直到 1736 年之后才有第一批中国舢板船抵达望加锡港口（Nagel 2003a, 600 – 601），主管人员不需禀报公司就可以根据实际情况允许中国船只登陆。但此前，荷兰公司希望将中国的贸易业务集中在其控制的巴达维亚，因此中国船只只能驶向巴达维亚的港口。所以在 1746—1752 年以及 1762—1768 年间，中国船只再次被禁止进入望加锡（Sutherland 2000, 78）。尽管如此，在 18 世纪末到 19 世纪初，直到新的殖民政府决定向中国商人开放其他港口之前，私营贸易始终是中国与望加锡贸易往来的重要组成部分。

第四，随着 1799 年荷兰东印度公司的倒闭和 1815 年开始的荷兰殖民统治，由于此前生产商未能成功垄断摩鹿加群岛上的香料贸易，望加锡这一原本被荷兰公司搁置的香料贸易中转站又重新被重视起来。最后，印度尼西亚于 1945 年开始独立，望加锡成为其省会城市，开启了现代化大都市的生涯。到 20 世纪末，望加锡已有 150 万人口。

13.4 经济影响

政治上的变动带来了相应的经济影响。在 1641 年征服了葡萄牙的马六甲后，荷兰东印度公司把望加锡变成了一个香料贸易中心。当时，在马来群岛上只剩望加锡、万丹（Banten）和亚齐作为摩鹿加群岛的香料自由中转站幸存下来。在这些中转站中只有望加锡离摩鹿加群岛最近，并且远离荷兰的垄断区。望加锡除了具备有利的地理位置外，还有许多来自马六甲的商人精英移民为其短期繁荣作出了贡献。

荷兰人在 1666—1669 年间占领了望加锡群岛，并把它完全作为一个中转站使用。[6] 他们在这里禁止所有的私人香料贸易，至少在港口区域是如此。由于私人纺织品贸易没能被禁止，不久后官方在望加锡港口开放了纺织品贸易。望加锡除了与福建进行纺织品贸易外，与中国并没有太多的直接联系，但是它却通过巴达维亚间接与印度频繁联系。除此之外，一些与荷兰公司无关的贸易关系也在增加。表面上看，这些贸易活动只在当地市场范围内进行，但却具有深远的影响。特别是中国市场对海参[7]或燕窝等产品需求旺盛，有力促进了新的望加锡枢纽的形成。笔者将在下文中解释这一点。

由于望加锡群岛融入了中荷两国的关系体系，因此望加锡的港口于 1736 年重新开通了厦门的航线，这意味着与中国的贸易开始增加。中国唯一对欧洲开放的港口广州，与荷兰东印度公司的贸易不太频繁，但马来群岛港口的开放也保证了中国茶叶和瓷器的贸易。尽管巴达维亚一直是中国商品贸易的中心，但望加锡也能像后来的其他港口一样获得了经济利益。每年只有一艘中国帆船从厦门开到这里，但这艘船的载货量远超其他所有船只（Nagel 2003a，601 - 603）。据希瑟·萨瑟兰（Heather Sutherland）所言（2000，78 - 79），港口开放后望加锡与中国的私人贸易越发频繁。正因如此，在 19 世纪初（Crawfurd 1820，184），中国帆船也扩大了规模。据当时的见证人说，那时候中国对望加锡的贸易发展起到了核心作用，但在 19 世纪 20 年代，贸易又如同兴起时一样快速衰落（Sutherland 2000，77 - 79）。随着安汶（Kota Ambon）、三宝垄（Semarang）和泗水（Surabaya）这样的港口向中国船只开放，望加锡与中国的联系被削弱了。另一方面，第一次鸦片战争（1840—1842）后中国港口城市的被迫开放也削弱了中国和望加锡的贸易，因为在那之前中国能进行海外贸易的港口只有厦门。鉴于这种背景，这一时期的厦门成立了一个专门的"海洋贸易商组织"以保持与望加锡的联系（Ng 1983，167 - 177）。

而对于望加锡来说，1815 年后的殖民侵略形成了更大的关系网，促进了新产品的出口贸易。不断扩大的散居群体也使关系网不断地扩大。为找寻新的区域开发海参等自然产品，望加锡人去了更远的地方。此外，18 世纪末开始的种植园经济成了荷兰殖民经济的核心，这为望加锡提供了新的出口商品，比如咖啡，还有后来的茶叶。

逐渐独立的望加锡开始显现出以传统商贸为基础的现代化进程，成为国内最大和最重要的港口之一。著名的"望加锡纵帆号"的母港再次成为转口港和出口港。恢复生产后，这里出口的产品有"望加锡油"（译者注：一种可以被用作美发剂的油）和来自殖民地时期农场的产品，还有一些具有区域特色的传统出口商品，主要是香料、橡胶，以及藤条或木材等林产品。

13.5 宗教的发展

宗教的发展看似与这些转折点的关系不大，但稍加思考就能发现一些相似之处。决定宗教性质最关键的环节发生在欧洲人征服马来群岛之前。因此，在望加锡政治和经济发生首次转折时，宗教局势是非常稳定的。无论是荷兰东印度公司对马六甲和望加锡的占领，还是望加锡有关中国船只贸易政策的改变，都没有对宗教产生太大的影响。荷兰东印度公司经营时期的一大特点是向清真寺和伊斯兰学校渗透了大量的穆斯林教义，一些说教者还成了苏拉威西岛海外的著名宗教教师。派遣宗教代表团从望加锡前往麦加朝圣这样的行为"似乎还是 17 世纪的惯例"（Laffan 2011，17）。而且，这座城市还是杰出学者优素福·望加锡里（Yusuf al-Maqassari）（1627—1699）的出生地，1644 年之后他在阿拉伯住了 20 年（Laffan 2011，19–20）。

在 1815 年后的殖民时期，耶稣会士在遭到上次的失败之后，首次被荷兰政府允许在望加锡进行基督教传教活动。新教的传教成为荷兰殖民主义的一部分，而天主教主要兴起于从新教中分离出来的少数群体，这在 19 世纪下半叶到 20 世纪上半叶期间是允许的（Steenbrink 2003，2007）。在苏拉威西岛，殖民地政府在道义和经济上支持新教的传教士以防止内陆民族成为穆斯林（Steenbrink 1993，109）。新的宗教政策使苏拉威西岛内陆和望加锡城市中心天主教堂的新教徒被基督教化，这可能是由于一些移民属于托拿加（Toraja）、米纳哈萨（Minahasa）和摩鹿加群岛的基督徒中的"分离主义者"（Steenbrink 2003，189–202；Steenbrink 2007，259–284），又或许是由新殖民地政府的宽松政策造成的。苏拉威西岛大多数的穆斯林对这样的发展日益不满，但与印尼其他地区不同的是，苏拉威西岛并没有发生暴动。

最后，印度尼西亚独立运动导致了伊斯兰教日益政治化。毋庸置疑的是，穆斯林组织和团体在这场运动中发挥了关键作用（Vickers 2005，88，99）。望加锡作为印度尼西亚东部的中心，也是独立运动斗争的中心舞台之一。穆斯林现有的学术功底能够为宗教环境下的政治活动提供基础，但此类活动的形式从未变得像亚齐那样激进。

13.6 奴隶贸易的互联互通

在荷兰的统治下，望加锡成为印度洋上中小型贸易的中转站。但这个港口城市最重要的功能仍然是贸易往来的"枢纽中心"，散居人群的存在也使几乎消失的直接联系变成了间接联系。此外，望加锡与荷兰统治的其他港口城市建立了联系，这样就间接地进行了全球贸易。"互联互通"的一个方面就是奴隶贸易。

望加锡和东南亚其他的中心城邦一样，是一个传统的奴隶社会。在人口多的村落中可能有超过百分之五十的居民都是奴隶。在被殖民时期，城市中心弗拉尔丁恩也有大量奴隶住在主人的大院里。在1667年被征服之前，作为从苏门答腊一直延伸到塔宁巴尔（Tanimbar）奴隶贸易网的核心点，望加锡也是一个传统的奴隶贸易中心。奴隶的来源范围非常广泛：有来自苏拉威西岛及其邻近岛屿的，有来自帝汶岛（Timor）、索洛岛（Solor）、佛罗勒斯岛（Flores）、阿洛岛（Alor）、松巴岛（Sumba），以及更远的小巽他群岛的，还有来自塔宁巴尔岛、棉兰老岛、苏禄（Sulu）和菲律宾地区的（Sutherland 1983；Villiers 1990a，151 – 152）。望加锡既是一个商业中心也是马来群岛各地奴隶贸易的出口港和中转地。在17世纪，随着出口香料种植园的发展，对劳动力的需求与日俱增，望加锡地区奴隶贸易的规模不断扩大（Nagel 2003a，243 – 244）。这座港口城市是东南亚奴隶贸易商业化的一部分，很大程度上是由欧洲的需求所决定的。在荷兰东印度公司的殖民统治期间，望加锡在奴隶贸易中的重要性也有所下降。望加锡的奴隶贩子并不受荷兰的影响，而是继续在松巴岛等地掠夺奴隶（Needham 1983，20）。在18世纪80年代的一段时间内，这里的贸易再次兴起，特别是那些由大城市的自由荷兰市民组织的从苏拉威西岛和小巽他群岛出口到巴达维亚的奴隶贸易（Nagel 2003a，541 – 546）。大部分贸易面向巴达维亚地区（Abeyasekere 1983，286，299）。除此之外，班达（Banda）群岛上的荷兰种植园园主也派船到望加锡、帝汶岛和阿鲁（Ara）购买奴隶（Wright 1958，18）。与此同时，苏禄苏丹国已发展成一个富有而强大的中心，参与到了亚洲奴隶的贸易竞争中（Warren 1977，1990；Nagel 2003c）。显然，1815年后的殖民时期对劳动力的需求非常旺盛，以至于北方苏丹都难以干涉望加锡在奴隶贸易发展中的地位。望加锡的奴隶贸易主要面向巴达维亚，而苏禄苏丹国的奴隶贸易则主要面向中国，目前还没有证据表明这两个系统间有联系。但望加锡奴隶贸易的另一个问题是：苏拉威西岛不断增长的殖民地种植园经济使其对劳动力的需求进一步增加，而这只能通过增加新的奴隶来满足。因此，被称为托加拉（Tojara）的各种高地民族成为惯常奴隶掠夺的对象（Bigalke 1983），而"盈余"的奴隶还可以出口到印度尼西亚其他岛屿的种植园。于是望加锡又新发展出了一个主要由欧洲和华人商人控制的覆盖整个马来群岛的贸易网。此外，望加锡的贸易体系也延伸到了西方，例如那些阿拉伯市场中来自哈德拉米散居人群的奴隶劳动力。

13.7　海参贸易的互联互通

"互通互联"的另一个方面就是海参贸易。对海参的需求是中国特有的现象[8]（Milburn 1813，305；Crawfurd 1820，442；Dalrymple 1769，78）。中国人将海参用于烹饪、治病和壮阳。据报道，东南亚从17世纪开始也对海参产生了需求。在很长一段时间内，海参的捕捞活动一直掌握在巴夭[9]族（Bajau）手中。在荷兰统治时期，这种贸易是望加锡土著私人贸易的主要部分（Nagel 2003a，501-505）。海参的捕捞活动发生在苏拉威西、松巴瓦和努沙登加拉海岸，并且在荷兰东印度公司统治时期还有发展的趋势。最初，海参被出口运送到爪哇，又被散居在巴达维亚的华人带回中国。18世纪70年代后，从望加锡出口的海参有四分之三被直接运到了福建厦门。海参贸易主要是针对中国的商业活动，但其他少数民族却从中发现了海参贸易的利益价值。在19世纪，望加锡人将渔场扩展到了苏鲁群岛、澳大利亚和新几内亚（Macknight 1976，2011）。中国批发商的贸易融资使以望加锡为中心的海参产业得以兴起。在18世纪80年代，第一批望加锡渔船到达了澳大利亚。在19世纪，多达40艘船的船队在澳大利亚停留了半年专门捕捞海参，船队由望加锡人管理，而不是以前的武吉士人和巴夭人。产品的分销则由散居海外的华人负责，主要在印度洋周边的几个海岸进行。直到20世纪初，这种传统海鲜产业才开始大规模地衰落。

13.8　散居商人的枢纽

散居商人的案例有助于我们基本了解望加锡的贸易体系。无论贸易中有没有荷兰人参与，都有遍布马来群岛的各种散居群体活跃其中。

华人是其中最大也是最重要的商人散居群体。[10] 早在欧洲人到达之前，他们就在整个东南亚的贸易体系中占有重要地位，望加锡在被荷兰征服之前就有了华人商人的身影。而在荷兰统治时期，他们更是这个中心城市的主要贸易群体。当厦门港口再次开放以后，他们就和荷兰公司协商开通对中国的直接贸易。因此，从整个殖民时期一直到印度尼西亚独立期间，他们都扮演着重要角色。在殖民主义后期，契约劳工制度和中国的苦力促使了劳动力市场大规模重组，但这并未给苏拉威西岛带来很大的影响，因为当地的人力资源可以满足地区种植园对劳动力的需求；但除此之外，其他方面的活动若没有散居的华人群体参与，望加锡就会失去其"枢纽作用"。

望加锡还有个比较特别的散居人群，即所谓的武吉士 – 望加锡人（Leirissa 2000；Harmonic 1988）。望加锡人和武吉士人这两个宿敌的所谓团结，也许只是荷兰人或其他欧洲人从外界远观时认为的一种集合体。其实在殖民时代以前，这两个族群就已经散居在马来群岛上了。武吉士的散居人群还在望加锡建立起了独立的社区（Noorduyn 2000）。在荷兰统治下的 18 世纪，该地区特别是西部群岛的武吉士群体有所壮大，他们在这一区域的权力平衡中起到了关键作用。他们往往离开被殖民的城市而选择较小的岛屿定居，在这之中较为出名的是廖内省（Riau）、邦加岛（Bangka）或苏门答腊岛附近的勿里洞岛（Belitung），这些地区完全由武吉士人所统治。紧邻苏拉威西南部最大的岛屿布顿岛（Buton）和萨拉亚（Selayar）岛屿、婆罗洲的东海岸、苏禄群岛和摩鹿加群岛也有类似的情况（Nagel 2003a，723 – 725）。在这些地方也存在着一些影响力较小的政治和宗教群体，它们的起源还不太清楚，但相互之间的联系非常紧密，这保证了它们彼此之间海上贸易网的建立，也有利于大都市望加锡的贸易。

从长期来看，这些散居群体与望加锡或有渊源，或有密切关系，它们之间错综复杂的关系变化对望加锡的政治分权有着重要的影响，而以小岛为代表的地理区域也因此成为联系网的中枢或者分支中心。

13.9 小岛屿世界的枢纽：波纳特（Bonerate）

位于望加锡和松巴哇岛之间的波纳特岛是最容易被人忽视的小岛之一。19 世纪中叶，荷兰人巴克（J. A. Bakkers）就提到，波纳特岛"有悬崖和暗礁，这对船只来说是非常危险的，而且那里也没有方便的锚地，因此来这些岛上做生意的船只只能留在海上"[11]。约翰·克劳福德（John Crawfurd）也形容该岛是"武吉士人的聚居地或殖民地，还是一个相当大的本土市场。大多数居民是巴夭族或流浪过来收集龟壳、海参和燕窝的马来渔民。但是，货物的贸易还是由武吉士人来完成的，他们每年都要坐小型帆船到西边的巴厘岛、巴达维亚和新加坡，东边和北边的新几内亚、摩鹿加群岛和马尼拉做买卖"（Crawfurd 1856，57）。

当前的观点认为，"在以前，贸易、奴隶和海盗的结合，还有渔业和轮作农业一起构成了波纳特经济的基础"（Broch 1991，215）。经济发展的起源可以追溯到 18 世纪晚期。那段时期的望加锡港务记载中并没有发现望加锡与波纳特有什么贸易往来。虽然波纳特的海岸线很危险，它还是发展成了一个交换纺织品、食品和海产品（主要是海参）的场所。有报道称波纳特是该区域的主要海参供应商，除此之外波纳特没有自产的商品，这也许就是它从未出现在望加锡港贸易记录里的原因（Nagel 2003a，578 – 579）。

到了 20 世纪，巴克报道了巴夭人进行海鱼、鸦片、纺织品贸易和岛上食品贸易的情况。他还提到，贸易关系向外延伸到了如爪哇、巴厘岛或龙目岛

(Lombok)(Bakkers 1861,242-244)等更远的地方。波纳特的居民从事造船、渔业和粗纺的生产工作（同上,246）。在20世纪初还出现了棉花和纺织品的出口贸易（Kriebel 1920,216），后来甚至还有一些猎鹿活动（Broch 1991,217）。传统的资源管理制度充分考虑到了渔业和海参捕捞的季节性条件，因此对当地经济起到了有力的巩固作用（Alder and Christanty 1998,235-236）。

根据仅有的波纳特相关历史资料，我们还可以看到，19世纪时波纳特的人口由多种种族组成，其贸易中心的地位反映了这一点。来自望加锡、南苏拉威西、布顿、松巴瓦、佛罗勒斯和帝汶的人们都住在岛上（Bakkers 1861,236-237）。这个混合群体大约有5000人，主要是由巴夭海上游牧民族和其他民族组成的。在荷兰东印度公司的统治时期，望加锡群岛一直与这些民族保持着贸易往来。后来到了20世纪，武吉士人和巴夭人仍然是主要的组成群体（Alder and Christanty 1998,234）。尽管它的规模很小，但正如它自己的港口管理机构记录的那样，波纳特出现了没有城市特色仅由贸易关系维持的商业中心，例如波纳特的巴夭人与望加锡的武吉士商人之间这样的客户关系（Alder and Christanty 1998,234-235）。

用弗雷德里克·巴斯（Frederik Barth）的话来说，居民们在困难的环境中找到了一个可以维生的生态市场。[12]但这个市场并不是孤立的，它与枢纽中心望加锡保持着联系。

13.10 图康伯西群岛

另一个案例是图康伯西群岛（"铁匠岛"），它的三个主要岛屿分别是万吉万吉岛（Wangi Wangi）、卡莱杜帕岛（Kaledupa）和布顿东部的比农科岛（Binongko）。这个群岛比波纳特及其周边的岛屿要大得多，但与其有着相似的自然条件。"一群勇敢的海员、造船工人和海上贸易商在这片干燥贫瘠的岛屿上定居，至今还在印度尼西亚东部和爪哇海上活跃着，做着海上贸易。"（Evers 1988,94）图康伯西群岛上的海上商人大部分是游牧的巴夭人（Stacey 2007），他们有着自己的独特船只，为了贸易探险来到马来群岛东部地区（Evers 1988,94）。

对于荷兰东印度公司，图康伯西群岛主要是走私和非法种植丁香的中心地点。来自望加锡的小型荷兰船队数次来到此地进行考察探险，打着"打击走私者"的旗号来寻找当地丁香种植园。船长们对此地交易和贸易往来的考察报告成为我们了解这里的丰富资料（Nagel 2003a,779-780,787-789,796-797）。资料上说，卡莱杜帕岛是一个食品和丁香等经济作物的中心贸易点，而且这些并不在荷兰东印度公司的控制范围内。当地的海员对这里非常熟悉，他们垄断了贸易且获利颇丰，而荷兰船长们则难以在孤岛上找到门路。不仅如此，在当地统治者的长期管理下，荷兰官员难以进入岛屿的内部关系层，这里便成了一个由小岛组成的封闭世界。不仅如此，这里还是望加锡的"外包"商场，也是一个有利于本地的荷兰竞争对手的藏身之处。从这个意义上说，小岛屿中心对于海员们的一个优势就是便于躲避和隐藏。

13.11　印尼西部群岛

随着各港口城市间的联系变得越来越错综复杂，西部小岛屿群的崛起显得格外引人注意。廖内、林伽（Lingga）、邦加还有勿里洞群岛与安汶的联系比上述图康伯西群岛或波纳特群岛与安汶的联系更加密切。它们在政治、经济和宗教方面的中心联系都比较稳定，诞生了新的武吉士苏丹国、新的贸易中心，以及日益伊斯兰化的武吉士穆斯林。

这些发展是以散居的武吉士人群为基础的。苏拉威西南边传统的武吉士人群因为贸易或政治等一些原因，主要以海上游牧为生（Lineton 1975，31-38；Pelras 1996，319-326）。他们曾在苏拉威西岛南部半岛居住过，并建立了几个王朝。在17世纪的头几十年里，他们又跟随望加锡皈依了伊斯兰教。但望加锡不仅仅是武吉士人的宗教圣地，1667年前后，还有相当数量的武吉士人在望加锡从商。贸易和宗教是联结那些散居在马来群岛和望加锡之间的武吉士人的亲情纽带。在荷兰东印度公司征服望加锡之前的很长一段时间内，像这样无法确定来源的武吉士人群就已经存在了。

位于马六甲海峡东南的廖内群岛是商人理想的居住地。因为这里地理位置优越，武吉士商人盈利颇丰，当时柔佛州（Johor）苏丹国的政策宽松（廖内官方上属于柔佛州），更进一步保证了武吉士商人不会被任何人侵犯。苏丹间的政治斗争进一步导致了其与柔佛州之间的权力战争，事实上当时武吉士的力量是足以干预苏丹的政治冲突的。最后，武吉士、马来半岛上的柔佛州小岛群，还有中心港口望加锡的荷兰东印度公司之间形成了一种权力平衡（Lewis 1995）。

除了商业和政治，廖内还成为了穆斯林的学术中心（Laffan 2003，19），这一点在亚齐和万丹衰落之后的19世纪尤为突出。在本世纪中叶，廖内建立了与苏门答腊岛巴邻旁（Palembang）和新加坡机构水平相当的区域性穆斯林出版物印刷中心（Laffan 2011，55）。此外，这里还是穆斯林的朝圣中心（Barnard 2009），大量的朝圣者从廖内开始他们的朝圣之旅，或者是将这里作为前往吉达（Jeddah）和麦加（Mecca）的途经点。但这样的朝圣并不只限于阿拉伯半岛的圣地，廖内-林伽与开罗一直到19世纪末都保持着深刻的联系（Laffan 2003，149-150）。所有这些宗教活动都或多或少地影响到了廖内各州武吉士的政治力量。

起初，望加锡与南苏拉威西岛的亲密关系很牢固，但随着廖内、林伽、邦加和勿里洞的武吉士人群体的兴起，它们之间的联系也发生了变化。至18世纪上半叶，武吉士的散居者还保持着与望加锡的直接联系。但此后，海上的这种直接联系就中断了（Nagel 2003a，721），这表明武吉士脱离了望加锡，独立成自给自足的枢纽中心。群岛西部的武吉士靠着自己的资源，一跃成为中国南海和爪哇海之间一个独立的中心，当地的海参是直接卖给中国商人的（Kathirithamby-Wells 1992，602；Curtin 1984，164-165）。而在19世纪和20世纪初时，锡矿的开采又吸引了新的中国劳动力群体，同时为当地渔民和商人的海产品增加了供应对象。[13] 另一方面，自18世纪晚期，荷兰力量日渐强大并企图征服廖内群岛，当地的海盗活动更加猖獗，廖内的安全也受到了威胁（Ota 2010）。新建立的城市新加坡便成为大量武吉士人向往的另一个目的地（Dalton 1838，73-74）。

13.12　结论

望加锡的历史一直与全球市场的建立有着紧密的联系。政治发展削弱了望加锡的作用，但它们也为新的关系、新的扩张和新的市场提供了新的机会。从本质上说，望加锡互联互通的循环既是政治性的，也是经济性的。最后，宗教观念的出现和影响与政治和经济领域的连通性密切相关。

望加锡从来都不是一个"文化孤岛"，这就是它为什么能将若干功能转移到其他岛屿上，并将其枢纽功能融入周围的小岛屿世界。换句话说，只要与望加锡枢纽保持联系，即使是周边地区最小的岛屿，也不会永远保持"孤岛"状态。它们中的部分岛屿能达到阈限，促进它们自己的连通性，最终，促进和望加锡的连通性。在荷兰统治不断深入的世界里，小岛与欧洲列强之间的联系大概是一个自然的结果。但是并非所有小岛屿都受到了欧洲列强的影响，尽管如此，它们仍然能够在互联互通中发挥关键作用。

望加锡及其周边小岛屿世界的例子印证了博卡德·施奈培的格言，即"孤立性不是对全球性的损害，而是其不可或缺的部分"[14]。正如戈弗雷·巴尔达奇诺（2007，14-17）所建议的，研究的目标必然是"岛屿的世界"，而不是"世界上的岛屿"。

注释

1. 这个故事主要来自几个耶稣会的资料来源：见 Jacobs（1988，114-118，151-157，166-174，198-209，253-257，257-262）。其他资料包括 Gervaise（1701，124-129）或 Cummins（1962，113）。见 Lack and Kley（1993，1445）。
2. 1667年以前望加锡贸易关系的主要欧洲资料来源于荷兰征服者科内利斯·斯佩尔曼（Cornelis Speelman）的一份注解，保存在海牙的荷兰国家档案馆中。其他详细分析的来源见 Nagel（2003a，213-238）。
3. 关于望加锡被荷兰征服前政治局势的基本文献，见 Reid（1981，1983），Villiers（1990a）

或 Cummins（2002）。

4. 关于荷兰对望加锡的战争（1666—1669）以及荷兰东印度公司在苏拉威西岛南部建立殖民最全面的描述，见 Andaya（1981）。
5. 1945 年 8 月 17 日发布独立宣言，1949 年 12 月 27 日荷兰承认其主权。
6. 所有关于荷兰东印度公司时期望加锡私人贸易的证据都来源于对海牙荷兰国家档案馆保存的港口管理者名单的分析，这些名单在 Nagel（2003a）中基本都有展示。关于强调非正式和秘密贸易的简短摘要，见 Nagel（2003b）；关于私人贸易与公司经济的相关性概述，见 Nagel（2004）。在此文中，在 Knaap 和 Sutherland 的文献中也可见（2004）。
7. Trepang 是海参纲生物的马来语表述，其英语表述是 sea slug 或 seacucumber，法语表述是 beche-de-mer，德语表述是 Seegurke。
8. Koningsberyer（1904）对殖民时期的荷兰十分了解，同时也对海参捕捞的生物学和商业方面进行了一个有效概述。
9. 关于巴夭地区海上游牧民族的基本历史文献，见 Sopher（1965），Nimmo（1968）或 Sather（1997）。
10. 关于东南亚海上散居华人的基础文献，见 Tan（2013），Pan（1999），Wang（1981），Reid（1996）或 Chirot and Reid（1997）。
11. 原文："zijn met klippen en reven en dus met een voor schepen zeer gevaarlijk vaarwater, dat nergens goeden ankergrond aanbiedt, en derhalve schepen, die zaken op deze eilanden te verrigten hebben, noodzaakt gedurende dien tijd op en neer te houden."（Bakkers 1861，215）
12. Broch（1991）利用弗雷德里克·巴斯引入的生态位概念对波纳特当地的经济进行了有趣的分析。
13. 在马来群岛西部的锡工业及其与散居海外的华人的联系不能在此讨论，而应作为一个综合案例研究，见 Somers Heidhus（1992）。
14. 见本书第 1 篇。

参考文献

Abeyasekere, Susan. 1983. "Slaves in Batavia: Insights from a Slave Register." In *Slavery, Bondage and Dependence in Southeast Asia*, edited by Anthony Reid, 286–314. St. Lucia: University of Queensland Press.

Alder, Jackie, and Linda Christanty. 1998. "Taka Bonerate: Developing a Strategy for Community-Based Management of Marine Resources." In *Living Through Histories: Cultural History and Social Life in South Sulawesi*, edited by Kathryn Robinson and M. Paeni, 229–248. Canberra: Australian National University Press.

Andaya, Leonard Y. 1981. *The Heritage of Arung Palakka: A History of South Sulawesi (Celebes) in the Seventeenth Century*. The Hague: Martinus Nijhoff.

Bakkers, J. A. 1861. "De eilanden Bonerate en Kalao." *Tijdschrift voor Indische Taal-, Land-en Volkenkunde* 11: 215–264.

Baldacchino, Godfrey. 2007. "Introducing a World of Islands." In *A World of Islands: An Island Studies Reader*, edited by Godfrey Baldacchino, 1–29. Charlottetown: Institute of Island Studies.

Barnard, Timothy P. 2009. "The Hajj, Islam, and Power among the Bugis in Early Colonial Riau."

In *Southeast Asia and the Middle East: Islam, Movement, and the longue durée*, edited by Eric Tagliacozzo, 65 – 82. Stanford: Stanford University Press.

Bigalke, Terence. 1983. "Dynamics of the Torajan Slave Trade in South Sulawesi." In *Slavery, Bondage and Dependence in Southeast Asia*, edited by Anthony Reid, 341 – 363. St. Lucia: University of Queensland Press.

Boxer, Charles R. 1967. *Francisco Viera de Figueiredo: A Portuguese Merchant-Adventurer in South East Asia, 1624 – 1667*. The Hague: Martinus Nijhoff.

Broch, Harald B. 1991. "Ecological Adaptation on Bonerate with Emphasis on the Niche Concept and Cultural Symbiosis." In *The Ecology of Choice and Symbol: Essays in Honour of Frederik Barth*, edited by Reidar Grønhaug, 210 – 224. Bergen: Alma Mater Fori.

Chirot, Daniel, and Anthony Reid, ed. 1997. *Essential Outsiders: Chinese and Jews in the Modern Transformation of Southeast Asia and Central Europe*. Seattle: University of Washington Press.

Crawfurd, John. 1820. *History of the Indian Archipelago: Containing an Account of the Manners, Arts, Languages, Religions, Institutions, and Commerce of its Inhabitants*, vol. 3. Edinburgh: Constable.

———. 1856. *Dictionary of the Indian Islands & Adjacent Countries*. London: Bradbury & Evans.

Cummings, William. 1998. "The Melara Malay Diaspora in Makassar, c. 1500 – 1669." *Journal of the Malaysian Branch of the Royal Asiatic Society* 71: 106 – 121.

———. 2002. *Making Blood White: Historical Transformations in Early Modern Makassar*. Honolulu: University of Hawai'i Press.

Cummins, James S. (ed.). 1962. *The Travels and Controversies of Friar Domingo Navarette, 1618 – 1686*. Cambridge: University Press.

Curtin, Philip D. 1984. *Cross Cultural Trade in World History*. Cambridge: University Press.

Dalrymple, Alexander. 1769. *A Plan of Extending Commerce of This Kingdom, and of the East-India-Company*. London: J. Nourse and T. Payne.

Dalton, John. 1838. "Makassar: The Advantages of Making it a Free Port." In *Notices of the Indian Archipelago and Adjacent Countries*, edited by John H. Moore, 73 – 78. Singapore: John H. Moore.

Diller, Stephan. 1999. *Die Dänen in Indien, Südostasien und China (1620 – 1845)*. Wiesbaden: Harrassowitz.

Evers, Hans-Dieter. 1988. "Traditional Trading Networks in Southeast Asia." *Archipel* 35: 89 – 100.

Gervaise, Nicolas. 1701. *An Historical Description of the Kingdom of Macasar in the East Indies*. London: Tho. Leigh and D. Midwinter.

Harmonic, Gilbert. 1988. "La communauté Bugis-Makassar de Surabaya." *Archipel* 36: 59 – 76.

Jacobs, Hubert (ed.). 1988. *The Jesuit Makasar Documents (1615 – 1682)*. Rome: Jesuit Historical Institute.

Kathirithamby-Wells, Jeyamalar. 1992. "The Age of Transition: The Mid-Eighteenth to the Early Nineteenth Century." In *The Cambridge History of Southeast Asia, vol. 1: From Early Times to c. 1800*, edited by Nicholas Tarling, 572 – 619. Cambridge: University Press.

Kispal-van Dijk, Gabrielle. 2013. "Ubiquitous but Elusive: The Chinese of Makassar in VOC Times". *Journal of Asian History* 47: 81 – 103.

Knaap, Gerrit J., and Heather Sutherland. 2004. *Monsoon Traders: Ships, Skippers and Commodities in Eighteenth-Century Makassar*. Leiden: KITLV Press.

Koningsberger, J. C. 1904. *Tripang en tripangsvisscherij in Nederlandsch-Indië*. Batavia: G. Kolff & Co.

Kriebel, D. J. S. 1920. "Het eiland Bonerate." *Bijdragen tot de Taal-, Land-en Volkenkunde van Nederlands-Indië* 76: 202 – 222.

Krieger, Martin. 1998. *Kaufleute, Seeräuber und Diplomaten: Der dänische Handel auf dem Indischen Ozean (1620 – 1868)*. Köln: Böhlau.

Lach, Donald F., and Edwin J. van Kley. 1993. *Asia in the Making of Europe*, vol. III. A: Century of Advance. Chicago: University Press.

Laffan, Michael F. 2003. *Islamic Nationhood and Colonial Indonesia: The Umma below the Winds*. London: Routledge.

———. 2011. *The Making of Indonesian Islam: Orientalism and the Narration of a Sufi Past*. Princeton: University Press.

Lange, Hendrik M. 1850. *Het eiland Banka en sijne aangelegenheden*. 's Hertogenbosch: Gebr. Muller.

Leirissa, Robert Z. 2000. "The Bugis-Makassarese in the Port Town: Ambon and Ternate Through the Nineteenth Century." *Bijdragen tot de Taal-, Land-en Volkenkunde van Nederlands-Indië* 156: 619 – 633.

Lewis, Dianne. 1995. *Jan Compagnie in the Straits of Malacca, 1641 – 1795*. Athens: Ohio University Center for International Studies.

Lineton, Jacquelin A. 1975. "An Indonesian Society and Its Universe: A Study of the Bugis of South Sulawesi (Celebes) and Their Role within a Wider Social and Economic System." PhD diss., London, School of Oriental and African Studies.

Macknight, Campbell C. 1976. *The Voyage to Marege: Makassan Trepangers in Northern Australia*. Melbourne: University Press.

———. 2011: "The View from Marege: Australian Knowledge of Makassar and the Impact of the Trepang Industry across Two Centuries." *Aboriginal History* 35: 121 – 143.

Milburn, William. 1813. *Oriental Commerce: Containing a Geographical Description of the Principal Places in the East Indies, China, and Japan, with Their Produce, Manufactures, and Trade, Including the Coasting or Country Trade from Port to Port*, vol. II. London: Blach, Parry & Co.

Nagel, Jürgen G. 2001. "Vom Stadtstaat zur Kolonialstadt: Grundzüge der Stadtentwicklung Makassars (Süd-Sulawesi) im 17. und frühen 18. Jahrhundert." In *Kolonialstädte – Europäische Enklaven oder Schmelztiegel der Kulturen?*, edited by Peter Johanek and Horst Gründer, 109 – 143. Münster: Lit.

———. 2003a. *Der Schlüssel zu den Molukken: Makassar und die Handelsstrukturen des malaiischen Archipels im 17. und 18. Jahrhundert – eine exemplarische Studie*. Hamburg: Kovač.

———. 2003b. "Formal or Informal? Private Trade in Maritime Asian Towns under the Rule of the Dutch East India Company, 17th and 18th Centuries." *World History Bulletin* 29 (1): 17 – 22.

———. 2003c. "Zwischen Kommerzialisierung und Autarkie: Sklavereisysteme des maritimen Südostasiens im Zeitalter der Ostindien-Kompanien." *Comparativ* 13 (4): 42 – 60.

———. 2004. "The Company and the Port City: Trading Centers of the Malay Archipelago and Their Role in Commercial Networks during the 17th and 18th Centuries." In *Spinning the Commercial*

Web：International Trade，Merchants and Commercial Cities，c. 1640 – 1939，edited by Margit Schulte Beerbühl and Jörg Vögele, 249 – 273. Frankfurt/Main：Lang.

———. 2010. "Usurpatoren und Pragmatiker：Einige typologische Überlegungen zur Strategie der niederländischen Ostindienkompanie（1602 – 1799）." In *Praktiken des Handels：Geschäfte und soziale Beziehungen europäis-cher Kaufleute in Mittelalter und früher Neuzeit*, edited by Mark Häberlein und Christof Jeggle, 71 – 98. Konstanz：UVK.

———. 2011. *Abenteuer Fernhandel：Die Ostindien-Kompanien*, 2nd Edition. Mainz：Philip von Zabern.

Needham, Rodney. 1983. *Sumba and the Slave Trade*. Melbourne：Center of Southeast Asian Studies, Monash University.

Ng, Chin Keong. 1983. *Trade and Society：The Amoy Network on the China Coast, 1683 – 1735*. Singapore：University Press.

Nimmo, H. Arlo. 1968. "Reflections on Bajau History." *Philippine Studies* 16：32 – 59.

Noorduyn, Jacobus. 1956. "De Islamisering van Makasar." *Bijdragen tot de Taal-, Land-en Volkenkunde van Nederlands-Indië* 112：247 – 266.

———. 2000. "The Wajorese Merchants' Community in Makassar." *Bijdragen tot de Taal-, Land-en Volkenkunde van Nederlands-Indië* 156：473 – 498.

Ota, Atsushi 2010. "The Business of Violence：Piracy around Riau, Lingga, and Singapore, 1820 – 1840." In *Elusive Pirates, Pervasive Smugglers：Violence and Clandestine Trade in the Greater China Seas*, edited by Robert J. Antony, 127 – 141. Hong Kong：Hong Kong University Press.

Pan, Lynn（ed.）. 1999. *The Encyclopedia of Chinese Overseas*. Cambridge, MA：Harvard University Press.

Pelras, Christian. 1996. *The Bugis*. Oxford：Blackwell.

Reid, Anthony. 1981. "A Great Seventeenth Century Indonesian Family：Matoaya and Pattingalloang of Makassar." *Masyarakat Indonesia* 8：1 – 28.

———. 1983. "The Rise of Makassar." *Review of Indonesian and Malaysian Affairs* 17：117 – 160.

Reid, Anthony, ed. 1996. *Sojourners and Settlers：Histories of Southeast Asia and the Chinese in Honour of Jennifer Cushman*. St. Leonard's：Allen & Unwin.

Sather, Clifford. 1997. *The Bajau Laut：Adaption, History, and Fate in a Maritime Fishing Society of South-Eastern Sabah*. Kuala Lumpur：Oxford University Press.

Somers Heidhues, Mary F. 1992. *Bangka Tin and Mentok Pepper：Chinese Settlement on an Indonesian Island*. Singapore：Institute of Southeast Asian Studies.

Sopher, Edward D. 1965. *The Sea Nomads：A Study Based on the Literature of the Maritime Boat People of Southeast Asia*. Singapore：National Museum.

Stacey, Natasha. 2007. *Boats to Burn：Bajo Fishing Activity in the Australian Fishing Zone*. Canberra：Australian National University Press.

Stapel, Frederik W. 1922. *Het Bongaais Vertrag*. Groningen：Wolters.

Steenbrink, Karel. 1993. *Dutch Colonialism and Indonesian Islam：Contacts and Conflicts 1596 – 1950*. Amsterdam：Atlanta.

———. 2003. *Catholics in Indonesia 1808 – 1942. A Documented History, Vol. 1：A Modest Recovery*

1808 – 1903. Leiden: KITLV Press.

———. 2007. *Catholics in Indonesia 1808 – 1942. A Documented History*, Vol. 2: *The Spectacular Growth of a Self-Confident Minority*, *1903 – 1942*. Leiden: KITLV Press.

Sutherland, Heather. 1983. "Slave and the Slave Trade in South Sulawesi, 1660s – 1800. " In *Slavery*, *Bondage and Dependence in Southeast Asia*, edited by Anthony Reid, 263 – 285. St. Lucia: University of Queensland Press.

———. 2000. "Trepang and Wangkang: The China Trade of Eighteenth Century Makassar, c. 1720s – 1840s. " *Bijdragen tot de Taal-*, *Land-en Volkenkunde van Nederlands-Indië* 156:451 – 472.

———. 2001. The Makassar Malays: Adaption and Identity, c. 1660 – 1790. *Journal of Southeast Asian Studies* 32:397 – 421.

Tan, Chee Beng (ed.). 2013. *Routledge Handbook of the Chinese Diaspora*. London: Routledge.

Vickers, Adrian. 2005. *A History of Modern Indonesia*. Cambridge: University Press.

Villiers, John. 1985. "Makassar and the Portuguese Connection. " In *East of Malacca*: *3 Essays on the Portuguese in the Indonesian Archipelago in the 16th and 17th Centuries*, edited by John Villiers, 31 – 57. Bangkok: Calouste Gulbenkian Foundation.

———. 1990a. "Makassar: The Rise and Fall of an Eastern Indonesian Maritime Trade State, 1512 – 1669. " In *The Southeast Asian Port and Polity*: *Rise and Demise*, edited by Jeyamalar Kathirithamby-Wells and John Villiers, 143 – 159. Singapore: University Press.

———. 1990b. "One of the Especiallest Flowers in Our Garden: The English Factory at Makassar, 1613 – 1667. " *Archipel* 39:159 – 178.

Wang, Gungwu. 1981. *Community and Nation*: *Essays on Southeast Asia and the Chinese*. Singapore: Heinemann.

Warren, James F. 1977. "Slave Markets and Exchange in the Malay World: The Sulu Sultanate, 1770 – 1878. " *Journal of Southeast Asian Studies* 8:162 – 175.

———. 1990. "Trade, Slave Raiding and State Formation in the Sulu Sultanate in the Nineteenth Century. " In *The Southeast Asian Port and Polity*: *Rise and Demise*, edited by Jeyamalar Kathirithamby-Wells and John Villiers, 178 – 211. Singapore: University Press.

Wendt, Reinhard, and Jürgen G. Nagel 2015. "Southeast Asia and Oceania. " In *A History of the World*, vol. 3: *Empires and Encounters 1350 – 1750*, edited by Akira Iriye, Jürgen Osterhammel, and Wolfgang Reinhard, 553 – 736. Cambridge, MA: Harvard University Press.

Wright, H. R. C. 1958. "The Moluccan Spice Monopoly, 1770 – 1824. " *Journal of the Malayan Branch of the Royal Asiatic Society* 31 (1):1 – 127.

香料中心安汶——印度洋边缘地区的互联互通

基贝特·冯·本达-贝克曼（Keebet von Benda-Beckmann）

14.1 引言

在印度洋和太平洋之间，散布着印度尼西亚群岛的数千个岛屿。[1] 其中一些大的岛屿在印度洋近几个世纪以来的贸易网络中一直占据着重要的地位；而一些小的岛屿，只是在某个历史时期成为政治经济要地，随后走向衰落。这些小岛屿在某一历史时期的重要性似乎是显而易见的。比如，摩鹿加群岛东部的两个小岛——德那地岛和蒂多雷岛（Tidore）[2] 盛产丁香，在香料贸易中产生出强大的区域性政权，并和周边地区建立了紧密的联系。作为肉豆蔻的唯一原产地，班达（Banda）群岛虽然在贸易网络中与其他岛屿建立了联系，但并没有发展出强大的政权。与此截然不同的是安汶——一个既非丁香原产地也非肉豆蔻原产地的小岛却在互联互通方面超过该地区的大多数岛屿。

人们对此产生了很多疑惑：为什么一个面积仅 775 平方千米的小岛从 16 世纪开始就可以成为全球贸易网络中具有重要意义的枢纽？而它为什么在 18 世纪末失去了这种地位？那些在早期贸易网络中建立起来的联系为何能够塑造现今的安汶？这一切又是以怎样的方式塑造的？我们认为，全球在某个时期对于一些自然资源的共同兴趣、安汶自身的地缘政治地位以及区域性和全球性的政治格局变动共同构成了安汶兴衰的原因。香料贸易和丁香种植使该岛在 16 世纪到 18 世纪期间的地位变得尤为重要；从 18 世纪起，人们将目光投向了其他具有经济效益的自然资源，安汶的地位便因此被逐渐削弱。安汶政治经济地位的提升使它在区域连通上的重要性大大增强；即便当安汶失去了在政治经济上的主导地位，其在贸易网络中建立起来的联系并没有完全瓦解。相反，这些早期的联系产生了深远的影响，并以一种独特的方式塑造了时至今日安汶人口的互联互通。

14.2 早期的区域香料贸易

对于对生物地质史感兴趣的学者来说，摩鹿加群岛一直充满神秘性。这里既有欧亚大陆和澳大利亚的一些野生物种，也有一些该地区独有的物种（Clode 2006）。有两种独特的物种值得一提：原产于班达群岛的肉豆蔻和原产于马鲁古（Maluku）群岛的丁香，它们是世界三大香料中的其中两种（Andaya 1993, 116）。³

丁香和肉豆蔻以其香味、药用价值和防腐性能而闻名，被广泛用于食品、药品、香水以及熏香中。关于丁香使用的记载，最早可以追溯至公元前3世纪的中国（Donkin 2003, 159），随后出现了关于肉豆蔻的记载。在印度，关于丁香的记载大约出现在5世纪（Donkin 2003, 48）。从2世纪起，这些香料开始在波斯、阿拉伯国家和非洲东海岸交易，到7世纪的时候已经形成了稳定的香料贸易（Donkin 2003, 85）。这些香料在4世纪时首次出现在地中海，到8世纪或9世纪，已然闻名于整个欧洲了。⁴

在不晚于公元1世纪的时候，繁忙的远程贸易网络便将沈丹森（Tansen Sen）（2010, 991）所说的"非洲-欧亚世界"连通了起来。霍尔（Hall）（2006）指出，东南亚的贸易关系包含多个维度，涉及外交、移民以及不同文化之间的交往。在5—10世纪期间，扶南和三佛齐成为远程贸易和佛教传播的中心（Tansen Sen 2010, 993）。三佛齐的商人与该地区的中国港口及其他港口保持密切的联系，在鼎盛时期，三佛齐控制了从摩鹿加群岛到苏门答腊岛和爪哇岛的大部分贸易（Meilink-Roelofsz 2013 [1962], 16–17）。在保守的东南亚，中国商人在贸易网络中极为活跃，他们在此建立了许多定居点（Lockard 2010, 223）；然而他们也只是在14世纪和15世纪初才造访了摩鹿加群岛。在其他地区的丁香贸易中，马来和爪哇岛的商人起着重要作用（Reid 1993, 4）。从9世纪开始，中国商人将香料远销到波斯湾，但后来他们集中将香料销往印度洋地区，一直到印度半岛的西岸（Tansen Sen 2006, 423）。从8世纪起，来自印度西海岸的阿拉伯和穆斯林商人控制了大部分的香料贸易。但从11世纪起，因地缘政治的变化（十字军东征、蒙古帝国西征以及朱罗帝国、马来群岛上印度教和佛教国家的崛起），阿拉伯商人对香料贸易的控制有所削弱（见 Tansen Sen 2009, 158–159）。欧洲、印度和阿拉伯商人在1500年之前未曾到过马鲁古群岛。来自中国、爪哇岛和苏门答腊岛的商人在香料产区收购香料，并将它们运往马六甲，再交易到整个印度洋地区。阿拉伯人则将香料运到大马士革和阿勒颇（Aleppo），威尼斯和热那亚的商人再将它们销往整个欧洲。⁵ 博雅尔（Beaujard）（2005, 435）指出，在14世纪，东亚和西亚的香料贸易出现了"螺旋式下降"，中国海海域的贸易也在1433年之后受到影响。⁶ 这种衰退使欧洲大国有机会扩大其在东方的影响力。

因此，早在1511年第一批欧洲人抵达之前，摩鹿加群岛已经是国际香料贸易网络中的重要节点，那时的香料商人主要来自望加锡、德那地、蒂多雷、爪哇岛、苏门答腊岛、马六甲、棉兰老岛和吕宋岛等地区，以及印度洋和中国海各个地区。印度洋的贸易竞争异常激烈，各方竞相划分势力范围，在某些区域允许他国贸易，在另外一些地区则不允许；各方的联盟也不断变动。其结果是没有哪一方实现了绝对而持久的垄断。几个世纪以来，欧洲人在这些网络中只不过是建立了少数几个稳定的据点，其重要性微乎其微。

14.3 早期的欧洲商人

几个世纪以来，香料只是丝绸、棉织物、陶器、瓷器、铁器、铜器、珠宝、西米、大米、水果等众多有价值的商品中的一种。然而，在 15 世纪中叶，随着"商业时代"的到来（Reid 1988，993），香料需求急剧猛增，随之价格飙升，加剧了香料贸易的竞争。欧洲商人极力寻找一条通往东印度群岛的海外航线，以便直接获取香料，从而在香料贸易的丰厚利润中获取更大的份额，而不是在贸易链的末端获取微额利润。

西班牙和葡萄牙是 15 世纪欧洲扩张的主要强国。在结束了与奥斯曼和北非竞争者的战争后，它们蓄势待发，意欲将影响力扩展到地中海以外。为了避免两国在"合法征服"一些地方的过程中产生耗时耗财的争议，西班牙和葡萄牙于 1494 年缔结了《托德西利亚斯条约》。在教皇的授权之下，该条约将世界分成两部分，两个欧洲超级海上大国各得一半，肆意征服。这基本上无视了当时的其他强国，忽视了这一条约在欧洲以外的地区根本不会被严肃对待的事实——如果有人意识到这一事实的话。在条约缔结之时，西方世界没有人真正知道那些香料岛屿的确切位置，因为通往该地区的路线尚在探寻之中。因此，尚不清楚二者之中谁能够在被分得的半个世界中独享探索和占领那片未知土地的特权。当西班牙航海员开始沿美洲向西环绕世界时，葡萄牙海员通过好望角找到了通往神秘的摩鹿加群岛的路线，于 1511 年征服了主要贸易中心马六甲。同年的晚些时候，阿方索·德·阿尔布克尔克（Afonso de Albuquerque）率领一支舰队从马六甲出发继续寻找香料之岛。他的副指挥官弗朗西斯科·塞罗（Francisco Serrão）在海难中丧生，他和少数船员则被人救起并被带到了安汶。在那里，他被当地首领的兄弟邀请到德那地（Widjojo 2009，9）。就这样，欧洲人与此后在他们的扩张中将发挥重要作用的两个岛屿就这样第一次偶然地相遇了。

葡萄牙人认识到控制香料贸易网络中的主要节点具有重要意义。他们的头等大事是在竞争中保持领先于西班牙对手的地位。根据《托德西利亚斯条约》，他们宣布了自己对该地区享有的基本权利，并声明西班牙人无权进入该地区。然而，他们面对的更大的挑战是如何在复杂的经济、政治和宗教关系网中维持稳固地位。为取得控制权以及排斥岛上的后来者，势力强大的各方在这张关系网中结成不断变化的联盟（Rietbergen & Locher-Scholten 2004，4–5）。葡萄牙人以马六甲为基础建立起与马鲁古的贸易关系网，特别是与德那地的最高统治者建立了良好关系（Knaap 1987，12ff.）。此时的爪哇岛和苏门答腊等较大的岛屿国家已经建立了强大、历史悠久的州和公国,与此相比,摩鹿加群岛的各个政体的力量则相对较弱。丁香生产中心德那地、蒂多雷和贾伊洛洛（Jailolo）的苏丹卷入了激烈的竞争,他们都渴望扩大自己在该地区的影响力,垄断香料市场（Widjojo 2009, 9）。为了提升在香料贸易中的地位,德那地与葡萄牙人结盟对抗与贾伊洛洛结盟的蒂多雷。而此时的安波那（Amboyna）和班达群岛则处于国家形成的更早期阶段:除了由村级首领联合治理的村落联合体之外,只有少数几个政治组织,缺乏统一的统治者。不同岛屿上的村落通过非真实的亲属关系建立起佩拉联盟（pela alliance）来加强他们的地位,以对抗德那地和蒂多雷的扩张。[7]

在西班牙人通过西部航线环绕地球的过程中,他们从太平洋进入马鲁古群岛。和葡萄牙探险队的遭遇一样,他们许多探险船只都沉没了,早期的幸存者起初也受到了德那地人的欢迎（Widjojo 2009, 9）。面对葡萄牙人和德那地人结成的强大联盟,西班牙人与蒂多雷建立了联系。葡萄牙人根据他们对《托尔德西利亚斯条约》的解读,将西班牙的举动看作是对其管辖地的侵犯,提出了强烈抗议。但西班牙否认了这些指控,并声明了自己对于该地区的管辖权。到1523年,这场争端终于使双方——葡萄牙与其同盟德那地和西班牙及其支持者蒂多雷和贾伊洛洛——爆发了战争。德那地和葡萄牙最终赢得了这场战争,并于1525年迫使西班牙人从马鲁古撤退到他们在棉兰老岛和吕宋岛的据点（Reid 1993, 145；Widjojo 2009, 9）。葡萄牙则设法让其声明得到教皇的正式确认。在葡萄牙国王曼努埃尔的要求下,教皇颁布了一份诏书,规定《托德西利亚斯条约》中设立的分界线仅适用于西半球国家（Donkin 2003, 29）。最后,1529年4月22日颁布的《萨拉戈萨条约》修订了马鲁古以东的分界线,从而将东南亚大部分地区的管辖权划分给了葡萄牙人。教皇法令使西班牙无法享有该地区的管辖权成为既定事实,它只能寻求在马尼拉的香料贸易中立足（Donkin 2003, 31）。

在合力打败西班牙和蒂多雷同盟之后,葡萄牙和德那地马上就意识到自己都在寻求扩张,同盟随之破裂。葡萄牙人使用日益激烈的暴力来维护其在香料贸易中的垄断地位,若产品被提供给别的商人,他们就摧毁丁香树作为报复。然而,安达亚（Andaya）（1993, 202）指出将丁香树全部摧毁是一项艰巨的任务,葡萄牙人从来没有彻底地摧毁过丁香树。与此同时,德那地、蒂多雷和葡萄牙也面临与爪哇岛商人、中国商人以及各种摩鹿加精英的激烈竞争,他们也试图从利润丰厚的香料贸易中分一杯羹。此外,一些葡萄牙和欧洲其他国家的民间商人也找到了通往该地区的路线,他们想规避葡萄牙政府的香料垄断,这也进一步破坏了葡萄牙政府垄断香料贸易的企图（Knaap 1987, 12）。

葡萄牙与德那地之间的竞争由于传教活动而变得更加复杂。传教是欧洲扩张的主要方式之一,可以有助于他们赢得政治和经济上的支持。传教也与穆斯林统治者争夺政治统治权的斗争密切相关。伊斯兰教由阿拉伯商人和印度商人在15世纪传入德那地,并发展成为他们获取支持、形成互惠关系的一股强大宗教力量。

各方对于什么是正当的贸易关系有不同的看法，这使葡萄牙在该区域的地位尤其不稳定。在这个区域，互惠系统之中暗藏着激烈的竞争关系，十分不平等的关系也往往以亲属称谓来表达，例如，相对平等的贸易关系被比作兄弟关系，而非常不平等的贸易关系则被比作父子关系。相比之下，葡萄牙殖民扩张的一个核心任务就是征服，并建立天主教国王统治下的主权。通常情况下，葡萄牙人只是当地居民的初级贸易伙伴；但在一些地区，比如安汶，他们设法将当地居民变成葡萄牙的臣民，这样他们就不再是普通的贸易伙伴，遑论亲属了。安亚达（1993）认为，葡萄牙与德那地和蒂多雷之间的紧张关系可能更多的是由对政治和贸易含义的误解造成的，而不仅仅是因为竞争。

许多人垂涎于香料贸易所带来的巨大利润，渴望在这种变化无常的政治环境中打破新兴的德那地-葡萄牙香料贸易垄断。为了达成这一目的，在16世纪初期，他们将丁香幼苗从马鲁古偷运到安波那。令人意外的是，丁香在那儿长得非常好，安汶岛也随之成为丁香生产的重要中心（Knaap 1987，12；Chauvel 1990，13）。针对这一情况，葡萄牙人于1538年控制了该岛。安汶岛拥有一个安全的港口，岛上混杂的人口来自群岛的各个岛屿，加之岛上的政治组织水平低下，这些条件使安汶成为葡萄牙后续发展的完美基地。葡萄牙人在德那地和蒂多雷的地位很不稳固，与之形成鲜明对比的是，他们在安汶、萨帕鲁阿（Saparua）、哈鲁库（Harulcu）和努萨劳特（Nusalaut）的岛屿上宣布了自己的主权（Knaap 2004，42）。他们也开始设法使当地人信奉基督教，但过程曲折，成效不大。比如，在1547年，一名耶稣会士为600人施了洗礼，北海岸信奉伊斯兰教的希特尼斯人则对葡萄牙人发动攻击作为回应（Widjojo 2009，11；另见Bartels 1978，103ff.）。

葡萄牙人与当地首领签订的条约规定，当地人民应承诺成为葡萄牙国王的忠实臣民。然而，双方对这些条约确切含义的理解从一开始就不一致。葡萄牙人认为这意味着主权的交接，因此他们有权征税。而当地签署者则认为这象征着葡萄牙人的承诺：葡萄牙人为他们提供保护，从而获得征税的权利，并专享以固定价格收购丁香的权利。几十年来一切都很顺利，双方建立了一种稳定的协约关系，但当税收逐渐提高到无法忍受的程度时，安汶人开始反抗。他们认为葡萄牙人没有遵守条约中的承诺，因而没有义务继续向他们供应丁香。他们开始与提供更好条件的其他商家建立贸易关系。于是葡萄牙强大的经济地位开始衰落。在16世纪的鼎盛时期，得益于起初与德那地的强大联盟，葡萄牙人控制了丁香贸易，销往欧洲的丁香有75%是葡萄牙人出售的。但在1575年，他们被驱逐出德那地，在蒂多雷重新安定下来。1576年他们获得了在安汶建造一座堡垒的许可（Knaap 1987，15），但那时候来自爪哇岛、中国和亚齐的商人已经重新成为香料的主要贩卖商。在众多强大的竞争对手中，葡萄牙又变回一个次要角色（Andaya 1993，56）。

14.4 荷兰东印度公司

荷兰人来到这个地区的时间相对较晚。在西班牙的统治下,荷兰人的贸易主要集中在波罗的海。当他们试图脱离西班牙的统治时,他们被禁止进出西班牙港口,但来自东部的商品仍然可以通过葡萄牙港口进入荷兰市场。西班牙和葡萄牙于1580年组成联盟,于是当荷兰于1581年正式宣布独立时,西班牙人和葡萄牙人禁止荷兰船只进出西班牙和葡萄牙港口,同时也禁止荷兰人从事海外贸易。荷兰的七个省份不得不开始考虑向东方扩展贸易范围。最初,每个省都成立了各自的东印度公司。但在1602年,各省联合力量共同组建了荷兰东印度公司(VOC)。它获得荷兰议会的特许,全权管理荷兰的海外贸易,具有行使部分国家主权的权力,如缔结条约、发动战争,以及在好望角以东和麦哲伦海峡以西的地区建立殖民地等。荷兰东印度公司将一直存在直到1779年。

简·惠亨·范·林斯霍滕(Jan Huyghen van Linschoten)把一份葡萄牙航海图偷运到了阿姆斯特丹(Winius 2002,109),第一批荷兰船凭此于1599年抵达该岛,但当时的荷兰人几乎没法染指丁香贸易。一年之后,史蒂文·范·德·哈根(Steven van der Haghen)带着两艘船抵达了尚未被葡萄牙人占领的北海岸。他与当地统治者达成协议,规定所有丁香都必须运往荷兰。5年后,即1605年,范·德·哈根上将带着10艘商船返回安汶。安汶统治者渴望摆脱严格苛刻的葡萄牙政权,在其帮助下,荷兰人成功地推翻了当地的葡萄牙人统治,接管了该地区。他们还与当地的统治者结盟,反对德那地和蒂多雷对该地区的主权声明。

随着时间的推移,荷兰东印度公司在大西洋和印度洋沿岸建立了大量的贸易点。像西班牙和葡萄牙一样,在这些贸易点中,荷兰东印度公司必须适应其间的权力关系,毕竟它们只是初级贸易伙伴,将自己的意志强加于当地统治者几乎不可能。与西班牙人和葡萄牙人不同,荷兰东印度公司虽然获得了国家最高权力机构具有深远影响力的特许权,但在最初的时期,它的首要角色是贸易公司(尽管在必要的时候它会诉诸暴力)。它们与当地统治者的关系是相互依赖的,但彼此的相互依赖程度不同(Rietbergen and Locher-Scholten 2004,7-12)。

在摩鹿加群岛,安汶成为荷兰东印度公司的重要据点。安汶远离德那地和蒂多雷,没有强大的政治组织,荷兰人把它视作解决与葡萄牙人的竞争的有利场所。当荷兰人在1605年接管葡萄牙城堡时,他们成为当地为数不多的基督教人口的统治者——虽然这并非他们原本的计划,这些人自1538年以来一直是葡萄牙王国的臣民(Knaap 2004,42)。作为荷兰东印度公司的附庸臣民,当地居民被迫为荷兰东印度公司提供修筑防御工事的劳动力,且他们种植的丁香全由公司收购。从天主教转向新教的基督徒获得了公民的身份,他们同时也享有作为公民的权利与义务,如接受西方教育、参与公共治理以及加入当地军队。直至殖民时代结束，信奉基督教的安汶人都处于特权地位，其影响一直持续到印度尼西亚独立后的几十年。

在安汶的北海岸，有一个由四个意欲独立于德那地的首领统领的村落联盟，荷兰人不得不处理好与它的关系。除了这个村落联盟外，这些村庄也加入了前文提到的佩拉联盟。但这两个联盟都不够强大。因此荷兰人的支持受到了他们的欢迎。但由于这些是伊斯兰村庄，它们与荷兰东印度公司的关系和南部基督教村庄与荷兰东印度公司的关系基础不同。

为了建立在安波那的权威，荷兰东印度公司及其前身从1599年到17世纪上半叶，与当地领导人签订了一系列条约和协议，其中具有代表性的是在1600年和1605年，以及1607年和1609年重新与德那地苏丹缔结的多个条约（Knaap 1987, 15-23）。荷兰东印度公司与北海岸村庄签订的条约规定，当地首领必须将所有丁香以公司设定的价格卖给公司。作为回报，荷兰东印度公司将为北海岸的安波那居民提供军事和政治支持，以防止潜在的德那地入侵（Knaap 2004, 42-43）。条约签署方承认他们的相互管辖权（Knaap 1987, 17）。尽管签订了这些条约，荷兰人仍然要付出一些努力来维持他们对这些人口的控制。为此，他们强迫居民从难以控制的山区迁到更容易治理的海岸地区，并强制推行了新的政府结构。然而，人们对荷兰通过强权取得香料垄断的行为日益不满。事实证明，伊斯兰教是反对荷兰人的有力政治动员手段，但穆斯林却没有强大到足以把荷兰人驱逐出去。虽然安汶这一地区不如南部基督教地区对荷兰人忠诚，但穆斯林领导人仍然无法阻止它于1646年成为荷兰东印度公司的附庸国（Knaap 2004, 46-51）。

尽管如此，安汶北海岸的当地首领仍允许荷兰人在希图（Hitu）建造堡垒，在希拉（Hila）修筑防御工事，来保卫岛屿不受德那地和蒂多雷的侵犯。安汶有一个安全的港口，南部基督教地区相对忠诚，北部伊斯兰地区修筑了防御工事足以抵抗外敌，因此，荷兰人就拥有了一个相对稳固的贸易点作为他们香料贸易的中心，能够同该地区的其他强国以及渴望瓜分香料贸易市场的许多商人竞争。在1605—1618年这一短暂的时期内，安汶甚至成为荷兰东印度公司的区域中心。然而，经过进一步的考虑，该公司还是希望将中心建立在更接近通往印度和中国的主要贸易路线上。于是，爪哇岛上新建立的巴达维亚镇在1619年成为了公司的总部（Reid 1993, 274）。由于18世纪咖啡生产行业的兴起，爪哇岛的重要性最终超越了摩鹿加群岛。

为了维持对丁香贸易的控制，荷兰人沿用了葡萄牙人曾使用的方法，即到丁香种植岛开展"鸿吉"（hongi）巡游，[8] 若有种植者非法将丁香出售给非荷兰东印度公司所属商家，他们的丁香树将全部被砍掉。由于新种植树木的初期生长至少需要6年，所以这确实是一个相当有效的震慑措施。但是荷兰东印度公司没能完全掌控丁香贸易，正如之前的葡萄牙人和西班牙人一样。实际上，香料贸易一直吸引着大量的商人，特别是来自望加锡和爪哇岛的商人，他们或从事个体交易，或担任强大统治者的中间商。荷兰人越来越依靠武力来实现他们的垄断，同时也遭受到越来越激烈的反抗，但最终他们取得了成功。1642 年他们击败了最后一个主要竞争对手望加锡，这似乎最终巩固了他们的垄断地位（Knaap 1987，22）。但出乎意料的是，丁香的价格由于 1647 年和 1648 年生产过剩而波动，这成为荷兰人面临的另一个新问题。对此，荷兰人采取的措施是将丁香生产限制在安波那，并试图将德那地辖区的所有丁香种植园都摧毁。和葡萄牙人一样，他们没能完全摧毁这些地区的所有丁香树，不过到 17 世纪中叶以后，至少安波那的诸岛屿成为唯一能够大规模生产丁香的地方（Knaap 1987，23）。

17 世纪初，另一股欧洲力量——英国东印度公司（EIC）——出现在了该地区，意图占据一定的香料贸易市场份额。作为一个后来者，其地位不如荷兰人，但由于支持过荷兰反对西班牙，荷兰将其视为盟友。然而，从 1616 年起，双方关系开始恶化。1617 年，英国人遭受荷兰人的羞辱和不公正的待遇，他们的控诉最终传回了欧洲。为了缓和紧张局势，同时基于荷兰东印度公司和英国东印度公司的谈判代表于 1610 年在日本的协商，两家公司于 1619 年签署了一项条约，允许英国当局与荷兰人一起从事香料贸易，但英国必须承担荷兰驻守部队的军费（Starling 2004，142 - 143；Games 2014，514）。与此同时，双方在东部地区的相互猜疑加剧，荷兰人和英国人之间的关系进一步恶化。1620 年，一群英国人、日本人和一个葡萄牙人被捕，被判谋反荷兰当局，局势十分紧张。事件的结果是 10 名英国人被斩首。这个消息在三四年后传到欧洲，这使低地国家（译者注：低地国家是对欧洲西北沿海地区的荷兰、比利时、卢森堡三国的统称）和英格兰之间的关系极度紧张。到 17 世纪末的政治重组时期，这些事件被称为"安波那大屠杀"（Bassett 1960；Starling 2004）。[9] 荷兰人的干扰行为变得极具破坏性，使英国东印度公司加紧了撤出该地区的步伐（Bassett 1960，7 - 8；Starling 2004）。1621 年，荷兰人以一种极为残暴的方式巩固了对肉豆蔻的垄断，屠杀了 14 000 ～ 15 000 名班达人，为了弥补劳动力的不足，他们购进了一批奴隶劳工（Games 2014，515）。

在 17 世纪，荷兰东印度公司只对香料感兴趣，但许多其他商品也在摩鹿加市场进行交易，这影响了香料贸易。在欧洲人到来之前，香料可以用来与当地商人以及来自中国和印度洋岛屿世界的商人换取西米、大米、盐、纺织品、铁器、珠宝、陶器和瓷器。由于一些特殊的贸易政策，荷兰人无法像其他商人一样提供这些商品。他们的商船从低地国家运来大量士兵、军事设备、船舶修理设备、导航仪器、铅、铁，还有用来大量购买香料的巨额资金（Knaap 1987，19；Rietbergen and Locher-Scholten 2004，11）。在印度洋沿岸的许多荷兰贸易点，他们通过交易换取本地商品，从中获利，额外挣得一笔购买香料的钱（Raben 2004，1387）。据公司规定，在摩鹿加群岛，必须用现金收购香料，且不允许当地人用香料交换其他商品。这个规定给荷兰的香料垄断带来了巨大压力，而当地人并不喜欢这种交易方式，因为他们不能总是顺利地用钱换来食物。有时，当地居民甚至因为缺乏西米而吃不饱饭，身体虚弱到无法采摘丁香。一些官员曾告诫总部要注意这个问题，但该公司首脑集团"十七人董事会"远在阿姆斯特丹，给他们寄一封信要两年时间才能得到答复。该地区总督扬·皮特索恩·科恩（Jan Pieterszoon Coen）一意孤行，不采纳地方行政长官的建议，下令驱逐其他所有商人，同时维持与当地酋长签订的合同——尽管这些合同往往是这些酋长被迫签订的。公司首脑集团"十七人董事会"希望该地区的荷兰人能公正仁慈地对待当地居民，然而总督却不当回事（Boxer 1988，105-109）。事情的发展逐渐不受控制，为了获得食物和他们需求的其他商品，当地人转向了其他商人。荷兰人无法阻止大批商人进入他们的港口，他们以物品换取香料，打破了荷兰人的垄断。克纳普（Knaap）（1987，19）指出，这是荷兰东印度公司规则中的弱点：尽管公司十分渴望建立起完全的垄断，但这样的规则却不断地招致对公司垄断的破坏。公司试图通过由安汶发放的贸易许可证来控制岛内贸易，持有人可以在一定有效期内在某些规定地区进行香料交易。然而，即使是这个系统也从未能杜绝非法的香料交易。公司内部员工也进行非法的香料交易以增补微薄的工资收入，这也破坏了公司渴望建立的垄断（Boxer 1988，225）。因此，我们认为是荷兰东印度公司自己的政策阻碍了其实现全面垄断。博克斯（Boxer）（1988，223）估计，香料总产量的三分之二被交易到了欧洲，但仍有三分之一是在印度洋内部交易的。

虽然荷兰东印度公司在创建之初是一家贸易公司，但在几十年的时间里，它在安波那建立了越来越稳固的政权（Knaap 2004，44）。通过修筑防御工事以及强行在盟友中推行其法规（Knaap 2004，56），荷兰人进一步巩固了它的地位，其中信奉新教的人口起到了主要的作用。由于有忠诚的新教摩鹿加人保卫这些防御工事，安汶镇逐渐发展成为城市中心，镇上人口多元，但以新教徒为主。荷兰人还在位于北海岸伊斯兰地区的希拉建立了一个小型基督教徒聚居地来保护阿姆斯特丹堡。这种基督徒聚居地一直留存到21世纪初的内战时期。相比之下，穆斯林则从未完全接受荷兰的统治，相反，他们多次发动了反抗荷兰统治的大规模暴动。他们被迫迁居到沿海地区，最终不得不臣服于强大的荷兰。

因此，在17世纪，由于欧洲人的到来，安汶从一个不重要的岛屿发展成为香料贸易中心，并形成了一个联系该地区和印度洋及欧洲的全球香料贸易网络。荷兰东印度公司的政策使当地居民保持了较高程度的互联互通，发展出了一些不受荷兰控制的贸易关系。荷兰人尽管采取了严厉措施，但长期以来他们的地位并不稳固。

14.5 从私有公司到殖民地

从 17 世纪中叶开始，荷兰人和英国人之间的权力关系发生了巨大的转变。1652 年至 1674 年荷兰与英格兰的三场战争对荷兰的财政储备造成了沉重的打击。此外，在接下来的几十年里，英国相继占领印度洋地区的许多荷兰贸易点，严重限制了荷兰人的贸易。到 18 世纪末，荷兰东印度公司几乎破产，这在很大程度上与荷兰在第四次英荷战争（1781—1784）中遭受的重大损失有关。新近成立的巴达维亚共和国（译者注：巴达维亚共和国存在于 1795 年到 1806 年，是包含了现在荷兰的大部分领土的法兰西第一共和国的傀儡国之一，是法兰西第一个也是存在时间最久的傀儡国，其前身是荷兰共和国。）于 1795 年将该公司国有化，并于 1799 年 12 月 31 日将公司正式解散。在法国占领荷兰期间，英国于 1811 年占领了荷属东印度群岛，但在 1816 年被迫归还。新国王威廉一世时期，荷属东印度群岛成为荷兰的殖民地。彼时安汶的优越地位已经衰落。

只要能够实现丁香和肉豆蔻粉贸易的高回报，安汶就能保持其重要商业中心的地位。但是到 18 世纪，香料贸易的利润不再丰厚，于是荷兰种植者开始尝试种植和生产茶、咖啡、糖、棕榈油和橡胶等作物，而这些都不适合在摩鹿加群岛的土壤上生长。随着香料贸易的衰退，安汶不再是殖民商业的中心，并失去了对能够生产新商品的爪哇岛和苏门答腊岛的影响力。随着种植园经济的到来，荷属东印度群岛从一个商业地区变成了殖民地。

进入 20 世纪，由于丁香烟草的兴起，荷兰国内对丁香的需求再次增加。然而，那时的丁香种植已经遍及全世界，因此丁香的价格也随着世界市场的发展而波动。丁香种植遍布整个印度尼西亚，除此之外的桑给巴尔、孟加拉国、西印度群岛、槟城、苏门答腊和马达加斯加也都成为全球市场中的丁香供应方，这些产地在 18 世纪和 19 世纪甚至还只是丁香的进口方。[10]

尽管安汶的经济地位有所下降，但它并没有被人们遗忘，而是继续维持着一系列的重要关系网络。安汶以及苏门答腊岛上的多巴巴塔克（Toba Batak）、美娜多（Menado）以及苏拉威西岛的米纳哈萨（Minahasa）半岛、帝汶、巴布亚（Papua）等地区有众多信奉基督教的人口，殖民政府从中招募公职人员和士兵，组建成皇家荷兰东部印度军队（KNIL）(Oostindie 2015，134 - 136)。[11] 安汶的基督徒属于荷兰归正会，安汶镇是该教会的区域中心。[12] 安汶的穆斯林受到的西方教育远远少于基督教徒，因此无法享有基督徒享有的特权地位。作为一个行政中心，该岛持续吸引各种族的移民。中国人和阿拉伯人参与的主要是商业活动。一些阿拉伯哈德拉米家族成员接受了良好的伊斯兰教育，成为宗教领袖，时至今日依然如此。来自其他印度尼西亚岛屿的移民主要从事一些琐碎的贸易和服务行业。布顿移民因其渔业和蔬菜种植业的优势而受到重视。作为二等公民，他们不被允许拥有土地，被禁止种植丁香或任何其他木本作物。他们很少有受教育的机会，更没有机会从事政府工作（F. von Benda-Beckmann 1990）。

殖民地时代结束时，安汶人口内部已经产生了一定程度的分化。安汶的农村人口一半是新教徒，另一半是穆斯林。但这种分化在某种程度上得到了缓解，因为那些皈依新教和伊斯兰教的群体之间仍然承认旧的亲属关系和佩拉关系。基督教徒和穆斯林之间总体而言是热情友好的，但难免有些疏远（Bartels 1978）。安汶北部有相当多的布顿人，他们的居住地大多与安汶人的居住地分开。只有安汶镇的人口是真正混合的。教育和政府主要掌握在基督教徒手中。每个人口群体都在各自擅长的经济和社会领域施展才能，并与摩鹿加群岛以外的地区保持着特定的关系网络，这些地区面积大小不同，在关系网络中的重要性也因其从事的经济活动和政治权利的不同而各有差异。

14.6 知识网络

正如洛伊克（Leuker）（2010，167）所说，贸易网络也是知识网络。自公元5世纪开始，从印度次大陆发展起来的婆罗门教和佛教网络就已经开始传播一些知识和信息（Donkin 2003，70-71）。7—11世纪，信奉佛教的商人传递了源自扶南和三佛齐的知识（Tansen Sen 2010，993）。后来，伊斯兰教徒的商业和宗教活动为该地区带来了伊斯兰教和阿拉伯世界的知识。阿拉伯文的书写体成为常用的书面交流形式，穆斯林在荷兰人到达该地区以后相当长的一段时期内都使用阿拉伯文字。在东南亚则是阿拉伯语口语交流长期占据主导地位（Reid 1993，133，153-154）。

从15世纪开始，文化、教育、法律体系、建筑风格和服装都发生了巨大的变化。一直到17世纪中期，这些变化主要都是由东南亚人所引起的（Reid 1988，235）。库克（Cook）（2007）研究分析了16世纪和17世纪欧洲科学革命中日益增长的自然物品需求。动植物的保存技术和观测记录、日益增长的对比研究兴趣以及相信知识将改善健康条件的信念，都刺激了这一需求。荷兰处于这些发展的最前沿。贸易、军事、财政以及知识将欧洲和亚洲联系起来，互联互通，荷兰东印度公司被深深地卷入这张新兴的网络之中（Cook 2007，225）。安汶能够成为这张关系网中的一个节点，得益于格奥尔格·艾伯赫·郎弗安斯（Georg Everhard Rumphius）。他是德国人，从军的时候曾到过东方；他曾被聘为荷兰东印度公司的公职人员，1660—1669年在希拉工作，对安汶的野生动物进行过全面的研究。他在《安汶植物标本集》（Rumphius 1705）和《安汶珍稀物志》中（Rumphius 1741—1750）描述了许多植物和动物，这两本书后来闻名于世。他不仅给西方世界尚不知晓的物种命名，还使用了许多当地的语言给它们命名，并发展了比较方法。公司对这项新科学技术产出的成果严加保密，因此包括他的民族志研究在内的研究成果在他去世后才得以出版（Leuker 2010，151；Donkin 2003，329；Cook 2007，329-332；Huigen 2010a，8）。他的朋友兼女婿荷兰牧师弗朗索瓦·瓦伦丁（François Valentyn）（1724—1726），也曾在安汶工作，出版了他的第一部比较民族志（Huigen 2010b）。

随着基督教的宗教文本和欧洲世俗文本的引入，拉丁文和荷兰语逐渐取代阿拉伯文和阿拉伯语。这为基督教教徒提供了了解西方知识的机会。然而，荷属东印度群岛的教育还是仅限于少数精英阶层，其中基督教教徒占大多数。对于享有特权的基督教教徒来说，教育是通往爪哇岛主要殖民教育中心以及后续通往荷兰的主要渠道。在印度尼西亚，安汶人口的读写水平最高（Reid 1988，217-218）。与安汶的其他人口相比，基督教教徒在扩展欧洲知识网络时起到了主要作用。荷兰人也将现代医学带到了安汶。时至今日，安汶的天主教医院仍被认为是该地区最好的医院。

在近代初期，东南亚新教牧师不仅与低地国家的母教会保持着密切的联系，而且还与巴达维亚、班滕、马六甲、锡兰和印度海岸上的其他基督教教徒定居点保持着密切的联系（Boxer 1988，163）。尽管没有证据表明一些在安汶的穆斯林在20世纪之前曾到过麦加，但他们的贸易关系的确使他们能够与更广阔的伊斯兰世界相接触。通过贸易、宗教和政治活动，摩鹿加群岛的穆斯林融入了新的宗教网络中，并延伸到了爪哇岛、马六甲、苏门答腊、印度、阿拉伯世界和波斯。而且，荷兰人越是成功地实行他们的统治和香料垄断，穆斯林对这些网络也就越依赖（Boxer 1988，172；Reid 1993，134，147-148，278）。

荷兰人还将荷兰法律以及条约、合同、市场贸易管理条例、许可规定、财产制度、家庭法、法院等带到该地区（Knaap 1987；F. von Benda-Beckmann 1990；Reid 1993）。其中一些法规限制了商人的交易，他们对此感到不满。但荷兰法律也为一些人提供了机会。例如，安汶北海岸的一位重要的穆斯林领袖哈桑·苏莱曼（Hassan Suleiman）在16世纪末和17世纪留下了一系列遗训，其中包含了一些伊斯兰和荷兰殖民法律的元素，这些遗训由他的后代精心保管。到20世纪末，遗训持有人凭此接任村落首领的职务（von Benda-Beckmann and von Benda-Beckmann 1987）。荷兰的殖民法与安汶的习惯法紧密交织在一起，以至只有少数人才知道他们所熟知的法律制度源于早期的殖民地法规。

14.7 后殖民地时期的安汶关系

当印度尼西亚于1945年宣布独立时，安汶的地位发生了意外的转变。根据相关和平条约规定，印度尼西亚将成为一个联邦制国家。荷兰政府承诺摩鹿加将成为联邦中的一个独立国家。当印度尼西亚于1949年12月正式独立时，荷兰政府不得不考虑如何处理皇家荷兰东部印度军队中的摩鹿加人。他们曾在独立战争期间为反对独立的一方效力，为了使他们免遭报复，他们被"遣送"回荷兰，尽管他们此前从未在荷兰生活过。按照计划，他们将留在那里直到建立一个独立的南摩鹿加共和国。他们在船上退伍，以平民的身份抵达荷兰。他们被安置在军营里，由政府供养，一开始他们是不被准许进入就业市场的（von Benda-Beckmann and Leatemia-Tomatala 1992）。很快，他们得知印度尼西亚已经成为统一的国家，没有什么南摩鹿加共和国，回归故里已然无望。他们被重新安置在专门为他们建造的社区中，这些社区分散在荷兰各个小镇的边缘地区。这些荷兰摩鹿加人一直渴望建立一个独立的南摩鹿加共和国，这是他们的一个显著特征。

在独立后的头几十年里，印度尼西亚拒绝荷兰摩鹿加人入境。禁令解除后，他们经常造访摩鹿加群岛。一些年轻的荷兰摩鹿加人与安汶人结婚，一些年长的荷兰摩鹿加人决定在那里退休。他们决定拿出一大笔资金来资助他们的同胞、翻新教堂和清真寺，以求获得心理上的平衡（von Benda-Beckmann and Leatemia-Tomatala 1992）。然而，重建的关系往往很复杂。在20世纪90年代，荷兰摩鹿加人和安汶摩鹿加人在制定合适的发展项目上产生了分歧，暴露出40多年来分离所造成的文化鸿沟（K. von Benda-Beckmann 2015）。但双方也有积极的合作，例如，在2008年，一位备受尊敬的荷兰摩鹿加穆斯林和当地同胞共同创建了一家业务繁忙的肉豆蔻出口公司。参与建设的当地人告诉我们，他们欢迎荷兰公司的组建方式。荷兰和安汶的密集接触以及从荷兰流向安汶的资金为现有的跨国贸易网络带来了新的推动力。同样地，安汶人口中受益最多的还是新教徒。

虽然印度尼西亚的安汶人学会了在一个统一的印度尼西亚国家里生活，但他们并没有彻底放弃他们建立南摩鹿加共和国的梦想。政府严格禁止这种思想的公开表露。印度尼西亚在安汶建立了一个大型海军基地，该基地的建立不仅可以保卫其东侧，还可以让苏哈托政权能够密切关注暂时处于停歇状态的分离主义运动。到了20世纪末，该地区的海军又承担了一项新任务：使印度尼西亚的海洋领土免受外国高科技渔船的侵犯，从而避免其丰富的渔场资源被耗尽。在笔者1984年和1985年的田野调查期间，媒体报道了一些船只扣押事件以及对船长的刑事诉讼。对外国渔船进行迫害使有关人员可以获得巨额的非法收入，这甚至引起了海军、警察和公检部门之间的竞争。鱼类已经成为一种新的影响安汶政治地位的自然资源。

1991年，苏哈托政权建立了一家丁香垄断企业以满足日益增长的丁香卷烟业需求，该企业由苏哈托最小的儿子管理。独立后，印度尼西亚需要进口丁香才能满足其丁香卷烟业。20世纪80年代以前，丁香的价格一直很低（van Fraassen 1972）。当价格上涨后，整个印度尼西亚都建立了丁香种植园（Bulbeck 2004b, 1239）。到20世纪80年代中期，安汶的农村人口大量从事丁香生产，以此作为家庭收入的重要来源（F. von Benda-Beckmann 2007, 162）。虽然丁香生产是一种深受当地人欢迎的收入来源，但这种收入不可预测，这不仅是因为丁香在世界市场的价格波动,还因为丁香树有四年的生产周期,每四年只有一次大丰收。当价格高、收成好的时候,小贩们淹没了村庄,人们沉迷于炫耀性的消费和赌博中。只有具有远见的家庭才会将他们挣的钱存起来供子女上学。这也使许多穆斯林能够前往麦加朝圣。当价格低、收成差的时候,人们也不会遭受饥荒,因为他们可以依靠西米、鱼类、花园里种的蔬菜和林产品来维持生计。他们也可以从佩拉关系(pela relationship)或塞兰岛(Seram)的共享收获机制中获得西米(F. von Benda-Beckmann and K. von Benda-Beckmann 2007,63)。许多人也开始试着种植肉豆蔻和可可,但这些作物也像丁香一样价格不稳定。经济作物的种植变得更加多样化,但其重要性再未恢复到 18 世纪末之前的水平。

在苏哈托统治时期,发生了另外一次对安汶产生重大影响的转变。苏哈托最初支持无宗教政府,但在他执政的最后 20 年里,他重用穆斯林。安汶的省政府是殖民时期的遗留物,其职员特别是高层官员大多是新教徒。当穆斯林的教育需求得到满足后,穆斯林要求在政府中发挥更重要的作用。由于安汶的经济正经历一段低潮期,政府以外的工作机会很少,因此让受过教育的年轻人在政府内部获得职位至关重要。1984 年,基督教公职人员向笔者解释说,整个部门正在"被穆斯林接管",这使他们感到前途未卜。当苏哈托政权倒台时,局势日益紧张,安汶几乎陷入内战之中。众多政治、经济、宗教、种族因素纷繁复杂,一些事件变得特别暴力。许多人被杀害,许多移民逃离。宗教间关系急剧恶化,越来越多的宗教和种族问题转化成冲突。希拉的基督教飞地遭到了穆斯林的袭击,但是当地的穆斯林提醒了那些基督教徒,使他们能够提前逃离。他们的房屋被烧毁,不得不到一个基督教村庄去避难,到目前仍没有返回故土。苏哈托政权结束后,政府武装力量担心失去影响力,想借此机会证明其不可或缺的作用,这使冲突加剧。有可靠证据显示,军队雇用非官方民兵(传言其中一些人在阿富汗接受过训练)来挑起动乱(Bubandt 2000; Manuhutu et al. 2000; van Klinken 2001; Bräuchler 2010, 15ff.)。

荷兰摩鹿加人对这些事件感到苦恼,他们发现自己处于进退两难的境地。一方面,他们感到有责任帮助生活条件急剧恶化的同胞们;另一方面,他们也意识到,如果汇款给这些同胞,这笔钱很可能会被用来购买武器,加深冲突。大多数荷兰摩鹿加人拒绝支持暴力,只得通过其他方式来接济他们的同胞(Manuhutu et al. 2000; K. von Benda-Beckmann 2004)。暴力事件直到雅加达的政局恢复平静、武装力量被收编入新的政治体制中才结束。摩鹿加群岛内原有的政治、社会及经济等结构得以重建,冲突双方以此为基础开始和解(Bräuchler 2010, 25–26)。

内战使摩鹿加群岛内部的分化比以往更加严重,经济形势也没有太大改善。和以前一样,政府部门以外的工作机会很少,许多年轻的摩鹿加人离开这里,去岛外寻求教育或工作机会。人们仍然种植肉豆蔻和丁香,对他们而言,这代表着建设美好未来的希望,但渴望未来的年轻人却不愿意留在岛上。来自香料的收入一部分被用于年轻一代的移民，让他们到工作机会充足的地方去；另一部分被用于让年轻人接受安汶所无法提供的更高质量的教育。

14.8 结论

安汶作为印度洋边缘地区的一个香料中心，其兴衰是亚太地区和欧洲地区的统治者们争夺经济和地缘政治权力的结果。一些特殊的自然资源是安汶发展的推动力。如果不是因为摩鹿加群岛是丁香、肉豆蔻仅有的原产地，它不会具有任何重要的地位。起初，这些产品在印度洋和中国地区的交易不温不火，但大约在1450—1650年，它们成为全球最受欢迎的产品之一。西亚和东亚的政治动荡以及伊比利亚半岛的政治发展为欧洲扩张的蓬勃发展提供了机会。西班牙、葡萄牙、荷兰和英国商人从东南亚进入印度洋地区，来抢占利润丰厚的香料贸易市场。机缘巧合之下，安汶首先引起了葡萄牙人的注意。但它最终能够成为香料中心，是因为当地的政治力量相对薄弱，这使荷兰东印度公司获得了许多便利，这些便利是他们在政治力量更强大的地区所无法获得的。此外，走私而来的丁香树恰好适合在安波那的土壤中生长。另一个原因是，安汶湾的自然条件使它成为北部的马鲁古岛和南部的班达群岛这两个香料原产地中间的一个安全港口。因此，原本不太重要、所处地理连通位置也不太好的安汶岛竟成了该地区欧洲人商业活动的中心。安汶在17世纪和18世纪达到了发展的顶峰，成为商业、知识交流和生产网络中一个充满活力的节点。到18世纪末期，由于生产过剩和价格下跌，香料已失去其经济地位。殖民地的中心渐渐转移到了西印度尼西亚，那里种植了利润更加丰厚的经济作物。20世纪下半叶，卷烟业对丁香的需求不断增长，但这并未使安汶成为新的中心，因为那时候丁香的生产已经遍布各地，不仅限于该地区了。

安汶的历史也表明，在一个中心衰落后的很长一段时间内，悠久的历史仍然可能对当代产生影响。殖民的影响涉及安汶的金融、贸易、政府、知识交流和教育。这一系列相互联系的因素使岛上的人口产生宗教性的分化，还有一部分安汶人流散在荷兰，他们仍然渴望一个独立的南摩鹿加共和国。殖民遗留的因素也是造成教育和政府就业形势紧张的原因，这一紧张局势在苏哈托政权倒台之后彻底爆发了，武装部队则趁机作乱，使局势进一步恶化。军事基地一方面保护印尼的渔场，同时也震慑潜在的分裂势力。安汶人和他们在荷兰摩鹿加的同胞保持着密切的关系，汇款往来不断，他们具有典型的向外发展的倾向。香料仍然是重要的经济作物，但它们不能再吸引外界商人到岛上来。由于受过良好教育的人口不断增长，而当地的就业市场形势紧张，香料的收入使许多年轻人能够去望加锡、爪哇岛、马来西亚、泰国、澳大利亚、新西兰、美国、欧洲和日本等地寻求更有前途的未来，穆斯林则转向伊斯兰的知识中心。这些原因再次改变了该地区甚至更大范围内的互联互通局面。

注释

1. 感谢博卡德·施奈培和爱德华·阿尔珀斯提出的宝贵意见和建议。
2. 本文使用了"摩鹿加群岛"这个术语。在荷兰东印度时期和十九世纪,"摩鹿加"这个词仅限于哈尔玛赫拉(Halmahera)和小而有影响力的德那地和蒂多雷岛,现在它们被称为北摩鹿加群岛。安汶在十六七世纪被称为安波那,但 Knaap(2004,37)也将塞兰岛、布鲁岛和包括安汶在内的一些小岛屿合称为安波那。本文使用安汶指代岛屿,安波那指代群岛。
3. Andaya(1993,1)。请参阅 Donkin(2003,1-23)关于命名的讨论。
4. Donkin(2003,xviii-xix,118)。Reid(1993,4)指出,亚历山大地区关于丁香和肉豆蔻的最早记录可追溯到公元 10 世纪。
5. 参阅 Donkin(2003)。也可参阅(Widjojo 2009,13)关于东南亚区域贸易的研究,以及 Bulbeck(2004a,849)关于早期中国和爪哇岛的丁香贸易的研究。
6. 请参阅 Fukuyama(2012,210-211)。
7. 佩拉联盟的基础建立在当地一种早在基督教和伊斯兰教流行以前就普遍存在的本土宗教之上。伊斯兰教村落和基督教村落之间形成佩拉关系并不罕见(Bartels 1978,103ff.)。译者注:佩拉关系(pela relationship)或佩拉联盟(pela alliance)是一种建立在相同文化或习俗之上的联盟关系。由于当地人信仰不同的宗教,该联盟关系可以有效避免当地人在不同宗教信仰之间的冲突。
8. 鸿吉(hongi)指由若干克拉船(kora-kora)武装起来的商船舰队,由当地桨手操作(Knaap 2010,150)。
9. Games(2014)探讨了这些原本属于司法范畴的事件在 17 世纪末英-荷战争时期被贴上"大屠杀"标签的全球背景。
10. Donkin(2003,4)也提到毛里求斯和波旁(即后来的留尼汪)。但博卡德·施奈培向笔者指出,丁香在那里从未起到重要作用。
11. 来自梅纳多和摩鹿加群岛的少数民族新教徒在皇家荷兰东部印度军队中占据了过高的比例(Oostindie 2015,83;Raben 2002,188;Andaya 2002,289)。
12. 安汶将成为 20 世纪中期罗马天主教的主教辖区。

参考文献

Andaya, Leonard Y. 1993. *The World of Maluku: Eastern Indonesia in the Early Modern Period.* Honolulu: University of Hawai'i Press.

———. 2002. "de militaire alliantie tussen de VOC en de Buginezen." In *De Verenigde Oost-Indische Compagnie: tussen oorlog en diplomatie*, edited by G. Knaap and G. Teitler, 283–307. Leiden: KITLV Uitgeverij.

Bartels, Dieter. 1978. *Guarding the Invisible Mountain: Intervillage Alliances, Religious Syncretism and Ethnic Identity among Ambonese Christians and Moslems in the Moluccas.* Ithaca: Cornell University Press.

Bassett, D. K. 1960. "The 'Amboyna Massacre' of 1623." *Journal of Southeast Asian History* 1

(2):1 – 19.

Beaujard, Philippe. 2005. "The Indian Ocean in Eurasian and African World-Systems Before the Sixteenth Century." *Journal of World History* 16 (4):411 – 465.

Benda-Beckmann, Franz v. 1990. "AmboneseAdat as Jurisprudence of Insurgency and Oppression." In *Law and Anthropology, International Yearbook for Legal Anthropology*, vol. 5, edited by R. Kuppe and R. Potz, 25 – 42. The Hague:MartinusNijhoff.

———. 2007. "Islamic Law and Social Security in an Ambonese village." In *Social Security Between Past and Future. Ambonese Networks of Care and Support*, edited by F. v. Benda-Beckmann and K. v. Benda-Beckmann,159 – 183. Berlin:Lit.

Benda-Beckmann, Keebet v. 2004. "Law, violence and Peace-Making on the Island of Ambon." In *Healing the Wounds: Essays on the Reconstruction of Societies after War*, edited by M. – C. Foblets and T. v. Trotha, 221 – 239. Oxford:Hart.

———. 2015. "Social Security in Transnational Legal Space:Limitations and Opportunities." In *Transnational Agency and Migration: Actors, Movements and Social Support*, edited by S. Köngeter and W. Smith, 245 – 261. London:Routledge.

Benda-Beckmann, Franz v., and Keebet v. Benda-Beckmann. 1987. "De testamenten van Hasan Suleiman:Grondenrechtenkwesties op Islamitisch Ambon." *Bijdragen tot de Taal-, Land-en Volkenkunde* 143:237 – 266.

———. 2007. *Social Security Between Past and Future: Ambonese Networks of Care and Support*. Münster:Lit.

Benda-Beckmann, Keebet v., and Francy Leatemia-Tomatala. 1992. *De emancipatie van Molukse vrouwen in Nederland*. Utrecht:Jan van Arkel.

Boxer, Charles Ralph. 1988 [1965]. *The Dutch Seaborne Empire 1600 – 1800*. London:Pelican.

Bräuchler, Birgit. 2010. "The Revival dilemma:Reflections on Human Rights, Self-determination and Legal Pluralism in Eastern Indonesia." *The Journal of Legal Pluralism and Unofficial Law* 62:1 – 42.

Bubandt, Nils. 2000. "Conspiracy Theories, Apocalyptic Narratives and the Discursive Construction of 'the Violence in Maluku'."*Antropologi Indonesia* 63:15 – 32.

Bulbeck, David. 2004a. "Maluku (the Moluccas):The Spice Islands." In *Southeast Asia:A Historical Encyclopedia from Angkor Wat to East Timor*, vol. 2, edited by O. K. Gin, 848 – 851. Santa Barbara:ABC-CLIO.

———. 2004b. "Spices and the Spice Trade." *Southeast Asia: A Historical Encyclopedia from Angkor Wat to East Timor*, vol. 3, edited by O. K. Gin. Santa Barbara:1239 – 1240.

Chauvel, Richard. 1990. *Nationalists, Soldiers and Separatists: The Ambonese Islands from Colonisation to Revolt* 1880 – 1950. Leiden:KITLV Press.

Clode, Danielle. 2006. *Continent of Curiosities: A Journey Through Australian Natural History*. Cambridge:Cambridge University Press.

Cook, Harold J. 2007. *Matters of Exchange: Commerce, Medicine, and Science in the Dutch Golden Age*. New Haven:Yale UniversityPress.

Donkin,Robert A. 2003. *Between East and West: The Moluccas and the Traffic in Spices Up to the*

Arrival of Europeans. Philadelphia: American Philosophical Society.

Fraassen, Chris F. van. 1972. *Ambon-Rapport*. Leiden: Stichting W. S. O., Werkgroep Studiereizen Ontwikkelingslanden, 343.

Fukuyama, Francis. 2012. *The Origins of Political Order: From Prehuman Times to the French Revolution*. London: Profile Books.

Games, Alison. 2014. "Violence on the Fringes: The Virginia (1622) and Amboyna (1623) Massacres." *History* 99 (336): 505 – 529.

Hall, Kenneth R. 2006. "Multi-dimensional Networking: Fifteenth-Century Indian Ocean Maritime Diaspora in Southeast Asian Perspective." *Journal of the Economic and Social History of the Orient* 49 [4, Maritime diasporas in the Indian Ocean and East and Southeast Asia (960 – 1775)]: 454 – 481.

Huigen, Siegfried. 2010a. "Introduction." In *The Dutch Trading Companies as Knowledge Networks*, edited by S. Huigen, J. L. de Koning and E. Kolfin, 1 – 16. Leiden: Brill.

———. 2010b. "Antiquarian Ambonese: François valentyn's Comparative Ethnography (1720)." In *The Dutch Trading Companies as Knowledge Networks*, edited by S. Huigen, J. L. de Koning and E. Kolfin, 171 – 199. Leiden: Brill.

van Klinken, Gerry. 2001. "The Maluku Wars of 1999: Bringing Society Back." *Indonesia* 71: 1 – 26.

Knaap, Gerrit J. 1987. *Kruidnagelen en christenen: De Verenigde Oost-Indische Compagnie en de bevolking van Ambon* 1656 – 1696. dordrecht: Foris.

———. 2004. "De Ambonse eilanden tussen twee mogendheden: de VOC en Ternate, 1605 – 1656." In *Hof en handel: Aziatische vorsten en de VOC 1620 – 1720*, edited by E. Locher-Scholten and P. Rietbergen, 35 – 58. Leiden: KITLV Press.

———. 2010. "Robbers and Traders: Papuan Piracy in the Seventeenth Century." In *Pirates, Ports, and Coasts in Asia: Historical and Contemporary Perspectives*, edited by John Kleinen and Manon Osseweijer, 147 – 177. Singapore: Institute of Southeast Asian Studies.

Leuker, Marie-Theresa. 2010. "Knowledge Transfer and Cultural Appropriation: Georg Everhard Rumphius's 'D'Amboinsche Rariteitkamer' (1755)." In *The Dutch Trading Companies as Knowledge Networks*, edited by S. Huigen, J. L. de Jong and E. Kolfin, 145 – 170. Leiden: Brill.

Lockard, Craig A. 2010. "'The Sea Common to All': Maritime Frontiers, Port Cities, and Chinese Traders in the Southeast Asian Age of Commerce, ca. 1400 – 1750." *Journal of World History* 21 (2): 219 – 224.

Manuhutu, Wim, Johan H. Meuleman, Nico Schulte Nordholt and Jaques Willemse, eds. 2000. *Maluku Manis, Maluku Menangis: De Molukken in Crisis*. Utrecht: Moluks Historisch Museum.

Meilink-Roelofsz, Marie A. P. 2013 [1962]. *Asian Trade and European Influence: In the Indonesian Archipelago Between 1500 and about 1620*. The Hague: Nijhoff.

Oostindie, Gert (with cooperation of Ireen Hoogenboom and Jonathan Verwey). 2015. *Soldaat in Indonesië 1945 – 1950: Getuigenissen van een oorlog aan de verkeerde kant van de geschiedenis*. Amsterdam: Prometheus.

Raben, Remco. 2002. "Het Aziatisch legioen." In *De Verenigde Oost-Indische Compagnie: tussen oorlog en diplomatie*, edited by G. Knaap and G. Teitler, 181 – 207. Leiden: KITLV Uitgeverij.

———. 2004. "Vereenigde Oost-Indische Compagnie (VOC)." In *Southeast Asia: A Historical Encyclopedia from Angkor Wat to East Timor*, vol. 3, edited by O. K. Gin, 1386 – 1388. Santa Barbara: ABC-CLIO.

Reid, Anthony. 1988. *Southeast Asia in the Age of Commerce, 1450 – 1680*, vol. 1: *The Lands below the Winds*. New Haven: Yale University Press.

———. 1993. *Southeast Asia in the Age of Commerce, 1450 – 1680*, vol. 2: *Expansion and Crisis*. New Haven: Yale University Press.

Rietbergen, Peter, and Elsbeth Locher-Scholten. 2004. "Een dubbel Perspectief: Aziatische Hoven en de VOC, circa 1620 – circa 1720." In *Hof en Handel: Aziatische Vorsten en de VOC 1620 – 1720*, edited by E. Locher-Scholten and P. Rietbergen, 1 – 15. Leiden: KITLV Press.

Rumphius, Georg Everhard. 1705. *D'Amboinsche Rariteitkamer, Behelzende Eene Beschryvinge Van Allerhande Zoo Weeke Als Harde Schaalvisschen, Te Weeten Raare Krabben, Kreeften, En Diergelyke Zeedieren, Als Mede Allerhande Hoorntjes En Schulpen, Die Men in D'Amboinsche Zee Vindt: Daar Benevens Zommige Mineraalen, Gesteenten, En Soorten Van Aarde, Die in D'Amboinsche, En Zommige Omleggende Eilanden Gevonden Worden*. Amsterdam: François Halma.

———. 1741 – 1750. *Amboinsch Kruid-boek, Dat is, Beschryving van de meest bekende Boomen, Heesters, Kruiden, Land-en Water-Planten, die men in Amboina, en de omleggende eylanden vind, Na haare gedaante, verscheide benamingen, aanqueking, en gebruik* […] 6 volumes. Amsterdam: François Changuion, Jan Catuffe, Hermanus Uytwerf.

Sen, Tansen. 2006. "The Formation of Chinese Maritime Networks to Southern Asia, 1200 – 1450." *Journal of the Economic and Social History of the Orient*, Special issue, 49 (4): 421 – 453.

Sen, Tan Ta. 2009. *Chieng Ho and Islam in Southeast Asia*. Singapore: Institute of Southeast Asian Studies.

———. 2010. "The Intricacies of Premodern Asian Connections." *Journal for Asian Studies* 69 (4): 991 – 999.

Starling, Nicolas. 2004. "Ambon (Amboina/Amboyna)." In *Southeast Asia: A Historical Encyclopedia from Angkor Wat to East Timor*, vol. 1, edited by O. K. Gin, 142 – 143. Santa Barbara: ABC-CLIO.

Valentyn, François. 1724 – 1726. *Oud en Nieuw Oost-Indiën*. Dordrecht: van Braam.

Widjojo, Muridan S. 2009. *The Revolt of Prince Nuku*. Leiden: Brill.

Winius, Georg. 2002. "Luso-Nederlandse rivaliteit in Azië." In *De Verenigde Oost-Indische Compagnie: tussen oorlog en diplomatie*, edited by Gerrit Knaap and Ger Teitler, 105 – 130. Leiden: KITLV Uitgeverij.

索　引

（本索引所标页码为原著页码，参见中译本边码）

A

Aden，亚丁，11，40，69，81，143，219
Agalega，阿加勒加群岛，263，264，276
Ambon（Amboyna），安汶岛（安波那），7，11，421，422，424，427－430，433－439
Andaman Islands（Andamans），安达曼群岛，9，11

B

Bali，巴厘岛，7，15，410
Banda Islands，班达群岛，7，11，15，407，422，425，441
Bangka-Belitung Islands，邦加－勿里洞省岛，11
Bangladesh，孟加拉国，7
Barghash bin Sa'id，巴格哈什·宾·萨伊德，137，139
Blood disorder（thalassaemia），血液疾病（地中海贫血），336
Bombay（Mumbai），孟买，6
Bonerate，波纳特，409－412
Borneo（Kalimantan），婆罗洲（加里曼丹），11
Brahmi，婆罗门，80
British Indian Ocean Territory（BIOT），英属印度洋领地，8，95，97，98，100，264，265，270，277，278，280
Buddha，佛陀，369，372
Bugis，武吉士，399－401，408－413
Busa'idi，布塞迪斯，136，146

C

Camp des Malabards et Lascars，马拉巴德营地和拉斯卡营地，216，220
Camp des Noirs，黑人营地，216，217，220，222
Capital island，首都岛，296，324，326
Ceram，塞拉穆岛，7
Chagos，查戈斯（群岛），8，13，79，82，95，97，99，259－269，271－274，276，277，279－282，322
Comoro（Comoros），科摩罗，6，11，34，38－40，42，48，83，100，112，113，127，246
Cosmopolitans，世界主义者，70，71，73，86，209，210，219，220，222
Cultural brokers，文化经纪人，73，74，77，85，86
Cyber island，网络岛，232，249

D

decentralization，分权，权力下放，293，309，311，327，409
diaspora，移民，散居（群体），41，252，260，271，272，276，277，403，406－409，412，413，440
Diego Garcia，迪戈加西亚岛，15，95，99－101，261，263－266，268－271，275，278，280，281
Dutch East India Company（VOC），荷兰东印度公司，400－406，408，411－413，428－433，435，441

E

Exclusion，排斥，17，19，36，425

F

Finite geography，有限的地理区域，有限的地方，24，306

Flores, 佛罗勒斯岛, 7, 406, 410

French East India Company, 法国东印度公司, 214, 234, 235, 237, 239

G

Gulf of Aden, 亚丁湾, 6

H

Halmahera, 哈尔马赫拉岛, 7

Historical anthropology, 历史人类学, 57, 60, 61, 74, 78, 86

Hongi tours, 鸿吉巡游, 430

I

Indentured labor（coolies）, 契约劳工, 408

Indian Ocean Studies, 印度洋研究, 57, 86

Indonesia, 印度尼西亚, 7, 14, 23, 40, 81, 115, 239, 269, 406, 408, 411, 429, 434, 436-438, 441

Infrastructure, 基础设施, 116, 297, 300, 301, 303, 305, 310, 330, 332

Insular（insularity）, 孤立（性）, 岛国性, 13, 18, 20, 24, 34, 81, 273, 290-292, 306, 313, 414

Island hubs, 岛屿枢纽, 4, 5, 10, 59, 69, 77, 112, 231

Islandness, 岛屿本身, 岛屿性, 36, 102, 388, 389

Island paradise, 天堂岛屿, 320

J

Java, 爪哇, 5, 6, 22, 146, 147, 385, 399, 408, 410, 411, 413, 423, 425, 430, 434, 436, 442

K

Kanga, merekani, 杠杠布, 梅列卡尼, 141, 142

Kharg, 哈尔格岛, 7

Kilwa, 基尔瓦, 6, 42, 48, 49, 111-117, 119-127, 138, 139, 210

L

Lakshadweep Islands, 拉克沙群岛, 9, 15

Lamu, 拉穆（群岛）, 6, 40, 41, 44, 47-49, 81, 127, 147

Lombok, 龙目岛, 7, 410

Lost（TV series）,《迷失》（电视连续剧）, 95

M

Madagascar, 马达加斯加（岛）, 5-8, 14, 35, 38, 41-43, 45-48, 83, 94, 99, 112, 113, 115, 117-122, 126, 127, 138, 212, 215, 219, 221, 234, 236, 237, 244-246, 261, 266, 380, 434

Makassar, 望加锡, 11, 397-414, 423, 430, 442

Malay Archipelago, 马来群岛, 7, 398-400, 403-409, 411, 412, 423

Malaysia, 马来西亚, 7, 11, 14, 95, 278, 442

Maldives, 马尔代夫, 6, 9, 11, 14, 49, 59, 82-85, 93, 98, 261, 290-294, 296-298, 301-304, 309, 312, 319-325, 327-336

Male, 马累, 9, 58, 84, 85, 289-291, 293, 294, 296, 299, 301, 302, 305, 307, 310-312, 320, 321, 323-332, 335-337, 385, 389

Marine Protected Area（MPA）, 海洋保护区, 97, 280

Maritime transport, 海上运输, 310, 313

Mascarenes, 马斯克林（群岛）, 7, 8, 14, 21, 22, 37, 45, 47, 48, 112, 119, 127, 139, 215, 236, 246

Mauritius, 毛里求斯, 8, 15, 17, 18, 23, 37, 45, 69, 94, 95, 99, 101, 119-121, 126, 209-216, 218-224, 231-252, 259, 263-265, 267, 268, 270, 272-279, 281, 282

Mayotte（Maore）, 马约特, 8, 14, 38, 45, 100

Moluccas（Maluku）, 摩鹿加, 7, 11, 398, 399, 430

Mombasa, 蒙巴萨, 6, 47-49, 114, 115, 117, 118, 136, 138, 144, 149, 269

Monopoly, 垄断, 117, 118, 310, 326, 398, 402, 403, 424-427, 430-432, 436, 438

Mozambique, 莫桑比克（岛）, 6, 37-39, 43-46, 81, 112, 113, 116-121, 125, 127, 210, 212, 216, 234, 246, 266

Mumbai（Bombay），孟买，6，137 – 140，266

N

Ndzuani（Anjouan），昂儒昂，8，38，41
Netherlands（Dutch），荷兰，398，400 – 414，428 – 438，440，441
Ngazidja（Grande Comore），大科摩罗岛，34
Nosy Be，诺西贝岛，7，45 – 47，127
Nosy Boraha（Île Sainte-Marie），圣·玛丽岛，7

O

Off shore banking，离岸银行，232，242，248

P

Penang（George Town），乔治城，7
Port-Louis，路易港，209 – 213，215 – 218，220 – 224

R

Red Sea，红海，6，11，112，323
Réunion（Île Bourbon），留尼汪（岛）（波旁岛），46，234，237，264
Riau Islands（Riau Archipelago），廖内群岛，11
Rodrigues，罗德里格斯（岛），8，101，234，236，237，264

S

Sayyida Salme binti Sa'id/Emily Ruete，萨耶德·萨尔梅·宾蒂·萨伊德/埃米莉·鲁埃特，148
Seychelles，塞舌尔，6 – 9，14，15，79，82，93 – 95，219，236 – 238，242，245，246，263 – 265，268，269，272，275，277，281，332
Socotra（Soqotra），索科特拉岛，6，11，59，70，80，81，94

Sofala，索法拉，7，113，114，116 – 118
South Arabia，南阿拉伯，61，63，66，84
Spice trade，香料贸易，398，399，401，403，421 – 427，430 – 434，441
Sri Lanka，斯里兰卡，5，6，9，11，14，34，35，59，66，75，83 – 85，239，270，302，331 – 333，369 – 389
Strategic Island Concept，战略岛概念，269
Subnational island jurisdiction，附属岛屿管辖区，94，95，100，101
Sulawesi（Celebes），苏拉威西岛，6，7，397 – 399，401，405 – 410
Sumatra，苏门答腊岛，5 – 7，11，19，75，213，268，379，384，397 – 399，406，409，413，423，425，434，436
Sunda Islands，巽他群岛，6，7，399，406，407
Swahili，斯瓦希里，12，35，42，45，46，48，112 – 114，116 – 119，124，126，136 – 139，141，144 – 146，148 – 150
Swahili coast，斯瓦希里海岸，6，11，39，60，63，81，112，113，119，135 – 139，370，382

T

Ternate，德那地，7，401，421，423 – 431
Tidore，肉豆蔻，11，421，422，431，433，438，439 – 441
Trepang，海参，403，404，407，408，410，413
Tukang Besi，图康伯西群岛（铁匠岛）411，412

Z

Zambesi，赞比西，114，116，118
Zanzibar Town，桑给巴尔镇，39，44，47，94，136

作者简介

博卡德·施奈培（Burkhard Schnepel），德国马丁路德·哈勒维滕贝格大学社会人类学教授，马克斯·普朗克社会人类学研究所研究员。其研究领域集中在东非、东印度和环印度洋区域，以及社会人类学的理论和历史。

爱德华·A. 阿尔珀斯（Edward A. Alpers），美国加利福尼亚大学洛杉矶分校历史系研究教授。著有《东非与印度洋》（2009）和《世界历史中的印度洋》（2014）。

戈弗雷·巴尔达奇诺（Godfrey Baldacchino），马耳他国际大学副校长（主管国际发展和质量监管）、社会学教授，加拿大爱德华王子岛大学联合国教科文组织联合主席（负责岛屿研究与可持续性领域），《岛屿研究》期刊名誉主编以及国际小岛研究协会（ISISA）主席。

基贝特·冯·本达-贝克曼（Keebet von Benda-Beckmann），社会和法律人类学名誉教授。曾任法律多元化项目组负责人，现任德国哈勒市的马克斯·普朗克社会人类学研究所法律和人类学系副研究员。她对印度尼西亚和荷兰的研究集中在法律多元化、社会保障、社会治理以及宗教在争端过程中的作用等方面。

格温·坎贝尔（Gwyn Campbell），加拿大麦吉尔大学印度洋岛屿世界中心（Indian Ocean World Centre）研究主席和创始董事。专攻印度洋的世界历史，其著作有《马达加斯加帝国的经济史，1750—1895》（*An Economic History of Imperial Madagascar, 1750–1895*）（2005）和《大卫·格里夫斯和他的马达加斯加传教史》（*David Griffiths and the Missionary "History of Madagascar"*）（2012）。

安德烈·金里奇（Andre Gingrich），奥地利科学院社会人类学研究所所长，瑞典皇家科学院和奥地利科学院成员。他的研究重点是西南阿拉伯（沙特阿拉伯和也门）历史以及社会人类学的方法和历史。

斯蒂芬·F. 约翰内森（Steffen F. Johannessen），挪威东南大学学院文化、宗教和社会研究学院工业遗产专业博士后，BI 挪威商学院传播与文化系助理教授。2016 年，他在德国马丁路德·哈勒维腾贝格大学完成了关于散居海外的查戈斯人的博士论文。

伊娃-玛利亚·诺尔（Eva-Maria Knoll），维也纳奥地利科学院社会人类学研究所的研究员兼小组负责人。她的研究集中在医学人类学、生命科学和人类学、人口流动性与健康和旅游学。目前，她正在研究遗传性贫血在马尔代夫共和国的影响。

尤尔根·G. 纳格尔（Jürgen G. Nagel），德国哈根大学历史学教授，专门研究"更广阔世界中的欧洲史"。他的研究包括印度洋岛屿世界的跨文化关系史、帝国主义背景下的伊斯兰教和南部非洲的社会。

杰里米·普雷斯霍茨（Jeremy Prestholdt），加利福尼亚大学圣迭戈分校历史系教授。他的研究领域包括非洲、印度洋和全球历史，其中重点研究消费文化和政治。

沈丹森（Tansen Sen），环球亚洲研究中心主任、上海纽约大学历史学教授及纽约大学全球特聘教授。代表著作包括《佛教、外交与贸易：600—1400年中印关系的重整》（*Buddhism, Diplomacy, and Trade: The Realignment of Sino-Indian Relations, 600 – 1400*）（2003；2016）以及《印度、中国与世界的联系史》（*India, China, and the World: A Connected History*）（2017）。他与梅维恒（Victor H. Mair）合著了《亚洲与世界史中的传统中国》（*Traditional China in Asian and World History*）（2012），并主编了《亚洲的佛教：物质、文化与知识交流的网络》（*Buddhism across Asia: Networks of Material, Cultural and Intellectual Exchange*）（2014）。目前正着手撰写一部关于15世纪初郑和下西洋的学术著作，并与何永盛（Engseng Ho）一同合作编辑《剑桥印度洋史》（*Cambridge History of the Indian Ocean*）第一卷。

维基亚拉克施米·提洛克（Vijayalakshmi Teelock），毛里求斯大学历史和政治科学系历史学副教授。负责教授和研究毛里求斯和印度的历史，研究重点是劳工迁移。曾出版《微苦砂糖》（*Bitter Sugar*）（1998）以及《毛里求斯史》（*Mauritian History*）（2008），目前正在研究18世纪法国在毛里求斯实施的奴隶制。

鲍里斯·威尔（Boris Wille），德国马丁路德·哈勒维腾贝格大学社会与文化人类学研究所研究员兼讲师。他重点研究马尔代夫、海事社会、政治人类学、媒体人类学和视觉文化。